华图教你赢面试系列丛书

2012最新版

结构化面试

编著：谭乔予　李天甲　莫　格
编委：田亚飞　龚　丽
审定：华图公务员考试研究中心

北京联合出版公司

图书在版编目(CIP)数据

结构化面试/谭乔予,李天甲,莫格编著.—北京:北京联合出版公司,2011.10

(华图教你赢面试)

ISBN 978-7-5502-0365-5

Ⅰ.①结… Ⅱ.①谭…②李…③莫… Ⅲ.①职业选择—基本知识 Ⅳ.①C913.2

中国版本图书馆CIP数据核字(2011)第204521号

结构化面试

编　　著:谭乔予　李天甲　莫　格

责任编辑:王　巍　李　征　蔡又元

封面设计:李志伟

版式设计:黄生雨

责任校对:岳　蕾　韩福娜

北京联合出版公司出版

(北京市朝阳区安华西里一区13楼2层　100011)

三河市冠宏印刷装订厂印刷　新华书店经销

字数4248千字　850mm×1168mm　1/16　132.75印张

2011年10月第1版　2011年10月第1次印刷

印数1—25 000

ISBN 978-7-5502-0365-5

全套定价:330.00元

面试通关攻略

在很多考生看来，笔试阶段如果能够从众多的竞争者中脱颖而出，顺利进入面试阶段，可以说是个人实力的体现。但进入面试并不意味着一定能被录取，考生仍需用心准备面试。由于面试考查能力的综合性，使得很多考生不知从何下手进行复习。鉴于此，特提供以下备考攻略，以期帮助考生顺利备考。

高屋建瓴，制订详尽备考计划——选用何种教材

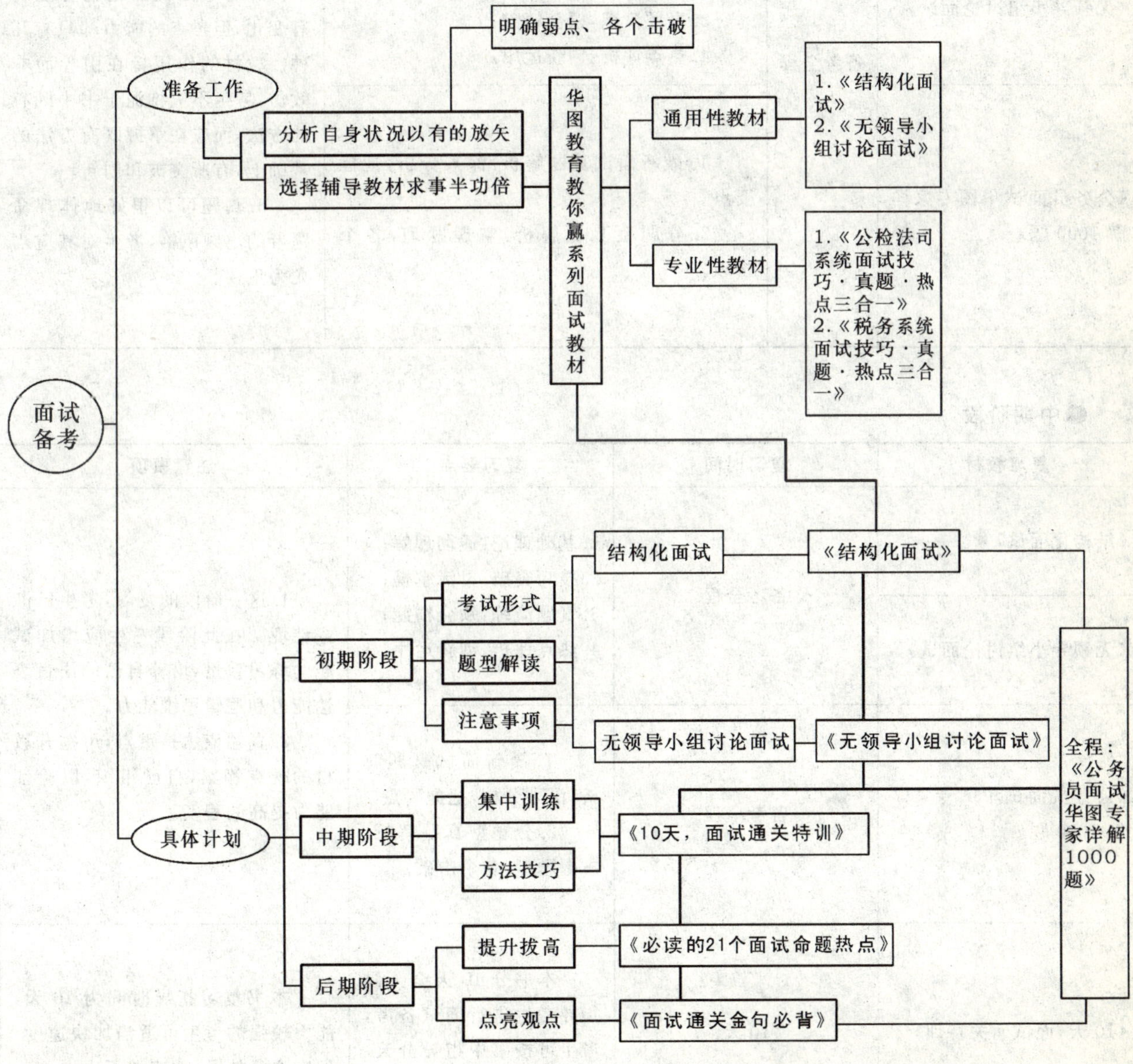

统筹兼顾，合理安排备考周期——如何用好教材

●初期阶段

<table>
<tr><th>复习教材</th><th>复习时间</th><th>复习要点</th><th>注意事项</th></tr>
<tr><td>《结构化面试》</td><td rowspan="3">备考全程</td><td rowspan="2">考生应在了解本省市面试特点的基础上选择备考教材。这两本教材都包括以下四部分内容，考生可按其所对应的要求进行练习：
1. 基础理论：透彻理解；
2. 技巧突破：灵活掌握；
3. 真题演练：领会精髓；
4. 热点评析：创新运用。</td><td rowspan="3">1. 这一阶段的复习以热身为主，考生在此阶段在全面了解备考题型的同时，更要调整好自己的应考状态。
2. 每年面试的题型可能会有变化，但考查的能力却只有几种。教材的作用旨在引导而非效仿，考生不应拘泥于书中既有的方法，而应在掌握既有方法的基础上，有所突破和创新。
3. 真题可以很好地体现命题者的出题风格，考生对其应当尤为重视。</td></tr>
<tr><td>《无领导小组讨论面试》</td></tr>
<tr><td>《公务员面试华图专家详解 1000 题》</td><td>1. 最新面试真题解析：深入分析，把握要点。
2. 分题型真题解析：掌握题型，各个击破。</td></tr>
</table>

●中期阶段

<table>
<tr><th>复习教材</th><th>复习时间</th><th>复习要点</th><th>注意事项</th></tr>
<tr><td>《结构化面试》</td><td rowspan="2">备考全程</td><td rowspan="2">1. 基础理论：透彻理解；
2. 技巧突破：灵活掌握；
3. 真题演练：领会精髓；
4. 热点评析：创新运用。</td><td rowspan="3">1. 这一阶段的复习，考生已渐入佳境。在此阶段考生应增加试题的练习数量，培养自己的语言表达能力和逻辑思维能力。
2. 真题依然是重点，可抛开教材的既有答案，自己组织，以验证能力提高的程度。</td></tr>
<tr><td>《无领导小组讨论面试》</td></tr>
<tr><td>《公务员面试华图专家详解 1000 题》</td><td>备考全程</td><td>1. 最新面试真题解析：深入分析，把握要点。
2. 分题型真题解析：掌握题型，各个击破。</td></tr>
<tr><td>《10 天，面试通关特训》</td><td>10 天</td><td>本书分 10 天全天候指导考生进行面试备考，考生可按书中指导分天、按步骤进行复习。</td><td>本书复习指导时间为 10 天，能力较强的考生可适当加快速度，但应注意效果，欲速则不达。</td></tr>
</table>

●后期阶段

复习教材	复习时间	复习要点	注意事项
《结构化面试》	备考全程	1. 基础理论:透彻理解; 2. 技巧突破:灵活掌握; 3. 真题演练:领会精髓; 4. 热点评析:创新运用。	经过中期阶段的积累,后期阶段为拔尖阶段,在这一阶段考生需将教材理论与真题实践融会贯通。
《无领导小组讨论面试》			
《公务员面试华图专家详解 1000 题》	备考全程	1. 最新面试真题解析:深入分析,把握要点。 2. 分题型真题解析:掌握题型,各个击破。	
《必读的 21 个面试命题热点》	面试前 10 天左右	发掘书中命题热点的考查点,并结合具体题型进行练习。	面试题目通常涉及社会热点问题。虽然前期教材中也涉及对命题热点的分析,但在复习的最后阶段仍然有必要对一些最可能考查到的命题热点进行集中突击,以实现质的提升。
《面试通关金句必背》	面试前最后一周	理解、背诵并能熟练运用通关金句。	有内涵的好句子可以有效地提升考生的答题质量,使考生在考场中脱颖而出。需注意的是,对这些句子考生不应死记硬背,而应在理解的基础上做到灵活变通。

综合提升,多方信息助力考场制胜——利用各种学习渠道

信息来源	学习要求
报刊杂志: ◎《人民日报》:是一份权威、严肃的综合性日报,传播与介绍中国共产党和中国政府的方针、政策及主张,及时、准确、有深度地报道国内外重大事件。考生在阅读时应重点阅读政治、经济、文化、社会、理论、综合这几个版面的内容。 ◎《半月谈》:是中宣部根据新时期加强基层思想政治工作的需要,委托新华社主办的、面向广大基层读者的重要党刊,宣传时事政策,传播和介绍政治、经济、文化、科学等各个领域的知识,内容通俗易懂。 ◎《求是》:是中共中央的机关刊物,担负着宣传党的思想、路线、方针、政策的任务。 ◎《理论热点面对面》:是一本通俗的理论读物。对广大干部群众普遍关心的热点、难点问题,进行深入浅出的回答,观点准确、说理透彻,具有较强的针对性和说服力。	通过报刊杂志、电视节目、网站论坛: ◎拓宽视野:了解政治、经济、文化、社会等领域新近发生或经常提及的社会热点事件,以拓宽视野、积累知识。

<table>
<tr><th>信息来源</th><th>学习要求</th></tr>
<tr><td>电视节目：
◎中央电视台《新闻联播》：着重看社会热点报道与分析。
◎中央电视台《焦点访谈》：此栏目主要反映了社会发展过程中存在的问题，其反映问题、分析原因、提出对策的编辑思路对于公务员面试答题提供了重要借鉴。</td><td rowspan="2">◎明确立场：牢记权威报刊和电视节目关于重要理论文件的解读、分析，对于社会热点事件的定位。权威媒体的观点具有权威性，它是主流的、客观的、有影响力的观点。当考生对某一社会热点问题缺乏了解，难以看清其本质时，不妨看看权威媒体的评论，并学会用权威媒体分析问题的视角来分析问题。
◎明辨是非：有选择性地阅读其他报刊网站的评论文章，要观察其分析社会热点的独特视角，以拓宽自己分析问题的维度，同时也要有所扬弃，抛弃偏激、狭隘的观点，保留正确的观点。
◎提出对策：留意国家解决某一社会问题的举措，关注文章中有关对策部分的论述。对于社会经验不是很丰富的考生来说，提出一些切实可行的对策并非易事。到基层中去锻炼是提高提出对策能力的最有效方法，但却不切实际，不可能每个考生都有锻炼的机会和时间。因此，学习别人如何解决问题，是备考公务员面试、提高解题能力的有效方法。</td></tr>
<tr><td>网站论坛：
◎求是理论网(www.qstheory.cn)：是中共中央机关刊物《求是》杂志主办的理论宣传研究平台。考生可浏览社会、经济、生态、政治、文化等几个频道。
◎人民网(www.people.com.cn)：是《人民日报》建设的以新闻为主的大型网上信息交互平台。考生可浏览时政频道的“专题热词”“政策・解读”“评论・观察”等几个子栏目。
◎新华网(www.xinhuanet.com)：由新华社主办，是中国最重要的官方网站之一。考生可浏览新华时政、新华观察等频道。
◎光明网(www.gmw.cn)：由《光明日报》主办，是国内最早设立的新闻网站之一。考生可浏览“新闻视野”“文化视角”“思想深度”“理论高度”等几个子栏目。
◎QZZN论坛(bbs.qzzn.com)：是以公务员考试备考学习交流为主的论坛。论坛内有考生分享的考试咨询、经验、资料和真题，可与其他考生交流学习经验。</td></tr>
<tr><td>重要文件：
◎《十七大报告》：2007年发布，为胡锦涛总书记在中国共产党第十七次全国代表大会上所作的报告。包含2007至2012年五年间党的重大执政方针，对于党和政府的各项工作都具有重要指导意义。
◎《政府工作报告》：是中华人民共和国政府的一种公文形式，各级政府都必须在每年召开的当地人民代表大会会议和政治协商会议(俗称“两会”)上向大会主席团、与会人大代表和政协委员发布这一报告。报告通常分为一年来工作回顾、当年工作任务、政府自身建设三部分，考生需要重点浏览当年工作任务部分的内容。
◎《“十二五”规划纲要》：主要阐明我国2011年至2015年的战略意图、政府工作重点，是我国经济社会发展的宏伟蓝图。
◎《中央1号文件》：中共中央每年发布的第一份文件。该文件在国家全年工作中具有纲领性和指导性的地位。1号文件中所提到的问题是中央全年需要重点解决，也是当前国家亟需解决的问题。</td><td>通过重要文件：
了解国家大政方针、工作重点、对某一问题的态度。对重要文件的学习有利于培养考生对社会热点问题的敏感度。</td></tr>
</table>

前言

FOREWORD

中央和各地方通过面试的方式招录公务员已经进行了十个年头，但各地方招录公务员的测评体系发展速度却有差异。这十年间，各地方招录公务员对地域、户籍方面的限制越来越少，越来越多有志于从事公职行业的应往届毕业生们毅然选择了坚持公考这条路，有的考生屡败屡战，有的考生全国巡回参考。但是关于面试这一重要环节，许多亲历过的考生未必都能说清楚究竟如何复习准备才是最有效果的。很多面试成功的考生说不清为什么成功，很多面试失败的考生也说不清为什么失败。有的说要背诵很多名言警句，有的说要多看书看报，有的说不用复习顺其自然才最好。众说纷纭导致了新一轮的考生们在参加面试的时候仍然摸不清方向。

笔者自从事公务员面试培训以来，每当面试结束都会第一时间主动和学员联系，关心考试情况，更主要是确认自己的教学方向是否真正适合考生的需求，是否能够真正帮助考生赢得考官的青睐。多年的培训效果统计数据表明，笔者的教学方向一直紧随测评体系的发展。然而除了培训班的学员之外，还有许多考生朋友们希望通过更加便捷的途径了解公务员面试的“真相”。本书就是笔者对多年的面试教学经验的总结，希望能够通过更广泛的途径揭开公务员面试的“神秘面纱”。

在现阶段，从总体上讲，国家公务员考试的面试已经进入了形式多样化、内容新颖性、思路开放式的时代，各地方公务员面试也逐渐跟上甚至超越了国家公务员面试的脚步。考生经过多年的应试教育，从小学直到大学，更多的是学习包括书面表达能力在内的知识，因此最初的结构化面试中，很多考生发挥不出应有的水平，有的是因为难以适应考场的压力环境；有的是因为书面表达能力强而口头表达能力弱；有的是因为从小习惯了被动地学习知识，很少主动去思考问题；还有的是缺乏实际工作经验，凭空想象不出好的解决办法。结构化面试也从最初的考查考生的时政分析水平、语言表达能力、自我认识能力等方面，逐渐演变成结构合理优化的综合测评体系，更看重考生独立思考和解决问题的能力。部分考生经过一段时间的培训学习和全真模拟，大部分都能克服前两个障碍，而思考能力和实践经验确实不是通过一次集中的学习就能培养起来的，这是困扰许多考生的难题。

本书针对后两个障碍，不仅给即将走向面试考场的考生提供了一些切实可行的方法指导和理论补充，以使考生能够快速了解公务员面试，丰富语言表达、拓展思维空间，更重要的是，给予一些希望提前复习备考的考生们，如何在本书以外做好全方位复习的指导，以提升考生的思考能力和观察身边实践经验的能力。当然，本书所介绍的面试理论和技巧方法，需要和考生的实际行动结合起来才能发挥更好的作用。从这个意义上来说，笔者希望考生朋友们能把本书当成一本练习册来使用，不仅要学会思路方法，更重要的是按照指导方法去完成更多的面试准备工作。

本书具有以下几个方面的特色：

第一，思路细化、优化。为使考生能清晰地掌握答题的思路，本书将结构化面试的题型进行了进一步地细化，每一个大题型中不同的分类都归纳了不同的思路。这样的思路会更加贴近答题的需要，但这样细化的思路也是存在副作用的：进一步地加重了考生学习的负担，可能还会养成考生对本书思路的依赖性。因此，本书在细化思路和高度归纳概括之间进行平衡，让考生能学习到更多的思路的前提下，在遇到新的题型时，也能学会融会贯通。

第二，技巧与知识补充并重。本书主体部分是教会考生如何透彻地分析题目中的考点，如何运用思路破解考点。除此之外，还收集汇编了大量的热点问题，供考生在短期内补充时事及理论知识，紧跟命题人关注的话题焦点。考生在阅读热点篇章时要注意，文章摘选自一些报纸、新闻网站的时评，有一些表达仅代表作者的观点，不适宜直接用来做面试答案，要注意转换语气和表达方式，多一些建设性的意见，少一些抨击和责难。

第三，讲解与练习配套。本书除了讲解例题思路，并且给出详细的参考答案之外，还在每一类题型之后附上相应的练习题目，供考生及时练习使用，以达到及时巩固练习的目的。

第四，命题趋势分析与个性化提升。本书在章节之后为考生解读了最新的考试动向，分析目前此类题型的变化趋势，并为考生指明了后续复习的方向，帮助考生未雨绸缪，增强对题目变化的适应力，提高临场应变力。

很多面试班的学员会问我：老师，能否给我们详细的参考答案？我都会十分惭愧地告诉学员：老师没有时间将讲义上的参考答案都写下来，然后要求他们自己运用课堂讲解的思路答题，尝试写一些参考答案，以帮助理清思路。其实我内心非常希望能够在自己力所能及的范围内给考生更多的后续指导和详细的参考答案，本书的出版算是对学员们的一个交代。

由于时间紧迫，本书理论写作和撰写参考答案的工作任务十分繁重，本书由我和李天甲老师、田亚飞老师、龚丽老师共同完成，其中，我主要负责全书的理论方法部分及其他部分章节，李天甲老师负责本书第五章，田亚飞老师负责第六章、龚丽老师负责第七章。另外，华图师资中心的莫格老师、黄霆老师、郑平平老师、李娇老师根据本书的思路撰写了大量参考答案。在有限的时间里，我和上述几位老师辗转于全国各地主要城市，在白天正常的工作、教学之余，夜晚辛勤劳作，对本书的体例和内容进行了反复的斟酌和修改。尽管如此，由于时间和水平的限制，本书一定还存在不少问题，欢迎广大读者对书中的问题提出批评指正，如有意见请联系 tqy0829@163.com。

谭乔予
2011 年 10 月

CONTENTS · 目录

第三篇　真题篇

第四篇 热点篇

第一篇　理论篇

第一章　公务员结构化面试概述

第一节　认识结构化面试——初见

结构化面试是公务员面试中使用最早、采用频率最高的面试形式。迄今为止，公务员面试所采用的形式主要有：结构化面试、无领导小组讨论、情景模拟面试、文件筐测试、模拟法庭辩论等。

为更好地让考生熟悉结构化面试的特点，在对比之下准确把握复习方向，首先为考生介绍无领导小组讨论的特点。无领导小组讨论是评价中心经常使用的一种测评技术，其采用情景模拟的方式对考生进行集体面试。它通过给一组考生（一般是5—7人）一个任务或者一段材料加上设置的问题，让考生们进行一定时间（一般是1小时左右）的讨论，来检测考生的组织协调能力、口头表达能力、辩论能力、说服能力、情绪稳定性、处理人际关系的技巧、非言语沟通能力（如面部表情、身体姿势、语调、语速和手势等）等各个方面的能力和素质是否达到拟任岗位的要求，由此来综合评价考生之间的优劣。由于考官事先并不指定小组中成员的角色，每一位考生的地位角色都是平等的，考生有更大的发挥空间，去展示自己在团队工作中的表现，正因为如此，无领导小组讨论中考生的表现更贴近他们真实工作场景的能力水平。

结构化面试则是指面试前就面试所涉及的内容、试题评分标准、评分方法等一系列问题进行了系统的结构化设计的面试方式。在结构化面试中，考试的题目是预先设定的，面试的评分标准也是预先设定的，一般情况下考官不能随意提问，也不能追问题目中没有的问题。结构化面试的题目有很多种不同的分类方式，主要包括综合分析、沟通协调、计划组织和事务管理等。在结构化面试中，考官的自由裁量空间被限制到了较小的范围，仅仅在规定的评分标准下，有自由斟酌给分的权利。这是为了最大限度地保证面试的公平，避免考官随意发问、随意评分带来的面试考评的主观性和偶然性，当然，也在客观上降低了考官袒护、偏向某一考生的可行性。下文还会讲到有关考试公平性的问题，此处不赘述。

与无领导小组讨论相比，结构化面试对于考官来说其优势在于操作性强，简单易推广，考官只需按照命题者设计的结构化面试流程按部就班即可。评分标准清晰明了，考生成绩受个别考官主观评断过分影响的可能性小。对于考生来说，结构化面试能最大限度地保证公平，由于考官不能随便发问，避免了提问的随意性导致考生回答的题目难易程度不相同。同时，由于结构化面试中考生是独立回答问题，避免了在小组讨论中受其他考生的表现影响等不确定因素。而无领导小组讨论由于考生自由发挥空间大，对于考官的要求比较高，要求考官能在激烈的讨论中分清考生倾向的角色，并从组织协调能力、情绪控制能力、处理人际关系的技巧、辩论说服能力、口头表达能力等方面，对每一位考生的表现进行综合评定，考官受主观因素影响较大。通常要求考官经过严格的培训之后才能持证上岗，所以目前采用无领导小组讨论作为面试形式的地区还比较有限。

当然结构化面试也有其劣势。对于考生来说，需要在一组考官（通常是5—9人）面前，在短短的15—25分钟之内将自己所思所想以即兴的方式回答出来，难免会由于过度紧张而发挥失常。同时，对于考官来说，由于题型种类有限，考生也容易通过对以往的真题的揣摩练习，规避一些弱点，展示给考官的未必是真实的想法，考官要通过察言观色去伪存真，从中辨别出考生的真实想法，不受表象蒙蔽，也有一定的难度。与之相比较，无领导小组讨论中，考生在一个小时左右的时间里，与同组考生在一起展开讨论，唇枪舌剑，比较容易摆脱考场压力，展现出真实的水平。同时，由于同组考生同场竞技，强弱高低对比较鲜明，考官较容易评出小组考生的相对排名。

除以上谈到的两种面试形式以外，情景模拟也常常被采用。情景模拟是设置一定的模拟情况，要求考生扮演某一角色，并根据情景中的角色去处理各种事务及各种问题和矛盾的面试。考官通过考生在情景中的表现来测评其素质和能力。情景模拟主要有三种方式：一是通过现场对话的方式考查考生的能力；另一种是通过现场的多媒体向考生播放一段录像，根据录像的内容向考生提问；三是通过现场的执法或操作来考查考生的应变能力。

情景模拟很少单独运用，一般都与结构化面试一起出现，在结构化面试中加上一道半情景模拟题。真正的情景模拟需要与考官对话，但是这可能会造成对考生的不公平。半情景模拟答题过程中一般不允许考官与考生有任何的语言或者非语言形式的交流，然而如果考官不与考生交流，考生在情景模拟中就是在演独角戏，有时会限制考生的水平发挥。因此很多面试书也将情景模拟作为结构化面试的一种类型来讲解。本书虽然认为情景模拟与结构化面试是截然不同的两种面试形式，但是鉴于半情景模拟题经常伴随结构化面试在最后一道题中出现，且近年来有升温的趋势，因此，也将单列一章进行详细讲解。

总体来讲，结构化面试仍然是公务员面试的主流形式。近年来，各地公务员面试命题专家都在尽力将结构化面试改革创新，扬长避短，例如，上文讲到的将情景模拟加入结构化面试中即是一种创新思路。本书将从结构化面试的主流题型入手，详细分析目前面试中反模板化的评分趋势，剖析目前考题中常见的答题陷阱以及考生常犯的错误，以求新求变的思想，帮助考生理清正确的复习思路，避免考生由于答题方向错误或者过于平淡而被埋没。同时，本书还在对目前全国各地公务员命题趋势的宏观把握的基础上，科学合理预测未来公务员面试的命题出路与方向，及时将一些地方的先进命题思路介绍给考生，未雨绸缪，提前帮助考生梳理答题思路，以应对将来可能面临的题型变化。

第二节　面试的公平性——远观

在正式讲解结构化面试之前，先来谈谈考生最为关心的两类问题。

第一类问题是：我笔试成绩排名靠前，是不是面试就是走形式了？听说笔试第一名一般都能考上？或者是问：我笔试成绩排名靠后，是不是没希望了？老师你说我有机会吗？

第二类问题是：听说面试随意性很大，认真复习了真的能考上么？不怕别人走后门么？

这两类问题其实归结起来就是关于面试的公平性的问题。下面就展开为大家解读这个问题。

上文已经提到，正因为结构化面试的标准化设定，最大限度地保障了结构化面试的公平性，接下来将从面试流程、考官、评分标准及监督机制四个方面谈一谈面试的公平性究竟具有什么样的保障机制。

(一)流程规范化

规范的结构化面试流程通常包含以下几个步骤。

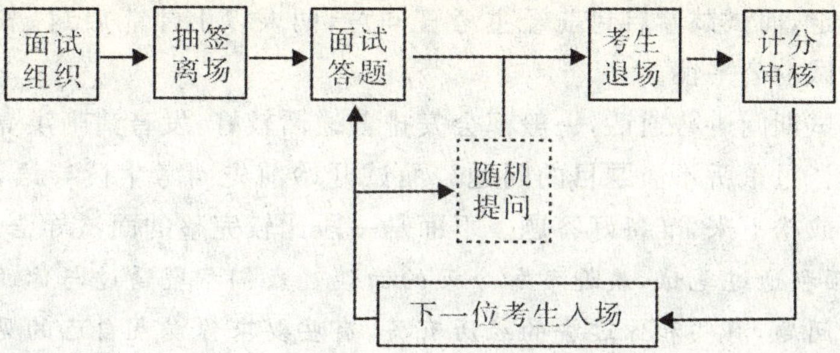

1. 报到抽签：考生在面试通知规定的时间地点集合，工作人员查验有关证件后，上交所携带的所有通信工具，接着进行“双抽签”。这里的“双抽签”包含两重涵义，对考生来讲，“双抽签”办法是指通过抽签确定面试组别和面试顺序。当然，为保证面试评分的公平性，竞争同一职位的面试对象，要尽可能在同一面试时间段内由同一考官组采用同一套试题进行面试。对考务人员来讲，在一些规定严格的地方，不仅考生要现场抽签，考官也要现场抽签来确定面试组别。近年来，多数地方公务员考试采取集中地点时间进行统一面试的方式，所以同一考场内其实有多家单位的考生参与面试，自然也会设置多个组别，分组进行面试。考官们在进考场之前根本不知道自己在哪个小组，直至和考生一样上缴通信工具之后才能开始抽签确定组别。

2. 候考：在候考区等待面试。考生抽签完毕之后会分组由工作人员带领到候考室候考。很多情况下，候考室有两个，一个是大候考室，即所有的考生都集中在大候考室内，还有一个小候考室，第一个面试的考生会到这个小候考室，第一个考生进入面试考场的时候，第二个考生就在小候考室做准备。当然有时候这个小候考室，可能是正式考室附近的走廊、楼梯间等地方，由引考员陪同候考。

3. 面试答题：考生进入考场之后，考官会向考生宣布考场规则和考试前的一些导语。一般情况下，导语之后就是主考官按顺序宣读试题，考生作答。考室内情况比较复杂，通常来讲有如下几种情况。关于有无题本的问题，有的地方有题本也有草稿纸，所有考题都印在一张纸上，考官念一题，考生答一题；也有的是让考生先看题目，之后可以选择思考一道题回答一道题或者思考完之后一起作答。有的地方没有提供题本，考生需使用桌上的草稿纸和笔认真记录下考官所念题目的关键内容，听一题答一题。不管采取哪一种形式，考生都有思考的时间。当然，还有的考场草稿纸和题本都没有，甚至没有桌子，只有椅子。面试时间在10—30分钟之间。如果考室选择在一些比较大的会议厅，考室内还会有麦克风，以免考官距离太远听不清考生答题的声音。

4. 候分室候分：考生面试完后，主考官宣布请考生退场，面试完的考生不得再返回候考室，在引考员带领下到候分室等待分数，收到分数通知单签名后即可离开考场。有的地方会让考生在考室现场等候，当场或者等待后面的几个考生面试完毕之后宣布分数，已经面试完的考生允许留在考室内旁听席中旁听其他考生的答题。现在大部分地方的面试当场就公布分数，但也有极个别地方当场不出分数，过几天才公布。

除此之外，考生答完规定试题后，有时主考官会自己或请别的评委进行临时提问，这样的情况是非常少的，并且在有些结构化面试中是不被允许的。

（二）考题规范化

大多数地方公务员结构化面试都采用集中时间地点统一面试的形式。这就意味着同一天同一个考场的不同组别可能采用的都是统一的一套至三套题。如果同一天的面试时间分上下午和晚上，那么三个时间段启用不同的三套题。为保证公平，一般来讲，竞争同一职位的面试对象，要尽可能在同一面试时间段内由同一考官组采用同一套试题进行面试。如果某职位招考人数较多，即竞争同一职位的考生人数较多，那么考生很可能被安排在上下午和晚上三个时段内面试，采用三套不同的题目。这就要求这三套题目在类型上、难易程度上都应具有可比性。一套试题一般包括3—5个问题，每个问题原则上不超过50字，有与之相应的评分标准（见下文）。同一天的面试时间各考场各组别完全统一，面试时间和启封面试试卷时间都有严格的规定，面试试卷启封前经主考官同意，两人以上才能启封。这些严格保密措施都是为了最大限度地保证面试的公平性。

主考官按规定在面试期间讲普通话，一般都会安排普通话较好，发音清晰洪亮的考官来担任主考官，考生不必担心考官方言音过重听不懂题目的问题。面试开始前先向考生读导语，再读面试题目，让应试者进场之后能尽可能地放松下来，准备好答题。下面是一段比较完整的面试导语。

你好，首先祝贺你顺利通过笔试，欢迎参加今天的面谈。我们希望通过与你的交谈，进一步对你进行了解。我们会问你一些问题，有些和你过去的经历有关，有些要求你发表自己的见解，希望你能认真和实事求是地回答，尽量反映自己的实际情况、真实想法。在后面的考核阶段，我们会核实你所谈的情况。对你所谈的个人信息，我们会为你保密。面谈时间一共××分钟左右，回答每个问题前，你可以先考虑一下，不必紧张。回答时注意语言要简洁明了，控制好时间。好，现在就让我们开始。

整个面试过程中考生不得主动做自我介绍，也不得在答题过程中透露姓名、家庭住址、工作单位、毕业院校等个人信息，考官也不得询问考生个人信息以及向考生提问面试试题以外的问题。也就是说考官除了题目中允许提的问题以外，不得随意插话和自由发问，以保证每一位考生面对的都是相同的问题。

(三)考官规范化

面试考官必须取得公务员主管部门颁发的面试考官资格证书，未取得面试考官资格证书的，不得担任面试考官。一般来讲，中央考官主要来自于中组部、公务员局及招录单位，地方考官主要来自于省委组织部 、省人事厅 、市委组织部、人事局等单位。近年来，为了保证面试的公平性，多数地方在组织公务员面试时都明确规定须地区交叉出任面试考官，面试考官有直系、旁系亲属参加面试的，必须回避。一个面试考室内考官一般由 5—9 人组成，有条件的地区更是明确规定考官不得少于 9 人，其中 1 名主考官，一般考官由单位领导、业务部门主管、人事部门主管、测评专家组成。考官即使取得了考官资格，在面试前一般还要经过专门的培训。公务员面试要求考官有行为的一致性，不能带有明显的个人主观倾向，更不能在面试考场中表露出对某一个考生的好恶倾向，以免影响考生的正常发挥。每一位考官独立打分，权重相同，考官互相不得交流商讨打分情况。

(四)考场规范化

考生可以通过下图清晰直观地了解考场的座次安排。通常来讲，考官坐在与门直对的正前方，考生则与考官相对而坐，一般在主考官的正对面，方便左右两侧的考官都清楚地观察到考生的一举一动。侧面安排有工作人员席，包括记分员和记时员，有时候则会有单独的监督席，邀请纪检、监察部门的人员和聘请社会监督员，有地方甚至请考生家长代表现场监督，从源头上防止和杜绝不正之风，确保面试公平公正。

结构化面试座次安排

(五)评分标准规范化

结构化面试的评分表关系到考试的最终结果，是最关键的组成部分。通常结构化面试的评分表包含以下三个部分。

1.测评要素。公务员结构化面试测评项目及出现频率情况如下表：

1	语言表达能力
2	应变能力
3	综合与分析能力
4	实际业务知识与操作技能
5	举止仪表
6	逻辑思维能力
7	知识面
8	思想与政治水平
9	进取精神
10	态度
11	人际关系
12	兴趣爱好
13	性格
14	创造能力
15	记忆能力
16	听写能力
17	求实精神
18	稳定性
19	组织管理能力
20	动机
21	自学能力
22	计算能力
23	调研能力
24	接受能力
25	注意分配能力
26	独创见解能力

评分表中的测评要素一般都从上面26项最为常见的测评项目中选取，视当次的考题设置的情况，对应相对的测评项目。

2.　分值或权重。即选定的测评要素在当次结构化面试中占据多大的权重或者分值。

3.　评分要点。供考官评分的参考标准，有时候还会将优良中差的具体表现提供给考官做评分用。

下面就是几种结构化面试评分表示例。

结构化面试评分表示例之一

测评要素	综合分析	组织协调	计划控制	应变能力	创新意识	语言表达	仪表气质
分数权重	25	15	15	15	15	10	5
评分要点	思路明确清晰，有条理，分析问题全面、透彻、客观。能够把握问题的实质，抓住问题的主要方面。可以系统地阐明自己的观点。	具有团队意识，有很好的工作策略与经验。能够很好地进行协调和权衡，与他人相处友善，在坚持原则的前提下艺术性地解决问题。	制订计划时考虑周详，事先对可能出现的问题预做准备，并有一定的解决方案。出现问题时能够从大局出发进行控制，以保证任务的顺利完成。	能够对可能的变化进行预测。在突发事件面前临危不惧，可保持冷静。快速且适当地处理意外情况。	善于提出新的可行的见解和方案。思维保持开放性，具有战略眼光。对提高团队效率和资源的利用有清醒的意识。	与他人交流自然，表达清晰，语言运用准确简洁。非言语表达丰富、随机应变。富有说服力和感染力。	仪表端庄，举止有风度。言语有亲和力，自信谦和，外在形象感召力强。
评分等级	22—25(优)	13—15(优)	13—15(优)	13—15(优)	13—15(优)	9—10(优)	5(优)
	16—21(良)	10—12(良)	10—12(良)	10—12(良)	10—12(良)	7—8(良)	4(良)
	9—15(中)	7—10(中)	7—10(中)	7—10(中)	7—10(中)	4—6(中)	3(中)
	0—8(差)	0—6(差)	0—6(差)	0—6(差)	0—6(差)	0—3(差)	0—2(差)

结构化面试评分表示例之二

序号		姓名		性别		年龄		文化程度		报考部门	

面试要素	综合分析	言语表达	应变能力	计划、组织与协调	人际交往的意识与技巧	自我情绪控制	求职动机与拟任职位的匹配性	举止仪表
权重	17	20	14	10	14	10	7	8
观察要点	对事物能从宏观方面总体考虑；对事物能从微观方面考虑其各个组成部分；能注意整体和部分间的关系及各部门间的有机协调组合。	理解他人意思，口齿清晰，流畅；内容有条理、富有逻辑性；他人能理解并具有一定说服力；用词准确、恰当、有分寸。	有压力状况下，思维反应敏捷；情绪稳定；考虑问题周到。	考虑部门目标，预见未来的要求、机会和不利因素，并作出计划；看清冲突各方间关系；根据现实需要和长远效果作适当选择；及时作决策；调配、安置人、财、物等有关资源。	人际合作主动；理解组织中权属关系（包括权限、服从、纪律等意识）；人际间的适应；有效沟通（传递信息）；处理人际关系原则性与灵活性相结合。	在较强刺激情境中，表情和言语自然；受到有意挑战甚至有意羞辱的场合，能保持冷静；为长远或更高目标，抵制自己当前的欲望。	兴趣与岗位情况匹配；成就动机（认知需要、自我提高、自我实现，服务他人的需要，得到锻炼等）与岗位情况匹配；认同组织文化。	穿着打扮得体；言行举止符合一般的礼节；无多余动作。
满分	10	10	10	10	10	10	10	10

序号		姓名		性别		年龄		文化程度		报考部门	
要素得分	A	B	C	D	E	F	G	H			
考官评语	考官签字：　　　年　　月　　日										

结构化面试评分表示例之三

面试考生序号			性别		面试地点		报考职位	
面试要素		语言表达能力	逻辑思维能力	责任感与进取心	组织协调能力	应变能力	举止仪表	
分值		20分	20分	20分	20分	15分	5分	
评分标准及评分要点	好	15—20分	15—20分	15—20分	15—20分	11—20分	4—5分	
		表达准确、简洁大方，叙述流畅得体，无语病	层次清晰，主次分明，条理清楚，善于综合分析，逻辑性强，思维面广	态度负责，自信而又务实，既有进取意识而又踏实、谦逊，回答极有分寸	有极强的设计能力，计划能力，计划周密可行组织能力极强；有极强的合作意识，合作技巧高，协调沟通方法得当	对事物的变化反应敏捷自然，有较强的应急能力，处理问题恰当、得体，心理承受能力强	文化素养高，举止文雅，穿着得体，无多余动作	
	中	10—14分	10—14分	10—14分	10—14分	5—10分	2—3分	
		表达清楚，叙述较通顺，不够简洁，有些语病	有条理，有主次，有一定逻辑性，能分析归纳问题	有一定自信心和进取精神，但有些好高骛远，不够实际	办事有计划，但不够严密，有一定组织能力；有合作意识，懂得一些协调方法	能对事物变化作出反应，有一定心理承受能力，应变能力尚可，能处理一些棘手问题	有文化素质，举止不够大方，穿着整齐	
	差	0—9分	0—9分	0—9分	0—9分	0—5分	0—1分	
		表达不准确，语言不通顺，说话啰嗦、累赘、混乱	条理混乱，内容凌乱，缺乏逻辑性，思维面窄	回答问题绕弯子，办事不负责任，无进取心或华而不实、哗众取宠	办事无计划性，考虑事情极不周到，缺乏组织管理意识；缺乏合作意识，协调沟通能力差	对事物的反应迟钝，不知所措，处理不当，或情绪激动，对外部压力极为敏感，不能控制自己	文化素养差，穿着不得体，举止不得当，多余动作多	
择重考题		二题为主，兼顾一题		一题为主	三题为主	四题为主	全过程	
机评得分								
终评分项								
得分合计								
评委评语		评委签名：　　年　　月　　日						

结构化面试评分表示例之四

考官组： 考生面试序号：

面试题目	第一题	第二题	第三题	第四题	言语表达能力	举止仪表
测评要素	逻辑思维能力	责任感与进取心	应变能力	组织协调能力	此要素主要通过考生的整体表现予以评分	此要素主要通过考生的整体表现予以评分
满分	10	10	10	10	10	10
要素得分	A：	B：	C：	D：	E：	F：
考官记录						

1. 对每一要素评分，考官按 0—10 分打分：优 8—10，中 4—7，差 0—3，精确到 0.5 分；

2. 评定的分数用钢笔或者圆珠笔正式填写在本表上；

3. 本表涂改无效。

对比四张评分表，表一和表二没有将题目和测评要素一一对应，而是由考官自由裁量，这样做有一个比较明显的缺陷，即很难避免考官凭印象打分。例如，大家都知道心理学中的首因效应，即每个人给人的第一印象往往是最为深刻的，面试考官在操作这种评分表时，很容易将对考生的第一印象作为最后分数评定的标准，而不是按照题目设计的测评要素来按点给分。再者，即使考官尽量克制不凭第一印象打分，要求考官自主将考题和测评要素对应，不同的考官可能会有不同的理解，同一个考官也可能前后有不同的理解，主观因素影响较大。表三和表四是在评分表中将测评要素最大限度地与考题对应，尽量避免主观因素给考生造成不公平的可能性。

为平衡个别考官的评分对考生造成的严重影响，各考官评分按照体操比赛的规则，去掉一个最高分和一个最低分，其余考官的平均分数即为该考生的最终得分。近年来，部分地方为了更加精确地平衡过高和过低分，将每一个要素各考官的评分去掉一个最高分和一个最低分，其余考官的平均分为该要素得分，各要素得分加总为最后的面试总分，这种方式更加科学和精确。

相信经过详细的说明，考生心中的两大疑问应该已经有了答案，公务员结构化面试是否值得我们拼尽全力去争取，考生心中也应该有了答案。

第三节 面试题型的变与不变——近看

上一节讲到过，如果某一职位或者同一类的职位招考人数较多，结构化面试可能分上下午（个别地方可能晚上也安排面试）面试，甚至是分多天完成。为保证考场秩序，以及出于人性化考虑保证考生的充分休息，上午入场考试的考生一般中午即可全部面试完毕退出考场。因此为了保密，上下午必须使用两套题。题目虽更换了，但为了基本保证上下午面试的公平性，题目设计时所要测评的要素基本相同，换句话说，题目的结构往往具有极大的相似之处。我们来看两组 2011 年北京市的结构化面试题。

2011 年 6 月 11 日上午北京市公务员面试题

1. 某市修地铁要移走一批梧桐树，社会一些知名人士发起抗议，市民积极响应并发起保护梧桐树行动，最后经沟通后，当地政府重新规划地铁，修改了地铁线路，谈谈你的看法。

2. 西部某区为吸引青年学子回家工作，让你组织一次新年团拜会，向青年学子介绍家乡的发展，并吸引他们回家就业，你如何组织？

3.某同事在一项工作的关键环节帮了你，并到处宣扬，在工作中还经常对你指指点点，以致同事和领导对你的工作能力产生怀疑，你怎么办？

4.某地水管爆裂事故频发，最近又爆裂，你去现场考察，当地居民抱怨，工人也觉得很委屈，居民与工人发生了言语冲突，你是负责人，怎么处理？

这四个题目依次分别为综合分析（社会现象）类、组织计划（会议）类、沟通协调（竞争合作关系）类、事务管理（应急应变）类，分别考查大家的逻辑思维能力、组织协调能力、应变能力、人际交往的意识与技巧、言语表达能力等测评要素。下午的题目在题型组成方面具有极大的相似性，仍然是综合分析（社会现象）类、沟通协调（服从合作关系）类、组织计划（教育宣传）类、事务管理（应急应变）类，只不过是题目顺序稍微变换了一下。

2011年6月11日下午北京市公务员面试题

1.现在城市热衷于改名，将城市名字改为本地的名胜古迹或者名牌产品的名字，比如贵州省贵阳市想要改名为茅台市，等等。你怎么看这个问题？

2.你刚进入一个部门，同事对你不满意，其他同事也对你不满意，领导批评你，让你好好处理人际关系，你应该怎么办？（还有如下问法：你进入新的工作单位后，向单位提交了一个建议，负责的同志认为你是找茬，其他同事也议论纷纷，你的领导提醒你要注意同事关系。你怎么办？）

3.你部门要为一小学组织消防演习，你是负责人，你如何开展？

4.你是一个晚会的负责人，有外国来宾演出节目，可是由于天气问题，临开演了才发现外国来宾所需要的设备在飞机上，领导已经到场，你应该怎么处理？

上下午题目类型大体一致，提醒了考生们在当地面试已经开始时，就不要只顾埋头苦读苦练，更要注意上网，通过与网友的交流，了解最新的面试题，对接下来的复习和调整适应会有较大的帮助。

当然，为了防止考生押题猜题，有的上下午题目类型稍微有些变化。例如：

2010年3月5日上午国家公务员面试题

1.近年来大学生到农村当村官，有村民反映说“大学生能力不够”，有的大学生说自己觉得不适应，说说你的看法。

2.部分单位有小圈子现象，名为团结，实为结团，作为新到一个单位的工作人员，你怎么看？

3.就你过去的学习生活中，老师或领导没有安排、你自己主动去做了，并且收到好的效果，说说具体的事例。

4.某市城管执法部门实行“公众接待日”制度，由你来组织，怎么做？

5.在一次听证会上，你是单位工作人员，听证参加人的信息是你公布的，但是引起群众质疑，问你怎么处理？

上述题目包括了综合分析（社会现象）类、沟通协调类、自我认知与岗位匹配类、事务管理（常规事件和应急应变）类，五个题目考查的要素比较全面，3月5日下午的题目类型就稍稍做了些变化，出现了情景模拟题，沟通协调类题目也从一个增加到两个。

2010年3月5日下午国家公务员面试题

1.钱学森曾上言总理“现在中国学校培养不出优秀高材生”，你怎么看？

2.处长让新来的同事把文件归档，但他还不熟悉，处长让你帮忙，但你有紧急的事要处理，你怎么办？

3.小李新来单位，觉得单位人际关系很复杂，常常沉默寡言，他对工作很认真，但是出了小问题也不向领导解释，领导认为这是消极抵抗，如果我就是小李，你怎么帮助我？

4.下周单位将举办挂职干部交流会，到时单位的主要领导都会参加。筹备会议的任务已经交给你，现在我是领导，你现在向我汇报一下会议的筹备情况，以及下周会议的安排。

5.你是一名小学教师，带领30名小学生参观革命圣地，途中十多名小学生出现了发烧症状，疑似甲流，你怎么办？

总的说来，在招考地区同一次组织的结构化面试中，题目类型总体上是趋同的，但为了保证前后面试的考生公平竞争，在面试后期题目类型可能会稍加变化。为更好地讲述各式各样的结构化面试题目，本书将其分为了以下几个大类：

(一)自我认知与岗位匹配类

(二)综合分析类

(三)沟通协调类

(四)事务管理类

(五)组织计划类

(六)情景模拟类

(七)材料分析类

以上分类几乎涵盖了所有结构化面试题目，但是每个大类里面有一些小类型可能每年会有一些创新和变化。比如，将传统意义上的沟通协调题变换成情景模拟题，也可能在一些组织计划、自我认知与职位匹配题目当中连续地提问或者增加追问。例如：

2010年3月3日下午黑龙江省国家税务局面试题

1.医院实行新的医疗优惠政策，施行后有的人在医院病好了不走，还有的人小病不去，谈谈你对这现象的看法。

2.你的办公室除你和处长外还有个老同事，老同事老把他自己的工作给你做，影响了你的工作进程，处长因此批评你，你怎么办？

追问：我就是你的处长，你怎么解释？

3.谈一件你在工作中积极主动地发挥自己作用的事。

追问1：在这件事中什么是最困难的？

追问2：你如何发挥自己作用的？

4.你单位要建造图书室，由你负责，期限3个月，你如何开展工作？

5.你是超市工作人员，你所在超市有个政策，一些人可以免费得到一些超市的东西，有人举报你超市存在假冒产品，而且该领物品的人没领到，这时你的领导也在场，你怎么办？

因此，提醒考生注意除了复习好传统的几大类型题目以外，还应多留心练习其他省份曾经出现过的新的考题形式，以应对可能出现的变化。本书也会竭尽所能分析目前结构化面试的新趋势、新变化，教会考生与时俱进地掌握学习方法。

第二章 反模式化答题形势分析

套路与思路之争

很多考生上课时喜欢学习组织计划类以及沟通协调类的题目，认为针对这两类题目老师讲课思路清晰，很容易开口答题，他们认为综合分析和事务管理类题目的进步比较慢，因为即使知道答题思路仍然觉得无话可讲。其实，作为多年的面试辅导老师，我认为对于缺乏实际工作经验的考生来讲，综合分析和事务管理类反而比较能够找到足够的材料来复习，也可以通过背景知识的补充而得到全面的提高。反而是组织计划类和沟通协调类的题目，虽然老师在讲解的时候思路清晰明了，并且可以提供一些常用的表达方式、常见的答题要素供考生参考使用，但假使考生认为只要掌握了这些就能够顺畅地答题就可以的话，那么就大错特错了。这两类的题目只是起步比较容易，考生感觉"好答"只是因为有话可说，至于话是不是说到点上，是否切中题目要害就不得而知了。组织计划类和沟通协调类题目的提高还是要靠工作的积淀，至少是通过学习前人的工作经验间接获得实际工作的经验教训。

在我们组织的面试模拟考试中，回答组织计划类和沟通协调类题目是最容易落入模板化的套路中的。那么"套路"是怎么来的呢？应该说面试老师可以从答题要点当中逐渐地提炼出一些常用的、行之有效的思维方式，这原本应当称之为"思路"。但一些考生机械僵化地背诵思路，甚至要求辅导老师或者有面试经验的考生写一些参考答案出来朗读背诵，以为这样保障自己在考场上有话可以说就行了。殊不知这些"有话可说"真正坑害了考生。下面我们来看一位考生在论坛上发帖谈到"套路"时的说法。

"有考友说，不要背套路。窃以为不可。尤其在复习的初期，多掌握各类题目的套路很有必要。关键在于，你怎么运用套路。简单地说，将套路加以改版、完善，把套路用自己的话说出来。"

这位考生说的"套路"其实就是上文中讲到的总结性的"思路"，套路是死的，思路却是可以灵活变化的，如果死记套路，无论遇上什么样的题目都以套路来应对，考生的确是有话可说了，说得顺畅了，但是这样的答案考官肯定是不买账的。这样的答案随处可见，在下一节我们会谈到一些具体的例子。

第一节 考官眼中的模式化答题

对于面试中考生是否犯了模式化答题的毛病，最有发言权的应该是面试考官了。究竟什么样的表现可能被考官判为模式化答题？为让考生们换位思考了解考官的想法，笔者搜集了一些考官的经验之谈，供考生参考，考生也可以自我审视对照，看看自己是否也存在这样的错误做法。

说说当公务员面试考官遇到的事[①]

作者：西点军校 7930

上周，我当了 3 天我们这个市的公务员考试面试考官，平均每天要面试 30 个考生，3 天下来就接近 100 个。很累，但很有成就感，看到考生表现得优秀，我为他（她）高兴，看到临场紧张、发挥不好的考生，我也跟着心里着急。

① 本文有部分删节，文章来源于网络，无法联系原作者，敬请作者与我们联系，以便奉上稿酬。

一想到我的打分可能影响别人的命运，我生怕有一点点不慎，竖着耳朵听准考生的每一句话，认真地打好每一项分数，认真地比较，特别第一天，天阴得厉害，在北房间里坐了一天，回家时感觉腿都不像是自己的了！

三天下来，遇到一些有趣的事，想在这里开帖说出来，如果您要是打算考公务员，不妨进来看看，也许我的经验对大家有点启发呢。

一、考生表现模式化

我是第一次当考官，不知道往年面试情况如何，但在今年面试中，以我所在的考场为例，发现很多考生，不知道是受网络上的面试技巧影响，还是上了同一个培训班，表现得极为相似！举几个例子：

1. 在考场礼仪方面，有的考生简直像个机器人

一进门，带着职业微笑，双手叠放在腹部，双肘分开，深深地一鞠躬，深情地说：各位考官，各位工作人员，上午好，你们辛苦了！

考官每说一句话，都眨着眼睛，含笑着点头：恩，谢谢！

临走时，再深深地一鞠躬：再次感谢各位考官，祝你们身体健康、精神愉快、工作顺利、全家幸福！

这样写出来好像挺不错的表现，但放在实际场景中，就显得有点虚了啊，毕竟我们不是考空姐！大方、自然一点就好！

更惊人的是，考官念完一道，示意考生可以回答，考生面带微笑说：

——“考生现在开始思考！”

——“考生思考完毕，考生开始答题！”

第一次听见有人这么说，我用余光看到，我们组的考官明显都吃了一惊！

关键是每题之前都来上这么一句！不过很快大家都适应了，因为下一个进来的考生也这样子！还有：

——“请允许考生思考片刻！”

一个姑娘，答得倒很不错，就是回答每题前都不忘来上一句：

“考生思考完毕，请求答题！”（让我想起了卫星发射现场！）还很诚恳地笑着看主考官，等着主考官表态！

结果我们组的主考官害怕她这样会耽误答题时间，每次不等她说完，就赶快点头表示同意！

当我们适应了这种方式，一个更有意思的考生出现了：

——“考官开始答题。”（谁是考官啊！）

——“考官答题完毕。”（语气硬是不加个逗号，非得连着说？）

主考官问，你还有什么要补充的吗？

答：——主考官没了！（什么叫主考官没了？）

点评：这位面试考官说到考生面试礼仪的时候其实只强调了一点——自然得体大方，很多考生经过一些面试书或者部分不负责任的培训班的指点，被训练成了千篇一律的僵化模式，该说的不该说的，该做的不该做的，都在考场上一字不漏地全盘照搬。虽说俗语说“礼多人不怪”，但是每一位考生进来都是一成不变的僵化表现，难免让人觉得有些失真，也让礼仪脱离了它原本的意义。关于面试礼仪还会在后面的专门章节里讲到，这里就不多讲了。

2.“凡事预则立，不预则废”

结构化面试中有一道组织协调题，给你一个主题，让你说说如何组织一次培训，或者是宣传、会议、参观、检查等等。一般说来，考生都说要先做一个工作计划或方案，这倒没错，可一上午15个考生，7个全用同一句话来开场：“俗话说，凡事预则立，不预则废！”

以至于我一听到,"俗话说……",心里就暗暗叹气:又来了!怎么就不能换句话呢?看来网上这篇面试技巧除了我以外,很多人也都看到了啊!

第二天午休时,大家说起考场里阴冷,一位考官说:昨天天阴,今天我特意多穿了衣服!好受多了!

结果有三个人异口同声地说:"凡事预则立,不预则废!"

有一位老兄,刚说到"凡事预……"忘词了!不过还算是应变能力强,愣了一下说:"凡事预先都要有个计划!"

不过说实话,我们没有因为说了这句话就给考生扣分,主要还是看具体答题的情况,如果你完全按网上的套路一字不差地答,没有结合题目里的内容的话,就只能得到基本分数了。

谈到如何处理人际关系时,这一句又来了:

"海明威说,每个人都不是一座孤岛(所以人和人产生碰撞是难免的)……",说实话,先不管海明威是不是说过这句话,当初我在网上看到某个人写的面试技巧时,也觉得这句话引用得不错,不过大家也得想想啊,既然你能在网上看到,别人也能啊,这样一来你再用这句话,不是笨点了吗?

一上午说这句话的考生大约有3个!

谈到对一个问题的认识时,"横看成岭侧成峰,远近高低各不同",第一次听感觉这考生还不错,结果一上午来一个这样说,再来一个还这么说,又晕了!

休息时,我身边的一个大学教授说:"这是哪个培训班教的,真想把他们老师拉出来揍一顿!"

点评:在面试考场上引经据典固然可以向考官展示你的知识底蕴,增加获胜的竞争力。但是正如这位考官所讲,考生们仅仅靠死记硬背几条名言警句,想就此蒙混过关,"以不变的警句应万变的题目",这显然是不合适的。从书上、网上见过的背诵下来的名言警句,很多考生都看过,如果大家都只想蒙混过关,最终就会出现上文中考官见到的情况,所有考生都不会给考官留下良好的印象。其实这并不是哪个培训班老师教考生这样回答的,而是考生们只记住了好记的几个名言警句,没有在平时注重积累,说到底还是急功近利的心态在作怪。

3.如何做好领导交给你的一项工作

答:这是领导(或组织)对我的信任,我一定要把这项工作作为一次锻炼和提升的机会……

——这是你的正常工作!这样说高度太高点了吧?

4.如何组织一次活动

考生千篇一律地回答:做好事前、事中、事后三段。

事前做好计划(那句著名的"凡事预则立不预则废"就是放在这儿说的),事中选择好时间、地点、人物,做好经费预算(也不管这是一项什么工作,需不需要经费),安全保卫(一次单位内部的会议也需要安全保卫吗?),注意协调各方面关系,事后写好总结报领导审阅,做好经验总结。

说得很流利,但你倒是说一点具体的内容啊!

点评:这类组织计划题目确实容易落入到一些模板化的语言表达中去,考官也很明确地指出了,并非答得不流利,问题在于不是答题的关键。并非每一个领导交办的工作都意义重大,并且是出于对你的无限信任才交由你来组织,也并非任何组织计划题都要面面俱到地讲到事前、事中、事后三段,更可怕的是,没有具体的内容,也就是说,答案并非针对这一个题目个性化的答案,而是所有组织计划类的题目都是来来回回那几句空洞的话,这样的答案怎么能让考官满意呢?这样回答问题的考生只能说缺乏动脑思考的主动性,只会依样画葫芦,这样做事是很难让领导放心将事情交给你的。

二、答非所问型

问:你怎么看待社会上某一现象?如何解决?

此题要分析此现象的成因,包括人的心态、社会环境、制度问题等,然后提出解决办法,有一些看来是学生会干部的人这样回答：

——我是公务员，如果是我，绝对不会出现这个情况，我绝对能做到……

还有，如果你的同事老是失信，你该如何是好？

正确的回答应该是分析失信的原因，然后大度地对待，帮助他建立诚信。

有些实在的同志回答："离他远一点，不和他玩了！"

还有人回答："一定要让此人认识到失信是一种严重的危害党、危害国家、危害祖国和人民的违法犯罪行为。"

——太吓人了吧！

这些毕竟是少数情况，被我集中起来说了，出现上述的情况，我分析有几种原因：

一是刚毕业不熟悉社会实际，不了解时事；

二是太紧张，不知道说什么好；

三是受到网上面试技巧和社会上培训班的影响太深！

其实面试要参考技巧，又不能完全照搬，关键要放松地答出水平和高度来！

每位考官的手里都有一个题本，除了有题之外，还有很简单的答题要点，可以参照打分。但实际上，考官是不完全依照这个答案的。只要考生答得符合实际，有可行性，再有点新意和深度就可以得到高分。

但是，面试中有一定运气因素的。毕竟是人在打分，每一场的题不一样，考官也不一样，即使是同一个回答，不同的考官的感觉也不可能完全相同。

所以，我的体会是，优秀的考生在哪一场、面对什么考官都没问题，而那些不太行的考生也一样，不行就是不行。运气因素就存在于中间地带的考生中。我想这大家都能理解。

点评：答非所问的考生可能是因为真的无话可说了，只好"为赋旧词强说愁"，把自己背诵得滚瓜烂熟的话搬出来凑凑数，没什么害处，可是也无法得到考官的分数。面试复习要掌握技巧和方法，同时也绝不能照搬，一定要加上自己的理解和思考。从这个意义上来说，面试确实是全面考查一个考生思维能力、应变能力、语言表达能力、抗压能力等各种要素的综合性考试。我不是反对死记硬背，相反，对于一些古典诗词、名言警句，考生们在平时背得越多越好，但是想轻松地背诵几条"万能金句"就能赢取面试，这只是一厢情愿的想法。

第二节　从自发性答题到模式化再到个性化答题

初次接触公务员结构化面试的考生往往会感到迷茫，面对题目不知道如何下手。这个阶段可以称之为自发性答题的阶段。这个阶段的考生往往有如下一些感受。

一、感觉无话可说，找不到着眼点和立足点

例题："木秀于林风必摧之，堆高于岸流必湍之。"你怎么理解这句话的含义？

由于很多结构化面试是没有题本可看的，考生得到考试题目信息全靠主考官朗读题目，可能一时紧张没听清，或者主考官某些字发音不是很标准，很多考生听到这道题目可能不能准确地理解、翻译这句话的含义，于是刚开始就已经自乱阵脚，接下来就很难正常发挥。本来能够想到的答题思路都因为对一字两字的解释拿捏不准，就自己先放弃了。

这是最糟糕的一种状态，但是在面试考场上什么样的题目都可能出现，遇到自己不熟悉的名言俗语也非常正常，我们应该直面这样的困难，迎难而上。其实这句话并不是多么的艰涩难懂，如果能理解其中一句话的含义，也许能隐约地理解为：树木过分高于树林，风必然摧残它。有同学觉得很难直译，不妨换

一种方式，采用意译，比如可以说："我认为这句话告诉我们一个这样的道理……""这句话给我这样的一种感悟（启迪）……"这样就可以巧妙地避免难翻译的尴尬，用平白的语言来清楚地表达自己的意思，更能够让自己心态放松，正常发挥。

二、感觉能理解题目的含义，但很难随心顺畅地表达

初次尝试结构化面试的考生往往陷入这样的复习误区，买了很多参考书来看，看了很多的网络视频课程，自己感觉胸有成竹了，甚至觉得老师给的面试参考答案水平也不怎么样。结果，一到自己模拟答题就慌了神，这才知道原来默读答案易，开口答题难。即使背了上千道面试题目答案，一到实际运用的时候才觉得是茶壶里煮汤圆——倒不出来。

其实这样的状态很容易理解，考生们也不要因此丧失信心。考试时觉得很难随心表达几乎是每个考生都或多或少可能遇到的问题，原因不难分析：第一，平时我们的日常用语和面试用的比较书面化的语言是有一定差别的。第二，一些考生平时关注时事比较少，更少跟人谈论起时事，更多的是聊家长里短，一到面试这样的正式场合，讲起话来总是觉得别扭，甚至严重的还会有短暂性的"失语"现象。再加上，平时我们谈话面对的对象可能是亲朋好友，熟悉的同学和老师，来自外界的压力不会很大，而在面对陌生的、且是决定自己命运前途的考官时，因为紧张而导致说话不利索也很正常。

为了能最大限度地减轻这种症状，考生应当平时多练习当众表达自己的观点，多看多听多学，积累口头表达素材，才能早日脱离这个初级的自发性答题的阶段。

三、感觉思路打不开，几句话之后就无话可说

思路打不开可能是受过去知识背景、思维方式的影响，每提到相关的话题，就只能想到平时自己比较关注的那几点。还是以上述题目为例，"木秀于林风必摧之，堆高于岸流必湍之"这道题目可以从多个方面入手来回答。

最容易想到的是"枪打出头鸟"这个意思，这句话告诫我们做人不能过分张扬，否则可能招来人们的嫉妒甚至是排挤等。因此得出结论，我们如果取得了一定的成绩，千万不可居功自傲，一定要想到我的成功归功于集体，归功于帮助过我的所有人，否则就可能因为自己的不当言行在集体中处于孤立的地位。

再仔细想想，其实还可以发散出多种思路，比如可以说，"木秀于林"要看是哪方面秀于林，如果是不遵守规章制度，公然地挑衅党纪国法，这必然是会受到制度的严惩的。如果是在某些方面不拘泥于过去，有创新的勇气，勇于突破，敢为人先，这样的勇气是值得我们学习和赞扬的，对于这样的"秀木"和"高堆"，我们要用包容、宽大的心态来对待他们，并且暗暗努力，争取能与这样的"秀木"和"高堆"看齐，使我们整个集体都受到激励而取得更大的成绩。

还可以说，站在时代的风口浪尖的弄潮儿们，比起墨守成规的做法，的确容易受到挫折和打击，比如说在几年前的金融海啸中受到创伤的东莞、昆山等地，但不能因为容易遭受挫折就怯于尝试，改革开放没有现成的路可走，都是一步一个脚印在学习摸索中前进的，只要是进行了科学合理的论证，就要勇于尝试，这样才能不断地进步。

最后，还可以谈一谈自身对于"秀木"和"高堆"的态度，是否敢为人先，是否会排挤"秀木"和"高堆"，这又是一种新的思路。

讲到这里，考生们可能觉得豁然开朗，觉得这几点我应该也能想到的，怎么在面试答题时就是想不到呢？经常也会有考生在考场糊涂，一出考场就清醒的状况，其实说到底，还是平时思考问题不够深入，没有有意识地从多角度全方位训练自己的思维。在我的课堂学习和练习的学员，一开始觉得无话可说，到后来往往会觉得想到的东西太多，时间不够用，这就是多思考多训练的效果。

当然，要达到这样的答题效果并不是一蹴而就的，需要经历从自发性答题，到模仿他人的答题思路，

再到个性化答题的一个过程。我一直坚持课堂中老师提供的参考答案一定是语言规范、思路全面开放的，因为学员们需要有一个模仿的阶段，假若这个模仿的对象差强人意，模仿出的效果也就可想而知，更无从谈及个性化提升了。这也是本书写作的目的所在，希望能在有限的篇幅中，提供给考生尽可能全面周详的解题思路及参考答案，并能在此基础之上，给考生们个性化的指导，使每位考生都能有自己的答题风格。

第三章　面试口才训练之道

上一章讲到考生在准备面试的过程中往往要经历自发性答题到模式化的模仿答题，再到个性化答题的阶段。模仿容易，创新难。如何才能在考场中厚积薄发，将自己的聪明才智转化为精彩的答题表现，从众多考生中脱颖而出呢？这需要从两方面考虑：一方面是平时的日积月累，另外一方面则是临考前的脱敏训练。二者有机结合，能起到事半功倍的效果。

第一节　日积月累——素材积累和知识提升

面试的题材选取永远是离不开时代精神的。国家机关招录的公务员需要具备较强的政治理论修养，需要具备关注时事、关注民生的敏锐神经。同时还要求公务员具备较好的语言表达能力和沟通能力。由于面试题目没有固定的出题范围，不是知识性的考试，而是对考生能力及求职心态的考查，这就需要考生全方位地积累素材，全面加强自己的知识储备。建议考生从着手准备公务员笔试考试时，就可以附带积累面试的素材。有些同学有很深的感触，申论复习得比较扎实的同学，在面试时尤其是在回答综合分析类问题时有话可讲，这其实说明，申论和面试是相通的，只不过前者要求用书面方式表达自己的见解想法，后者要求考生在压力之下即兴口头回答，更直接地考查考生的思维能力和表达能力。如果本书的读者现在还没有开始进行素材的积累，那么希望从今天开始持之以恒地做好以下几件事：

一、书籍

首先是认真阅读面试参考书，厘清思路，找准复习的方向，也可以在后期利用面试参考书中的题目及答案来检验自己的复习成果。其次是多看人文社科类的书籍，涉及范围要比自己的专业学习领域更广，了解各学科的一些基础常识，也可以适当地在自己感兴趣的学科上面深入阅读。再次是有关报考职位本职工作的相关专业书籍。虽说面试不是专业考试，但是部分结构化面试确实会涉及到专业内容。比如银监、证监、保监三大系统的面试，常常会涉及到金融、证券、保险类的法律、会计、管理等相关专业知识。即使你所报考的职位历年来没有涉及到专业内容，也可以多做一手准备。一来面试命题专家也在不断地研究和创新面试题目，说不定面试题型会有新的变化；二来即使不考专业知识，如果能在答题过程中结合自己对岗位专业技能的认识，也更容易获得考官的认同。

二、报纸杂志

坚持每天阅读《人民日报》《光明日报》《工人日报》等报纸，也可以读一读《半月谈》等杂志的评论文章。当然，可以关注的报纸杂志不只上面几种，多读一些地方性的报纸了解当地新闻动态也非常重要。但要注意，一些报纸杂志上的评论文风犀利，并不符合面试时使用的语言风格，这些评论可以帮助我们开拓思维，但是在模仿的时候要注意变通，避免使用偏激的语言。

三、网络媒体

在这个信息化的时代，网络及一些电视媒体无疑是获取信息的重要渠道，随时关注身边的新闻，可以通过网络查找一些所需的资料，了解最新的国内信息。除中央电视台的新闻节目外，一些专业类的新闻访谈节目也可以多关注。还有一些电视节目关注的问题比较贴近大众生活，比如《一虎一席谈》即是这类关注老百姓最为关心的话题的访谈节目。公务员面试题目取材曾经多次与该节目所选题材不谋而合。

需要提醒考生注意的是，有一些面试题目的选题并非当下的热门话题，而是千百年来中华民族乃至世界各民族人民追逐的永恒话题,涉及一些人类最为根本的价值观和道德品质等,只不过有时候借助当下的一些新闻作为载体来进行考查。这样的话题光是了解新闻本身还是不够的,更重要的是对这些基本的道德品质有深刻的认识和认同感。这就需要更广泛地阅读一些经典名著,不断提升自身的道德修养。

第二节 脱敏训练——亲临体验和突破瓶颈

充足的素材积累和知识提升之后,就是全真式的模拟训练答题,一是锻炼口头表达能力,二是提高抗压能力。想要如同亲临现场一样感受考场氛围,不妨听听过来人的感受。如何提高考场抗压能力和应变能力,老考生们是最有发言权的。

考生一:面试成功经验分享

第一,关于答案。可能有些网友觉得答案重要,一直在催我揭晓答案,我觉得,答案是次要的。因为这些题目已经考过,不会再出现。而且面试并没有什么固定的答案。我也并不认为我的答案是完美的。一些人喜欢背答案,什么面试3000题,模拟180问,等等。我对此不屑一顾。与我竞争同一职位笔试排第一的2号考生,一大早就在候考室里背一沓厚厚的面试模拟题,看得出很认真,全是手写的,结果考得不怎么样。一些所谓的答案往往含有所谓的套路,这会限制你的思维。要记住国家要选的是会思考的公务员,不是会背套路的机器。今年的面试出题目的也是以考查思维能力为主的。

第二,关于资料。应该说我准备面试,只有一个方式,泡网。新华网是很不错的,特别是网友的评论有些很经典,而且也能拓宽你的思路。其次就是一些公务员考试论坛。

第三,关于礼仪。我听说今年的仪表占22分,这可是个最大的变数,包括着装、礼仪等。我觉得重要的是气质,不知大家看过《非常6+1》没有,一个普通人经过6天的训练,提升得最快的就是气质,一种舍我其谁、唯我独尊的霸气,一种一览众山小的豪气,还要有温文尔雅的书卷气。总之,你要有充足的自信,相信自己是最好的。你可以参照《非常6+1》的训练方式,敢于在大庭广众之下昂首阔步,侃侃而谈,让身边的人对你刮目相看。

第四,关于表情。其实,这个内容属于第三项的,之所以单独阐述,是觉得它的作用很微妙,用好它,就能整体提升你的成绩水平。说来不难,就两项:微笑、矜持。其中的尺度你自己把握吧,看看杨澜主持时的神态,你会有答案的。

点评:应该说该考生对公务员面试的本质有一定程度的认识,也明白死记硬背书上的答案是没有出路的。面试的确没有固定的答案,但并不等于说面试无规律可循,不需要看书学习。谨慎选择适合自己的参考书可以为考生节省摸索的时间,帮助尽快找到复习方法,进入复习状态。答题中的逻辑思维也是很重要的,可以通过看书学习前人的经验,归纳总结出适合自己的答题思路和风格。最后考生提到的仪表分数占到22分是没有确凿根据的,仪表所占比重一般不超过10%,考生除了注意避免一些致命的礼仪错误外,无需过多花心思在外表上。毕竟,我们的结构化面试是为国家选拔优秀人才,而不是选美比赛。

考生二:怎样以细节取胜

第一,面试前一天干什么

前一天最好去考试地点全方位地考察一下,能住在那里更好,既方便熟悉环境,又可以很大程度上减轻第二天的紧张感。其实想想面试不过纸老虎,没什么可怕的,平时练习了那么久,考试不过是一个检查自己展示自己的机会罢了。因此提前体验下考试的紧张气氛是很有必要的。以便提早把心情放松下来,或者准备应对紧张的方法。

第二，等待面试的时间干什么

等待面试的时候不要让自己过于放松，否则会和你一会儿进考场后高度紧张的心情形成巨大的反差，会让你脑子一片空白，什么也想不起来。我本来也是优哉游哉地等，因为抽的考号不是很靠前，但是一会儿我就发现这样不行，因为假设下一个是我，我该怎样的时候脑子就空白了，于是我就开始复习之前看过的资料。非常快速地把资料又在脑子里过了一遍，保持战斗状态，一直到进入考场。

但是要注意，这时候不要看新题了，也不要看新资料了，新的东西看过一遍，紧张的时候也不会记起来，反而让你更紧张，这时候就看老的资料，就是调节思路，让思维活跃起来，或者聊天也可以，这个根据每个人的具体情况自我调节，把自己调整到最佳状态就一切OK。

第三，轮到自己的时候做什么

这时候你被引领员叫到了，不要惊慌，这时候是不记时间的，你要调整好自己，不要冒冒失失地就跑出去，这样不容易平复你的心情，还会让你进入考场之后错误百出。一起考试的一个朋友就犯了这个错误，她说她急匆匆地跑出去，急匆匆地进考场，结果没站稳，还差点歪倒，等站好了，好容易调整好的心态也已经乱了。

第四，进入考场以后做什么

进入考场之后你最主要的任务就是回答问题，表现自己，至于考官到底多少人，几男几女，桌子好不好，椅子舒不舒服，窗帘好看不好看，这一切都与你无关，尽快进入你应该进入的角色，不要以为去关注这些东西会缓解你的紧张，一共15分钟的答题时间，关注这些只会浪费你思考问题的时间，分散你的精力。一个朋友出来说她进去就一直在想我不紧张我要放松之类的事情，一看桌子怎么是这样的呢，结果连考官说的第一句话是什么都不知道。

第五，回答问题的时候注意什么

这个大家说了很多次，比如和考官眼神交流，比如环视，比如微笑等，这些当然都是很重要，不过你如果真的做不到，或者到时候紧张得忘了，那就不要强求一定做到，那样刻意地去做只会让你更紧张。我等分数的时候一个朋友说他回答的时候开始低着头，后来突然想到应该和考官眼神交流，于是就突然抬头看考官，没想到考官当时也正在看他，于是就慌了，下面说什么愣是给忘了。所以，进了考场，就不要强求什么了，顺其自然反而更好。

第六，回答完毕做什么

最后回答完毕之后一定要记住和考官道谢，有些考过的朋友说考官在回答第三题的时候就开始打分了，所以最后回答完的礼貌就不那么重要了，其实不是的，你并不知道考官到底什么时候给你打分，这个他可不会和你汇报，所以一定要把你最好的精神面貌坚持到最后。

但是最后道谢的话一定不要太多，短时间连续面试那么多考生考官也很辛苦，你这边长篇大论的感谢只会引起考官的反感。

第七，其他一些注意事项

考前晚上睡不着就睡不着吧，不要强求什么，一个晚上不睡其实没什么的，第二天喝点咖啡或者红牛什么的照样可以让你精神饱满，神采奕奕。我前一天晚上就没有睡好，吃完早饭喝了红牛就出发了，上午精神得很。早饭不要吃得太多，太饱容易让脑子反应得慢。中间出现什么小插曲不要放在心上，你忘了它，它也就忘了你。

点评：这位考生跟大家分享了一些现场的心理体验，让大家如亲临现场般经历了一回面试。她谈到的面试各个环节的注意细节，其实归纳起来就一句话：平时养成良好的习惯和心态，进入考场时一切顺其自然不做作。这位考生大部分的建议是相当科学的，大家也可以按照这些方法来做好面试的心理调节。

下面就为考生梳理在考场中各个环节应当注意的一些问题。

一、报到抽签时

考生除非已经熟悉面试考场所在地的位置，并且清楚了解考场周围的交通状况，否则一定要在考试前查看考场，并查清楚交通情况。面试签到是严格按照规定时间执行的，曾经就报道过有的考生因为迟到一分钟进不了考场，给门外的工作人员下跪，但最后还是没能进入考场的事件。这就体现出了公务员面试的纪律严肃性，不因个人意志而改变。还要提醒考生的一点是，抽签前上交通讯工具不要心存侥幸心理，如果没有上交一旦被发现会被取消面试资格，甚至会按照考试纪律处罚几年内不得参加考试。

二、候考时

一般情况下考生分为上午和下午两批入场考试，面试考场会为考生准备饮用水。甚至一些地区为避免考生等候时间过长体力消耗大，还准备了点心零食等供考生补充体力用。但考生最好还是自带一些适合在公共场合充饥的干粮（千万不可带瓜子之类的零食），以备不时之需。此时如果工作人员允许，可以翻看一些熟悉的题目、资料，使大脑保持适度的兴奋状态，也可以与其他候考的考生聊聊天放松，但注意千万不要去打听其他人复习准备的情况，也别主动向他人透露自身准备的情况。否则，一来可能使自己在对比他人显得准备不足的情况下，徒增紧张和消极的情绪，二来可能让别人知道了你的复习准备程度，聪明的考友可能因为你的“泄密”而调整自己的战略以应对变化。

三、室外等候时

如果考生被引考员带到小候考室，或者是考室附近的走廊、楼梯间等地方候考时，可以向引考员询问考室内的设备情况，比如是否有纸和笔，是否有麦克风，麦克风是否需要自己动手打开等，这些小细节如果引考员没有得到指示不允许透露给你，一般是会告诉你他所知道的情况的。这些小细节看似简单，但是却能帮助你进入考场后稳定心态，充分利用资源为自己助考。比如，有考生在考室外候考时不询问清楚这些情况，进入考场之后，不知道麦克风需要自己动手打开，答题答了几句，就使劲吹、拍麦克风，甚至还询问主考官或者考场工作人员麦克风是不是已经打开。这不仅扰乱了自己的答题思路，也使庄严神圣的考场变得滑稽，甚至会影响到一部分考官对你的第一印象，实属不该。即使不出现以上状况，进场之后如果其他考生能正常使用麦克风，而你没使用，声音效果可能不理想，可能也会影响你与考官的交流效果。假如能在考场外通过正当的询问得到答案，那么进场之后就可避免出现不利的状况。

四、候分室候分时

退场时不能带走草稿纸、笔以及面试题本等物品，退场后跟随引考员直接到候分室等候成绩。一般来讲，考官会在前三名考生答题时进行预评分，待三名考生答题完毕之后，考官可以自行调整自己对前三位考生的评分，正式填写分数，此后的考生不再进行预评分。因此前三位考生可能等待时间较长。接下来工作人员会发给一张面试通知单，请考生签名确认自己的面试成绩，拿到通知单即被要求离开考场了。一般来讲，当天或者隔天就能公布全部参考人员的面试成绩，心急想提前知道考试成绩的考生，则可以在考场外面等候，了解其他考友的面试情况。

要郑重提醒大家的是，面试时需要注意的一些小细节不是上考场之后自然而然就能做到的，需要平时在练习的时候可以尽可能地全真模拟这些场景，同时练习下一节我们即将谈到的面试礼仪与修养，让这些场景内的注意事项内化成我们的习惯，和吃饭睡觉一样地稀松平常。一些考生认为这样的训练不重要，等我去了考场我自然就能做到了，这个想法是不可取的。如果在平时没有压力的情况下你会常常忘东忘西，面试注意事项和礼仪都马马虎虎就过去了，那么在考场上紧张压力状态下犯错的可能性会更大。如果真能在面试前做足了模拟训练，到考场的紧张程度会大大降低，更有利于考生正常甚至是超常发挥。

第三节　面试礼仪与修养

一、塑造良好的第一印象

(一)服装

常有考生会问公务员面试应该穿什么，其实很简单一句话，我们要参加的公务员面试，为国家机关选拔人才，我们国家的各级领导人怎么穿着打扮，我们可以学习模仿。其基本要求是整洁、规范、端庄、得体。当然，男女着装的具体要求有所区别。

1.男士面试着装

秋冬季节男士最好着正装参加面试，一套完整的西装包括上衣、西裤、长袖衬衫、领带、皮带、袜子和皮鞋。全身上下的服饰遵循三色原则，即所有服饰的颜色总共不超过三种。越是正式的场合，西装的颜色应该要越深，衬衫的颜色可以是白色或者浅蓝色等淡色。除此之外，西方还有句谚语叫“西装一半在做，一半在穿”。如何正确得体穿着西装也是很有讲究的。西装须拆除袖口的商标后才能穿着，上衣外口袋只是装饰性的，一般不装东西。站立时，单排袖口的西装如果是三粒纽扣，应扣上上面两粒或者中间一粒，如果是两粒纽扣应扣上面一粒，单粒纽扣的一定要扣好。双排纽扣的西装则应全部扣好。衬衫袖子的长度与应比西装上衣的袖子稍长，衬衫领子的高度应比西装稍高。领带一般以简单几何图案或者纯色为宜，领带与衬衫领口吻合要紧，长度以刚到皮带扣处为准。皮带颜色与整体服装颜色搭配协调，总体上遵循三色原则，皮带扣样式和图案不宜太过夸张和张扬。袜子的颜色不能与裤子和鞋子形成反差色，切忌黑皮鞋配白袜子或者其他浅色袜子。皮鞋的造型应当简洁大方，以系鞋带的皮鞋为宜，拼色的或者是有花纹的鞋子不适合用于正式场合。

春夏季节天气比较炎热时，千万别再西装革履。考生们有重视面试的态度非常好，但是如果大夏天还穿西服面试，考官看着你满头大汗也会替你着急，如果让一些考官认为你不会适当变通就更糟糕了。如果你在进场时就被考官或者工作人员问一句：“小伙子，你不热吗？”这本是一句关切的话，但在面试场合听起来就会让人心情忐忑不是滋味，恐怕也会影响到答题的发挥。西方国家是要求男士无论春夏秋冬在正式场合都应着西服，但毕竟中国对于西方的礼仪也并非全盘接受的，夏天国内人们普遍接受短袖衬衫加西裤的穿法。但要注意，如果着短袖衬衫，千万不可打领带，这是不合礼仪的穿法。

2.女士面试着装

西服套裙是女士面试场合的首选，可以塑造出端庄大方、优雅干练的良好形象。穿着衣服套裙，上装如果是单排扣的，扣子可扣可不扣，双排扣的一定要全部扣上。与之搭配的衬衫以单色为佳，要与套装相配。一般配长筒丝袜或者连裤袜，颜色以肉色或者黑色为宜，正式场合不宜穿着带有图案的袜子。正式场合不宜穿凉鞋，即使是夏天也最好穿着不露脚趾的凉鞋。为防止丝袜破损抽丝，最好面试时随身携带一双备用丝袜。

女士着装种类万千，不拘泥于西服套装，也可以选择一些适合上班穿着的衣服。在正式场合要注意，女士穿着有三忌：忌短、忌露、忌透。秋冬两季天气较冷的时候也不宜穿得十分臃肿，一般北方较冷地方面试室内都有空调，建议女考生在候考室可以穿羽绒服在套装外面，进场面试时脱下羽绒服。

(二)发型与配饰

1.男生发型与配饰

男生面试前一周可以适当理发，将头发整理得干净清爽，发不过耳。不能染色，不能标新立异。面试当天尽可能地早起洗头和修面，不要用发胶把头发弄得油光水滑，保持脸部、头发洁净和清爽。面试场合男士不宜佩戴首饰，可以带上手表，但同样要注意遵循整体服饰的三色原则，如果是皮质表带，最好能和西服外套、皮带的颜色保持一致。男士千万不能将上衣、裤子口袋塞得鼓鼓囊囊的，更不能将手机、眼镜、钥匙别在皮带上。

2.女士发型与配饰

女士发型可以有多种选择，可以选择盘发、马尾、短发等干净利落的发型。要注意发饰不宜过于夸张，最好简单不抢眼或者干脆不用发饰。面试时，女生可以化淡妆，并注意及时补妆，但注意不能当众化妆或者补妆，这是非常失礼的行为。女士配饰以少为佳，不要过分夸张，要与衣服搭配，以素雅、大方、简洁为标准，一般一件就好。如果佩戴眼镜，记得眼镜也是一种重要装饰，一定要将心灵的窗户擦干净，以免给人留下邋遢的印象，男士也一样。女士面试时不宜使用浓香水，可以使用大家普遍接受程度较高的一些淡香水，或者保守一些不使用任何香水。

有同学会问，面试是不是一定要穿正装？其实不一定，一些考生不穿正装，但是能穿出自己的风格，能体现出自己的个人气质并且适合公务场合，这也未尝不可。一些地方甚至在面试公告中要求着便装参加面试，这是招考单位为了让考生尽可能地节约考试成本，不从外貌服饰上过多给考生增加负担，这样的做法是值得赞赏的。即使是要求我们着便装的场合，也要注意面试穿衣的禁忌：女士不得穿超短裙、紧身服、文化衫等，男士不得穿花衬衫、T 恤等，均不可穿背心、短裤、露趾凉鞋、牛仔服装、运动鞋等。

二、举手投足尽显风范

1.敲门。有的考场由工作人员直接把考生领进考场，但很多都需要考生自己敲门进入。在敲门的时候不宜过于急促，节奏稍微慢一点，敲三下，声音不能太小，也不要太大，太小考官听不见，即使听见了也表现出这个人没有自信，做事畏首畏尾，太大了则显得没有礼貌，像是查房。敲门之后要等考官提示才能进去，没有提示不要一直敲，考官可能有事，要间隔一定的时间再敲，考官请学生进门之后，进门的时候要双手扶门，关门的时候面向门双手关门，动作要轻。

2.走姿与招呼。走路不急不慢，手臂摆放自然，不要用正步走。在走的时候不要东张西望，眼神要自然。走到考官面前之后，要站稳之后再鞠躬，鞠躬角度在 45 度到 60 度之间，动作要慢一点，头要低下去，表示诚恳，不要在鞠躬的时候又抬头看考官。鞠躬完毕之后向考官问好，不要边鞠躬边问好。做完上述动作之后不要动，考官让你坐你才坐，同时考官请你坐的时候，一定不要忘了谢谢考官之后再入座，千万别一边道谢一边迫不及待地坐下。

3.坐姿。在坐的时候两腿自然并拢，如果没有桌子，手放在膝上，如果有桌子，手最好放在桌面上，可以平行放，喜欢动的同学，可以把手指交叉，这样可以管住自己的手不随便乱动。要挺直腰板，身体在略微放松的同时保持适度的紧张。坐时既不可坐得太浅，太浅会导致身体受力在腿上，容易使自己紧张；也不能坐得过深，无论有没有靠背，身体都不能靠。坐的时候腿不要分得太开。

4.目光与面部表情。进入考场之后，应该用眼神跟所有的考官打招呼。不管考官有没有在看你，你一定要看他。注视对方、表示关注是一种礼貌。在答题过程中，无论题目答得怎么样，目光都要坚定有力。在注视考官的时候，要注意范围。

一般说来，目光的许可范围是：上至额头下至胸，左右两肩为方框。不要将目光聚集于对方脸上或身体某个部位，直盯对方是失礼行为。同时，不能够只死盯着主考官看。答题过程中，表情要自然，略带微笑，不要谄媚地笑，也不要过多地皱眉，表示出痛苦的感觉，遇到一些题目，你觉得当中的问题让你愤怒的时候，要控制好情绪。一般情况下，答题过程中表情不要过于丰富，除非是演讲。

5. 退场。面试答完题目之后要起身退场。在起身时要注意，有的考生在坐的时候坐得比较深，这样在起身时容易把椅子打倒，所以有必要将椅子挪一下再起来。不要在座位上和考官告别，一定要离开座位，站在座位旁边和考官告别，告别语言要简洁，不要啰嗦。同时有必要向旁边的工作人员表达谢意，他们是在为你服务。如果椅子是歪的，在告别之前应该将椅子摆正。

第四章　面试提问方式与陷阱

上面几章主要是从形式上给大家介绍了什么是结构化面试，有什么样的题型，考试形式如何，有哪些需要注意的规定、礼仪礼节。这一章就是在分类讲解题型之前，为大家梳理目前考试题目当中常见的一些陷阱，让大家对于面试的难度深度有一定的认识，端正学习态度，不要以为面试就是说说话，只要表达流畅、演讲能力强就能拿高分。考场上一切问题都应该是你的智慧、你的勇气、你的决断力、你的包容心等特质的体现，而不仅仅是个表达的问题。

很多亲身经历过面试的考生朋友，尤其是有过失败经验的考生朋友可能有过这样的感受，在参加面试的 20 分钟内，感觉自己表现不错，风度翩翩，侃侃而谈，然而最终的分数却让人傻了眼。于是很多考生就把失败的原因归结为运气甚至是考试制度漏洞等不可控的因素，失望懊恼之余，并没有把问题的焦点集中于面试表现本身。不排除可能有一些不可控的意外因素影响了面试考官在面试当时对你的评断，但更客观的原因可能是答题掉入了命题者故意预设的陷阱。

本书在第二章讨论了目前国家公务员面试中的反模式化形势及应对的思路，希望能帮助考生朋友们避免面试复习备考的误区，摒弃盲目背诵模板等机械的复习方式，真正将复习备考作为一次长期的全方位提升自己思维能力和沟通表达能力的契机，通过扎实的备考达成愿望。然而，具备了长期作战的思想准备，澄清了复习的误区，并不代表掌握了国家公务员面试的特性和解题诀窍，本章将会从命题人的角度帮助考生朋友分析面试题目中存在的陷阱，并深度剖析常见的考生答题误区及错误原因。如果说第二章是从宏观上为考生复习备考指明方向，那么本章将从微观角度为考生细数失败的原因。本章将常见的陷阱问题归纳整理成了四大类，分别为引导式提问陷阱、开放式提问陷阱、两难式提问陷阱和映射式提问陷阱。接下来将分别举例讲述。

第一节　引导式提问陷阱与答题误区

通常来讲引导式的提问方式会出现在沟通协调类[①]的题目当中，一般而言，人们在无压力、无冲突的情况下，基本上都能理智地处理与他人的关系，但是在公务员面试中命题者会设置一个人际沟通中的障碍场景，往往使考生受到利益诱惑或者感受到压抑甚至威胁，此时再加上一种引导式的提问方式，便容易让考生掉入陷阱而不自知。

例如，有这样一个面试题目。

例题 1：领导是个工作狂，同事们经常感到苦不堪言，同事推举让你去和领导沟通，你会怎么做？

此题目设置的情景是领导、同事和自己之间的沟通障碍问题，提出“领导是工作狂”，且提问方式具有较强的引导性，很容易让考生联想到由于领导的“工作狂”状态已经影响到大家的正常生活，并认同题目的做法——自己代表同事们去和领导沟通。我们来看看下面两份答案。

【答案一】如果领导是个工作狂，我首先会分析一下具体情况。

如果工作虽然比较忙但是没有影响正常的生活，那么我会劝说同事们支持领导的工作；如果确实工作强度大工作时间长影响正常休息，那么我会收集同事们的意见，总结成一份报告。选择恰当的时间，在

① 此类问题的思路讲解会在第二篇详述。

领导心情较好的时候，委婉地向领导提出建议，将大家的意见反映给领导，真诚地跟领导沟通，希望领导能够调整工作时间安排，保证大家的正常生活休息。我相信领导都是通情达理的，能够对工作时间做出适当的调整。

乍一看这份答案似乎能做到具体情况具体分析，且说得在情在理，恐怕很多考生都觉得还不错。仔细回味一下就会发现存在很多的问题。

问题一：题目说领导是个工作狂，于是考生很快就默认了事实的存在。但其实进一步揣摩就会发现，这个"工作狂"的表达语气，非常像是同事们在发泄不满情绪的时候给领导冠上的头衔，命题者是在模拟同事们的语气，并非在陈述一个十分确定的事实。考生如果默认了领导就是一个工作狂，那么相当于是认同了这一部分不理解领导工作安排，并有抱怨情绪的同事了。

问题二：当工作强度大工作时间长确实影响到自身的利益时，考生也感受到了压力和威胁，于是只站在同事的角度思考问题，收集同事的意见之后单方面跟领导汇报。虽然考生也意识到沟通时间、沟通方式对于加强沟通效果的重要性，强调"在领导心情较好的时候，委婉地向领导提出建议"，但是本身的沟通态度是有问题的。建立一些沟通渠道也许并不困难，然而能够进行有效沟通，从中获取有益的信息和真诚的解决办法，还需要我们有一颗真诚与人沟通的心。在答案一中，考生并没有设身处地地考虑到领导的处境和整个部门所面对的工作压力，就一味地跟领导沟通要求调整工作时间，是不顾大局的想法，这种做法也是将自己的利益放在首位的。

【答案二】虽然领导是工作狂，让同事苦不堪言，但是毕竟工作是第一位的，在工作中不应该喊苦喊累。

我首先应该劝说同事们努力克服困难，认真完成领导布置的工作任务。在我力所能及的情况下，我还会在完成自己的工作任务的同时帮助同事多分担一些工作，使我们的集体能顺利完成工作任务。

如果的确无法在领导安排的时间内完成工作任务，那么我将会与同事一道收集大家意见，并推荐沟通能力比我好的一个或者几个同事，寻找适当的时机和领导反映，相信领导听到大家的意见之后会采纳。

答案二相比答案一来讲，有一定的可取之处，考生意识到了同事感到苦不堪言让我给领导提意见并不一定是非常合适的做法，于是首先想到了要劝说同事努力完成工作，并且体现出了可敬的集体主义精神，自己做好工作之余能为同事分忧。但仍然存在严重问题。

问题一：考生意识到了应当配合领导的工作安排，并劝说同事以工作为重，配合领导的工作。但这似乎是无意识的或者说是盲目服从领导的权威，并没有真正地理解领导的难处，一旦在"的确无法在领导安排的时间内完成工作任务"的情况下就会抛却侥幸心理，和同事们站在一边，可以说该考生是原则性不强的一个人。

问题二：考生在答题的后半段果然就放弃了工作优先的原则，和同事们一起收集意见。更糟糕的是，考生最后辜负了大家的信任，推荐其他同事去和领导沟通，一来是向考官自认沟通能力不足，二来显示出关键时刻缺乏担当的勇气，都是自暴其短的做法。

面对这种引导式的提问，考生应当尤其小心，避免掉入陷阱，在平时复习准备的时候就应当多留心思考，小心求证。下面给出一份参考答案。

【参考答案】首先要安抚同事们的情绪，让大家冷静下来一起分析大家工作任务繁重的原因。

也许是因为工作分配不合理、时间安排不妥当，导致时段性的、局部性的工作任务激增。如果是这样，我们应该一起商讨办法，合理的分配工作任务，将一些日常的、可以预先规划处理的工作，安排在工作中稍微闲暇的时间抓紧完成；统计分析业务激增出现的时间段和工作量突增的环节，平衡大家的工作量，在高峰时段合理调配人手解决任务激增的问题，尽可能地减少大家加班加点的情况。同时，也可以集思广益，利用一些先进的办公软件，预先设计好一些表格，设置合理的流程，提高工作效率。

分析之后也可能会发现，工作任务繁重是因为我们单位、我们部门的工作性质特点决定了存在季节性的工作任务激增，如果是这样，我们就更应该理解配合领导的工作，毕竟领导也是明白正常休息才能保证高效率工作这个道理的，不会无缘无故增加大家的工作量。更应该帮助领导出谋划策，如何才能在现阶段提高工作效率，同时还要总结经验，如何才能在以后避免出现工作量季节性爆发时措手不及的情况。当然，如果是提高工作效率之后仍然不能在合理的时间完成工作任务，则可以向领导提议在条件允许的情况下增加紧缺岗位的人员。

最后，在分析完毕情况之后，我再拟出一份数据真实可靠、分析透彻、论证充分的汇报材料，征求大家的同意之后，向领导汇报，相信如果我们反映的情况属实，领导会高度重视目前的工作状况，尽快作出调整。

我们再看看下面这个例题。

例题 2：假如在校学习期间，你的导师让你与你的同学合写一篇论文，你为此全身心投入并做了大量工作，而你的同学只是敷衍了事，做表面文章。当论文完成时，导师很满意，这时，你的同学却有意无意地向导师表白自己做了很多工作，并受到导师的称赞，请问你会怎样做？

此题目设置的情景是导师、同学和我之间出现了沟通障碍。多数考生在受到不公正的待遇时或多或少会产生本能的自我保护，这时处理人际关系的方法将表现得更加接近于事实。如果在作答时，表现出情绪激动，马上辩解或者说明真相，或私底下向导师说明情况，批评同学的做法并发泄不满等，都不是好的答案。我们来看看下面这份答案。

【答案一】面对这种情况，坦率地说，我多少有点不快，毕竟这是我们两个人的贡献和成果，里面也有我的辛苦和汗水，同样也想得到领导的表彰。

我会对我的同学的做法表示宽容和理解，因为，有些时候，某些人由于欲念或者利益的驱使，也会作出一些争功诿过的行为。

我会在适当的场合和机会下，向导师说明真实情况。

吸取教训，以后提前、主动约同学一起向导师汇报合作成果。

问题一：考生“坦率地说”，付出了辛苦和汗水同样也想得到领导的表彰，因此由己度人认为同学也是抱着这个目的才有意无意地向导师表白自己的功劳。在研究生阶段合写论文都是在导师的指导下完成的，要论功劳导师最大，应该抱着一种锻炼提高的态度去完成，并非是为了得到导师的表扬。不能说同学的做法完全没有问题，但是事情发生之后这样去恶意地揣度别人是受利益的驱使争功诿过，未免有点言过其实。也许同学只是在被导师问起的时候为掩饰自己的过错行为而辩解撒谎，其实在情急之下这种做法还是可以原谅的。毕竟同学也是个难免会犯错的年轻人，不用把人想得那么势利。

问题二：在适当的机会向导师说明情况，不管是什么机会都可能是刻意安排的，都是私底下去争取个人利益，都显得不够大度。毕竟和同学合作学习研究的机会还很多，不是非要将个人的利益得失计较得那么清楚的。“路遥知马力，日久见人心。”如果同学并不是一时口快犯下的小错，确实是贪功诿过，相信导师会了解，其他同学也是会了解的。

问题三：为避免以后再出现被同学抢功劳的情况，该考生还“未雨绸缪”，计划好下次提前、主动约同学一起向导师汇报合作成果。这个做法更是以“小人之心度小人之腹”的做法。考生用静止的观点来看问题，认为同学现在表现是这样将来还会这样做。同时，考生还以孤立的观点来看问题，没有认清人和人之间是相互影响的。且不说，考生没有意识到，即使同学以后还可能会这样，应当认真帮助他改掉懒惰的毛病，督促他完成研究任务。更何况，把同学当成是小人来防，互相之间缺乏基本的信任，是不可能在一起合作完成研究任务的。

【参考答案】同学有意无意的行为可能会使我产生挫败感，但是反过来想，导师表扬了同学就等于肯定了我们共同的努力。不能因为一个小小的表扬伤害了同学情谊，毕竟同学情谊非常难得，我会冷静下来想办法处理好这件事。

首先我会从侧面了解同学在这次合作中所作出的努力，自己在这篇文章当中做了大量的工作，并不代表同学没有作出努力，也许他是在默默地付出而我并没有跟他认真地沟通。如果存在这样的情况，我会认真反思自己与人沟通交往的方式，这说明我还有很多地方做得不足，看问题太过于狭隘。

其次，我还会进一步地和同学沟通了解他近期的生活状况。如果他确实没有做过大量的研究工作，那是不是近期生活上、思想上出现了什么问题，导致没时间完成研究任务，只好敷衍了事又不想让导师、同学知道。如果是这样那么我更应该主动伸出友爱之手，帮助同学渡过困难期，鼓励他争取下次合作时把握好锻炼机会。

再次，如果同学确实是因为懒惰没有完成工作任务，那我应该在下一次合作时，根据双方的能力特长，安排好任务分工，时时提醒督促他按照进度完成，保证下一次我们再一次圆满完成任务，得到导师表扬的时候，我和我的这位同学都是实至名归。

我相信，我善意的帮助和提醒一定能让同学改正他的一些小错误，又能进一步地促进双方的友谊。相信我们今后的合作会更加愉快，我们的友谊会更加坚固绵长。

第二节 两难式提问与陷阱

所谓两难问题，是让应试者在两种互有利弊的答案中选择其中的一种。两难型的提问方式常常出现在综合分析类型的题目中，当题目论述了两种不同的、甚至是截然相反的观点时，考官希望听到你对两种态度的看法，就会采用这种提问方式，如“你赞成哪一种说法?”“你认为哪种观点正确?”考生所面对的两种说法或者观点往往听起来都挺有道理，很多考生回答问题时，要么“和稀泥”，绕了半天什么选择也没做，要么就“慌不择路”，急于下结论。这两种做法都可能掉入命题者设计的陷阱。

例题 1：吸烟有害健康，但是烟草是我们的重要财政收入，你怎么看？

此题目包含了这样一组矛盾：公民的健康与国家的财政收入稳定如何取舍？是否鱼和熊掌不能兼得？面对问题，一部分考生犹豫不决，兜兜转转，另一部分考生则是武断地直接做出选择。我们先来看看一些同学的答案。

【答案一】吸烟有害健康这是不争的事实，我们社会倡导以人为本的宗旨，而人的健康是第一位的，没有了健康，谈何发展？

吸烟容易导致肺癌和其他疾病，因这些疾病我国在医疗方面每年要花费大量的人力物力财力，相比而言，所得到的税收也是微不足道的。

我国在禁烟方面也早有规定，香烟不能做广告，每包香烟上也必须注明“吸烟有害健康”这句话。许多公共场合也有禁止吸烟的标志。

总之，我不会吸烟，同时也会劝告身边的亲友不要吸烟。

答案一的考生开门见山地摆明自己的观点：不赞成吸烟，并列举了烟草的种种罪状，最后表明态度自己不会吸烟也劝告亲友不要吸烟。但在考虑问题的时候忽略了两点：一是自始至终都站在个人的立场在考虑问题，表明的亦是个人态度，忽略了命题者的意图是希望考生站在整个国家民族的立场做个综合的衡量，显出考生缺乏大局观念。二是没有充分考虑到禁烟对于财政收入的重大影响，更无从谈起如何采取措施推行禁烟和保障财政收入的稳定。

【答案二】吸烟有害健康，这在人们心中已有共识，不可置疑；但烟草因为其高税率而给国家带来大量财政收入，也是一个事实，所以二者是一对矛盾。

中国人有很长的吸烟历史，想一下子让烟厂停止生产，让大家戒烟是不可能的，也不现实，所以当前应采取缓冲政策，一方面利用科学手段提高卷烟质量，减少有害物质，同时打击假烟的生产和销售，另一方面加强对吸烟有害的宣传教育，劝导人们少吸烟不吸烟，并通过一些措施来控制吸烟：如公共场合不得吸烟等。

所以，这对矛盾的解决不是说没有办法，但不能要求一蹴而就，它需要有一个过渡期，需要通过各方配合和努力，才能彻底解决矛盾。

答案二的考生比较客观地认识到了为了公民健康而禁烟和财政收入稳定两方面的意义，也比较全面地分析了禁烟所面对的种种困难，可惜的是最后没能提出建设性的意见处理这一对矛盾，仅仅以“需要有一个过渡期，需要通过各方配合和努力”来匆匆结尾，最后成为了“和稀泥派”。

【参考答案】在我国，烟民的数量是十分庞大的，这直接危害着这部分人的生命健康，我国已经采取禁止烟草广告、在烟盒上增加“吸烟有害健康、尽早戒烟有益健康”等字样以提醒我国人民尽早戒烟。对这个问题我认为要辩证地看待。

第一，吸烟有害健康，从这个角度来讲，为了人们的健康，我国应当全面禁烟，但这样做有两个难点。首先，我国有很长的吸烟历史，其次，是烟瘾的问题。这样看来，要求人们一下子戒烟是不现实的，这需要时间，要一步一步来，不能急于求成。

第二，烟草是我国的重要财政收入，这是因为我国政府对烟草业课以重税，这其实也是政府深刻认识到吸烟有害健康的反应之一，为了降低吸烟人数和烟民的吸烟量，而以重税来达到抑制的目的。

针对以上情况，首先我们要加大科学技术的研发力度，利用科学手段提高卷烟质量，减少有害物质，与此同时，加大对戒烟产品的研发力度，让更多的人能够尽早戒烟，并且还能促进相关产业发展，带动就业。其次，政府部门要积极对烟草行业进行引导，引导他们向绿色产业进行产业转移。再者，利用积极的财政政策，提高烟草的税率。最后，要加强对吸烟有害健康的宣传教育，劝导人们少吸烟或不吸烟，尤其要防止青少年成为新一代的烟民。并通过一系列措施来逐步控制吸烟，如公共场合不得吸烟等。

这一问题的解决不能一蹴而就，我们要冷静全面，要充分考虑到各种困难，通过各方配合和努力，多管齐下才能彻底解决。

例题2：一些地方出台政策：金融管理高级人才的子女中考加10分，有人认为这有利于金融人才的引进，有人认为这导致教育不公平，你怎么看？

【参考答案】首先，我们知道，高级人才对我国经济、科技发展是有突出贡献的，尤其在21世纪这一人才竞争的年代，人才显得更为重要。而相对于我国目前状况来讲，人才资源十分匮乏，各项发展又比较落后，人才的引进对我国各个地区的发展就显得非常重要。

与此同时，我们也要看到，维护教育公平也是非常重要的。目前，我国教育资源十分匮乏，社会经济发展十分不平衡，收入差距比较大，那么，教育公平对一个社会的良性互动，对一个社会的稳定有非常重要的作用。

针对上述情况，这一措施是否可以实施，应该根据各地的不同情况来具体分析。如果当地人才十分匮乏，教育资源充足，那么，这一做法是可以考虑的；但是，如果当地教育资源匮乏，又不公平的话，那么这一措施是不合适的；所以说，要不要实施这一措施，我们要广泛听取专家、民众的意见，并且要与法律法规保持一致。

总体上，我个人认为，这种做法是可以理解，但却是不可取的。首先，高级人才的教育资源比较丰富，他们孩子所受的教育已经比较好了，如果在考试的时候还给予加分的话，会进一步加大我国教育不公平。而且，我们对高级人才的重视可以采取其他方式：例如改善工作环境、生活条件等，从感情上给予他们更多的尊重。

第三节 映射式提问与陷阱

在公务员面试题目中有一种题目提问方式言在此，意在彼，即通过表面上一个浅显的问题，挖掘考生的内心，映射出考生的真实想法。此类题目看似简单，但如果没能正确应对题目中言外之意，就可能因为一些不太恰当的言辞让考官抓住了你的弱点。

例题 1:你认为什么样的领导是好领导?

关于这个问题,考生们通常会有不同的见解,有人会说知人善任的是好领导,有人说明察秋毫的是好领导,还有人说决断力强的是好领导,等等。但在此有一个很重要的隐藏问题,你认为组织凝聚力强的人是好领导,但如果今后你遇上的领导不是这类型的,那是不是就很难适应了?是不是工作没有主动性了?这个就是映射式提问方式问题背后的问题。有的考生答题时可能侃侃而谈,心目中的好领导应该具备几大特点几大能力,越是说得具体详细,越是让考官心中有此疑问。这就是考生们经常在课堂上问到我的问题,为什么我上次面试的时候明明答得很好很流畅,然而分数就是不上不下呢?很多考生没有认真总结失败的经验教训,把所有问题就归咎于一些客观原因。也许掉入命题者精心设计的陷阱才是最终面试得分不具有竞争力的真正原因。

【参考答案】我认为不同的领导具备不同的风格,而且领导存在于不同行业和不同层级,评价一个人是否称得上是好领导,应该用不同的标准。但总体来说作为一个好领导,我认为有几个特点是各行各业都共通的。

好领导知人善任,分工合理。好的领导不一定是业务能手,但一定能了解每一位下属的优缺点,并且了解工作岗位的特点,能善用下属的优点,扬长避短,让他们在合适的岗位上发挥自己的长处。好的领导还应当激励下属以最佳的状态投入到工作中去,对于分配的工作要及时给予指导和鼓励,当发现分工有问题时要及时调整分工,保证顺利实现团队目标。

好领导处事公正,维护团结。好的领导应当赏罚分明,对于每一位下属都做到纪律严明,处事公正。这是维护好一个团队凝聚力的重要因素,不能对有功劳的下属就存在例外。能时时纠正团队成员中的行为偏差,公私分明,以德服人,以理服人,才能使一个团队保持长久的凝聚力和战斗力。

好领导高瞻远瞩,指引方向。好的领导能够比团队成员看得更远更深。别人没有预见到的问题领导提前就预见到了,别人预见到的问题领导已经深思熟虑了。这样能制定好的战略目标,避免团队陷入危机,指引正确的方向,做一个坚定的掌舵人。

好领导乐于倾听,采纳意见。好的领导还善于听取不同人的意见,在制定决策时乐于听取反对一方的意见,不偏听偏信,能及时改善不足之处。在下属犯错时,能倾听他们的心声,帮助他们认识错误,改正错误。

虽然目前我所理解的好领导应当具备以上几方面特点,但是每一个人在每一个阶段的认识都可能是有限的,好领导的标准也许还有千万种,我所理解的好领导的标准可能存在一定的局限性。在今后的工作中,我应当以一种开放的学习心态,去认识领导的优点,学习他们的长处,积极配合领导的工作,我相信我对好领导的认识将会越来越深刻。

例题 2:你认为挑战性的工作好还是安稳的工作好?

很多考生平时看待这个问题通常都很明白,但在公务员面试考场上面对这个问题比较为难,主要是对公务员这一份职业的定位不清晰,如果说自己喜欢安稳的工作,怕考官认为是不思进取的表现,是贪图工作安逸,如果说自己喜欢挑战性的工作,又怕考官认为不适合公务员的日常行政工作。其实,挑战性的工作也好,安稳的工作也好,没有哪一种工作的性质是这样绝对划分的,不管你怎么回答,只要是和你报考的岗位匹配,能自圆其说就行了。

【参考答案】我认为工作没有好坏之分,只有自己是否适合、是否胜任之分。我认为我的性格特点比较适合挑战性的工作。

首先,我父母重视培养我的独立生活能力,我从小性格独立,遇事喜欢自己想办法解决,不轻易认输,不随便就请求别人的帮助。喜欢面对挑战,能承受较大的压力和挫折。今后如果工作压力较大,我也能具备战胜困难的勇气和信心。

其次,光有勇气和信心还不够,通过四年的专业学习,我打下了扎实的专业基础。课余时间和寒暑假,我还争取各种机会去相关单位实习锻炼,提高自己的动手能力和实际解决问题的能力。我已经了解到相关岗位所需要的基本技能,并在学校学习时更有针对性地请教了老师和同学。

再次,我喜欢团队合作,喜爱集体生活,我相信没有完美的个人,只有完美的团队,面对挑战性的工作,只有团结同事、互相配合才能使同事们在工作中能做到自动补位,避免工作的失误。

我所报考的岗位需要经常和人民群众打交道,帮助人民群众解决燃眉之急,对我一个刚走出校门的大学生来讲,是极具挑战性的。加之我们国家目前正处于高速发展时期,各种人民内部矛盾也在不断的变化,要正确处理好人民内部矛盾,帮助群众解决困难,让各方都满意,确实需要我们不断地学习,提高应变能力,沟通协调能力,这些都是在书本上课堂上学不到的,这需要我保持一颗积极进取的心,一步一个脚印地摸索实践才能不断进步。

我通过实习已经对我所报考的岗位有了比较深刻的认识,我热爱我所报考的岗位。相信我一定能在今后的工作中,不断地迎接挑战,战胜困难,提高自我,争取向老同事们学习,做一名优秀的人民公仆。

第二篇　技巧篇

第五章　综合分析类

综合分析类型的面试题在公务员结构化面试中占有相当大比例，几乎是所有结构化面试题目的必考题之一，命题者钟爱综合分析题的原因是多方面的。一方面在于此类题型能全面考查考生的明辨是非的判断力和逻辑思维能力，甚至能考查考生是否具备正确的政治立场；另一方面在于此类题型命题的题材范围广阔，天文地理、历史典故、名人名言、社会热点、漫画寓言、新潮名词都可以作为命题来源，形式灵活多样。再者，综合分析题命题素材常与我们日常生活很贴近，考生只需在平时多积累，多留心观察，基本上都能了解题目中所指的事情，与是否具备工作经验，是否属于行业专业人士无关，较好地体现了文化公平的原则。

本书花费了较大篇幅详细讲述综合分析这一模块，为了方面思路讲解和考生练习，本书将综合分析题目分成了几个大类型：

一、观点态度

二、社会现象

三、漫画故事

四、最新热点

第一节　答题原则

一、客观中立原则

很多考生在答题的时候喜欢时时凸显出公务员或者是准公务员的身份，说起话来一口一个“作为一名公务员，我应该怎样怎样”。不是说不应该具备这种公务员的思维方式，但并非每一题都需要我们以公务员的口吻来回答问题。且不说有一些题目已经设定了你的虚拟身份——可能是群众，可能是小学校长，也可能是书店老板，即使是询问你对某事件某观点的看法，命题者也许仅仅是希望考查你是否具有善良公正的品德，正确地去明辨是非，为解决问题提出有益的建议。是否要摆明自己是一名公务员候选者，要视情况而定。

例题：你怎么看待警察招考过程中的高学历歧视？

这个题目命题来源于几年前深圳市在招考治安路面警察时，要求只招大专学历，不招本科以上学历的考生。在回答这个题目的时候，可能会批判这种高学历歧视的现象，比如回答：“这对本科以上学历的考生不公平，警察队伍也需要高学历人才，有关部门应该重视这个问题，取消对高学历的限制。”也有的考生可能还会支持招考单位的做法：“高学历并不代表能胜任警察的工作，警察工作最需要的还是吃苦耐劳的精神，坚忍不拔的品质，强壮的体魄，过硬的公安技能。”

这两种的回答方式都不能说有错，但起码应该全面地考虑问题，不能仅仅站在考生的立场为本科及以上学历的考生打抱不平，也不能全盘否定高学历者，认为高学历的人不大可能具备警察需要的能力。我们更应该站在用人单位的立场去考虑一下他们的难处，以及站在客观的角度去考虑一下现实状况与理想状态之间的差距在哪儿。难道招考单位不希望招一些高学历人才吗？难道警察队伍就等同于低学历吗？为什么招考单位会限制大专生才能报考？是不敢还是不愿意招高学历人才？这都是需要我们深思的问题。

【参考答案】现代化社会中的警察队伍需要多种高精尖人才，才能应对各种层出不穷的高科技犯罪，更好地维护社会的安宁祥和，但目前一些地方警察招考时出现高学历歧视的现象，的确值得我们深思，总体来讲，可能有以下几点原因导致招考单位对高学历歧视。

首先，警察的岗位存在较大的危险性，尤其是基层一线的警察，工作强度大，工作条件艰苦，还随时面临着和犯罪分子作斗争的危险。需要干警们具备吃苦耐劳的精神，坚忍不拔的品质，强壮的体魄，过硬的公安技能，没有经过专业化的训练，是很难达到这样的要求的。招考单位可能在以往的经验中，发现高学历人才如果没有经过专业训练，体能上、精神上都很难承受这样的工作压力，所以在之后的招考中限制高学历人才报考。

其次，警察岗位大多是一些默默无闻甘于奉献的干警们，提升的机会不及其他高新行业，工资待遇不能和一些外企之类的单位相提并论，高学历人才进入警察队伍，不一定能守得住清贫，默默奉献不计回报。这也是招考单位不敢轻易招聘高学历人才的原因之一。

再次，招考单位的这一做法也在一定程度上打击了高学历人才的积极性，他们当中也不乏一些立志为警，报效人民的好苗子。另一方面，警察队伍也的确需要更多的专业对口，技能过硬的高学历人才来充实警力，发展现代化的侦查治安队伍。我相信，只要招考单位在笔试面试、技能测试等环节严把质量关，一定也能招到条件过硬的高学历人才。

当然，为了能维护警察队伍的稳定性，我们国家还需要在干部队伍年轻化，提高基层干警待遇方面多做研究，才能保持警察队伍的长期稳定和发展。相信警察招考中的高学历歧视一定会成为历史。

需要提醒大家注意的是，这里所指“客观中立”并不是说我们的观点不应该有倾向性，什么问题都对矛盾双方各打五十大板。“客观中立”也不是说我们在各种互异观点之下取一个中间观点。这里的“客观中立”是指公平包容各方不同的观点，考虑各方的立场，理解各方的困难。同时，“客观中立”也是一种过程，一种永远敞开、没有完结的、本着互敬精神和公平原则的对话。

二、辩证分析原则

在中国古代哲学中，有丰富的辩证法思想。例如张载就提出了“一物两体”的辩证法命题，他认为世界是由物质性的“气”组成的，统一的“气”中包含有阴阳两个对立面。它们是对立的统一体，“不有两，则无一”，“两不立，则一不可见，一不可见，则两之用息”。没有对立面的存在，就没有统一体，没有统一体，对立面的作用也就消失了。今天我们所称的辩证法(dialectic)源出希腊语“dialego”，意为谈话、论战的技艺。我们今天在回答综合分析题的时候，也应该具备这种反思的、辩证的精神，不能拘泥于套路，拘泥于过去的认识。

例题：谈谈你对“磨刀不误砍柴工”的理解。

对于这句俗语，通常我们都以一种正面的心态来看待它。考生通常回答如下：

“磨刀不误砍柴工”表面的意思是在刀很钝的情况下，严重影响砍柴的速度与效率，在砍柴前虽然费一些时间来磨刀，并不立即去砍柴，但一旦当刀磨得很快，砍柴的速度与效率会大大提高，砍同样的柴用时反而比钝刀少。

具体到我们工作生活中可以理解为，要办成一件事，不一定要立即着手，而是先要进行一些筹划，进行可行性论证和步骤安排，做好充分准备，创造有利条件，这样会大大提高办事效率。

这样一个答案中规中矩，但是在公务员结构化面试答题过程中，仅仅这样理解还是不够的，因为这只是看到了事情的一方面，希望能在面试中脱颖而出的考生还需要做到，别人考虑不到的观点我考虑到了，别人已经考虑到的观点我考虑得更全面。这就需要辩证的思维方法。

【参考答案】"磨刀不误砍柴工"说的是这样一个故事，兄弟两人一起拿着钝刀上山砍柴，哥哥到了山上二话不说便埋头砍柴，而弟弟则找地方磨快了钝刀才开始砍柴。故事的结果大家也都知道，并且从这个故事我们就总结出了一句俗语：磨刀不误砍柴工。

反映到我们工作生活中可以理解为，要办成一件事，不一定要立即着手，而是先要进行一些筹划、进行可行性论证和步骤安排，做好充分准备，创造有利条件，这样会大大提高办事效率。

但如今，在这个瞬息万变的时代，磨刀真的就不误砍柴工吗？

首先，我们要知道机会往往一纵即逝。我们应采取的态度是看到机会来临时，迅速判断它是否在自己的能力范围之内。如果是，立刻抓住，而不是花费大量时间精力去做一些繁琐的准备。因为当一切准备就绪时，你很可能已经错失了最好的机会了。

其次，目前我们所做的为人民群众服务的工作，人民群众合理的社会需求，就是我们努力的方向，不能因为我们没有准备好就逃避责任，就以"磨刀不误砍柴工"这句话来搪塞，慢慢规划之后再动手解决问题。有时候遇上紧急的问题，应该是一边采取应急措施，一边再想长远之策。

当然，我们并不是反对"工欲善其事，必先利其器"，我们只是说，机会总成全有准备的人。我们是不是一定要等砍柴了才磨刀，打鱼了才买网？要时刻做好准备。因为只有完全的准备才能保证你在机会到来之际能够迅速抓住，并有足够的竞争力。

从这个意义上来说，我认为这个道理应该总结为：提前磨刀，才能不误砍柴工。

举这个例子就是想让大家明白，要用辩证的思维方式看待问题，不拘泥于过去一些约定俗成的说法和做法，应当具备开放的心态和批判的精神。这样才能在别人观察不到的地方发现新问题，找到新的出发点。这个思维方式用来回答一些名言俗语的综合分析题目最为适合。

三、分层论证原则

分层论证是说当我们遇到一个比较复杂的问题，不能一概而论时，可以分情况阐释；还指当我们遇到一个比较简单的道理，人人都懂，比较难展开的情况下，就需要适当地引申开来，分层次论述它，使得内容更加充实有意义。举个例子说明一下。

例题：对"赶"字的理解，有人说要不停走，不停干，谈谈你的理解。

这个问题题面很简单，就是对"赶"这个字的释义，认为"赶"拆开来看就是人要不停地走，不停地干，提倡的是一种实干的精神。可以有两种回答问题的思路：一是赞同为主，补充为辅；二是辩证地看待，提出不能任何时候都不停走，不停干，要视情况而定。但如果是采用第一种答题思路的话，可能讲起来语言会比较贫乏，道理说不透彻，这时候就可以考虑采用分层论证的方法。

【参考答案】题目中所讲的对"赶"这个字的释义，我认为蕴涵深刻的哲理，"不停走，不停干"是提倡我们在工作中要具备一种实干的精神，强调行动的重要性，任何真理都要在实践中才能得到检验。

"千里之行，始于足下"，"不停走，不停干"是在告诉我们，任何事情计划得再周详，都可能会赶不上变化。不能等到将计划做到理论上看上去很完美了，才决定开始实施，这样一来可能错过了最佳的时机，二来还可能浪费了原本可以用来试错的宝贵时间。如果不亲自实践，不停地修正调整，那么再好的计划都可能是纸上谈兵。

在"赶"的过程中，不仅要坚持不懈，而且还需要把握正确的方向。如果我们在奔向自己的人生目标时，目标方向错了，"不停走，不停干"将是盲目的，甚至是倒退的。同时我们确定的目标必须是符合整个社会发展的潮流，而不能逆时代而动，必须将自己"赶"的目标定格在整个社会主义价值体系之下，而不能像那些铤而走险的犯罪分子，将自己"赶"的方向同党和群众的利益背道而驰。

"赶"的过程中如何提高速度，提升质量，同样离不开方法。这就要求我们一定要有创新的思维，要边走边看边想，学习他人的长处，思考如何改善自己的方法。在这个意义上，赶路人还不能仅仅埋头苦干，实干加上巧干才能事半功倍。

将“赶”字理解为“不停走，不停干”，是对当代年轻人的鞭策，激励我们在新时期继续发扬艰苦朴素的优良传统，在新时期找准目标，大胆创新，脚踏实地地为人民做实事做好事，才能更好地实现自身的社会价值。

这个参考答案是按照赞同为主，补充为辅的思路来编撰的，考生们也可以思考一下，如果要反驳题目中的观点，其实也可以用辩证的思路来回答，认为不要一味地强调“不停走，不停干”，更要学会反思，学会借鉴创新。

第二节 社会现象类

一、题型概述

在第一节给各位考生讲解了综合分析的答题原则，这一节我们就进入综合分析的重要模块之一——社会现象的讲解。我们知道在公务员结构化面试中，广大老师和考生都会有这么一个说法：“综合分析占据了整个公务员结构化面试试题的半壁江山，得综合分析者得天下！”简简单单的一句话就点明了综合分析的重要地位，而这一节我们讲解的社会现象又是综合分析的重中之重。综合分析这类题多是以社会现象的试题出现的，原因很简单，我们每一个人都是社会人，都不是一个孤立的群体，我们每时每刻都在社会当中生存，那么理所当然我们每天都要面对着各种各样的社会现象。

作为一名进入面试的准公务员，就要对社会上发生的社会现象保持一定的敏感性，这样才能真正地做到我国古人所说的一句话：居庙堂之高则忧其民，处江湖之远则忧其君。而且考官比较青睐的综合分析这类题中的社会现象也能考查出各位考生的世界观、人生观、价值观。我们知道，社会现象类题干的设问方式一般为“对于这个问题你怎么看待”，有的考生还是摆脱不了学生时代的义气、愤青，对于一个社会现象劈头盖脸地痛批一顿，这样虽然听上去很过瘾，但是我们仔细地琢磨答题内容，考官难免会觉得考生思想太过于极端，那么这样的答案分数肯定高不了。对于社会现象我们一定要全面、客观、理性地看待，不能为所欲为、天马行空地乱答。这是各位考生要注意的一个问题。

作为一名公考教师，笔者会花很大力气给学生讲解综合分析，而且在第一天上课的时候笔者也会重点突出综合分析的重要性。这时就会有考生问：“老师，既然您说综合分析这么重要，那我们为什么不先讲综合分析呢?”心存疑问的这位同学的问题隐隐地显示了考生焦灼的心态，在这里给广大考生的建议就是学习任何一门知识都要脚踏实地、一步一个脚印。学习的过程不是一蹴而就的。就像小时候我们经常听老师讲的一个例子，一个人非常饥饿，一连吃了五个饼都没有吃饱，而在吃第六个饼的时候终于饱了，这时候这个人就说：“早知道吃第六个饼子饱了，那我就直接吃第六个了。”

所以大家在学习的过程中也一样，前几天是学习和积累的阶段，是为了我们后期的提高奠定基础，一般来说绝大多数学员在第四天左右完成量变到质变的积累，通过对比会发现有巨大的进步，这是一个经过长期实践得出的结论。所以在学习的过程当中我们还是要切忌急于求成的心态。懂得循序渐进，懂得脚踏实地是我们取得良好学习效果的前提。那么接下来我们就来认真地学习社会现象的答题思路。

二、答题思路

社会现象的答题思路相比人际沟通、组织管理、应急应变的答题思路的难度要高。细心的同学会发现综合分析这类题的答题思路会和申论的答题思路差不多，也是按照提出问题、分析问题、解决问题的思路来的。那么为了使我们的答题更加圆满、充实，我们要先来学习针对社会现象的答题思路。和人际沟通的答题步骤一样，社会现象类的答题思路也是四步：背景陈述——判断表态——分层论证——对策提升。简简单单的16个字罗列了社会现象类的答题思路，可谓是万能答题思路。但是我们会发现这16个字看起来简单，但是怎么巧妙地将答题思路融入到我们的答案当中去呢？这就是我们要给大家讲的方法。

在讲解答题思路之前，先给大家贯彻两个思维。第一个思维通过一个例子给大家引出来。在2010年9月20日，江西宜黄发生了一起强拆自焚的恶性事件，一家人由于不愿意接受当地政府低廉的拆迁补偿费，在当地政府决定用暴力进行强制拆迁的时候，一家当中的三口人以自焚来抵制拆迁。在我们为三位死者表示深切哀悼的同时，我们不禁思考现在全国如火如荼进行的拆迁事件。

如果在公务员结构化面试当中有这么一道题：请谈谈你对宜黄强拆自焚事件的看法。这时候作为刚刚走出校门的大学毕业生，会说政府做得这不好、那不好。网上也会有很多批判政府的评论，这些评论言简意赅，文笔犀利，看了也许会让人大快人心。但是站在政府的角度进行思考就要求我们要全面、客观、理性地回答问题。

我们报考的职位是公务员，公务员是要求我们站在政府的角度看人民，而不是站在人民的角度看政府。这是给大家贯彻的第一个思维，回答社会现象的答题思维一定是站在政府的角度看人民。在上课的时候笔者讲到这里，认真思考的考生不禁会问："老师，那我们该怎么回答这个问题呢？明明是政府有些地方做得不对，那在公务员结构化面试难道叫我们撒谎吗？"绝对不是撒谎，而是看问题的角度需要调整与周延。我们可以说：自从改革开放以来，我国的经济取得了飞速的发展，我们国家用了短短几十年的时间就走完了西方发达资本主义国家几百年所走过的路，当然也积累了西方发达国家积累的几百年的问题，比如什么什么问题。我们会发现这样答题才是全面、客观的答题。我们国家现在是存在一些问题，但是我们也应该看到这些问题是社会主义转轨时期的必然产物。当我们在肯定我们国家所做的成绩的同时，要学会全面地看待问题，这是我们在答题当中要注意的第一个思维。

第二个要注意的思维：贯彻公务员思维。作为一名即将进入工作岗位的准公务员，我们在答题的时候也要贯穿公务员思维。比如这样一道例题：请你谈谈对于"凤姐"的看法。或者是说请你谈谈对于马诺的看法。我们知道这两个人都是通过网络、新闻媒体的炒作而迅速蹿红的网络名人，她们的出名靠的并不是感人的事迹，既没有漂亮的外表，也没有特殊的才艺，而是靠怪异的行为，针对这两个人请谈谈自己的看法。我们做过一个调查，社会上不同的社会群体对于这个社会事件有不同的看法。比如学生会认为这个凤姐是搞怪行为，做法和想法都很搞笑；群众会认为这个凤姐脑子有病、神经不正常才会这样做；老板会认为这是新闻媒体的炒作；部分知识分子认为这是体现表达自由、言论自由、民主化进程的一个里程碑。通过对社会群体的调查，我们发现社会中每个阶层都是仁者见仁、智者见智。但是我们作为一名准公务员对于这个问题应该怎么看待呢？是像学生一样看待凤姐这个问题，还是像其他阶层一样看待呢？对于抛出的这个问题，机灵的同学会说："老师，您讲的是公务员思维，那么我觉得回答这个问题不应该运用上述阶层的思维，我们是准公务员，我们应该用公务员的思维来思考这个问题。对吗？"的确是这样，这就要求我们用公务员的思维来进行答题。

谈了很多公务员思维，那何为公务员思维呢？简言之，其一，建设性思维。面对社会上的负面现象，我们一方面要秉持批判的态度，另一方面要有追根溯源，寻找解决问题的方法。笔者时常告诫学生和同事，抱怨不能解决任何问题，深思之后迅速行动是面对问题的唯一准则。而公务员，更是应该为社会更美好的发展而奋斗。其二，悲天悯人的情怀。面对人民遭遇的苦难，我们要感同身受，设身处地表达我们的心情，就像温总理引用过的"衙斋卧听萧萧竹，疑是民间疾苦声"，然后把这种情怀转换成行动的动力。

随着我国经济社会的发展，互联网传播信息的速度极快，互联网已经成为绝大多数人离不开的生活和学习的工具，互联网不仅给我们提供了物质的便利，同时也给我们提供了精神上的享受。现在互联网上的文化形式也越来越多样化了，但是我们在对多样化文化进行支持的同时，也应该看到凤姐这个事件反映了当前我们网络文化低俗、庸俗、媚俗之风。我们国家是提倡网络文化的多样化，但是多样化的前提是真、善、美的网络文化。我们要坚决抵制低俗、庸俗、媚俗的网络文化。我们的文化要在多元中保持主流，在主流中保持多元，同时我们也应当加强对网络运营商的监督管理工作，不能让低俗、庸俗、媚俗的网络文化无节制地泛滥。这就是我们大家在答题的过程当中应该贯彻的公务员思维。希望广大考生在答题时要注意身份的把握。

接下来我们以一个例题来对社会现象的答题思路进行一个详细的讲解。现在很多中小学生都有手机，本来是方便跟家长联络的，但是很多学生用手机上网、交友，甚至上课时发短信，导致学习成绩下降，你怎么看这个问题？通过对这个问题题干的阅读我们可知这是一道典型的社会现象类题目。接下来我们用 16 个字的答题思路为大家做一个系统的梳理，首先进入第一个环节背景陈述。

背景陈述：

我们知道任何一个社会现象的出现都有一定的社会背景，也就是说社会现象的出现都不是凭空的。因此我们在回答社会现象这类问题的时候尽量要从这个事件产生的社会背景进行一个简单的阐述，以这道例题为例，不要上来就说对于中小学生用手机这个问题是怎么看待的，这样给人的感觉太过于突兀，同时答题内容也不够充实、完整。在上课的过程当中，有的考生会问笔者："老师，您讲的社会现象的背景陈述，我觉得和组织管理的一个帽子很像，都是从宏观上对这个问题进行一个系统的说明。"确实是这样的，背景陈述要求我们从宏观的理论背景进行阐述说明，这样做第一可以让我们的问题联系到现实的理论，第二也向考官说明了我们是家事、国事、天下事，事事关心。

对于这道例题我们可以这样回答背景陈述：随着改革开放 30 多年以来，我国的经济和社会已经取得了长足的进步，电子产品以其方便、快捷的特点，走进了越来越多人的生活，同时越来越多的人拥有了手机，而且现在拥有手机的人也越来越低龄化，手机也逐渐走进中小学课堂。通过这个简单的背景陈述我们可以将这个问题回答得更加具体化。

背景陈述是对事件或政策的背景进行宏观阐述，如果考生能结合国家宏观理论方针的话更能锦上添花，这就要求广大考生一定要适时地关注社会热点。对于有些题目，由于考生的知识阅历有限，并且对实事热点了解得不够深入，那么这时候如果要求考生一定要回答背景陈述的话可能就有些难度。在这里给大家讲解一个实用的方法：鹦鹉学舌法。单看这五个字，相信考生就会对这个方法有个初步的了解，这个方法就要求我们考生像鹦鹉一样，对于题干中的信息用自己的语言叙述出来。比如这样一道例题：很多大学生在毕业后选择擦皮鞋、养猪等等，你对大学生择业有什么看法？对于这样一道例题，很多考生在背景陈述的时候可能组织不出来语言进行背景陈述。这时我们就可以巧妙地运用鹦鹉学舌法进行背景陈述。

我们可以这样来回答："随着我国经济的发展，我国的大政方针也发生了变化，大学生的高等教育已经从过去的精英教育走向了现在的大众教育。现在的大学生天之骄子的光环正在渐渐地消失，取而代之的是越来越多的大学毕业生毕业之后面临着失业。很多大学生在毕业后选择了擦皮鞋、养猪作为自己的职业。这体现了当今大学生就业的多元化。"我们发现通过这个背景陈述不但充实了这个问题，同时也体现了考生对国家时事政策的了解，在答题之前进行背景陈述可谓是一举两得。所以我们在答题的过程当中，一定不要忘记答题思路的第一步背景陈述。这一步虽说很简单，但是真正在考生答题的过程当中，很多考生还是会忘记。这里并不是考生不会回答背景陈述，而是忽略了这个环节。

因此这就要求我们广大考生在学习的过程当中，一定要适时地回顾答题思路，在刚开始答题的时候我们要严格地按照答题思路来进行答题，不要忽略了任何一个细节，真正地做到善始善终。在回答完背景陈述之后，我们接下来进入答题的第二个环节判断表态环节。

判断表态：

判断表态这个步骤总体来说是比较简单的，我们知道对于任何一个社会现象，广大考生肯定对这个社会现象会进行一个定性的分析。用通俗的话说就是这个社会现象是属于积极的社会现象、辩证的社会现象、还是属于消极的社会现象。准确地回答好判断表态，是我们后续回答好社会现象类题目的基础。因此，对这个环节我们也不能掉以轻心。接下来对社会现象进行一个简单的分类，以方便考生在具体的答题环节进行定性地分析。

积极类的社会现象主要包括以下几个方面：国家宏观的政策和法规、国务院以及领导人言论、健康向上的价值观、符合道德标准的事件等。比如省委下发文件，要求各市机关单位的干部要多读书、读好书这个社会现象。

消极类的社会现象主要包括：政府打击过、反对过的、违法违规的、自私自利的行为等。比如现在社会上沸沸扬扬的“李刚门”事件。

辩证类的社会现象主要包括：新生事物、未定性事物、地方政府行为、复杂的难以评判的行为等。比如政府机关开网上微博，我们对微博这个事件不能简单地进行评价，这就要求我们对这样的社会问题进行辩证地看待。这里给大家介绍一个小技巧，对于有些社会现象考生拿不准的，不要简简单单地下结论说这个社会现象是好还是不好，我们可以用辩证稳妥法来进行答题。拿不准的都将其视为辩证类，这样答题是最保险的一种答题方法。只要能够自圆其说就能取得不错的成绩。

例题：教育部规定农村九年义务教育中，书本由学校免费提供，学完由学校收回，发给下一年学生使用，对这一事件你怎么看？

【参考答案】这个政策有积极的方面：

第一，这个政策是教育部规定的政策，书本由学校免费提供体现了我们国家以人为本、重视九年义务教育的理念，我们知道百年大计，教育为本。教育是我们国家振兴的基石，同时也体现了我们国家构建创新型国家的政策不仅是停留在口号之中。

第二，书本由学校提供，学完后再进行收回，这就意味着学生不能永久拥有课本，这无形中使学生养成了良好的学习习惯，学生能养成做笔记的好习惯。

第三，书本回收之后能够循环再利用，也切实地体现了我们国家所倡导的低碳生活理念。

但是我们也看到了这个政策也存在着一些问题：

第一，书本由学校免费提供，学完由学校收回。作为一名学生，九年义务教育结束之后，意味着学生一本书都没有留下。而我们中国教育学家孔子有句话叫做：“温故而知新，可以为师矣。”如果学生课下复习的话，无疑会有很大困难。

第二，教育部出台这个政策的初衷是建设资源节约型、环境友好型社会。出发点是好的，但是我们也要看到落实低碳理念的做法有很多种，比如转变我国的经济增长方式，使我国的产业结构由粗放型向集约型方向发展。而单单通过压缩教育成本进行低碳节约是本末倒置、治标不治本的。这就要求我们要切实落实低碳的生活理念。

通过上述答案的解析我们可以看到考生不知道这个政策是好还不好，但是考生通过辩证的答题方法，巧妙地回答了这道题。既回答了教育部出台这个政策积极的三个方面，同时也回答了这个政策可能会面临的一些问题。通过一褒一贬两个方面回答了这道题。通过举这个例子意在告诉大家对于一些拿不准的社会现象不要急于进行判断表态说好还是不好，一定要学会辩证地分析，在社会现象类的答题过程当中一定要将博大精深的辩证思想进行到底。在接下来的环节还会给大家进行详细的讲解。那么针对中小学生使用手机这个社会现象，我们根据题干中的信息可以发现这个判断表态并不难，因为题干中已经说了使用手机的优点，同时题干中也提到了很多学生用手机上网，交友，甚至上课时发短信，导致学习成绩下降的缺点。

那么根据这个题干我们就不难进行判断表态了，同样也是运用辩证法进行判断表态。我们可以这样来回答：对于中小学生使用手机这个社会现象，我们不能简简单单地说是好还是不好，我们要一分为二地看待/我们要客观、全面、理性地看待/我们要辩证地看待/我们要从正、反两个方面来看待/我的看法是这样的，等等。给大家列举了这么多的说法，考生可以根据自己的喜好有选择性地组织自己的语言。通过前面两个环节背景陈述、判断表态的学习，大家会发现社会现象类前两步也不难，那么接下来我们就进入社会现象答题思路的重中之重，也是社会现象类的一个难点——分层论证。

分层论证：

分层论证是广大考生最头疼的一个环节。在多年的教学经验当中，笔者发现主要存在以下两种考生：第一种考生知道挖掘题干中的点，但是不会拓展到一个面，这样的结果就是考生费尽心思地挖掘了很多要点，但是不知道扩展，结果答题听起来是比较空洞、不完美的；而第二种考生由于人生阅历和工作经验有限，仅能找到一个点，之后对这一个点进行无限制地发散，结果翻来覆去就是那几句干巴巴的话，这样的答题难免给考官一种思维局限的嫌疑。所以在这个环节首先给大家贯穿的一个思想就是在这个环节一定要挖掘自己的潜力，发散思维，善于寻找题干当中的答题点。

在公务员结构化面试当中，我们对一个问题要学会从多方面、多角度进行问题的回答，尽量过多地挖掘题干中的细节，这样才能使我们的答案更加充实、更加完善。简而言之就是深入挖掘题干当中的点，通过自己日常的言语积累将一个点扩展到一个面。这里通过一个例子给大家做一个详细的演绎。假如有这样一道例题：请你谈谈我们当今社会如何做到对于弱势群体的关注？很多考生看到弱势群体这四个字，头脑中就想起了当今的农民工，在答题的过程当中，将社会当中的弱势群体聚焦在了农民工身上，说完怎么从工资上、医保上、社会保障上关注农民工之后会发现答题时间才一分钟，这时候考生就急了，就会拼命地挖掘其他点来答题，有这样的思想是对的。但是考生在挖掘其他点的时候上至农民工的家长“空巢老人”、下至农民工的孩子“留守儿童”都进行了一个具体的阐述。在这里我们承认农民工确实是一个弱势群体，但是考生在答题的过程当中仅仅局限地将弱势群体定位为农民工是错误的。因为我们会发现这道题问的是如何对社会上的弱势群体进行关注。我们知道弱势群体是一个很大的群体，不单单包括农民工，还包括残疾人、刚刚毕业没有找到工作的大学生、失业的人、享受最低生活保障金的人等，以上这些群体就是我们对这个题目进行寻找的点，提炼出了题目当中的点之后我们就可以组织自己的语言进行面的扩充。这就是在分层论证环节我们各位考生要关注的问题。

在分层论证这个环节当中，有的考生虽然知道了要从问题当中寻找一些点进行阐述，但是在真正答题的过程当中，还是会感觉到有一定的难度。为了增加本书的针对性，接下来给大家讲解在回答社会现象这类题目过程中经常用到的几个方法。这几个方法分别是主体分析法、分条阐述法、举例说明法。我们逐一对这些方法进行阐释。

首先我们看主体分析法。顾名思义，主体分析法就是寻找题目中的主体（关键词）进行分析。来看接下来这道例题：你如何看待海归变海待现象？通过题干中的关键词我们可以看出这道题的主体就是“海归”。我们在回答问题的过程当中，一定是要围绕着“海归”这个主体进行阐释。同时我们还知道综合分析这四个字，一个是综合，另外一个是分析。这类问题为什么叫综合分析？所谓综合就是要求我们能在头脑中将事物的各个部分或各组成要素按照一定的内在逻辑概括出一般特征，简而言之也就是从部分能归纳出整体，能够从事物的宏观方面进行一个系统的考虑。而分析与综合截然相反，分析则是在头脑中将组成事物的整体分解为若干部分或者按要素逐一说明其内在本质的过程。简而言之也就是能从整体看到部分，能从事物的微观方面对其各个组成部分予以考虑。也就是说回答综合分析题既要有宏观的概述，也应该有微观的阐释，更要能注重宏观的整体和微观的部分之间的相互关系及各部分之间的有机协调组合。我们来试着从宏观的国家政策到微观的具体阐释来回答这个海归变海待的问题。

首先我们从宏观上进行阐释，这个宏观指的就是国家的大政方针的变化，那么我们来分析下海归变海待的问题的宏观原因：

第一，随着我国经济的发展，我国的高等教育体制逐年完善，我国的高等教育已经由前几年的精英教育走向了现在的大众教育，政策的变化使我们国家培养出了越来越多的大学生。这些优秀的大学毕业生进入了人才密集型的工作岗位。

第二，国家也越来越重视教育的重要性，相继提出了科教兴国的发展战略、人才强国的发展战略，不断加大了高校硬件设施和软件师资的投入力度。如今，我国也能培养出高科技的人才进入高精尖的工作岗位。这就意味着出国留学的海归面临的就业压力越来越大。

那么我们看这两个国家政策方针方面的变化是导致海归变海待的宏观原因。

接下来我们看微观方面，也就是海归个人的变化：

第一，我们知道随着中国改革开放30多年经济的飞速发展，根据数据显示我们可知，我国经济GDP已经超越日本，跻身全球第二。中国国际地位不断提升，因此越来越多的家长选择将自己的孩子送往国外接受先进的教育，现在我国留学的海归越来越低龄化了。由于出国留学的海归年龄比较小，性格可塑性比较强，没有树立正确的世界观、人生观、价值观就出国深造，容易受到西方发达国家不利因素的影响，这就导致现在的海归质量有所下降。

第二，从当今海归专业技能来看，根据数据显示，现在90%的海归出国选择人文社科类的专业，而我国真正需要的是高、精、尖的理工科专业的人才。海归自身专业的限制，也是海归变海待的一个原因。

上述宏观和微观两个方面对海归这个主体的阐释，系统地回答了现在海归变海待的原因，这个就是一个单一主体的主体分析法。大家看这道题的答案从宏观国家大政方针的变化到微观海归自身，全面、客观、理性地分析了海归变海待的问题。这是我们在答题的过程当中应当学会运用的主体分析法。

上述是运用主体分析法进行答题且比较简单的一道题，但是我们在公务员结构化面试当中，有的题目中不只存在一个主体。这就需要我们广大考生练就一双孙悟空的火眼金睛，掌握主体分析法之后以不变应万变！来看这样一道例题：保定大学醉酒驾车撞人事件，造成一死一重伤，但是车主没有下车，而是大喊："我爸是李刚"。你是怎么看待这一事件的？

很多同学看到这道题就蒙了，对这道题无从下手。在教学的过程当中，笔者总结出了考生不会作答这道题的原因。第一，考生平时比较少关注社会热点、时事。对"李刚门"这个事件一无所知。甚至很多考生还不知道"富二代"、"官二代"。在这里就给广大考生一个建议，我们平时要注重捕捉一些社会热点，至少做到留意、多看新闻报道，了解社会时事。既然有立志考公务员的决心，那就要做到家事、国事、天下事、事事关心。第二，不会运用主体分析法进行答题。很多考生只挖掘到车主这一个主体进行答题，翻来覆去地说车主没有人道精神，干巴巴地就这一条进行阐述。因此在回答问题的过程当中，我们一定要发散思维，联系出现这种事情的主体进行作答。造成这种现象的原因还有"我爸是李刚"这个主体。由此我们又可以引出父母这个主体。同样根据这个大学生，还可以引出学校老师的教育以及社会另外两个主体。大家看，通过主体分析法的阐述，我们找到了自身、家长、学校、社会四个不同的主体，我们在答题的过程当中将这四个主体扩展到四个面，我们的点比其他考生的多，又言之有理，那么我们的分数肯定低不了。

以上是主体分析法的讲解。接下来我们来讲解回答分层论证环节当中运用到的第二种方法——分条阐述法。所谓分条阐述法是对题干中的每一条原因及其相应的对策进行分条阐述。这里给大家举一个例题：在"五四运动"90周年的纪念大会上，总书记胡锦涛与青年学生座谈时指出，"执著的信念、优良的品德、丰富的知识、过硬的本领——这是'五四运动'的历史对我们的昭示，也是党和人民对当代青年学子的要求。"请你结合基层工作谈谈对这句话的认识。

通过题干阅读可知，我们要对题干中"执著的信念、优良的品德、丰富的知识、过硬的本领"进行分条阐述。接下来我们试着对这道题进行作答。

【参考答案】第一，我们知道信念的力量是非常伟大的，执著的信念能支持人们的生活，催促人们奋斗，推动人类进步。在2008年的汶川大地震中被埋在废墟下100多个小时仍然被活着救出的人们，都是凭借顽强的信念努力着，最后创造了一个又一个的生命奇迹，由此可见信念的力量。同样，选择了基层的公务员的同时，我们已经知道基层工作条件差、任务重，但是我们下基层是想要在基层工作中做出成绩，因此这就要求我们必须树立扎根基层、服务基层的信念。

第二，具备优良的品德是一个人立身处世的根本。人们常说，欲立身，先立品，人无品不立。国家考核国家公务员，也是按照"德、能、勤、绩、廉"五个方面进行考察的，我们发现在考核中德是第一位的，能是第二位的，因为德是一个人的灵魂。而且现在用人也讲究德才兼备。因此有了优良的品德，才能真正地树立为基层人民服务的意识，切实帮助基层的群众解决各种问题。

第三，丰富的知识是服务基层的基础。高尔基重视知识，他说"书籍是人类进步的阶梯"，终成一代文豪。知识就是力量，知识改变命运，我国古人也非常重视知识的重要作用，"读万卷书、行万里路。"是我国古人重视读书的体现。高尔基也曾说过，人的知识愈广，人的本身也愈臻完善。只有掌握丰富的知识才初步具备服务基层的条件，才能在基层学有所长、学有所用。

第四，过硬的本领是服务基层的前提。只有掌握丰富的知识和过硬的本领，才能有能力做好自己的本职工作，解决工作过程中遇到的各种各样的问题，才能真正地做到善谋富民之策、多办利民之事、恪尽为民之责、常怀爱民之心。

通过对题干进行分条阐述，可以有条理地回答出这个问题。因此当我们遇到是并列出现的几句话时，各位考生一定不要慌张，我们就按照分条阐释的方法逐一进行阐述就能取得不错的分数。

最后在给大家讲解一个方法——举例说明法。这个方法适用于当考生无话可说的时候不妨举个例子，这个例子要求要和题干中的问题相一致，不能天马行空地乱举，给考官一种我们是在拖延时间的嫌疑。来看这样一道例题：你认为大学生创业是创意重要还是资金重要？那么对于这样一道题，我们就不能干巴巴地说是创意重要还是资金重要，在这里我们不妨在答题的过程当中举一个例子来进行答题。

以上分别给大家讲解了主体分析法、分条阐释法、举例说明法的具体运用，要求各位考生在复习的过程当中，一定要能够举一反三、触类旁通。通过第二部分的答题环节我们知道对于任何一种社会现象，我们都可以分为积极类、辩证类、消极类三种。那么在具体的分层论证环节当中，我们给大家做一个系统的梳理。

对于积极类的社会现象，我们在分层论证这个环节要体现出题干中的政策或者是行为起到了积极的作用或者效果；对于消极类的社会现象我们要分析出现消极类现象的原因，针对原因我们就可以一个萝卜一个坑儿地找对策，也可以说我们应该采取哪些措施避免消极现象产生；最后对于辩证类的分层论证是比较简单的，我们首先分析这种现象存在合理的地方，接着我们再分析不合理的地方。以上就属于分层论证的环节。

对策提升：

接下来我们进入最后一个环节——对策提升环节的学习，这个环节要求我们在答题过程中要体现出解决问题的对策及对事件进行表态，针对分析出的要素(原因)提出对策和进行表态，表示要解决问题，采取措施。简而言之也就是考生在答题临近结束时，应当对问题的解决采取切实可行的方法。接下来通过几道例题来系统地给大家做一个梳理。

三、真题解析

这个环节我们给大家回顾一些历年考试的真题，希望各位考生能够在课下举一反三地进行同类问题的回答，以提高自己的答题水平。首先我们来看两道具有典型代表性的积极类的社会现象。

例题1：省委下发文件，要求各市机关单位的干部要多读书、读好书，对这个现象，你怎么看？

【参考答案】省委下发文件，要求各市机关单位的干部要多读书、读好书。我认为，省委下发这个文件是非常及时的，这体现了我们当今政府注重学习、倡导学习型政府的具体体现。作为当今高素质的人才，我们一定要树立终身学习的理念。只有多读书、读好书才能与时俱进，才能不被时代所抛弃。

读书的好处是非常多的，历来各位名人非常注重学习的重要性。高尔基曾经说过：书籍是人类进步的阶梯。我国古人历来也非常重视读书，"读万卷书、行万里路。"就是说读书的重要作用。

在当今社会，我们要多读书。因为作为一名未来的公务员，要具备多种多样的技能。仅仅掌握一种技能很难适应现在的工作岗位。现在社会突发事件比较多，我们要在掌握专业技能的基础上，多积累一些应急应变的知识。通过向书本求知、向实践求真，来提高自己的专业素养。

同时我们在多读书的过程当中，也要读好书。我们知道当今市面上图书质量参差不齐，因此我们要在多读书的基础上，读一些高质量的好书，不能被市面上低俗、庸俗、媚俗的书所诱惑。身体力行地做好人民群众的榜样。

就我个人而言，我自身也是一个非常爱读书的人。我最喜欢的一本书是汪中求的《细节决定成败》，在书中中国道家创始人老子有句名言："天下大事必作于细，天下难事必作于易。"意思是做大事必须从小事开始，天下的难事必定从容易的做起。我对这句话的感触非常深，这告诉我们把简单的事做好并不简单。作为未来的公务员，我们要从小事做起、从简单的事情做起，这些小事、简单的事就是人民群众的大事！

例题 2："两会"期间人大代表提案，公务员要骑自行车上下班，对此谈谈你的看法。

【参考答案】"两会"期间人大代表提案，公务员要骑自行车上下班，这是关系公务员作风建设的一次新尝试，我们知道公务员的作风建设问题关系到党的形象、关系到党和人民事业的成败。要求公务员骑自行车上下班体现了公务员要从人民群众当中来、再回到人民群众当中去的具体实践。因此对于题目当中的做法，我认为国家的出发点是好的。

公务员骑自行车上下班有其积极的意义：

第一，公务员骑自行车上下班，是公务员响应建设低碳经济的一次有益尝试，我们知道低碳经济就是要求我们低污染、低耗能、低排放。骑自行车上下班响应了国家的绿色出行，真正践行了国家倡导的建设资源节约型、环境友好型社会的理念。

第二，公务员骑自行车上下班有效地减少了交通的压力，给广大人民群众起到了模范带头作用，同时也是努力实行"公车改革"的有益尝试。我们知道公务员的公车费用在行政管理费用当中也是一笔不小的开支，骑自行车上下班也节约了行政成本的开支。

第三，公务员骑自行车上下班，紧密地联系了公务员与人民群众之间的关系，真正体现了公务员从人民群众当中来，又回到人民群众当中去的理念，同时密切了党群、干群关系。对于党风廉政建设来说也是具有积极的支撑作用的。

第四，公务员骑自行车上下班，对于公务员自身来说，也是一种锻炼。我们知道身体是革命的本钱，成就任何一番大的事业都要有健康的体魄。

由此我们可以看到公务员骑自行车上下班的积极意义。但是我们也应当看到如果仅仅以公务员骑自行车上下班作为作风建设的标准难免会有治标不治本的嫌疑。同时我们知道如果公务员单位离家比较远，这样做无疑增加了公务员的负担。而且公务员工作比较琐碎、比较繁忙，如果出行骑自行车将会降低公务员的工作效率。

因此，要想做好公务员的作风建设，我们党和政府需要从源头上努力。首先从思想上对公务员进行教育宣传工作，同时在制度上做好建设工作，在公务员队伍当中加强公务员的监督管理工作，加大群众监督、舆论监督的力度。真正地成为权为民所用、情为民所系、利为民所谋的公务员。

学习完积极类的答题思路之后，我们再来学习消极类的答题方法。

例题 3：社会上有种说法：有的机关干部"给了好处乱办事，不给好处难办事"。你怎么看这种现象？

【参考答案】首先，实事求是地讲，这种现象在某些部门和个别人身上的确存在。对此，我们不能回避，关键要看如何对待，如何处理它。因为尽管这种现象是少数，但是已经严重损害了党和政府的形象；破坏了党群、干群关系；阻碍了经济发展。如果得不到有效制止，那后果将不堪设想。

其次，深刻认识它产生的原因是解决问题的关键。我们看到这种现象的产生有其复杂的原因：

第一，在社会主义市场经济建设过程中，一些人，特别是少数公务员受物质利益诱惑，背离了自己的理想和为人民服务的宗旨，一味向钱前。在物质利益面前禁不住诱惑。

第二，我国制度建设滞后，在管理上出现一些漏洞，给某些人提供了牟取私利的机会。

第三，单位内部监督检查机制不完善，使某些错误或腐败问题得不到及时处理，从而起到了一些破坏作用。

我们看到党和政府已经高度认识到这种现象的危害，并采取了加强思想教育，强化管理和完善机制等多种措施来制止和杜绝这种现象的蔓延，反腐倡廉已取得阶段性成果。而且是从干部队伍总体上看，这种现象毕竟是少数而不是多数、是局部而不是全部、是支流而不是主流，因此我们相信在不久的将来这种现象一定会得到有效的控制。

最后，作为一名未来的公务员，我们要真正地做到在物质利益面前禁得住诱惑、守得住清贫、稳得住心神。争取做一名政治强、业务精、思想硬的公务员！

例题 4：保定大学醉酒驾车撞人事件，造成一死一重伤，但是车主没有下车，而是大喊："我爸是李刚"。你是怎么看待这一事件的？

【参考答案】"我爸是李刚"这起"李刚门"事件在当今网络迅速发展的时代已经成为了一个广为流传的代名词。前段时间河北保定大学发生的醉酒驾车撞人事件，造成了一死一重伤的严重后果。而车主竟然以"我爸是李刚"作为挡箭牌想要逃脱法律的制裁。当我们在对一死一重伤同学表示悲痛的同时，我们也要深入地反思一个问题，这就是官二代子女的思想教育问题以及由此而引发的社会问题。

接下来我们来认真地反思出现这种社会问题的原因：

第一，一些官二代子女的思想认识不到位，他们在思想上有一种超乎普通人的优越感，这种优越感导致领导子女在生活当中为所欲为，甚至会产生自私自利的心态和行为。

第二，一些官员对自己子女的教育存在问题，这也是导致官二代在思想上、行为上为所欲为的原因。一些官员由于忙于工作事务，在自身子女的教育问题上疏忽大意，导致了其子女思想上的逆反。另外一些官员对自己的子女过于溺爱，使其养成了不良的生活习惯。

第三，学校对官二代的"特殊照顾"或许也是产生这些问题的原因。对于一些官二代，老师在发现出现问题的时候没有及时予以制止。这也是产生思想问题的一个原因。

针对部分官员子女思想教育出现问题的原因，我们要及时地进行防范，禁止此类事件的再次发生。这就要求我们从以下几个方面进行建设。

首先，我们要加强官员子女的思想教育工作，消除官二代的特权思想，纠正他们的心态，从根源上进行教育，培养良好的道德情操，真正地做到人人平等。

其次，我们要对领导干部进思想教育工作，教会他们正确、客观地教育孩子的教育方式。对孩子的关心、照顾是必需的，但是我们对子女的关爱也要保持一个度，过度的关爱就变成了溺爱。溺爱不仅不能让孩子健康成长，反而会让孩子形成不良的思想观念。

再次，对于对官二代存在特殊照顾的老师和学校，也要摆正心态。不能因为官员子女就开绿灯，对于触犯学校规定的官二代就大事化小、小事化了。而应该一视同仁，该奖该罚视表现而定。

最后，社会也要转变对"官二代"的错误观点，对于官二代要加强引导和教育，做好监督工作。同时对于触犯法律的"官二代"一定要严惩、真正地做到法律面前人人平等，从而更好地维护社会的公平正义。

我们知道教育问题是一个民族振兴的基石，百年大计、教育为本。在以后的工作当中，我们要不断加强学生的思想教育工作，能够更好地未雨绸缪。

最后我们来看对于辩证类问题的答题方法。

例题 5：江苏一富二代不靠家人资助，自己贷款上学，你怎么看？

【参考答案】我们知道在改革开放 30 多年以来，我国经济取得了长足的进步。许多人都过上了富足的生活。一部分人凭借自身的勤劳和苦干，在改革开放的浪潮当中积累了一大批财富。这些民营企业家的子女就是人们今天常说的"富二代"。当今社会对富二代褒贬不一，或许贬义的色彩要重于褒义的色彩。

而对于题目当中的这个问题，富二代不靠家人资助，自己贷款上学这个问题我觉得我们不应该简简单单地说是好还是不好，我们要全面、客观、理性地看待这个问题。

第一，这个富二代不靠家人资助自己贷款上大学，体现了这个富二代拼搏、独立的一种精神，这种精神是值得我们大家学习和认可的。这也表现了我们80后，并不是像有些人说的那样是“垮掉的一代”，我们也是有自己的理想和信念的。

第二，在我们对这个富二代独立、拼搏精神进行赞扬的同时，我们也应该深入思考这样一个问题，国家设置助学贷款机制的目的是让更多贫困的、需要助学贷款的学生上学。而富二代家庭条件富裕，经济实力雄厚。如果富二代申请助学贷款的话，占用了一定的社会资源，就会使更多贫困学子与大学校门失之交臂。

第三，这个富二代能够申请助学贷款成功，也表明了我国助学贷款机制存在一定的问题，在贷款规范、审批流程以及贷款发放标准和资金监督方面存在一系列的问题，这其中任何一个环节管理规范的话都不能使这个富二代顺利地申请助学贷款。

第四，我们在对这个富二代这种行为进行肯定的同时，我们更应该做的是完善学校有关贷款方面的机制，真正能够让贫困的学生进入大学的校门。同时我们知道如果想自己上学、不靠家人资助的方法有很多种。体现拼搏性、独立性的做法有很多种。比如说大学里设置的勤工俭学岗位，也可以积极寻找各种兼职来体现自己自力更生的决心。或许只有这样才能真正改变当今人们对于富二代的偏激看法。

例题6：现在很多中小学生都有手机，本来是方便跟家长联络的，但是很多学生用手机上网，交友，甚至上课时发短信，导致学习成绩下降，你怎么看这个问题？

【参考答案】改革开放30多年以来，我国的经济和社会已经取得了长足的进步，电子产品以其方便、快捷的特点，越来越多地走进了人们的生活，而且现在拥有手机的人也越来越多，越来越低龄化，手机也逐渐走进中小学课堂。

对于中小学生使用手机这个问题，我觉得我们应该辩证地看待。首先我们知道中小学生使用手机的利还是很多的，比如方便跟家长联络，像学生干部有许多事要去处理，有时候联系不上，有了它，便节约了时间。同时中小学生使用手机方便同学之间的交流。

但我认为大部分中小学生对于手机的使用也是存在一系列的问题的。这些问题主要表现在以下几个方面：

第一，影响课堂教学秩序。如果学生忘记关闭手机的声音，那么，上课时手机的响声对于安静的教室而言不啻于刺耳的“杂音”，必然会打破教室的宁静，影响全班同学听课的情绪，打断教师讲课的节奏，引发不必要的骚动，直接影响课堂纪律。

第二，分散学生的注意力。手机里通常储存着一些游戏供人们娱乐，中小学生的自我控制力不强，便会常常惦记着玩游戏，这样，就会分散其注意力，直接影响学习。而有时候，当学生接到外界的电话或信息时，因受教师及课堂纪律的约束，不能及时接听电话或查看信息，就不可能集中注意力听课或学习。这样，听课的效果无疑又大打折扣，当节课所学知识的掌握肯定不理想。而利用手机互发信息聊天更是部分学生的拿手好戏，若其沉溺其中，又怎会集中注意力和精力学习呢？

第三，中小学生使用手机易使学生产生攀比心理。部分学生拥有手机，很容易成为其炫耀的本钱。这对于一些虚荣心强的学生来说，比阔气、赶时髦的不良思想极易产生，个别学生甚至可能会为拥有一部手机而动起坏念头。没有手机的学生，则可能会因此产生自卑的心理。这一切都不利于素质教育的实施。

第四，会加重家长的经济负担。时下，购买一部手机约需一两千元人民币，而月租及通话等费用，一年下来恐怕也不少于几百块。对于一个普通家庭来说，这不是一笔小数目。这就无形中加重了家长的经济负担。

通过以上的分析，我们可以看到中小学生使用手机这个问题是有利有弊的，在今后的日常生活当中，我们要利用手机给我们带来的便利。同时我们国家也出台了一些政策，比如鼓励手机供应商积极研发适合中小学生的手机。相信在不久的将来我们就能真正地做到使用绿色手机！

第三节 观点态度类

一、题型概述

在第二节讲解了社会现象，在社会现象答题思路的基础上，这一节我们学习观点态度。我们知道在公务员结构化面试中，经常会考查大家对一些名言警句的认识和理解。对名言警句这类问题的考查我们通称为观点态度。很多考生遇到观点态度的问题会束手无策，特别是遇到一些对古语（例如：海纳百川，有容乃大）的认识和理解，更是不知道如何下手。其实观点态度是在社会现象答题思路上做的引申，因此在扎实掌握了社会现象类答题思路的基础上，观点态度这种类型的题难度并不大。接下来，给大家针对答题思路做一个系统的梳理。

二、答题思路

观点态度答题思路是在社会现象答题思路基础上做的一个引申。对于社会现象的答题思路，我们在第二节已经做了详细的阐述，采取四部定位法：背景陈述——判断表态——分层论证——对策提升。相信认真学习的各位考生都有了一个深入的理解。

观点态度的答题思路是：解释名言——表明态度（观点）——分析论证——总结提升。与社会现象的答题思路对比，会发现在第二步、第三步和第四步答题思路都非常接近，下面我们来逐层论证。

解释名言：

解释名言是回答观点态度题的第一步，这一步也是区别社会现象类答题思路的一步。在回答社会现象这类题目的过程当中，为了使我们的答案更加圆满、更加充实，我们在进行表态之前要对出现这类社会现象的宏观背景进行一个阐述，如果这个背景陈述能够联系到国家的大政方针，那更是锦上添花。但是在回答观点态度这类题目的过程当中，我们就不能进行背景的陈述，不能说这个观点态度是谁在什么时候说的，这样答题就不具有针对性，那我们要做的就是对这个名言进行解释。因为观点态度这类题绝大多数都是以古语的出题形式来进行考查的。一方面加强了题目的难度，另外一方面考官想通过古语来测查考生的文学理论功底，进而达到一举两得的目的。由此我们也可以看出来这意味着公务员结构化面试的难度也在逐年加大，考官出题的形式也越来越多样化。因此这就要求广大考生在掌握答题思路的基础上，也要注意在平时对知识的积累。

那么接下来我们来看观点态度类题目中解释名言要怎么做。我们知道名言警句如果按照时间顺序来划分的话就有两大类：

一类名言警句是属于古代一些名人说过的名言警句，这对于我们来说就是比较晦涩难懂的文言文，比如：结合具体的工作，谈谈对“有容德乃大”的看法。这就要求我们在解释名言警句的时候将其翻译成为现代汉语进行解释。在第二节背景陈述的过程当中我们给大家讲了如果不能从宏观的背景进行阐述题目的话，我们可以运用鹦鹉学舌法对题干进行阐述。这就告诉各位考生，如果在对文言文的意思不理解的情况下，就对题目中的名言进行解释，不懂意思就再重复一遍（如：有这样一种说法）。

另一类名言警句是属于现代一些名人说过的名言警句，这对于我们来说是比较通俗易懂的，那我们在解释名言这个环节要做的就是用自己的语言将这个名言进行表述就可以了。为了使本书的针对性更强，我们分别以一个古代的名言警句和一个现代的名言警句给大家做一个答题示范。

古人云："待人要和中有介，处事要方中有圆，行事要精中有果，认理要正中有通。"请你说出这句古言的含义。这句古言对你今后做人做事有什么启示？通过对这道题题干的阅读我们可知这句话相对来说比较晦涩难懂，那么我们用自己的语言对这句话进行解释。

这句话所说的大概意思是我们与人相处的过程当中，要注重和气，我们要用关爱和宽容来对待周围的人与事，但也要有自己的立场；处理事务要将原则与灵活性相结合，在大事上要讲原则，在处理比较小的事情时要注意讲究风格；推行一件事要做足谋划也要勇于决断，要注意工作当中的工作效率；在日常工作当中对待事理要严守正义也要学会变通。

对于比较晦涩难懂的古文，一定要根据平时自己知识的积累进行语义上的解释，我们会发现解释名言这一答题环节有两个好处，第一是解释了名言，充实了答题的内容；第二是运用自己的语言对名言进行了解释，梳理了答题思路，无形当中对答题产生了帮助。所以遇到观点态度的题目，解释名言这个环节一定要掌握。

接下来看一道近代名言警句题，这对各位考生来说难度不算很大。

有人说要做"拓荒牛"，有人要做"老黄牛"。你想做什么？通过对题干的阅读我们可以知道这是一道比较浅显易懂的现代观点态度题，我们只需要对"拓荒牛"和"老黄牛"这两个词语用自己的语言进行解释就可以了，来看答案解析。

题干当中说有人认为我们要做"拓荒牛"，我对"拓荒牛"是这样理解的："拓荒牛"就是在工作当中能够开拓创新、锐意进取的人，用鲁迅的话说就是我们要勇于做第一个吃螃蟹的人。而与此相反，有的人却说我们要做"老黄牛"，对于"老黄牛"我是这么理解的：我们在工作当中要有真抓实干、兢兢业业、任劳任怨的精神。

在解释名言警句这个环节，我们分别对文言文和现代文做了解析，在解释完名言警句之后来表明对名言警句的观点。

表明态度：

在解释完名言警句之后，我们可以对题干中的名言警句进行表态。名言警句一般都是属于积极向上的、告诉我们认识哲理的话，因此在表明态度这个环节我们可以说说自己对这句话的判定或影响。这句话说得十分正确或者是这句话给了我什么样的启示甚至可以是这句话告诉我们一个什么道理，都是可以的。

按照题干中名言警句出现的数量，分为三种题型：单观点名言警句、双观点名言警句、多观点名言警句。在这里也许各位考生不太理解，那么我们分别举三个典型的例子，给大家做解释。

对于单观点名言警句类，例如：教育学家黄炎培老先生赠给其子一句话，"取象于钱，外圆内方"。对此你怎么理解？题干中"取象于钱，外圆内方"只有一个观点，那么这就是典型的单观点类的题目。

对于双观点类的名言警句，顾名思义题干有两个观点，并且在绝大多数的情况下，这两个观点是矛盾的，这就要求考生在答题的过程当中，一定要找到答题的突破口，适时地找到两个观点的切入点。双观点类是考官比较青睐的一种题型，在各地公务员结构化面试当中出题的比重不断增大，原因一是回答双观点类题目要对两句话进行阐述，在难度上有所加大，原因二是学生要对看似矛盾的观点进行转化，这里又考查到了考生的辩证思维。因此双观点类型的题目要引起广大考生的注意。接下来看一道典型的双观点的例题：孙中山说"要想着做大事，不要想着做大官"，拿破仑说"不想当元帅的士兵不是好士兵"，你怎么理解这两句话？通过对题干的阅读可知这两句话是矛盾的，孙中山要告诫我们做事，不想着做官；但是与此截然相反，拿破仑却说不想当元帅的士兵不是好士兵。很多同学在看到双观点题目的时候都会比较懵，原因就是没有找到回答的切入点。那么针对双观点的题目，我们在解释完名言警句之后进行表态就需要一个技巧了，我们可以这么说：这两句话表面上是矛盾的、对立的，但是按照马克思辩证唯物主义的观点，两者又是辩证的、统一的，有其内在的必然联系……因此，我们必须坚持具体问题具体分析。这样回答就巧妙地利用马克思主义的辩证观点，体现了考生的辩证思维，能在同一中把握对立，又能够在对立中把握同一。在这里或许很多考生还不知道这道题的突破口是什么，在接下来分层论证的环节我们会做详细的阐述。

最后，我们来看多观点的题目。所谓多观点就是题干中出现了许多个观点。很多考生遇到这样的题目就慌了，题目中一大段排比句，至少有四个观点，不知道该怎么办。这里告诉大家遇到这样的题目一定不要慌，我们逐一对观点进行阐述就好了，也就是我们在第二节讲过的分条阐述法。来看这样一个例子：有些地方在选人用人上遵循“年龄是个宝，文凭不可少，关系是关键，能力作参考”。你怎么看待？通过对题干的阅读，我们知道这是典型的多观点题目，那么我们就分条进行阐述。在表明态度环节，讲解了观点态度类的分类方法，接下来我们就可以针对观点态度进行分层论证。

分层论证：

通过教学经验的积累，我发现分层论证这个过程是广大考生在答题过程当中相对来说最薄弱的一个环节，大家在领会了答题思路之后仅仅能从答题的框架上进行把握，具体的内容不能够进行很好的填充，原因是很多考生工作经验或人生阅历比较少，导致了很多考生在回答时过于枯燥，下面给大家系统地梳理分层论证这个环节。

分层论证就是通过抓取名言警句里的关键词或者主体(人、对象)展开对名言的论述，遇到双观点或多观点的题时，分层论证是最好用的方法，我们只需分别对题干中的观点进行阐述就可以了。我们以双观点为例进行讲解，孙中山说“要想着做大事，不要想着做大官”，拿破仑说“不想当元帅的兵不是好兵”，你怎么理解这两句话？那么在分层论证这个环节我们首先对孙中山的名言进行阐述，我们可以将孙中山的话理解为我们做事要有正确的指导思想，不要想着做大官，要牢固树立为人民服务的理念和意识，在公务员队伍当中我们要经得住诱惑、耐得住寂寞、守得住清贫、稳得住心神，也就是说我们要有为人民服务的理念、树立正确的仕途观；其次对拿破仑的话进行阐述，我们要突出在工作当中目标动机的意义，在组织中有上进心，争取为更多的人服务。我们做任何事情都要有一定的目标，在工作中要注重能力的提升、整体素质的提高。以上就属于分层论证的环节。

总结提升：

分层论证之后，作为答题最后的结尾，我们要在宏观理论上进行总体的提升。在提升的过程当中，我们尽量可以将名言警句联系到自身，将自己的人生态度、价值观等和名言进行结合。对于孙中山和拿破仑的名言警句我们可以做如下总结提升：作为一名公务员，要做到既有切实为人民服务的思想，又能够在工作中树立明确的目标，这就像温家宝总理告诫我们的一样：既要仰望星空又要脚踏实地！接下来以几道例题来系统地给大家做一个梳理。

三、真题解析

对于观点态度这类题，根据不同的分类标准罗列了历年的真题解析。首先我们看单观点这个类型。对单观点进行分类，可以分为积极的观点、中性的观点以及消极的观点。接下来分别以四道题为例，进行解析。积极的观点是观点态度当中考查最多的一个类型，意在告诉我们人生的一个哲理，在这里进行两道真题的解析。

积极的观点

例题1：培根说：“读史使人明智。”请谈谈你的看法。

【参考答案】培根这句话的意思是我们要认清过去，把握现在，这样才能够帮助我们更好地梳理和解决今后的问题。“读史使人明智”这句话传递给我们的哲理就是要思考过去，用辩证唯物主义和历史唯物主义的观点来看待和处理问题，以史为鉴，解决现存的问题。

第一，我们要尊重历史。“读史”的前提是我们要承认历史，尊重历史。

一切事物都是历史的延续，包括我们人类也是延续了几千年的物种。由此我们可以看出，现在与历史是一脉相承、紧密地联系在一起的统一体，现实是从历史当中走出来的。唐太宗有这样的一句名言：

"以铜为镜,可以正衣冠;以古为镜,可以知兴替;以人为镜,可以明得失。"在这里"以古为镜,可以知兴替"就告诉我们以历史为镜子,可以吸取前人的成功的经验和失败的教训,也就意味着认识国家和社会的发展规律。我们学习历史、了解历史的目的就是以史为鉴。读史就是在承认现存历史的基础之上,通过思考过去,更好地把握未来。

第二,"读史"帮助我们用哲学当中普遍联系和永恒发展的观点来观察和分析问题。

"读史",有了历史的观点,我们在认识问题、分析问题和处理问题的过程当中,才能更好地把握问题。我们知道我们所处的时间和空间都是在不断地发生变化的。从运动和静止来分析事物的发展,我们知道静止是相对的,运动是绝对的。这就要求通过读史把握事物内在的联系和发展规律,在遇到问题的时候才能以更加符合历史规律、更加智慧的方法来处理。正如江泽民同志曾经深刻地指出[①]:"一个领导干部不善于从总结历史中吸取营养,不可能成为高明的领导者;一个政党不善于从历史中认识和把握历史社会发展的规律,不可能成为顺应历史潮流的自觉的政党;一个民族不善于从历史中继承和发展本民族和世界其他民族创造的优秀文明成果,就不可能屹立于世界民族之林。"

第三,"读史"之后,我们要引以为戒,有选择性地继承并发展历史,真正地做到"明智"。

要通过对历史的学习,对历史规律的掌握,更好地把握未来、引领未来。

例题 2:有人说"坚持到底就是胜利",请谈谈你是如何理解的?

【参考答案】对于"坚持到底就是胜利"这句话,我是这么理解的:无论是在工作还是学习的过程当中,遇到困难我们不能一蹶不振,退缩不前。而与此截然相反,无论生命经历怎样的艰辛,我们都将以一张朝气蓬勃的笑脸迎接每个清晨!只有这样坚持到底,我们才能够取得胜利。

从积极层面上来看。坚持,对于成功作用非凡。战国时期的荀子说过:"骐骥一跃,不能十步;驽马十驾,功在不舍;锲而舍之,朽木不折;锲而不舍,金石可镂。"宋代的苏轼说过:"古之立大事者,不惟有超世之才,亦必有坚忍不拔之志。"数学家华罗庚说过:"科学的灵感,绝不是坐等可以等来的。"如果说,科学上的发现有什么偶然的机遇的话,那么这种"偶然的机遇"只能给那些有素养的人,给那些善于独立思考的人,给那些具有锲而不舍精神的人,而不会给懒汉。成功贵在坚持。如果不是坚持,伟大的历史学家司马迁就不会在遭受腐刑之后,花费数十年精力写成被后人称为"史家之绝唱"的《史记》;如果不是坚持,我们的革命前辈,就不会进行长征,也不会开辟敌后战场,更不会赢得抗日战争的胜利;如果不是坚持,伟大的科学家居里夫人,就不会在条件极其艰苦的条件下提炼数十吨煤炭焦油,也不会发现镭元素,更不会为人类科学的进步作出巨大贡献。

但是我们也应该看到坚持的负面影响。正确的目标和决策,需要我们去坚持,因为坚持的最后结果就是胜利。但是错误的目标和决策,我们就不要去坚持,因为坚持的最后结果不是胜利,反而是失败。比如,我们在以前的经济发展过程中,片面强调发展的速度,忽视了环境所承受的限度,结果,自然环境遭到了严重破坏,大自然向人类进行了无情的反击。所以,我们就要改变过去那种忽视环境的做法,调整经济发展战略,做到经济发展和环境保护同步。

因此我们在实际工作中,一定要正确理解坚持的含义,把握坚持的尺度,做到坚持与灵活变通的辩证统一,让我们的工作更加符合人民的需要。

中性的观点

例题 1:教育学家黄炎培老先生赠给其子一句话,"取象于钱,外圆内方。"对此你怎么理解?

【参考答案】教育学家黄炎培老先生赠送给儿子的一句话:"取象于钱,外圆内方。"我是这么理解的:

① 《江泽民语录》,1996 年。

我们做人要像古代的铜钱一样，要做到外圆而内方。

首先，我们知道我国古代的铜钱的内部是方形的。这给我的启示就是我们在做人和做事的过程当中，在我们的内心深处要有一个原则。这个原则应该是方方正正、不可逾越的。结合到我们的自身就是我们要在物质、利益面前经得住诱惑、耐得住寂寞、守得住清贫、稳得住心神。不能只贪图市场经济条件下浮躁的物质需求层面而没有了做人和做事的底线。我们从小就要树立起不为物质、利益动摇的世界观、人生观、价值观。

其次，古代铜钱的外部是圆形的。这给我的启示是在内部讲究原则的同时，我们在外部应是圆融贯通的。这也就是说，我们在处理问题的过程当中，要讲究灵活性。在我们的工作和学习当中，我们接触到的任何事物都是非常复杂的，因此我们必须要掌握与人沟通的技巧，平和宽容地来看待周围的人与事。大事讲原则，小事讲风格，学会在为人处世的过程当中做到具体问题具体分析。只有这样才能更好地与周围的人与事打交道。

最后，我们知道"方"与"圆"又是相辅相成，互为一个内在的统一体的。如果一个人只是冷冰冰地坚持做事的原则，不懂得具体问题具体分析，那么这个人就会像一块尖锐的石头一样，处处伤害别人；与此相反，如果一个人太过于圆滑，八面玲珑的话，做人和做事缺乏应有的原则，那么相信这样的人也不会有真心的朋友。

"外圆而内方"是我们应该学习的为人处事的原则和风格。在工作和生活当中，一定要将原则性和灵活性结合起来。这就要求我们在做事的过程当中，在原则性面前一定要坚守自己的原则，做到原则面前不动摇。同时对于具体出现的问题要具体分析，在为人处事方面才能处于和谐的状态。

负面的观点

例题：请你谈谈对"做的事情越多，犯的错误越多"这句话的看法。

【参考答案】这句话说的是我们做的事情越多，犯的错误就会越多。无可厚非的是，按照概率论的观点，这句话存在一定的道理。但是在我们的日常生活当中，我们就要具体问题具体分析。

首先，我们不能因为"做的事情越多，犯的错误就越多"而害怕做事。毛主席曾经说过："道路是曲折的，前途是光明的。"不经历风雨，怎么能见彩虹？这些话都会告诉我们一个通俗的道理，那就是做错了事情并不可怕，怕就怕在我们不改正。我们不能因为做事情会犯错而不敢放手去做事情。这就告诉我们以下一些道理：

当我们还没有开始做事的时候，也就是事情处于谋划的阶段，我们要在思想上认真谋划事情，掌握较好的判断、推理能力。对于事物在进展过程当中可能出现的一些问题，我们要能够未雨绸缪。只有在源头上对事物进行控制，我们才能做到做的事情越多，犯的错误越少。

其次，当我们在做事情的过程当中，要具体问题具体分析。我们知道计划赶不上变化，唯有变化才是永远不变的。这就要求我们在具体做事的过程当中，要有随机应变的能力，只有掌握了随机应变的能力，我们才能够以不变应万变。这也就是说我们在做事的过程当中要有一定的协调控制能力。

在做事结束的环节，如果我们取得了不错的成绩，那么我们应该吸取做事的经验和教训，为下次做类似的事积累经验。但如果我们没有取得比较好的结果，也就是我们犯了错误，那么我们就要尽可能将事情的损失降低到最小。看看能否尽最大努力来使该错误造成的后果最小化，既然错误已然发生，那么及时处理好才是最重要的。

最后，我们应该意识到：犯了错误不可怕，可怕的是我们因为害怕错误就不再做事。有这种想法是万万不可的。我们不能因为犯了错误而降低工作的积极性，相反我们要以高涨的热情继续投入到今后的工作当中。俗话说：人非圣贤，孰能无过？过而改之，善莫大焉。或许我们要做的就是对于已发生的错误，找准原因，力争下次不犯类似的错误！

双观点的题目在公务员结构化面试当中也是经常考查的一种题型，下面以两道题为例进行解析。

例题1：某市委书记在一次会上说"要和群众一样，同时又要和群众不一样，才能让群众满意，信服。"你怎么理解"一样"和"不一样"？

【参考答案】某市市委书记在一次会议上说我们公务员要具备两个方面的特征，我们既要和群众一样，同时又要和群众不一样，这样才能让群众满意、信服。乍看这两句话，我们会觉得很矛盾。但是按照马克思辩证唯物主义的观点，我们会发现这两句话其实是一个内在联系的共同体。

首先，公务员要和群众一样，要和群众打成一片，成为人民群众当中的一员，我们要贯彻群众路线，公务员要从人民群众当中来，再回到人民群众当中去。因为我们与人民群众的关系是"鱼水情"，鱼离不开水，同样水也离不开鱼。我们不能因为是公务员就认为自己的位置高高至上，我们不能搞任何特殊的走后门关系；其次，公务员要和人民群众不一样，也就是说我们要特别能吃苦，我们要吃苦在前，享乐在后，真正地做到温总理要求的：民之所思，我之所忧；民之所忧，我之所行！

上述的阐述，用最普通的语言描述了党员干部与人民群众的内在关系。这就揭示了当今的公务员要坚持群众路线和发挥共产党员的模范先锋带头的作用。

第一，党员干部要和人民群众一样，要从群众当中来，再回到群众当中去，要深入贯彻群众路线。这就要求我们党员干部首先要从思想上树立正确的"权力观"，我们要认识到"公务员"这三个字的深刻含义。"公"就是要求公务员要立党为公，"务"就是要求公务员要为人民群众服务，"员"就是要求公务员要成为人民群众当中的一员。党员干部手中的一切权利都是人民群众赋予的，人民群众不仅是物质财富的创造者，更是精神财富的创造者，所以公务员绝对不能搞任何特权。孟子说过："得到多助，失道寡助。"民间也有得民心者得天下的俗语，这就告诫我们要与群众打成一片，尊重群众，热爱群众。

第二，公务员要有先锋带头的作用，要特别能吃苦，要做人民群众的领头兵。真正做到居庙堂之高则忧其民、处江湖之远则忧其君。要同群众一样，迎难而上，群策群力，做改革开放的促进派和发展生产力的带头人。

总之，党员干部只有与人民群众一样，同时又与人民群众不一样，才是一名全心全意为人民服务的党员，只有这样才能成为一名政治强、业务精、思想硬的人民公务员！

例题2：有人说要知足常乐，又有人说不知足才是进步的阶梯，请你谈谈对这两句话的理解。

【参考答案】有人说要知足常乐，但是又有人说不知足才是我们进步的阶梯。对于这两句话，乍看起来是矛盾的，但是经过深入的分析，我们会发现这两句话是一个内在的统一体。

首先我们要知足常乐，这个知足指的是我们要在物质利益诱惑的面前要知足，我国有句古话说得好："良田万顷，日食三餐；广厦千间，夜卧八尺。"这句话的意思是说人生在世，即便是拥有再多的财富，真正需要的也无非就是八尺夜眠之地和三餐果腹的食物。这句话就告诫我们要树立起正确的金钱观和利益观，要淡泊名利，力戒贪欲，真正地做到知足常乐。

其次我们也要知道，不知足才是进步的阶梯。这也就是告诫我们在工作当中要不知足，要有开拓进取的精神，要像鲁迅说的敢于做第一个吃螃蟹的人。我们知道从神州1号的顺利试飞到现在的神州7号，经历了不平凡的历程，这些都是我们科学家呕心沥血、不断开拓创新的成果。我们要注重创新精神，因为创新是一个民族进步的灵魂，是一个国家兴旺发达的不竭动力。唯有创新，我们才能够走在世界的前列。

总之在今后的工作当中，我们要在物质利益面前知足常乐，在工作当中迎难而上，不断勇于开拓。真正地做一名权为民所用、情为民所系、利为民所谋的公务员。

在公务员面试当中，名言俗语也是经常考查的一种题型。

例题1：改革开放让很多人富起来了，有人说，"改革开放就是为了让腰包鼓起来"，也有人说，"改革开放不但要富口袋，也要富脑袋"，对此谈谈你的看法。

【参考答案】自从1978年十一届三中全会邓小平提出了解放思想以来，我国改革开放已经走过了30余年不平凡的路，历史和实践都强有力地证明了只有改革开放才能发展中国特色的社会主义。改革开放成为中国特色社会主义最鲜明的特征。"富口袋"与"富脑袋"正是社会主义物质文明与精神文明建设的特征。

物质文明与精神文明二者是相辅相成，互为辩证的统一体的。具体来说：

第一，物质文明是人类改造自然界的物质的成果的总和，精神文明是改造主观世界的精神成果的总和。物质文明的富足是精神文明发展的前提和基础，精神文明搞好了，大家齐心协力、精神振奋，物质文明才能全面兴盛。

第二，我们同时也要注重物质文明建设与精神文明建设的内在统一性。我们要坚持两手抓，两手都要硬。不能仅仅注重物质文明建设，而忽视精神文明建设，真正做到科学发展观的全面、协调、可持续。我们要统筹兼顾不可偏废任何一方。我们首先要进行物质文明建设，加快经济结构的调整，由粗放型经济向集约型经济发展。

第三，在注重物质文明建设的同时，我们也要注重精神文明建设。丰富的精神文化生活是我国人民的热切愿望。文化是全面建设小康社会的重要目标，也是衡量社会主义文明程度软实力的标准。我们知道富足的小康生活，离不开文化价值的多元化，我们的文化要在多元中保持主流，在主流中保持多元。真正地做到"百花齐放、百家争鸣"。

总之，在建设中国特色社会主义的道路上，我们既要进行物质文明建设，同时也要注重精神文明建设，只有物质文明建设与精神文明建设统筹兼顾、不可偏废，才能在小康道路上越走越好、越走越快。

在公务员结构化面试当中，经常也会考查一些国家领导人的发言，接下来是以一道题为例，进行真题解析。

例题：2010两会期间，温家宝总理提出"让人民活得更有尊严"，谈谈你的看法。

【参考答案】在2010年"两会"期间，国务院总理温家宝所做的政府工作报告中指出：我们所做的一切都是要让人们生活得更加幸福、更有尊严。这是第一次提出让老百姓活得"更有尊严"，顿时"尊严"成为社会上的热点词汇。

我们知道，追求幸福与尊严是人的一种崇高的价值取向。按照马斯洛的需求层次理论，当我们满足了第一层次吃穿住行、第二层次完善社会保障、第三层次情感归属的需求之后开始追求比较高的第四个层次的精神满足。"更有尊严"突出了精神层面的归属，将"人们的尊严"首次写进政府工作报告当中，成为政府工作的目标，从实际做法当中体现了党和政府执政为民理念，传递出了党和政府践行"以人为本"的决心和信心。通过党和政府一系列的努力，我们看到国家从政治、经济、文化、社会四个方面进行努力。

首先，在政治上，国家实行依法治国、依法行政、文明执法、司法公正等充分体现我国政府尊重民主诉求、还政于民。

经济方面，政府高度关注社会弱势群体，着力改善和保障民生。农村医疗保险也逐步到位。

文化方面，我国政府力行和谐、包容的文化。尊重民众的多元化价值追求，真正地做到了在多元中保持主流，在主流中引领多元。实现了我国学术文化领域"百花齐放、百家争鸣"的方针。

社会生活方面，着力改善民生。我国现在面临着执政理念的拓展、蜕变和重建，从以GDP为中心的时代转向以国民幸福总值为中心的时代。施政将更加凸显人文关怀度，注重道德境界含义，真正走向一个自由、民主、富强的世界大国。

最后，能否让人民生活得更加幸福、更有尊严，需要权力的依法施行。当权力在阳光下运行，当公民的权利更加坚实、公共服务健全均等之时，一个更有尊严、更加公正、更加和谐的社会也将随之到来。

第四节　漫画故事类

一、题型概述

在第二节和第三节分别讲解了社会现象类和观点态度类的答题思路及真题解析。我们知道综合分析是公务员结构化面试当中考查内容最广泛的题型，除了社会现象和观点态度这两大类模块，还有其他细小的知识点。本节讲述漫画、演讲、串词、联想这四小类题型。漫画、演讲、串词、联想类在公务员结构化面试当中考查的比重相对较小，但是随着公务员招录考试的白热化，在国考甚至是一些省考面试当中，漫画故事类的出题比重日趋加大，各位考生应当加大复习力度。接下来对这四种小题型进行详细的阐释。

首先看漫画这类题型，很多考生在看到漫画这类题型的时候就懵了，感觉漫画类题目难度很大。其他类型的题都是通过清晰的文字进行表述的，但是对于漫画类型的题还要通过对漫画的观察提炼出漫画中的主题，再进行作答，这无形之中就加大了答题的难度。这里告诫各位考生的是不必为漫画这种类型的题目感到纠结。漫画就是通过各种修辞手法，运用诙谐、幽默、讽刺的艺术效果，批判或者是赞扬现实生活当中的人与事。说到底还是通过艺术的表现手法来反映现实生活当中的人与事。细心的考生会发现回答漫画类这种题目很简单，其实就是社会现象的一个测查。而且通过我们工作经验和人生阅历的积累我们发现，一般情况下漫画都是反映消极的社会现象。因此，在回答漫画类这类题目的过程当中，我们可以借鉴社会现象类题目的答题思路。

接下来看演讲类，在公务员结构化面试当中，演讲类题目考查相对比较灵活，难度比较大。这种题型对考生的语言表达能力、逻辑思维能力、瞬时思维能力考查得比较多。因为在考场上要求考生在短短几分钟内就针对的主题发表几分钟的精彩演说。但这也不是说演讲类的题目是没有套路的，这需要各位考生在掌握了一定的方法之后利用业余时间多加练习。

最后来看串词联想类，这类题型也是考生反映难度较大的一种题型。串词类试题作为公务员结构化面试题的形式之一，在公务员面试的题型中经常出现。山西、河北、湖南、吉林、山东的考题比较青睐串词联想类试题。

最常见的串词类出题形式是给出五至七个左右的词汇，给定词汇是没有任何逻辑关系的实词，在给定的时间内要求考生用到所给出的词汇串成一段话。有些考生在回答串词类题目时，不过是将几个词语连在一个句子里，答题中没有任何情节和主题。虽然各个词汇都用到了，但是给人的感觉难免过于平淡，如此答题在考场上分数肯定是高不了的。

其实串词类试题的考查内容非常深刻、丰富，需要考生具备较强的创新能力、发散力、预见力、想象力、评价能力，同时根据考生设定的故事情节或者一段话的主题，侧面考查考生的知识面、价值观、人生观、社会阅历以及政治思想高度等。换句话说，必须有较强的综合能力和开阔的视野，才算具备攻克串词类试题的基本素质。

从某种意义上说串词类试题是各类试题中最难做好的，因为它不仅需要发散思维、想象能力和博闻强识，且题目没有规律性，无法套用答题思路，让很多考生无所适从。事实上，串词类试题的题目虽然没有规律性，但解答此类试题却是有捷径可寻的。在接下来的答题思路中会做详细的讲解。

二、答题思路

在答题思路这个环节，将会分漫画类、演讲类、串词联想类这三大类型给考生做一个系统的梳理。首先我们看漫画类的答题思路。

(一)漫画类

在题型概述中已经讲到漫画是通过夸张、比喻等修辞手法对社会现象进行批判、讽刺或者是赞扬。说到底还是对社会现象的升华。因此回答漫画类的答题思路就与社会现象类整体一致，接下来我们具体学习漫画类的答题思路。

背景陈述：

背景陈述是回答漫画类题目当中的第一个环节。当我们拿到一幅漫画的时候，我们要做的是通过敏锐地观察，提炼出漫画中反映的主题。对于漫画类这种题型，主要分为两种类型：一种是显性漫画故事类——封闭型寓意，也就是说通过漫画可以得出具体的信息。例如，2008 年安徽试题，漫画画的是城管手拿铁铲，像铲泥土一般正将众多小商贩铲走，口里说："我要把你们清除出去。"这一看就知道讲的是城管粗暴执法，显然属于可得出具体寓意型。另一种类型是隐性漫画故事类——开放型寓意。这种漫画没有文字性的描述，这就属于发散思维型。例如，2007 年浙江省面试题，其漫画画面上仅有一条曲线，这显然属于不可得出寓意型。

对于这两种不同的类型，我们要从思想上认识到位。如果遇到显性漫画，我们就通过观察漫画提炼出漫画的主题；如果遇到隐性漫画各位考生也不要慌张，这时候就要求我们发散思维，只要能够言之有理、自圆其说就可以了。接下来分别看两幅漫画，对其进行描述。

这幅漫画描述的是成千上万的人在竞争公务员岗位，而且我们还可以看到公务员这个饭碗被广大求职者认为是一"金饭碗"，众多求职者都想进入公务员队列，以致公务员考试已经成为社会的一个新热门。这种"千军万马过独木桥"的局面，值得我们深刻反思。

医院系列～"叼虫小技"

这幅漫画描述的是一个病人正在治病，而医生却运用一些"雕虫小技"趁病人不注意进行揩油。这幅漫画折射出了在我们现实生活当中存在的个别医生医德败坏问题。

以上通过两个例子，进行了漫画的背景陈述。也就是说在我们回答漫画类题目的过程当中，要进行对漫画的描述。一方面通过对漫画的描述能使答题更加充实、完满，另外一方面通过对漫画内容的提炼，可以对漫画有一个系统的认识。很多考生在回答漫画类题目的过程当中，不能够准确地提炼出漫画的主题。这就要求我们在平时一定不要死读书，要练就一双孙悟空的火眼金睛，敏锐地发现主题。正确地提炼出主题是我们后续回答漫画类题目的前提和基础。

判断表态：

所谓判断表态就是点明漫画反映出来的本质内容，并且表明自己的观点。通过多年的教学经验我们发现，在公务员结构化面试当中，漫画类的题目一般情况下反映的都是消极的社会现象。当然这只是经验，如果漫画反映的是积极的主题，那么我们也要类比积极类社会现象的答题方法进行作答。那么接下来对上述两幅漫画进行判断表态。

漫画一当中反映了报考公务员热的社会现象。我们知道大量的人报考公务员有利于吸纳更多优秀的人才进入到公务员队伍当中，为公务员队伍注入新鲜的血液，有利于政府办事效率的提高。但是我们也应该看到凡事都要保持一个度，过度的竞争背后也有需要我们认真反思的问题。

通过上述的判断表态，表明了作者的观点。报考公务员这种社会现象有其积极的一方面，但是根据哲学里的辩证思维我们也应该清晰地认识到，过多的人参与职位竞聘也反映了一些社会问题，比如是不是我们的就业出现了问题，大家的价值观是不是发生了变化，等等。这些都是我们要进行深入思考的问题，在分层论证中我们要进行深入的分析。

再来看漫画二。漫画二折射出了在我们现实生活当中存在的医德败坏问题，这个问题虽然只是存在于个别医生之中，只是支流而不是主流，但是这种现象严重损害了人民群众的利益，破坏了医生在人民群众当中的神圣形象。

判断表态这个环节在综合分析答题思路这个环节相对于其他三个环节来说，是比较简单的一个环节，各位考生只需对题干中给出的材料进行积极、辩证、消极的性质判定就可以了。这里就不做过多的解释，接下来进入第三个环节——分层论证。

分层论证：

分层论证是在答题过程当中所占比重最大的一个环节，也是广大考生反映难度最大的一个环节。一些考生会仅仅就给出的漫画提炼出一个点，进行无限制的发散，几句话干巴巴、翻来覆去地说。这在考场上无疑会给考官留下思路不够开阔、阅历太浅的印象。因此，这是我们要注意的一个问题。而另外有些考生能够从漫画中提炼出很多点的信息，但是在答题的过程当中，不会用自己的语言将答案充实、完善。这些都是考生在答题的过程当中要注意的细节。在分层论证这个环节，我们要学会辩证思维，对于一个问题要运用辩证的思维，既能够在统一中把握对立，又能够在对立中把握统一。接下来我们仍以上述两幅漫画为例，来进行分层论证。

对于漫画一，越来越多的人要做考碗族，是存在一定的原因的。而考公务员的原因主要表现在以下几个方面：

第一，大多考生追求公务员职位是因为公务员的职业待遇较好，拥有较高的社会地位。现阶段，公务员享受较为完善的社会保障体制，同时在职业发展、工资福利、退休养老等方面都有较完备的保障体系。因此在现今的就业压力情况下，众多求职者尤其是应届毕业生都投入到考公务员的大军中去。

第二，越来越多的考生选择公务员岗位是因为在公务员考试和录用环节真正体现了“公平、公正、竞争、择优”的原则，透明化的录用体制激发了他们参加公务员考试的热情和信心。

第三，从 2001 年我国高等教育扩招到现在，每年都有 600 多万的大学生走出校门，中国的高等教育已经由前几年的精英教育走向了现在的大众教育。而社会能够提供的就业岗位又是有限的，当前的就业形势十分严峻，越来越多的人为了逃避严峻的就业形势选择了报考公务员。

第四，我国几千年流传下来的“官本位”思想比较严重，“学而优则仕”是我国传统的观念。而且一些机关单位的工作按部就班，用人实行“只进不出”的体制，只要公务员不犯错误，职务只会升不会降。这种稳定和轻松成为人们选择公务员职业的最大诱惑。

同时我们也应该看到通过这样竞争激烈的考试，优秀的人才补充到公务员队伍中来，进一步提升公务员的素质和执政能力，这是国家招录公务员的宗旨。但是，我认为在这样的公务员考试热潮中，要清醒地认识到自己适不适合公务员这个职业，从自身的能力出发结合自身的职业规划和兴趣来选择合适的职业，而不能盲目地随从社会的热门。同时我们也要转变经济发展方式，由粗放型经济向集约型经济进行转变，更多地发展资源密集型、人才密集型、资金密集型的产业。或许这才是消除公务员热的真正对策。

在以上的答案解析中我们看到了如何分层论证。所谓分层论证就是说当我们遇到一个比较复杂的问题，不能一概而论时，可以分情况阐释；或者是当我们遇到一个比较简单的道理，人人都懂，比较难展开的情况下，就需要适当地引申开来，分层次论述，使得内容更加充实有意义。

我们以上述分层论证的答案为例，第一到第四点分析了考公务员比较热的原因，或许在这里有的考生会说：“老师，我觉得您的答案说得字字在理，分点论证的思路十分清晰。但是我们在答题时或者是考场上怎么就想不到呢？”相信这是绝大多数考生都存在疑问的环节。这就要求我们在平时多做知识的积累，对于一个社会现象不能只看热闹，不看门道。要从深层次中去挖掘题干中的答题点，做到事事关心。这样走进考场时才能够游刃有余地答题。

再来看漫画二的分层论证。在漫画二中，我们看到了医德败坏的医生采取的雕虫小技。这种现象严重破坏了医生救死扶伤的形象，我们要深入地分析产生这些现象的原因，并对这些原因进行根源上的彻查。

第一，一些医生的职业道德品质不高，在物质利益面前丧失了自己的原则，背离了自己的理想和为人民服务的宗旨，一味向钱看。针对这样的一种情况，就要求医生要能够自查自纠，树立良好职业道德。

第二，部分医生医德医风建设落后，不是以为人民服务、救死扶伤为职责，而是整天想着如何从病人身上揩油。这些做法都严重损害了医生崇高的形象。对于这个问题，在医院内部要建立起医德医风考评制度，该奖该罚一律视表现而定。

第三，在一些医院之所以存在医德败坏这个问题，也是因为一些医院的监督检查机制不够完善，体制上存在一些漏洞，导致一些思想观念薄弱的医生在物质利益面前禁不住诱惑、耐不住寂寞、守不住清贫、稳不住心神。这就要求医院要建立完善的监督制度，真正地做到党内监督、党外监督、群众监督、制度监督、新闻媒体的监督相结合。

第四，我国医疗体制改革推进缓慢，也是造成医生医德败坏的一个重要原因。体制存在问题，是所有问题的重中之重，这就要求我们国家要深化医疗体制改革，从源头上制止医德败坏问题的产生。

对于上述医德败坏的这幅漫画，我们在分层论证的环节进行了四个方面的阐述。细心的同学会发现，对于消极类的问题，无非就是寻找出现问题的原因，运用上述我们讲的主体分析法进行阐述。而且大家还会发现上述分层论证了四点，分别是按照微观、中观、宏观三个不同的维度去寻找原因的。这也就是说我们在对问题进行分析的过程当中，要遵循一定的脉络，要从微观的个人、中观的相关机构、宏观的体制上去寻找原因。这样才能够使我们的答题更加圆满，充实。

在分层论证这个环节当中，各位考生一定要多下工夫。分条阐释法、主体分析法、举例论证法等等都是我们可以运用到的方法。所以在扎实掌握了社会现象的答题思路之后我们要以不变应万变，真正地做到触类旁通、举一反三。在回答漫画这种类型问题的过程当中，我们要学会巧妙地转化，转化成为我们比较熟悉的社会现象类的答题。在回答完分层论证这个环节之后，作为完整的一个结尾，我们要进行一个总结提升。

总结提升：

在总结提升这个环节，一定要对题干中的理论进行升华，尽量能够结合实际进行作答。基础比较好的考生可以从宏观和微观层面提出解决措施，如果能够结合自身进行表态更是锦上添花。说到底还是表态的环节，这个环节虽说简单但还是比较重要的。因为任何一个优秀的答案都是善始善终的，接下来我们针对两幅漫画进行总结提升。

对于漫画一，无论自己处在什么样的岗位上，只要能够为社会做贡献、只要能够实现自己的价值，就是一个值得尊重的行业。而我们要深刻地认识到公务员这个职位是为人民服务的，它的宗旨就是做到“全心全意为人民服务”。如果我们能做到这一点，而且怀着对人民感恩的心，这样去选择公务员这个职业才会更加理性，才能实现自己的人生价值。

对于漫画二，医德医风建设是精神文明建设的重要组成部分，也是建设有中国特色社会主义不可缺少的精神支柱。医德医风建设与人民群众密切相关，是关系党和政府威信的大事，也是医院提高医疗服务水平、树立窗口形象的基础。我们要继续深化医疗体制改革，加强管理，提高服务意识，真心实意为人民办事。

通过上述的总结提升环节，对两幅漫画给大家做了系统的梳理。在公务员结构化面试的过程当中，如果遇到了漫画类型的题目大家一定不要慌张，通过认真的观察提炼出漫画中的核心主题，将这个主题作为社会现象进行答题，相信应该能够得到不错的分数。

(二)演讲类

在题型概述环节，已经给大家讲解了演讲类试题。相信对于演讲大家都不陌生，因为所有的考生在学校期间都对演讲有过一定的接触。但是在公务员结构化面试的考场上，在极短的时间虽进行思考并且做出一个精彩的演说，对于绝大多数的考生来说都不是一件容易的事情。接下来就给大家讲解演讲类的答题思路。

演讲主要有三种类型，即直言命题型演讲、就职演讲和活动致辞。在公务员结构化面试过程中经常考查的演讲属于直言命题型的演讲，也就是说考官会给出一个确定的主题进行演讲。对于直言命题型的演讲回答的思路是按照谈认识——树论点——摆论据——升华主题四步进行演讲。

第一步谈认识，也就是要谈谈对于主题的认识和理解；第二部树论点，要求要对论点进行系统的认识；第三部摆论据也就是我们要用切实的论据来对论点进行支撑；最后一步升华主题与社会现象的总结提升类似，在升华主题环节要在紧扣题目的基础上进行升华。对于任何一个精彩的演讲都不能就事论事，而应该在最后呼应题目的结尾部分对论点进行升华。这里就要求能升华到法律、社会的建设层次。接下来以诚信为题发表一段三分钟的演讲。

第一，问好。说明诚信是什么。

第二，说明诚信的重要性。

第三，说明诚信对于本行业的意义与作用。

第四，说明诚信对于本单位的意义与作用。

第五，说明缺乏诚信的危害。

第六，再次说明诚信的重要性，展望未来，发出呼吁。

以上就是关于直言命题型的演讲，对于演讲的主题考官会做一个清晰的界定。直言命题型演讲是相对来说难度比较大的一种，要求考生利用课余时间勤动脑、勤动手、勤动口，多加练习。

接下来我们来介绍公务员结构化面试当中经常出现的就职演讲。相对命题演讲，就职演讲要容易些，其套路也比较容易掌握。所有此类演讲都可以套用一种模式，下面以真题为例进行讲解。在单位欢迎新人的迎新会上，作为新人，请现场模拟一下你的发言。

第一，向听众问好。

第二，说明此时的激动之情。

第三，介绍自己，包括工作经历、处事准则、性格特点等，并表达在以后与同事相处的期待。比如：我性格开朗，喜欢运动，乐于交友，愿与同事们多相处，多参与集体活动，共同进步。

第四，前景展望。

第五，最后致谢。

最后我们来讲活动致辞，活动致辞也是演讲的一种。这对考生的要求就比较高了。下面来看一道真题：在与兄弟单位的经验交流会上，你作为会议主持人要发言，请问你怎么说？

按照一般的答题思路，我们可以分以下几个步骤来进行回答。

第一，致意。对兄弟单位的到会表示隆重的欢迎和感谢。

第二，剖析本次交流的重要意义和作用。

第三，简要介绍本次交流活动的会议议程和会中注意事项。

第四，请双方领导致辞。

上述分三种情况讲解了演讲的三大类型，在公务员结构化面试演讲类题目中，无非就是这三种题型。在这里还有一个值得大家注意的关键问题就是手势的运用。答题与演讲是不一样的，在答题的过程当中，我们要求考生中规中矩地答题，因为结构化面试的要求就是这样的。但是一旦我们在考场上遇到了演讲类的题目，首先我们要站起来进行演讲，同时在站稳的过程当中目视考官，尽可能地与考官进行眼神的交流。在演讲的过程当中谈吐要自然，表现个人风格；当考官向我们微笑的时候我们可以面带微笑，适当地给考官回馈；除此之外演讲时的声音要比平时高半拍，要有适当的抑扬顿挫。另外演讲类得高分的关键就是考生要利用课下时间进行排练，多进行练习是取得成功的必经之路。

(三)串词联想类

顾名思义，串词就是运用题干中给出的5—7个词汇，在给定的时间内要求考生用到所给出的词汇串成一段话。这对考生的要求比较高，着重考查考生的逻辑思维能力、语言表达能力、瞬时思维能力。但是为什么有的考生在回答串词类的题目时能够吸引考官的眼球，在考场上取得了较高的分数，而有的考生虽然也用到了题干中要求用到的词汇，分数却不高呢？这就是说我们在进行串词的时候也是有一定的规律可以遵循的。

串词类题目通俗地说就是编一个能够自圆其说的小故事。通过对面试大纲的解读我们知道串词最基本的要求就是不漏词，这是答题的关键。回答得再好，如果漏掉了题干中的词汇也是得不到较高的分数的。接下来就是我们的故事要像小学生写作文一样少不了六要素：时间、地点、人物、起因、经过、结果。这就要求我们在串词的过程当中要有一定的逻辑性，不能因为题干中给出的词汇没有一定的逻辑性就天马行空地乱答一气。最后也是对串词要求比较高的一个环节，这就是我们通常所说的文似看山不喜平，也就是说我们的串词在不漏词、有六要素的基础上要有故事情节的跌宕起伏。只有这样才能够吸引考官的眼球。另外在串词的过程当中，我们也要尽量能够突出真、善、美的价值理念。因为串词从侧面考查考生的知识面、价值观、人生观、社会阅历以及政治思想高度等。以一道真题为例进行说明。例题：请你根据以下五个词语编个故事，要求五个词语都用上。公务员、寒冬、扑克、斗地主、人肉搜索。

有些考生会这样说：在一个非常寒冷的寒冬里，三个公务员在值班。他们感觉自己平时的工作非常琐碎、非常无趣，就开始了打扑克，因为他们是三个人，所以他们打的是斗地主。当有人民群众来找他们办公的时候，他们对于人民群众的利益诉求置之不理。人民群众非常生气，就利用手机将他们斗地主的事情发到了微博上，领导利用人肉搜索的方式找到了这三个公务员，他们受到了严重的惩罚。

上述的答案虽然用到了题干中给出的五个词，但是如果考生在考场上这样回答的话分数是高不了的。首先我们看这个答案虽然词汇都用到了，但是这个答案会是很多同学的答案，也就是说这个答案没有亮点，这就注定了分数高不了；其次这个主题反映的是消极的主题，从侧面测查了考生的价值观比较扭曲。文似看山不喜平，这就要求我们的串词要尽量别出心裁。再来看一个答案。

小张是一名公务员，进入工作岗位已经有两年的时间了。平淡如水的生活使她的生活变得比较无趣，因此她会打扑克来打发业余的时间。她最爱玩的扑克游戏就是三人斗地主的游戏。生活就这样百无聊赖地进行着。直到有一天小张的生活发生了翻天覆地的变化，那就是在2008年汶川地震的时候，那一刻小张突然意识到了身上的责任。作为一名公务员不就是要为人民群众服务吗？当人民群众有困难的时候我一定要冲到第一线。于是小张亲临汶川灾区进行抗震救灾活动，用她自己的行动感动身边的人，让越来越多的人加入到救助灾区的活动当中。功夫不负有心人，经过她和一线战士的努力灾区的险情得到了缓解，小张也回到了自己的工作岗位，但是她还是放心不下灾区的人民群众，甚至将寒冬里亲自给男友织的毛衣捐给了灾区，她的这一行为感动了太多的人，灾区的人民通过人肉搜索的方式找到了小张，赠送给她“最受爱戴的公务员”锦旗。小张的这种甘于奉献的精神是值得我们学习的。作为一名即将进入工作岗位的公务员，我们也要做到“想人民群众之所想、急人民群众之所急”，成为一名“权为民所用、情为民所系、利为民所谋”的公务员。

这个答案不仅用到了题干中的词汇，也有积极的主题，又有曲折的故事情节。因此这个答案就是得分比较高的答案。这也就是告诉我们回答好串词类要在平时多下工夫。在有主题的基础上，尽量做到故事情节的曲折离奇，这样才能战胜竞争对手。

三、真题解析

例题：请你谈谈对这幅漫画的认识。

【参考答案】从这则漫画中我们可以看到，一名所谓的“专家”右手握着研究成果，左手拄着“学术腐败”的拐杖走向“科学奖”的领奖台。在他走向领奖台的过程中，一只脚上写着“德”字，说明在这个过程中，他的道德是缺失的。

这则漫画深深地刺痛了我的心灵。当前社会，学术成果抄袭和剽窃案件屡次发生，其揭示的学术道德缺失让人惊心，由此暴露的高校不良学术风气也引起了社会广泛的关注。对于这种“学术腐败”的问题，我们只有全面深刻地分析，挖掘深层次的原因，才能够从源头上有效遏制不良学术之风。出现学术腐败的原因主要表现在以下几个方面：

第一，学术造假背后巨大的经济利益。各位专家学者为了评教授，为了搞项目，为了获奖而弄虚作假，欺骗评委。这是学术权力化和学术商品化、市场化的原因。“汉芯”造假事件，就是一个典型的例子。

第二，个人的学术道德的缺失是造成学术腐败的内在原因。部分专家和学者为了自身的利益，将学术道德抛在脑后。而一些学生则没有建立起学术意识，缺乏最基本的学术道德和研究能力，导致学术腐败事件层出不穷。

第三，高校科研机构现行的考核体系不够科学和完善。在高校内，对于学术论文的考核仅仅是以数量来计算的，这种不科学的考核方式导致大家只重视数量，不重视质量，没有形成正确的目标导向。

第四，对待学术腐败的打击力度不够，相应的惩罚机制不够完善，难以对抄袭者产生有力的震慑。

我们应当清醒地认识到，学术腐败这种社会现象会对社会、高校和个人产生不利的影响。大量的抄袭使我们的创新能力大打折扣，难以培养出真正的人才，对我国的长期发展十分不利。因此我们要采取相应的措施。首先，要建立科学的考评机制，在高校和学术界形成正确的目标导向，全面综合地对单位和个人进行考核。其次，我们要加大对学术腐败的打击力度，发现一个严惩一个，加大处罚成本。最后，加强宣传，树立学术道德意识，营造良好的学术氛围。

国家的进步在于创新，创新是一个民族进步的灵魂，是一个国家兴旺发达的不竭动力。自主创新需要付出艰苦的劳动，更需要一大批踏实的科研工作者。只有从根源上抑制住学术腐败之风，才有利于科研工作的更好发展。

第五节　命题趋势预测与个性化提升

一、命题趋势预测

前四节系统地讲解了综合分析的答题思路，在多年的教学经验中笔者总结出绝大多数考生在学习综合分析的过程当中，对于知识的接收一般都不是问题，上课都能听懂，但是真正在课下练习的时候就会发现自己不是找不到点就是找的点太多，思维不会发散。这就要求各位考生利用业余时间多进行练习。仅仅看面试资料、听老师讲课是不行的，面试不像笔试一样，应试地做题就可以了。在一定程度上面试考查的是考生的综合素质，包括语言组织能力、逻辑思维能力、瞬时思维能力等，任何一种能力有欠缺都不能在考场上取得较高的分数。这就要求大家在进入面试之后保持良好的学习心态，学习答题的思路和方法，以不变应万变。

这一节是在前四节的基础上进行的一个拔高拓展，大家都知道在公务员结构化面试当中综合分析是必考的试题，通常也是每套试题的第一题，因此回答好综合分析是继续回答后三道题的前提和基础。在这里我们就根据近几年的出题形式来总结综合分析的命题趋势。这里值得强调的是命题趋势的预测并不是给各位考生猜题，而是我们要把握出题人的思路，在宏观方向即备考思路上进行系统的梳理。

(一)公务员结构化面试试题紧密贴近生活热点

公务员招录考试经过 10 多年的发展已越来越制度化，面试试题的出题人和面试官的反模板、反培训的意识越来越强。由最初的公务员面试较为空洞、纯理论的考试到近几年试题逐渐接近实际生活，偏题、怪题没有了，社会热点问题、生活中经常遇到的事情、大学生在校的学习生活经历等都在考试之列，越来越重视考查考生的实际操作能力而不是书本知识。试题的量少了，但涵盖面广、内容丰富，程度更深。这就需要参加面试的考生在平时注重专业能力的同时，有针对性地捕捉一些社会热点，并进行思考。这个思考过程当然还是要贯彻公务员思维，也就是说我们是要站在政府的角度来思考一些社会问题。来看一道例题：请你谈谈对机关工作人员开微博的看法。这是 2011 年广东省考面试的真题。通过对这个问题题干的阅读，我们可以知道这是一道综合分析问题，并且是关于微博的问题，随着科学技术和互联网的迅速发展，微博已经走进了千家万户，越来越多的人选择用微博发布一些信息。由此可见公务员面试的试题越来越贴近社会当中的热点。

在上课的过程当中，笔者会发现对于工作经验比较丰富的考生，在社会热点问题上把握不够准确，一种是很多考生不知道“官二代”这个社会热词，在遇到“我爸是李刚”这个问题的过程当中，往往会束手无策。另一种就是因为社会经验丰富，接触社会阴暗面过多，答题没有阳光思维，对社会问题悲观失望，答偏题。这只是一些例子，这就要求大家要紧密贴近生活热点，在贴近生活热点的基础上，对出现的问题进行有益的思考，做一个勤动脑、勤动口的人。接下来我们来回答工作人员开微博这个问题。这就是一道明显的结合社会热点的题，我们会发现题目不难，靠的就是平时对社会热点的把握。如果考生连微博是什么都不知道，想答好这道题简直就是天方夜谭。

例题：请你谈谈对机关工作人员开微博的看法。

【参考答案】随着经济社会的发展，互联网已经成为绝大多数人离不开的生活和工作的工具，互联网给我们带来了精神上的享受和物质上的便利。当今，以互联网为依托的微博也逐渐在生活当中迅速应用。一些机关单位的工作人员也开了微博。机关工作人员开微博，看似事小，但无论从形式上还是从实质意义上，对于推进改善执政方式都能够起到潜移默化的作用。机关工作人员开微博有利于拓宽与民众的沟通渠道，真正地体现了我国政府问政于民、问计于民、问需于民的新方式，是我国民主化的里程碑。但是对于这个问题我们也要一分为二地看待。首先机关工作人员开微博有以下积极影响：

第一，机关工作人员开微博从形式上有利于拓宽与民众进行沟通和听取民众意见的渠道，机关人员开微博可以方便与民众进行沟通交流，真正地听取第一线民众的声音。

第二，机关工作人员开微博从实质上讲有利于领导干部与民众的平等交流。我们知道公务员是要从人民群众当中来，再回到人民群众当中去的群体，不能因为掌握着权力就将自身摆在高高在上的位置，而开微博真正地体现了干部与民众的交流。并且通过与民众的交流可以提高领导决策的科学性和民主性。

在我们看到积极影响的同时，我们也要发现机关人员开通微博存在的问题。这些问题主要表现在以下两个方面：

第一，虽然一些机关工作人员跟风开通了网上微博，但是一些单位的微博却成了摆设甚至已经进入了“休眠期”，很多政府网址也成了摆设，开通微博没有发布实质性的内容，这样的做法就流于形式，不能真正体现开通微博的价值。

第二，因为领导的博客发言是匿名的，为防止有人借此公共平台发泄情绪，出现了屏蔽发言的现象。

第三，有些机关单位的工作人员，无意中在微博上发布一些需要保密的政府文件，造成了保密消息的泄露，对党和政府造成了不良的影响。

总体而言，机关工作人员开通微博是一种突破传统、听取民意的交流方式，这种方式能够化解工作当中的种种矛盾和冲突，提升政府的执政能力。因此我们不能因为微博存在问题就关闭微博。我们要多管齐下、标本兼治，从源头上解决这个问题。真正做到“网上交流、网下服务”，认真地听取人民群众的利益诉求，切实维护好人民群众的利益，做好人民的公仆。

通过上述这个例题，我们可以看到现在公务员面试的试题越来越贴近我们的实际生活。如果对社会生活认识不清的话在考场上答题的过程当中就会无从下手，因此越来越贴近实际生活是公务员结构化面试命题的趋势之一。

(二)公务员结构化面试的试题越来越体现公务员工作特色和专业特点

在最初的公务员面试中，面试的试题都是从企业面试改造来的。这就不具有考试的针对性。近几年随着考试制度的完善化，这种情况有所变化，考试试题基本上能够与专业结合起来，有些地方通过增加专业考试来解决这个问题，如中央各部委；有些地方不加考专业试题，但面试题很多是围绕专业项目设定的，如税收、城管、统计、财会类。所有的面试题也越来越多地围绕公务员工作中可能遇到的情况进行设计，实用性很强。比如 2011 年的国考真题：请你谈谈名义利率和实际利率对经济的影响。这是一道国考银监会的真题，通过对这个真题题干的阅读我们可以知道在公务员结构化面试当中，要考查的知识点很多，不光侧重社会现象的考查，还会体现公务员的工作特色和专业特点。也就是说我们要具备扎实的理论功底。

对此，考生们在校期间应积累丰富的专业知识，备考期间应充分了解报考系统的相关业务职能与知识，把握单位系统的政策、理论动态，做到有所准备，知己知彼。

(三)试题题型和内容越来越丰富

最初的公务员结构化面试大部分是单纯的问答型题目，内容主要围绕自我介绍、主持会议、组织晚会、组织纪念活动、学习经历等，题型单一。近几年，题型和内容越来越丰富，出现了漫画、串词、演讲、联想等，包含各个领域、各个层面而又始终围绕公务员各测评要素。比如 2011 年广东省面试试题，突出了“情景模拟”这类题型，着重考查考生的“表演”能力。实际上，这是综合考查了语言表达、人际沟通、心理控制等多方面的能力，要求考生既要懂得如何答题，又要懂得将答案内容用实际行动演绎出来，这是相当高的要求。没有良好的能力素质储备，难以应付。

由此我们可以看出来，公务员结构化面试的对综合能力的测查越来越重。因此平时要注重知识的积累，不能简简单单地临时抱佛脚，否则即使进入了面试也不能取得优异的成绩。这就要求考生在平时多注意各方面知识的积累，多实践，尤其是在人际关系中多与他人进行沟通，践行公务员考试所需的“主动、技巧、友善”的人际交往能力。只有平时储存一缸的水，到考场的时候才能发挥出一桶水的水平。考场上还是会有紧张的气氛影响绝大多数考生的正常发挥的，因此我们要注重综合能力的提升。

(四)试题越来越注重为考生提供比较大的发挥余地

现在的面试题目大部分是单纯的问答型题目，考生可以充分发挥自己的聪明才智。也就是说，面试题要让考生有话说。但是针对现在试题看起来虽然考生都有话说，但是面试的分数还是不一样的，这个普遍存在的问题对答题新颖度、反模板化提出了更高的要求。题目不难，但是我们要回答得出彩是需要花费一番心思的。

作为一名公务员结构化面试的老师，在上课的过程当中，经常会遇到一些内向的考生。他们虽然很有自己的想法，但是这类考生不善于在大众面前表现自己，明明自己的答案很优秀，但是在答题的过程当中，答题声音会越来越小，显示出考生的不自信。这在考场上无疑就降低了考生的分数。我们要知道公务员结构化面试本身就是没有标准答案的考试，只要考生能够自圆其说、言之有理，都能够取得不错的分数。

二、个性化提升

(一)熟悉社会热点、紧密结合社会热点

综合分析这类题目中，绝大多数都是对于社会热点问题的考查。通过对社会热点的考查，侧面地反映出考生的世界观、人生观、价值观。因此在备考公务员结构化面试的过程当中，不能死读书。要紧密结合社会热点，做一个有心人。

(二)勤动脑、勤动手、勤动口，多加练习

在掌握了答题思路的基础上，一定要勤动脑、勤动手、勤动口，多练习答题。考生可以自己在家里以家长做考官进行练习答题，也可以自己对着镜子用录音笔记录自己的音频反复进行练习。只有课下多做练习，才能够取得优异的成绩。

(三)多角度答题、学会发散思维，自成体系答题

对于一个社会问题，我们要学会辩证思维。不能简简单单地看到问题的一个方面，一定要多角度进行答题，这样可以体现出考生比较强的逻辑思维能力、观察分析问题的能力。此外，针对一个社会问题要学会发散思维，尽可能多地罗列答题的点进行有选择性的发散。在答题的过程当中，有些考生的模板化思维比较严重，这就要求考生课下多进行练习，在固话答题套路的基础上，个性化地添加自己的知识。通过对社会热点的考察，在一定的基础上进行专业知识的拓展和背诵，例如理论政策、经典套话等，丰富答题材料，最终答出高品质答案。最后要做到从自身经验中学习，知道自己的不足在哪里，这样才能够有的放矢地提高自身的答题能力！

练习题目

1.“龙生龙，凤生凤，老鼠生的儿子会打洞”，你怎样理解这句话？

2.“一个好汉三个帮”和“求人不如求己”你是如何选择，如何理解的？

3.聪明的人把别人的智慧当作自己的智慧，愚蠢的人把别人的智慧当作自己的负担。你怎么看这句话？

4.谦虚使人进步，骄傲使人退步。但是现在有人说要大胆做事，善于表现，你怎么看？

5.一个智者说，人之所以会快乐，是因为他把自己当别人，把别人当自己，把自己当自己，把别人当别人。你怎么看？

6.猎豹捕猎一般在10公里之内，超过这个标准如果还追不上就放弃。你怎么看？

7.有三种人，一种人做别人不愿做的事，一种人做别人不敢做的事，一种人做别人做不了的事，你认为，哪一种更能成功？

8.有人说高考加分有利于学生综合素质的拓展，有人反对。你对高考加分有何看法？

9.有些岗位为某个人而设定岗位要求进行招聘，被称为萝卜招聘，谈谈你的看法。

10.针对公务员收受贿赂中常用大金额购物卡的情况，推行大额购物卡实名制，你怎么看？

11.漫画：一个退休老干部待在房子里面，外面放了个放大镜，上面写着“监督”，还有一句话是“退休了也要监督”。谈谈你对这幅漫画的理解。

12.现在社会正处于转型期，有人说现在的悲哀是坏人太嚣张，也有人说现在的悲哀是好人太沉默，你怎么看？

13.漫画：高中学校建立学生情绪发泄室，有压力的人可以在里面砸东西。有人说这有利于学生释放压力，也有人说这会使中学生有暴力倾向，你怎么看？

第六章　事务管理类

第一节　日常问题的处理

一、题型概述

日常问题处理涵盖了公务员在日常工作当中经常遇到的事务，既包括机关内部的事件处理，还包括接待群众来访等对外办公事务。这部分题目考查的是公务员做事的基本素质和方法技巧，包括：

——牢固树立宗旨观念和服务意识，诚实为民，守信立政；

——责任心强，对工作认真负责，密切联系群众，关心群众疾苦，维护群众合法权益；

——有较强的行政成本意识，善于运用现代公共行政方法和技能，注重提高工作效益；

——乐于接受群众监督，积极采纳群众正确建议，勇于接受群众批评。

考生在回答的过程中一定要本着慎重、分类处理、化解等原则对问题进行分析和论述，回答时可以按照先从多方面了解清楚情况，再对问题进行分类处理这种方式进行，做到正反结合，全面把握。

二、答题思路

思路一：

1. 阐明意义

2. 分析原因

3. 提出对策

4. 总结升华

阐明意义这个部分主要是要向考官表明你对某件事情的认识，与在组织协调的阐明意义类似，这个部分要表达得简洁，才不会显得头重脚轻。

既然是需要我们提出具体解决问题的办法，那么这个事件可能是比较棘手的问题，问题的出现可能存在着多方面的原因，找准原因有利于帮助我们在下一个步骤对症下药。刚刚接触这个问题马上要提出好的解决方法比较困难，但是分析原因就可以帮助我们缓冲思维，以免冒失地提出不恰当、不可行的措施。分析原因时，我们可以采用主体分析法，从不同的主体身上找寻问题的根源；也可以采用主客观分析法，将原因分为主观和客观两大类来阐述；还可以运用历史分析法，按照原因发生的时间顺序，分别阐述问题产生的历史根源以及现实原因。当然，如果问题产生的原因是显而易见的，或者考生考虑的措施已经比较成熟的情况下，分析原因这一步骤也可以省略，直接跳到下一步骤。

提出对策最好是能与原因对应，但也并非一定要求一一对应。有的情况下，几条原因可以通过一条综合性的措施一并解决；也有的情况下，分析出的客观方面的原因不是人为可以转变的，措施就无法一一对应。这一点考生要学会灵活处理，实在想不出针对性的措施时，可以先跳过，不要纠结于某一个细节。

最后，可以展望未来，或者总结所提的措施等方式来作为答题的总结升华部分。可以呼吁社会各界齐心协力帮助问题的解决；可以针对某个群体提出要求，展望美好未来；还可以高度浓缩所提的措施，坚定信念表明一定能落到实处，彻底解决问题或者改善情况。

思路二：

1. 阐明意义

2. 了解情况

3. 具体处理

4. 总结升华

阐明意义的作用与思路一相同。

了解情况这个部分主要是为了给考生提供一个思考的空间，同时也是处理问题的一个必要程序，了解了情况再去处理表明了我们的慎重。这个部分也要简略，千万不要把这个部分答成了一个调查类的题目。

具体处理这个环节是这类题目最重要的部分，在一些具体的情景中，要假设各种不同情况，并对这些情况进行分类处理。

总结的部分可以省略。同时提醒大家这个思路是一个完整式的思路，我们有些题目是并不适合这个完整式的。比如问一个题目：谈谈你能对维稳工作做点什么。这样的题目就不能套用这个完整式的思路，而应该用简略式，我们可以采用保留思路中一、三部分，甚至只保留第三部分。

思路一主要用于处理宏观、中观问题，因为这一类问题，是在考生的日常生活当中时常接触或者听闻的事件，往往具有社会性、共通性和广泛性，考生只要平时多留意身边的时事政治就能清楚事情的来龙去脉。因此，分析原因和提出措施就有了背景知识作为基础。思路二往往运用于处理微观问题。

三、真题解析

(一)宏观问题的处理

例题1：你有什么好的措施解决农民工子女上学问题？

【参考答案】1. 现状和原因分析

近年来，我国在解决农民工子女教育问题上已取得了较大的成绩，但目前仍存在严重的农民工子女"入学难、上学贵"的问题，农民工子女上学权利得不到保障。造成上述问题的原因主要是农民工经济条件差、教育教学资源分配不均衡、户籍制度僵化等。我认为，如今解决农民工子女上学问题，实现农民工子女的教育公平，可以采取加强政府执行教育政策力度、降低入学门槛、鼓励社会力量办学、设立专项补贴项目等措施。具体如下：

2. 提出对策

①加大政府对农民工子女教育政策执行力度，贯彻落实农民工子女教育政策。首先，要厘清农民工子女流出地政府和流入地政府各自的责任，避免出现责任相互推诿的局面。其次，各级政府要建立专门保障农民工子女教育权利的组织协调机构，对当地农民工子女教育进行统一的规划、协调。第三，要把农民工子女教育纳入当地"普九"和"两基"检查的重要内容，并纳入当地政府的政绩考核范围。第四，要把农民工子女教育列入当地政府教育发展规划，将其教育经费纳入政府教育财政预算和公共财政保障范围。

②加强农民工教育管理，理顺农民工子女教育管理中的各种关系。流出地政府要在农民工子女流出的控制、流出数量统计、学籍转出以及回流农民工子女数量统计、回流学籍转入等方面担负起责任，并向流出地政府通报相关信息，做好农民工子女教育的跟踪管理。对于流入地政府而言，要创造一切条件满足农民工子女的教育需求，保障他们的教育权利，并提出教育管理方面的有效对策。

③设立农民工子女教育专项基金，切实解决进城务工农民工子女教育经费问题。中央和各级人民政府应建立农民工子女义务教育经费财政转移支付专项基金，实现专项基金的跨地区流动。其次，各级政府要将公办中小学接收的农民工子女计入学校在校学生数，核定学校的教职工编制，并拨付相应的教育和公用经费。另外，中央政府应将"两免一补"政策推及到进城务工农民子女，使他们也能享受此项教育优惠政策。

3. 加强农民工子弟学校的管理和扶持，提高进城务工农民工子女教育质量。首先，政府要鼓励社会力量办学，并对已获准办学的农民工子女学校给予业务指导和经费支持，提高其教学水平和公用经费水平以及教师待遇。其次，对还没有获准的农民工子女简易学校，具有一定规模和发展潜力的，政府要适当降低标准，帮助其达到办学标准，并给予经费支持。第三，要采取各种形式对农民工子女学校教师进行业务培训，提高农民工子女学校的师资水平。

例题 2：当前我国科普教育开展得不理想，你有什么措施来解决？

【参考答案】1. 了解情况

展开全面的调查，重点调查科普教育的现状、科普开展不理想的原因、存在的问题。调查对象包括公众，科研院所，大专院校的专家学者，企事业单位，政府部门，科普教育基地。调查形式可以是网络调查问卷、电话访谈、走访、现场调查等。调查范围要尽量广泛，东部和西部，发达沿海地区和贫困落后的山区等都要进行调查。

通过调查，了解现象的原因，然后求教于有相关经验的同志、专家学者，在听取各方人员的意见的基础上，开始执行自己的工作。

2. 应对措施

①在推广和宣传方面下大工夫。由于部分群众对科普教育的了解和认识不深，因此我们必须加大对科普教育的宣传力度。充分利用公交车车身、站牌、地铁站、大型广场的广告牌等，开展科普知识的宣传活动；也可以利用电视公益广告、网络、广播等，让公众通过大众传媒渠道获取更多相关知识，不断推进科普工作的社会化、群众化、经常化，让科普深入民心。

②国家要投入更多的政策和资金，建设全国科普教育基地、科普教育馆等，让公众能够免费或低价进入，拥有更多的机会接受科普教育，真实地接触到相关的科普知识。另外，科普教育部门还要定期更新科普硬件设备和内容，保证科普知识的前沿性和先进性，让公众可以更加持续地关注相关的科学知识和技术。

③科技和教育部门和相关社会部门要组织多一些大规模的户外科普宣传活动、科普知识比赛、科普知识讲座等等，引起公众的普遍兴趣和关注，为科普教育的推广营造良好的社会氛围和影响。

④加强家庭、学校和企事业单位的科普教育，动员全社会力量开展工作。家庭要创造良好条件，从小要抓好小孩的科普教育，并提供相关的引导和教育。学校应从初等教育开始抓起，多开设科普教育课程，培养青少年的科学意识和提高科普知识水平。企事业单位要定期组织员工观看录像，组织员工外出参观。社会团体要紧密配合相关政府部门的工作，积极开展相关的宣传活动。

例题 3：青少年犯罪低龄化，你有什么看法和解决措施？

【参考答案】1. 原因分析

青少年犯罪问题历来为各国政府所关注，目前出现青少年犯罪低龄化趋势，可能有以下几方面原因：

①家庭教育的缺失，现代家庭父母工作压力大，对青少年教育缺乏足够的重视，尤其是在青少年思想教育、青春期心理引导方面，缺乏经验和技巧。

②学校教育的针对性不强，过分注重学习成绩的提高，思想品德教育及法制教育无效化问题严重。不少学校仍未走出"应试教育"的阴影，普遍存在着思想品德教育薄弱、法制观念淡薄的问题。

③青少年的自我意识能力较强，但对是非的判断能力较差。青少年还属于未成年人，正处于一个"危险"的年龄时期，思想单纯，识别能力低，经不起诱惑，容易被社会环境污染。对于电影、电视、网络游戏中出现的凶杀暴力情节，缺乏正确的认知，这种心理偏差是青少年犯罪的诱因。

2. 具体措施

为整治青少年犯罪低龄化问题，我认为应当从以下几个方面入手：

①首先，要重点抓好在校青少年的法制教育。学校要定期组织学生参观预防青少年违法犯罪展览，

开展法律咨询活动，加强青少年法制课程教育。其次，要开展有针对性的心理和德育教育。

②要充分发挥家庭对青少年的教育和管理作用。作为父母，首先要以身作则，为孩子树立良好榜样。为子女创造一个良好的家庭环境，相关政府部门要密切配合，建立家庭教育咨询机构，帮助家长提高自身素质和家教水平。

③强化社会管理，努力营造预防青少年违法犯罪的社会环境，提高对青少年犯罪预防工作重要性的认识，增强社会责任感。要坚持有效地开展校园及周边地区治安秩序整治，严厉打击扰乱校园秩序、努力净化校园及周边育人环境。

3. 总结

青少年的成长离不开全社会的关心和帮助，相信在全社会动员的情况下，青少年犯罪低龄化的问题能够得到有效治理，青少年的健康成长能得到良好的制度保障。

例题 4：人类的生存和发展都离不开环境。目前环境问题已经成为全球性的重大问题之一。我国当前的生态环境问题依然十分严重，无论是城镇还是农村，人居环境不容乐观。你认为基层政府抓环境保建设应从何处着手？

【参考答案】1. 阐明意义

我国经济社会取得快速发展的同时也出现了严峻的环保问题。环境保护与人类生存息息相关，并关系着整个人类的可持续发展。因此，解决环保问题刻不容缓。我认为，目前基层环保建设可以从以下几方面努力：

2. 具体措施

①思想上，要改变落后片面的政绩观，坚持以科学发展观为指导，树立生态文明发展观，倡导人与环境和谐发展的生态观念。基层官员要改变一味追求经济指标的政绩观，建立以环保与经济同时发展的政绩考核标准，使基层领导和官员时刻记挂着环境保护，并采取切实措施不断推进环保事业的发展。

②法制和政策上，政府部门要完善相关的环保法规，加大对环境保护的政策支持和资金投入。首先，政府要严格执法，提高执法水平。严厉打击破坏生态资源的现象，对违规生产者和经营者要加大惩罚力度，提高其违法成本。其次，对于基层工厂和企业，要加大监督力度，对相关企业和个人的破坏倾向行为，进行积极的引导和教育。第三，要大力发展循环经济，鼓励环保科技创新，奖励环保先进企业和单位，大力扶持绿色环保事业和科技产业的发展，形成节约能源和保护生态环境的产业结构，以保障经济和生态的和谐发展。

③监管方面，政府要不断完善和健全监督管理机制。加大对破坏环境现象的监管力度，动员公众、媒体和社会等各方力量来进行监督，并对举报者予以相关的物质和精神奖励。防患于未然，及时预防和监督环境破坏行为，使破坏行为降到最低。

④宣传教育方面，加大对广大人民群众的法制宣传教育。政府部门要定期开展相关的环保宣传活动、展览、环保公益、环保创新等活动，充分利用各种媒介手段，采取各种不同的形式，大力倡导科学发展观，倡导绿色生态环保理念，让环境保护深入民心，不断促进环保事业的社会化、大众化。

例题 5：青少年沉迷网络，无法自拔，或荒废学业，或自闭不出。对此应采取什么措施？

【参考答案】青少年沉迷网络是全社会关注的棘手问题，我认为，目前要改变这种现象，可以采取以下措施：

1. 加大对沉迷网络的危害性宣传力度，通过电视、广播、新闻、报道等多种形式，宣传沉迷网络的危害性和负面影响，引起广大青年的关注和重视。并且要倡导正确的上网生活方式和习惯，引导大家进行健康文明的网络生活。

2. 公安部门、共青团组织、教育部门等相关政府部门要采取联合行动。首先，要积极发挥相关职能部门的作用，加大对非法网吧的打击力度，不断强化社会管理，持续有效地开展校园及周边地区治安秩序整治，努力净化校园及周边环境。其次，要广泛深入城镇、文化村和社区开展宣传教育，加强青少年法制教育活动，提高青少年的知法守法意识，预防青少年陷入沉迷网络的困境。

3.充分动员全社会的力量，包括学校、家庭、社会等，综合防治青少年沉迷网络的现象，努力为青少年营造健康文明、积极进取的成长环境和社会环境。社区要开展公益活动、文体竞赛活动、志愿活动等多种有益身心的文体娱乐活动，丰富青少年的课外和业余生活。家庭和学校要加强对青少年的监督、教育和管理，帮助学生树立起正确的人生观、价值观和世界观。学校要加强对后进生的教育和帮助，对沉迷网络的学生不应抛弃，并要加强关怀、注意引导，帮助他们摆脱沉迷网络的生活。

4.要加强对青少年的德育工作以及对青少年综合素质的培养。加强社会主义荣辱观的教育，培养青少年好学进取、积极向上的人生观，反对和批评贪图安逸、不思进取的思想。加强青少年自律，全面提高青少年的思想水平。

例题6:当今社会围观者对落水者冷漠，医生对患者冷漠。开展尊重生命的教育宣传，应从哪几方面着手?

【参考答案】针对上述现象，我会积极策划，对各个方面的情况作详细的调查，了解现象的本质、原因和后果以及影响等，并且积极听取多方面的意见，包括人民群众、医生、警察、法律人士、专家学者等，经过调查分析，形成完善的计划方案。我认为应该从以下几方面开展尊重生命的教育宣传活动。

1.首先可以从人权角度出发。人的生命高于一切，必须高度重视，提高思想觉悟。倡导热爱生命，尊重人权，通过广播、电视、报刊栏目、户外广告、公益广告等，宣传人权的重要性，为宣传活动的开展营造良好的社会氛围。

2.注重精神文明建设，加强社会公德和职业道德教育。一方面，弘扬社会正气，树立社会主义荣辱观，形成互帮互助、团结友爱、见义勇为的良好社会风气。另一方面，要深入到医疗卫生机构、食品行业等关系生命安全的场所，进行宣传教育。医生要提高医德和职业水平，社会人士要培养社会责任心，生命健康和安全意识。

3.加强法制教育。开展各种法制教育的讲座、展览、咨询、户外宣传等活动，编写有关人权方面的法律读物，摄制有关人权教育的法制宣教片，把热爱生命提高到法律宣传层面。

4.动员社会各方力量，包括政府、学校、社区、媒体等多个渠道开展法制宣传，营造学法、知法、守法的社会氛围。学校要抓好学生的人权教育，并将其列入为素质教育的一部分。政府要出台相关政策鼓励社会上的乐于助人、热心公益事业和见义勇为的英雄行为。社区和社会团体要积极配合政府的相关政策，积极推动人权深入民心。媒体要加大对人权方面的新闻报道，通过舆论力量来鼓励和约束大家尊重人权、热爱生命 。

总之，必须综合运用道德、宣传和法律教育等多种手段，依靠公民自觉、道德约束和法律管制，开展宣传教育活动，促进公众对生命的尊重。

(二)中观问题的处理

例题1:旧城区有自发市场，你如何处理?

【参考答案】1.阐明意义

对于旧城区中存在自发市场的现象，我们应该将其当作我们社会经济发展中的正常现象，辩证地看待这个问题。在处理这个问题的时候，我们要本着为人民服务的原则，权衡各个方面的利益，全面地处理。我们既要考虑到城市自身的规划和环境，也要考虑到人民的需要，还要考虑到经营者的生计，努力找到一个多赢的方法，达到社会效益和经济效益，近期利益和长远利益的有机统一。

2.了解情况

首先我将开展详细的调查，弄清市场的地段、规模、经营的类别等情况，重点调查市场是否影响交通，是否影响市容，是否存在偷税漏税情况。然后求教于有相关经验的老同志，在听取各方面人员的意见的基础上，制定一份包括自发市场的现状、症结、影响等方面的行动方案报领导批示，在得到领导的批准之后，开始自己的工作。

3. 具体处理

根据调查的情况，我将采取如下措施：首先，对影响交通的、违法搭建的、乱摆卖的、卫生条件不合格的、偷税漏税的市场业主，会同相关部门，责令限期进行整改；其次，如果市场本身不存在严重的问题，经过整改之后，可考虑就地将市场纳入规范化管理，向市场的经营者宣传相关的法律法规，向其说明合法经营的重要性，要求在限期内去相关部门办理手续。

如果市场所处的位置和城市规划之间存在严重的冲突，应以整个城市的秩序和长远发展为重，对自发市场予以取缔。在取缔之前，发出通告，规定一定的期限，同时对市场的业主进行宣传教育，希望获得他们的理解。对那些不服从劝告的，要依法强制取缔，并作依法出相应的处罚。

在取缔的同时，应尽快在"不影响交通、不影响市容、方便群众生活"的指导原则下，进行科学规划，在附近的路段建立新的市场，以满足人民的消费需要。新的市场可以优先考虑接纳自发的经营者，并在税收、管理等费用等方面给予相应的优惠，以解决他们的就业和生存问题。

4. 总结

在对自发市场做好整改之后，我将及时听取各界意见，了解整改效果，及时弥补存在的漏洞。在此基础上，总结整改自发市场的经验和教训，形成一份完整的整改处理报告，报有关部门备案，供今后自己参考。

例题 2：有人反映在学校里出现老师私自开设补习班，兴趣班，扰乱教学秩序，如果你是学校负责人，你会怎样处理？

【参考答案】1. 阐明意义

补习班、兴趣班有其自身的利与弊，一方面可以开拓学生视野、帮助后进生进步、提高学生的综合发展，另一方面，也存在着乱收费、增加学生身心压力等不良影响。对于老师私自开设补习班、兴趣班，扰乱教学秩序这个问题，作为学校的负责人，我一定会权衡各方面的利益，全面、慎重地进行处理。既要维护学校正常教学秩序，为老师安心教学、提高学生的综合素质营造良好的教学氛围，也要对社会对家长对学生负责。

2. 全面调查

首先，我会对学生、老师、家长和社会展开全面详细的调查。重点调查老师是否私自开班，补习班是否影响正常教学秩序，是否存在强迫性和乱收费情况，学生、家长和社会对补习班的态度和建议。通过调查，了解事情的真相，然后求教于有相关经验的同志、教导处主任和其他学校的负责人。在听取各方人员的意见的基础上，开始执行自己的工作。

3. 具体处理

根据调查的事实，我会对这个问题进行分类处理。

如果补习兴趣班没有影响到学校的正常教学秩序，就要对相关老师进行安慰，不要因为此事而影响了老师的教学积极性。另外，还要明白，老师给学生开设兴趣班、补习班，可能是老师的家庭负担比较重、学校待遇比较差等各方面的原因造成，因此可以给家庭负担重的老师给予多一点关心和支持。

如果补习兴趣班已经影响到学校正常的教学秩序，我会采取如下措施进行解决：加强对当事老师的教育，根据事件的恶劣程度，可以先对其进行说服教育，如果不立即停止行为、消除影响的，再进行通报批评，情节严重的给予相应的处分；在全校职工大会上，就这一现象提出批评和警告；对学生、家长和社会给出一个合理满意的交代；吸取本次教训，完善和制定有关教学规则，并做好平时教学的管理工作。

另外，针对老师私自开班的情况，可以在学校举办免费的兴趣班。一方面可以给学生补课，帮助后进生进步，减少学生家长的经济负担和教育压力，为学生全面提供综合素质营造良好的教学条件和氛围，另一方面，还可以增加补习老师的教学补贴，提高他们的生活待遇。

4.总结

总之，在这件事的处理上，作为学校负责人，我一定会从大局出发统筹协调，并采取相应的措施，维护好学校的正常教学秩序，为学生的茁壮成长营造良好安定的环境，达到老师、学生和家长和学校等多方的共赢。另外，事情处理完之后，我还会对整件事做一个全面的经验教训总结，形成一份完整的文字报告，以供日后参考。

例题3：有报道说某个地区的香蕉有毒，香蕉卖不出去，令蕉农受到很大损失。你有什么解决措施？

【参考答案】1.阐述意义

香蕉有毒不仅关系到当地经济的发展和农民的切身利益，而且关系到人民群众的生命安全。因此解决香蕉有毒这个问题刻不容缓。领导把这项工作交给我，我感到责任重大，并且会秉着实事求是、以人为本的原则，竭尽全力把这件事情处理好。

2.了解情况

首先，我会对整件事展开深入、仔细的调查，弄清事件的真相。在调查时，我将会多方面听取意见，不仅向媒体了解情况，向当地农民进行核实，而且会向购买香蕉的消费者进行及时的跟踪调查，还会聘请相关部门和权威专家进行详细的调查和研究。在调查完成之后，我将根据实际情况具体问题具体处理。

3.具体处理

如果报道属实，我将对问题作出深入仔细的分析，并提出整改意见，向领导汇报。领导通过之后，我会采取相应的措施及时对有毒的香蕉进行处理，或进行无害化处理，或进行彻底销毁；对受损农民进行补贴，维护农民的利益；并及时联络媒体，向公众致歉，宣布香蕉有毒这件事，引起公众的足够的重视和关注，以减少毒香蕉带来的危害。

如果报道是由于误解引致的，香蕉并没有毒，首先我会及时向媒体阐明事实，找到传播谣言的单位或个人，要求公布相关信息和更正报道内容，并请权威专家对此说法进行严格的鉴定，给农民和广大消费者一个如实的交代。接着，我会出谋划策，进行全面的市场调查，一方面，开展各类香蕉促销活动，尽快将香蕉卖出去；另一方面，做好香蕉的储存和加工、制作工作，保证香蕉的质量，维护农民的收益，并适当补偿农民因报道失实导致的经济损失。另外，我会结合本次报道失实这件事，反思我单位在和媒体沟通过程中存在的问题，并针对这些问题，向领导提出建议，从而提高我单位和媒体的沟通能力。

4.总结

在处理完整件事情之后，我会写一份完整详细的报告，总结在本次处理有毒香蕉方面的经验教训。在报告中，我会就此次事件的经过做一个全面的阐述，并对事件提出相应的建议，为日后处理同类食品安全事件奠定良好的基础。

例题4：某工地夜间施工，发出的噪音影响到附近居民的休息，居民多次同工地交涉后无效，向居委会反映，你作为居委会的工作人员，会采取什么措施来解决？

【参考答案】1.了解情况

通过实地调查、暗访调查、访谈等多种方式，了解事情的来龙去脉，了解小区居民、管理员、工地包工头对此事的态度和意见，并在调查的基础上，坚持以人为本，统筹兼顾，采取切实有效的措施解决问题。

2.具体处理

①如果噪音污染不算太过严重的话，要求并协助工地做好隔音措施，规定其开工时间，并邀请相关专家为工厂提出整治噪音的意见，包括改进工作方式、改造生产设备、改善工作环境，等等。

②如果噪音污染太严重的话，要勒令工地停止夜间工作，整顿生产方式，验收合格后才能复工。并对

屡教不改、情节严重者，提请当地政府运用法律手段，强制其搬迁。

③在这件事情处理完毕之后，我会结合事件的经验教训制定相关的政策，制约工厂的噪音污染，明确规定工厂的生产条件，从而保障当地居民正常安宁的居住环境和维持工地的正常运作，达到二者的双赢。

3. 总结

治理效果回访；经验教训总结；另外，日后要对同类事件定期进行噪音污染的监测，并对新工程进行严格审核，充分发挥群众监督作用，将噪音污染及时切断在萌芽阶段。

例题5：单位派你去山村扶贫一年，但是因为基层执法人员的一些不当的执法行为，使得当地老百姓不相信法律，有什么事情就靠找关系或者其他门路解决，问你怎么扭转这个局面？

【参考答案】1. 阐明意义

基层政府的不当执法行为，会严重损害广大山区人民群众对国家和社会制度的认同感，动摇他们对法治的理解和信仰，危及法治社会的稳定。因此，我会本着为人民服务的原则，竭尽全力，权衡各方面的利益，对问题作出全面的处理。我既会考虑到当地基层人员的不当执法行为，也会考虑到当地老百姓的难处、干群之间的和谐友好关系。

2. 了解情况

首先我会对事件作一个详细的调查，通过走访、暗访、问卷调查等多种形式，弄清基层人员的执法行为是否失当，老百姓为什么不相信法律，老百姓如何通过其他渠道解决问题，该渠道是否公正合法，干群关系如何以及事件带来的影响和危害等。了解事情的来龙去脉和真相，然后求教于领导、经验丰富的干部和法律专业人士，在听取各方意见的基础上，开始处理问题。

3. 具体处理

根据调查的情况，我将采取如下措施：

首先我会搜集基层执法人员的不当执法行为，并通过照片、录像、录音等方式将证据保存下来，交给当地执法部门或相关政府部门，要求相关部门对这些执法人员进行批评和教育。作为一个执法人员，应该做到执法必严、违法必究，严格按照法律程序办事。对于屡教不改的执法人员，要交由司法部门进行法律制裁。另外，我会对在执法过程中严重违法的执法人员提出法律制裁的意见和建议。

针对山区群众不相信法律，遇到问题不通过法律渠道解决的现象，我会针对调查过程中获得的信息，包括现象的原因、发展、后果和影响，在近期内举行法律咨询活动，向村民宣传相关的法律法规，并向其说明合法维权的重要性。通过现场咨询和派发相关的法律知识宣传单张、小册子，提高山村的普法知识程度，增强村民的法律意识。

针对执法人员和山村群众的矛盾和冲突，进行一个宣讲会，指出各自错误之处。违法执法的执法人员要对村民公开致歉，村民代表也要发表遵纪守法的讲话。另外，我还会邀请熟悉当地情况的法律专业人士进行法律解读，并借着宣讲会努力化解干群之间的矛盾与冲突，重新树立山村村民对法律和执法人员的信心，努力构建公平正义的法治山村社会。

4. 总结

在对以上措施完成之后，我将及时听取山区人们和各界人士的意见，了解本次工作的效果，及时弥补存在的漏洞。并在以后的扶贫工作中，继续关注事件的发展态势。在此基础上，我会总结本次工作的经验和教训，并形成文字报告，报给当地有关部门备案和今后自己参考。

例题6：一项惠农政策在一农村未得到落实，村民反应强烈，县委领导派你处理此事，你打算怎么办？

【参考答案】1. 阐明意义

加强惠农政策的落实，能够有效地促进了农业增效、农民增收、农村稳定，具有重大的意义。县领导将这项任务交给我，是对我能力的信任。我一定会竭尽所能，将这件事情处理好。

2. 了解情况

首先，我会对整件事展开深入、仔细的调查，弄清事件的真相。在调查时，我将会多方面听取意见，包括当地农民、村委会、镇级相关部门负责人，通过现场调查、电话访谈、暗访等形式进行详细的调查和研究。弄清楚各方面的意见和态度、政策没有得到落实的原因、相关部门的责任，等等。在调查完成之后，我将根据实际情况具体问题具体处理。

3. 具体处理

在进行全面调查，了解事情的具体情况的基础上，我会听取各界人士的意见，包括专门研究三农问题的专家学者的意见和建议，制订行动的方案，并且按照具体问题具体处理。

①如果是由于落实的条件、政策和环境还未成熟，又或者是因为政策落实不到位，那么我会想办法协助村委会去创造落实政策的条件，并写好调查报告递交给上级部门审批，希望给予经费和政策支持，尽快落实好政策，让农民受惠。

同时，在落实政策的过程中要密切联系镇经审站、财政所和各村委相关部门，层层落实责任。还要加强农民对政策的认识，在农民当中宣传惠农政策精神，令农民更加深入了解该项政策，更好地维护自己的权利和配合镇相关部门和居委会人员落实好政策。

②如果是由于村委会、或者是镇级领导故意不执行或变相执行政策，甚至以公谋私的话，我会收集相关的证据，备案报予上级领导，并对当事人行为提出相应的处分和处罚建议。然后给村民一个交代，说明情况，并尽快开展政策落实工作。

③在整件事情处理完成之后，我会对政策落实的情况进行跟踪调查，并对处理的情况和效果进行回访。另外，我会总结本次事件的经验和教训，形成文字报告提交县领导审批。针对上述情况，我会在总结报告中提出解决问题的几点建议：

第一，强化领导，严密措施，把各项惠农政策落实好，镇党委、政府高度必须重视，成立了惠农政策落实工作领导小组，并按照要求实行责任追究制。第二，加大宣传力度，确保通知到户。每项惠农政策下达后，相关负责人要及时召开镇、村两级干部会议，传达上级惠农政策，布置惠农政策的具体落实工作，通过村级政务公开栏、广播、报纸等形式，对各项惠农政策补贴依据、范围、对象、标准等进行广泛宣传，真正把惠农政策宣传到每个农户。第三，张榜公示、接受监督。在落实好政策的相关规定后，要在各村政务公开栏张榜公示，接受群众监督，对群众提出的异议进行深入核查和落实。第四，直补兑现、落实到户。为确保各项补贴资金按程序发放到农民手中，做好相关的登记和核查工作。第五，事后核查，不留后患。为确保各项惠农政策不折不扣地落实到户，在各项资金兑现结束后，镇组织各包村干部和财政所工作人员，分区逐村进行核查，确保不漏发、不多发、不错发。保证人们群众反响良好。

(三) 微观问题的处理

例题 1：企业年年亏损，人才流失，如果你是新任总经理，你怎么办？

【参考答案】1. 阐述意义

人才资源是企业的核心竞争力，是企业发展最宝贵的资源。人才流失危害大，特别是核心人才的流失对企业带来的影响和损失更加严重。因此，作为新任总经理，我会从公司大局利益出发，想方设法、竭尽全力处理好企业人才流失这个问题。

2. 了解情况

首先我会通过个别谈话和匿名调查的方式了解企业员工对于企业存在问题的建议，包括经营效率和人事制度两个方面。然后通过了解的内容有针对性地开展整治改革工作。

3. 具体处理

第一，我会建立一套灵活的、充满生机与活力用人机制。企业要把人才留住，首先必须要使企业的目标与员工的目标统一起来，建立一个人才能进能出、职务能上能下、待遇能升能降、优秀人才能够脱颖而出的用人机制。其次，我会尽快改革传统的人事管理制度，建立公平竞争、优胜劣汰的人才流动管理机制。

第二，我会着重培育良好的工作环境和用人环境。首先，企业内部要形成“尊重知识、尊重人才”的人文环境，定期举办企业内部的联谊活动、员工聚会、年终大会等，增强企业的凝聚力和增进员工之间的感情。其次，为了留住人才，必须用好人才。我会重新规划培训制度，建立严格的奖惩机制和晋升机制，创造有利于人才健康成长的环境。

第三，提高人才的物质待遇，特别是核心人才工资和福利待遇。对有重大科技发明、贡献突出的人才，实行重奖。发挥工资政策的导向作用，提高人才的工资收入。对到艰苦边远地区和特殊岗位工作的人才，在工资待遇上给予优惠政策，改善其物质生活条件。

第四，培养企业人才的归属感，让员工感受到自己是企业大家庭的成员。使员工可以参与重大事情、重大问题的讨论和决策，使人才得到信任、受到重用，从而激起他们更大的热情去干好企业所分配的工作，并且干劲倍增。

4. 总结

我相信，通过以上措施和公司上下全体员工的努力，能够又好又快地解决公司人才的流失现象，更好地留住人才、吸引人才。

例题 2：单位内部要组织社区义工活动，但前期动员以后大家反响很不热烈，单位领导把重新动员的任务交给你，请问你怎么做？

【参考答案】针对上述问题，我将按照以下步骤展开工作：

1. 了解情况

首先，我会深入了解本次义工活动的意义、组织和内容，并对单位成员进行访谈和观察，了解成员参与积极性不高的原因。然后在听取单位老同志、相关部门负责人等意见的基础上，制定相关的原因分析报告和行动方案，并报予领导审核批准，针对具体情况进行具体处理。

2. 具体处理

①如果是大家平日的工作积极性本来就不高，就必须对单位人事方面的工作和情况进行全面调查，并联合人事行政等相关部门负责人对员工的薪酬机制、奖惩机制、晋升机制、工作内容等进行全面调查和分析，提出相应的改进意见和建议。为本次义工活动的顺利开展创设良好的制度环境和工作环境，从而提高人员的参与程度。

②如果是员工对义工活动的认识不清，重视不够，并且有抵触情绪，可以着重宣传义工活动的目的和意义，让大家形成一个正确的荣辱观，并以从事义工活动为光荣。另外，在平时的工作中，要加强员工的思想和道德教育。作为政府工作人员，要多做好事，牢固树立为人民服务的思想，将参与义工、志愿者活动提升到一个自觉自愿的行为。

③如果是活动前期宣传不到位，可以创新宣传方式，加大宣传力度，确保通知落实到每一位员工身上。宣传要多从生活实际出发，不去搞空洞的说教，令本次活动深入每一位员工的内心。

④如果是活动组织有问题，如时间、地点安排、活动内容等，可以征求广大员工意见，尽可能从大部分员工的实际情况出发，满足每一位员工的需求。并及时与社区进行沟通和协调，进一步修正本次义工活动方案。

3. 总结

问题处理完之后，我会对人员的参与情况和效果进行回访，并针对本次活动，做一个详细的报告，着重对本次前期宣传工作的不足和后期的工作进行经验总结，形成相关的文字材料备案，为日后解决同类事件提供参考。

例题3：如果单位准备购买一批电子设备，领导让你负责，但是你觉得这批电子设备的很多功能单位都用不到，不太适合，你会怎么办？

【参考答案】1. 阐明意义

设备的购买关系到单位资源的合理分配和使用，关系到单位的工作效率，关系到单位的未来和发展，作为员工，我们应该为单位节约资源，提高单位工作效率，促进单位的长远发展，承担一份自己应有的责任。领导把这项工作交给我，我感到责任重大，我一定会竭尽全力地把这件事情落实好。

2. 了解情况

接下来我将请教单位领导、老同志、同事，了解清楚单位需要的设备功能，以及将来一段时间内可能会用到的功能。并且通过查阅资料，咨询厂家和专家，了解该设备的主要功能等详细情况，将了解到的详细情况做一个对比。如果确定该设备不适合我单位，我会继续查阅相关的资料，根据我单位的现状和在将来一段时间可预见的发展现状，选出一些性能更加适合我单位的设备。

选出设备之后，我将做一份详细的报告。将设备的性能和单位的需要做一个详细的比较，并将自己选出的设备推荐给领导，希望可以重新选择。我相信领导一定会本着对单位负责的原则，批准我的建议。

3. 具体处理

在获得领导批准后，我将积极负责购买。首先，我会通过网络、电话等方式，向有购买和鉴别经验的相关人士请教，了解设备的各种品牌及其价格和性能，然后选择出一些信誉好、质量有保障、价格合理的厂家，和他们取得联系。联系之后，我会根据自己所了解到的价格，找他们进行商谈，最后在多家厂家中选择一个性价比最好的厂家。

4. 总结

购买完成之后，我会做一份详细的账目清单，将购买的发票等交财会部门报账。并将这次购买经验做一个总结，将相关产品和厂家的情况在报告中做一个比较详细的介绍，并且留下比较值得信赖的厂家的联系方式，以供以后购买设备参考。

例题4：假如你是刚来的新人，你知道一种办公软件比现在单位用的先进，你会怎么办？

【参考答案】1. 阐明意义

随着现代化信息技术社会的不断发展，先进的办公软件的广泛运用，对于促进单位资源的合理分配和使用，提供单位的工作效率和质量，降低企业办公成本关，具有重大的作用。作为员工，我们应该努力为单位节约资源，提高单位工作效率，促进单位的长远发展，承担一份自己应有的责任。因此我一定会竭尽全力地把这件事情处理好。

2. 了解情况

首先，我会将新旧软件做一个综合的对比，全面了解新办公软件的特性、用途和使用潜力，等等。通过自己查阅资料，请教单位领导、老同志、部门主管和同事以及同兄弟单位交流和了解，咨询厂家和专家，了解新软件的主要功能、使用等详细情况，并将了解到的详细情况和旧软件做一个对比。在此基础上，我还会进一步了解单位的财务状况和新软件的采购和使用的困境。详细了解之后，对这样的问题一定要分类处理。

3. 具体处理

如果该软件特点不突出、技术不先进，对我单位作用不大的话，或者我单位财务现状困难，就不能随便提意见，并抛掉自己的想法，努力干好本职工作。如果在群众调查的基础上，觉得该软件各方面都很符合我单位的需求和财务状况，我会做一份新旧软件的对比报告和新软件的采购、使用方案，交给领导，以供领导审阅和批准。

如果领导不同意，我会自我反思，发现切实不行，我会尊重领导意见；但是如果觉得新软件确实有价值的话，我会检查漏洞、进行完善、补充材料，让领导感受到我的诚意和决心，重新考虑和接纳我的意见。

如果领导同意了，并且要求我实施或组织实施该方案，我会按照以下步骤处理该问题：

①前期，我会在单位内部对该软件的引进和使用进行广泛的宣传和推广。

②在软件的采购方面，我将货比三家，尽量买到性价比最好的软件。购买之后，我会做一份详细的账目清单，并将购买的发票等交财会部门报账。

③在软件的安装、调试工作上，我将协助工作人员解决。之后我会在单位里安排相关技术和使用培训，使软件能够更好更快地投入使用，提高我单位的工作效率。

4.总结

在全部工作完成之后，我会对这次新软件在调查、采购、投入使用等总体情况做一个经验教训总结，以供领导审阅，为日后处理同类事件奠定良好的基础。

例题5：单位组织一次内部业务培训，由你负责，但参与培训的人员经常逃课、缺课，你该怎么办？

【参考答案】1.调查情况

首先要进行全面的调查，了解事情的具体情况和问题产生的原因。明确调查对象，包括逃课和不逃课的学员、老师、单位相关部门负责人；调查内容则可以包括培训目的、课程内容设计、培训时间安排、老师的上课表现、课程考核等。

2.具体处理

①明确培训目的是提高单位办事效率，提高成员业务水平。对参与培训的学员要进行培训前教育，端正上课态度，明确培训目的。

②增强师生之间的交流和感情。老师不仅要上课，还要关心学生培训情况，学生也要及时反映培训过程中遇到的困难和问题。

③考核与奖惩相结合，制定相关的培训考核机制和奖惩机制，促进学员重视培训。考核成绩好的，可作为升迁的一个参考标准；考核不合格，要再次进行培训和考核。

④改革培训内容，创新培训形式，充分调动学员的学习积极性，让学员在培训过程中学有所用。在培训之前，要把老师的选拔要求规定好，并对培训课程内容进行严格审核，要真正体现理论与实践相结合、培训与应用相结合，达到因需培训、学以致用的目的。形式上可以多样化，通过情景模拟、团队活动、演讲等形式，摒弃照本宣科的不良教法，充分调动学员学习的兴趣和积极性。

3.总结

在以后的培训活动前，一定要针对培训的目标做好详细的规划，并调查了解可能出现的问题，相信通过这一次经验教训的总结，以后的培训活动一定能举办得更好。

练习题目

1.你单位正在举行职工大会，正好碰上上级领导过来检查工作，作为单位领导，你该怎么办？

2.兄弟单位因为活动场地问题跟你单位发生了矛盾和冲突，领导叫你处理这件事情，你该如何办？

3.你作为领导干部在工作中碰到上级的某一批示精神与本地实际情况不一致、发生矛盾时，你将如何处理？

4.当你是经理，上半年的销售只完成了全年的百分三十，你怎么办？

5.某地资源贫瘠，造假屡有发生，如果领导派遣你去开展打假工作，你怎么做？

6.一个学校的学风差，升学率低，你作为校长应该怎么办？

7.有家长投诉学校乱收费问题，作为班主任，你应该如何向领导交代这件事情？

8.你对如何治理食品安全危机有什么看法和好的建议？

9.你对如何整治社会治安问题有什么好的措施？

10.你有什么好的建议提高单位成员工作积极性？

11.查处企业，政府认为会导致工人下岗，你是案件主办，怎么做？

第二节 应急情况的处理

一、题型概述

公务员日常工作当中会遇到一些计划之外的紧急事件，尤其在涉及群众利益、党群关系的问题时，更需要我们冷静快速地作出反应，及时解决燃眉之急。这类题目考查的要素主要包括：

——正确认识和处理各种社会矛盾，善于协调不同利益关系；

——面对突发事件，头脑清醒，科学分析，敏锐把握事件潜在影响，密切掌握事态发展情况；

——准确判断，果断行动，整合资源，调动各种力量，有序应对突发事件。

——有效掌握工作相关信息，及时捕捉带有倾向性、潜在性的问题，制定可行预案，并争取把问题解决于萌芽之中。

二、答题思路

1.应急处理

控制事态/安抚情绪——救治伤员/救助弱者——恢复秩序

2.善后处理

兑现承诺/赔偿慰问——查找原因/追究责任

3.总结反思:今后工作改善的途径

在回答这类题目的时候，首先要分清楚事情的轻重缓急，应急处理部分就是要做好眼前紧急的事情，比如伤员的抢救、现场秩序的维护等，善后处理是在应急之后需要做到的补充措施，包括在先前未能处理的重要问题，承诺给群众要后续解决的问题等，最后总结反思时要认真查清紧急情况出现的原因背景，找出深层次的问题，防止以后再出现类似的情况。

三、真题解析

例题1:黄金假期，游乐园人满为患，窗口买票队伍骚动，怎么办?

【参考答案】1.应急处理

①增加维持现场秩序工作人员的人数，确保秩序和安全。

②向售票窗口排队的游客，通过电子屏幕或者广播等方式，告知我们今天由于接待游客数量有限，目前园区游客已满额，请大家谅解。同时，通过增设退票窗口，延长营业时间，延长游园票的有效期等方式，来缓解游客人数增多的压力。

③在现场安排工作人员进行宣传，使游客知道现场的状况，自觉遵守秩序，提高安全意识，耐心配合工作人员的工作，同时缓解游客因迟迟买不到票或买到票不能入园而产生的焦虑甚至不满的情绪。

④做好现场的保障措施，准备一些雨伞、常备药品、开水，以备老人、小孩、身体虚弱者发生意外时使用。

2.善后工作

①对游乐园的游客接纳量进行汇总，对已售门票进行统计，确保每日进园人数控制在游客最大接待量之内。更可以提供网上预购票服务，预约游玩时间。

②通过当地电视、报纸向外界通报游乐园的情况，引导游客避开高峰期，同时告知市民在高峰期购票的注意事项，自觉理解和配合游乐园的工作。

3.总结

今后提高园区内设施的利用效率，在保障游客安全的情况下，增加接待游客的数量，提高企业经营效益。同时，也可以在非黄金假期，推出一些促销优惠活动，吸引更多的游客在闲时来我们园区游玩，既能玩得尽兴，又能有效地缓解安全压力，同时提高企业效益。

例题 2:在执法中,如遇到暴力抗法你会怎么办?

【参考答案】1.应急处理

①保持沉着冷静,安抚稳定暴力抗法者的情绪。耐心诚恳地劝说其冷静,要保持理智,并告诉他暴力解决不了问题,反而是违法的,会造成不好的后果。做到晓之以理、动之以情。

②了解抗法者抗法的原因,站在抗法者的立场上对其进行劝说,尽量帮助其解决问题。一定不能以暴制暴,以防引起更大的骚动。

③若多次劝阻后仍不能让其冷静,迅速通知公安部门,对场面进行控制,防止出现群众和工作人员的伤亡事件。然后进一步开展执法工作。

2.善后处理

①事后将此事汇报领导,针对具体情况与有关部门合作,帮助暴力抗法群众解决实际生活困难。反思自身工作是否有存在政策不恰当,或者执法方式、态度不恰当的地方,向领导提出改进工作的建议。

②引导群众掌握合理的处事方法,加大对群众的法律法规的宣传力度,提高其的法律意识。

例题 3:你是一单位的工作人员,有一个上访者说有事要跟你们领导谈,见不到领导他就不走,而此时领导又在外地开会,临走时嘱咐过没有重大事件不要找他,这时你怎么处理这个事?

【参考答案】1.应急处理

①热情接待上访者,将上访者请到会客室就座,向其耐心解释领导去外地开会或部署其他工作去了,大概一个星期后能回来,以舒缓上访者的激动情绪,博得其理解。并向上访者保证,一定会将今天反映的情况在最短的时间内汇报给领导。

②细致了解上访者的上访情况,做好相关详细记录,并留下上访者的联系方式、家庭住址等信息。并依据上访问题作出判断,若问题是我职责范围内并可以解答或解决的,则及时向上访者解答或者解决。若不在我的职责范围内,我会向上访者说明情况,同时告诉他我会在事后请示领导,向有关部门查询事情处理情况,争取能尽快给予答复。

2.善后处理

①在领导没回来期间,及时跟进与上访者的沟通,安抚情绪,答复疑问。

②待领导回来后,及时向领导汇报,听从领导指示,及时给上访者打电话,切实解决其问题。

例题 4:你所在的单位,办事大厅里一天突然涌进非常多的办理事务的人,甚至把大厅围得水泄不通,你作为该大厅的负责人,请问你如何处理?

【参考答案】1.应急处理

①以最快的速度弄清群众突然增多的原因。

②具体问题具体处理。若因为不可靠的消息或谣言误导了群众前来办事,则会通过广播的方式向大家说明情况,并请求大家的谅解,希望大家能有序离开。若无特殊原因,则迅速把办事大厅的情况报告领导,请求领导增派办事人员,增多办事窗口,提高办事效率。

③通知后勤保安人员,协助维持办事大厅的纪律,保持好大厅的稳定。

④通过广播提醒大家按照顺序排队,稳定大家的情绪,让他们不要着急,不要拥挤,按照秩序进行。

⑤为办事大厅的前来办事者提供水、毛巾、食物、药品等物品,为老、弱、残、孕者提供快捷办事窗口,同时做好医疗保障工作。

2.善后处理

①事情结束后,如实向领导汇报情况。

②做好总结反思,完善应急处理机制,提高窗口工作人员的办事效率,以防此类事情的再次发生。

③做好舆论宣传工作,以防虚假消息对群众造成的不良引导,为以后工作的顺利开展做好借鉴。

例题5:你是幼儿园带队老师去春游,黄昏集合时发现少了3个小孩,怎么都找不到,这个时候你怎么处理?

【参考答案】1.应急处理

①根据实际情况,理智对待,冷静处理。再次清点人数,询问在场的小朋友,最后一次见到这三个小朋友的时间和地点。如若是最近才见过,那么根据线索迅速判断小朋友可能的去向。

②如果是附近有基层派出所,或者是其他基层组织,迅速与他们取得联系,请求协助,告知小朋友的线索、体貌特征,争取尽快找到。

③联系这三个小孩的家长,看小孩是否回家。如果没有回家,把情况如实告知他们,争取家长的谅解,尽快共同寻找小孩。

④迅速向幼儿园领导报告,听从领导的指示。并请求领导尽快派人前来,一是把身边的小孩接回幼儿园,二是协助在附近再次寻找失踪的小孩。务必要在最短的时间内找到丢失的小朋友。

2.善后处理

①若找到小孩,亲自把小孩送回家,并向家长真诚地道歉,请他们原谅我工作的失误。

②若小孩家长在小孩亲戚家找到小孩,则亲自登门拜访,看望小孩,向家长道歉,请求他们的原谅。

③向幼儿园其他小朋友教授应急问题的处理措施,以及外出游玩的安全注意事项,以防此类事情的再次发生。

3.总结反思

①发生这样的事情,作为老师,我负有不可推卸的责任。一是我没能保护好学生,二是缺乏对小朋友的安全意识的培养和危机处理能力的培养。

②导致这样事情的发生,我会做出深刻的检讨,会认真向学生家长、学校领导诚恳道歉,并承担相关责任。

③作为老师,维护学生的安全是我义不容辞的责任,在今后的工作中我一定会兢兢业业,把学生安全放在第一位,提高自身的管理水平,防止此类事情的再次发生。

例题6:在一个旅游景点里,缆车出现了故障,卡在中途,学生和家长比较慌乱,并且家长情绪激动,不断责问工作人员,而作为工作人员的你会怎样处理呢?

【参考答案】1.应急处理

①面对这种突发事故,作为工作人员,首先应该保持冷静、理智对待。

②第一时间联系景点后勤部门的技术人员,让其迅速对设备进行技术检查、排除故障。

③劝导情绪激动的家长,告诉他们一定会没事的,让他们保持冷静,不要慌乱,告诉学生慌乱只会让缆车不稳,容易发生事故,让他们保持在原来的位置不要动,同时告诉家长,家长的慌乱也会加剧学生的恐惧心理,也容易造成不良后果。

④迅速通知公安、消防部门迅速赶赴出事现场,展开营救工作。

2.善后处理

学生获救以后,检查是否有人受伤,若有伤者及时送往医院救治。同时真诚地向学生家长道歉,并请示领导,采取一定的补偿措施。

3.总结反思

①认真总结此次经验和教训,应定期对缆车等具有危险性的设施进行安全检查,减少其发生故障的几率。

②提高景区后勤部门工作人员的技术水平,提高整个景区的突发问题的处理能力。

③在旅游景区加大对游客的安全知识的宣传力度,在醒目的地方竖牌宣传安全守则和紧急情况下的自救知识。

例题 7:当你正在向社会发布一项重要信息时,突然有人说该信息未经证实,群众情绪激动,你如何处理?

【参考答案】1. 应急处理

①暂停这个重要信息的发布,让身边的同事迅速地向领导报告,并请他们迅速核实这个信息的公信度。

②安抚在场群众的情绪,告知群众已经把此信息汇报上级,等待核实,并请他们少安毋躁,继续发布其他的经过核实的信息,以转移他们的注意力。

③等到同事把核对之后真实准确的信息拿来之后,重新向在场群众公布。如果与之前公布的信息确有出入,真诚地向群众道歉,请求群众谅解。并对提出问题的群众给予表扬和感谢,鼓励群众勇于提出问题。若信息发布并无错误,要提示公众理性分析问题,相信政府,不要轻易受他人蛊惑。信息发布会结束以后,如实地把发布会的情况向领导报告,并做好工作总结。

2. 总结反思

作为信息的发布者,信息来源的准确性是我工作中最重要的部分之一。发生这样的事件,我会就此做出深刻的反思。今后在信息发布之前我会认真仔细核对信息的真实可靠性,确保其准确无误。面对突发情况要冷静处理,要有效地安抚群众的激动情绪。

例题 8:你是一个农药生产厂的部门负责人,现在有一群农民因为使用了假冒的农药导致颗粒无收,现在他们认定是你们公司的药有问题,你如何处理这件事?

【参考答案】1. 应急措施

①作为农药生产厂的部门负责人,对待这种情况我应该妥善处理。

②热情接待农民,安抚农民激动情绪。

③告知农民:我会马上派专门的技术人员去调查此事,结果出来后第一时间告诉大家。请大家放心,如果是我们的农药的问题,我们会按照相关标准给予大家补偿的。并让农民先各自回家等待,并留下联系方式,以备及时联系。

④请政府权威质检部门对事件进行调查,对我公司产品质量进行检验。如果经过调查,确系我公司农药质量问题导致了农民颗粒无收,那么公司会按照相关法律法规,承担自己的责任,给农民以赔偿,如果经过调查,不是我公司农药的质量问题,我会组织工作人员做好对农民的解释安抚工作,并且以适当的形式帮助农民尽快摆脱困境,这也是企业应尽的社会责任。

2. 善后处理

①如果确定了我们的赔偿责任,应尽快把补偿措施落实,并向受灾群众真诚道歉,请求群众谅解。事后追踪此次事情的根本原因,提高药品的质量安全,加大药品的监管力度,确保农民用药的安全性、有效性。

②如果不是我们公司的责任,应采取必要措施、利用专业特长,帮助农民找出真正的假冒伪劣药品的生产者,协助有关部门为农民追回所受损失,提高农药市场的准入标准和监管力度,避免此类事情的再次发生。

3. 总结反思

农业、农民问题不可小视,作为农药生产公司的负责人,我们要站在农民的立场上思考问题,重视产品的社会效应,避免不合格产品给农业生产带来的危害。树立企业的社会责任感。

例题 9:一个书店突然停电,一个顾客向服务员要求查询一本书,但因为电脑用不上,该工作人员无法帮其找到,如你是该店的销售经理,你如何处理?

【参考答案】1. 应急处理

①向顾客表示歉意,接待顾客到休息处休息片刻,询问其要找的书的名字,带领工作人员按照分类法

帮助其查找书籍。

②询问电力供应部门停电原因以及恢复供电的时间，如果时间较短，可以请顾客先浏览挑选其他的书籍，耐心等候。

③若查找不到，电力又无法短时间内恢复，则向顾客表示歉意，并说明情况，征得顾客的理解，并请其留下联系方式，告诉他我们一定会在最短时间内找到这本书，电话通知他，让他先回去。

2.善后处理

①待来电后，第一时间查找该书目，并把查找结果告知顾客。

②如果有，和其协商如何把书送过去，如没有，询问是否需要帮其再订购。

3.总结反思

作为书店销售经理，应时刻以顾客利益为重，做好服务工作，有助于树立本店的良好形象，为本店的发展奠定良好的基础。

例题10：一场交通事故，你是肇事司机的老乡，陪他把伤员送到医院以后，肇事者逃走了，伤员家属要求你赔偿医疗费，你怎么办？

【参考答案】1.应急处理

①遇到这种情况应冷静对待，向医生询问伤者情况，若其受伤严重，且其家属无力承担医药费，作为肇事司机的老乡可以帮其先交上，以免贻误病情。

②用合适语气和态度请伤者家属冷静，耐心细致地和对方说明情况，向其保证我一定会帮助他们在最短时间内将肇事的司机找到，并出示相关证据来证明自己的清白。

③想尽一切可能的办法联系我的这位老乡，劝他尽快回到医院与伤者家属协商救治和赔偿事宜，对他动之以情晓之以理，帮助他打消侥幸心理。如果实在没办法联系到他，或者经劝说不肯回医院承担责任，则应果断报警，请求警方的协助。

2.善后处理

①积极配合警方开展调查工作，分清责任，促成双方达成一致的赔偿意见。

②去医院看望伤者，希望其早日康复。

3.总结反思

①帮助别人反而没有得到别人的认可，对于任何人来说都是一件非常不愉快的事情，我要理智对待，冷静分析事情的缘由，理解伤者家属的急切心情。

②以后多向身边的人宣传我国的法律相关规定，并且以身作则，做好表率，做一个知法懂法守法，并且懂得用法律武器来保护自己的公民。

例题11：某商场西装大打折，结果顾客拥挤造成人员受伤设施毁坏，你是商场经理，如何处置这一局面？

【参考答案】1.应急处理

①马上通知保安等相关工作人员，控制客流数量，通过在商场门外树立醒目标志或其他方式做好解释说明工作。

②迅速对受伤人员施以救助，增派人手，维护现场秩序，防止出现新的意外。

③同时清理现场毁坏的设施，对于毁坏设施，予以停用，以免造成人员伤亡。

④限制入口顾客流入量，引导顾客有序购物，减少发生拥挤的可能性。

2.善后处理

①派工作人员去医院探望受伤顾客，依照其受伤情况，主动承担医药费用，向顾客真诚地道歉。

②将事故原因以及后续赔偿措施通过媒体发布，争取消费者的谅解，恢复顾客对我商场的信任。

3. 总结反思

①针对上述情况，作为商场负责人，我负有不可推卸的责任。我会检查商场内的环境设施是否完全符合安全标准，检讨此次促销活动在活动设计、安保系统方面的漏洞，进行内部整改。

②在以后的工作中，对于商场商品的大幅打折的情况应采取必要措施，依照实际情况限制客流数量。同时，做好宣传推广工作，延长打折时间或增多打折次数，以长期的优惠吸引顾客的光顾，防止顾客在某一时段内过度拥挤而出现意外。

例题 12：你是一名初中一年级班主任，带着全班在郊外野炊，突然发生森林火灾，有的同学惊慌失措，有的同学奋力扑火，此时你该如何做？

【参考答案】1. 应急处理

①应想尽一切办法保证所有学生的人身安全。第一步需要做的是冷静分析、迅速观察地形、风向、火势大小，依据实际情况作出判断。

②如果火势很大，则迅速召集全班同学，逆着风向，迅速躲避到一个安全的地带，立即报警，等待救援。

③如果火灾是由于野炊引起，火势较小且风并不大，则马上组织班上比较强壮的男同学利用所学的救火知识灭火，比如，用很大的毯子或布、衣服等压盖火苗。如果火势越来越大，则迅速带领全班同学撤离现场，报警，等待救援。

2. 善后处理

①根据具体的实际情况，协助警察调查此次事件的前因后果。

②如果是因为我班野炊引起的森林大火，我作为班主任会就此向学校和有关部门做出深刻的检讨和反思，并接受上级领导的处罚。

③在全校积极展开安全事故发生后的避险和抢救措施，提高学生对安全事故的警惕性，提高防范意识。

3. 总结反思

作为带班出游的班主任，我会对此事负全部责任，发生此次事故，我会就此做出深刻的反思和总结，在以后的工作中我会努力提高自己的安全意识和责任意识，提高自己对事情发生的预测力和防范力。加强对学生的安全事故的教育工作，提高学生的安全意识和自我保护意识。

例题 13：你是一所学校的化学老师，你带着一班学生在上化学实验课，结果你发现实验室里毒气泄漏，你将如何应对？

【参考答案】1. 应急处理

首先维护好现场秩序，一方面让就近的学生打开门窗，一方面组织好其余学生迅速撤离现场。如果出现学生受伤，立即拨打 120，及时采取灵活、有效的抢救措施，并通知受伤学生家长。同时，根据自己的判断对毒气泄漏进行处理。如果可以立即消除毒气隐患，就马上做出相应处理，如果不能控制，就立即通知消防部门和相关领导，协助做好救助工作，争取及时有效处理好毒气泄漏事故。

2. 善后处理

及时去医院探望受伤学生，并做好他们的补课安排计划，确保其跟上正常教学进度，同时安抚学生家长的情绪。对于事后出现不良反应的学生要及时送院治疗，并对其余人员采取全面体检。

接下来对事故原因进行调查，并根据不同情况进行相应处理。如果是由于仪器设备、实验药品问题，我将协助学校对所有实验设备进行清查，发现有问题的立即修复和更换。如果是由于学生的疏忽或故意，我将对学生加强实验操作规范的教育工作，让学生严格遵守实验规章制度。

3.总结反思

发生这样事故，作为老师，我负有不可推卸的责任，对于这次事故，我要作出深刻的反省，提高自身的安全和责任意识，在以后的实验课之前，事先检查好相关的设备，做好对学生的教育工作，在实验课的过程中，提高警惕，发现有不规范的操作，及时制止，同时提高自身的处理应急事件的能力。作为老师，在做好教学工作的同时维护好学生的安全是我义不容辞的义务，今后工作中，我一定兢兢业业，切实做好自身的本职工作，为我们国家的教育事业贡献自己应有的力量。

例题14：在一次夏令营的活动中，突然发生山体滑坡，假设你是这次夏令营活动的领队老师，你会如何处理？

【参考答案】1.应急处理

遇到这样的情况我会沉着应对，首先我会维护好现场秩序，将学生带到一个相对安全的地方，清点有无人员伤亡情况，对于有受伤的学生，一方面马上采取急救措施，一方面即打电话向有关部门求救；同时将大家集中起来，商议对策。首先，根据滑坡的原因和具体情况位置和当时的地理位置，搜寻出一块确定比较安全的地方，作为大家的落脚点；同时，根据地质情况和天气状况，对滑坡的原因和具体情况进行判断，到底是属于整体滑坡还是部分地方滑坡，如果是属于整体滑坡，要原地等待救援；如果是部分滑坡，选择一条安全的路线下山，并将情况及时通知相关部门。

2.善后处理

在得到救援，将大部分学生安置好之后，如果还存在失踪的情况，一方面，应积极协助有关部门对失踪的学生进行搜救，另一方面，及时通知学生家长。在搜救工作完成之后，做好受伤学生的和家长的安抚工作，及时去医院探望受伤学生，慰问学生家属，并做好他们的补课安排计划，确保其跟上正常教学进度。一方面，积极与保险公司联系，及时地解决受伤学生的医疗费用等问题，同时和媒体取得联系，对事件进行及时报道，提醒公众在相关地区的野外活动要小心。

3.总结反思

作为老师，这次活动出现如此大的事故，我自己负有不可推卸的责任：作为老师，没有能够很好地保护学生；作为组织的策划者之一，缺乏相关的知识，没有对当地的地质条件和天气状况做充分的考察和了解，就贸然出行。对于自己的错误，我要向学校、学生及其家长作出反省，并主动地承担责任。在以后的工作中，我一定会将学生的安全放在第一位，努力学习各类知识，精心策划安排，避免类似的事情再度发生。

练习题目

1.领导给你的任务，你不知道具体是什么，但又和领导联系不上，你应该怎么办？

2.你组织单位员工去旅游，要求必须在两点以前回来，否则会误火车。但是有几个人两点还没有到，你怎么办？

3.从机场出去的路被大雪封了，堵车，这时一名司机和他车上的客车因要赶回去过年，扬言要冲卡，这时你作为现场唯一一名交警你怎么办？

4.你要去调查灾情，很急，当你找单位车辆管理负责人要求调车时他告诉你车都安排出去了，没有车了，此时班车也没有了，你怎么办？

5.镇政府接到电话，有一辆中巴因为山体滑坡被困在路上，而车上又有两个病情比较严重的人，如果你是镇政府工作人员，由你来负责解决，你打算怎么处理？

6.某社区有人发传单说："楼上的发射塔对人的身体影响巨大。"又有人在网上发表文章，呼吁社区居民今晚8点一起拆塔，如果你是居委会负责人，你将如何处理这事？

7.你是一个大型展销会的现场负责人，展览之前获得消息，来参展的人比计划的多，你怎么办？

8.村民目睹村长儿子盗窃，但后来拒绝上庭作证，作为检察机关工作人员，你如何做？

9.嫌疑人刚开始认罪，但到了庭审环节不认罪，你是公诉人怎么办？

10.你是执法人员，去某工厂执法，工厂负责人煽动工人抵抗，你如何处理？

11.你的表哥请你吃饭，你一进包房，就发现你正在办理的一个案件的当事人也坐在包房里，你怎么办？

12.你去调查一受贿嫌疑人，该嫌疑人不开门，且扬言要点煤气罐同归于尽，你如何处置？

第七章　沟通协调类

据组织学家粗略统计，百分之八十的人在工作上失败，不是因为他们的专业技术、能力或者工作动机不够，而是因为他与“人”一起工作，无法与“人”好好相处。据估计，美国每年大约十七万至二十万人自杀，而这些人自杀的主要原因是想要结束或者脱离孤单、寂寞、不愉快或失望的人际关系。再来看看中国的一组数据，2010 年 5 月 13 日，武汉社科院就“幸福感”对武汉市党政机关 1000 名公员进行了调查：“您在工作中最希望得到的是什么？”23%的人选择了“和谐的人际关系”。一些公务员坦言，他们认为，上下级之间缺乏平等，同事关系缺乏真诚，是困扰机关人际关系的烦恼事。

由此可见，人际关系的处理在工作中是十分重要的，要恰当地处理好工作中的人际关系，需要较强的沟通协调能力，需要善于团结和自己意见不同的人一道完成共同的任务。这就是沟通协调类题目常考不衰的用意所在。这类题目是希望通过模拟工作中的一些人际关系处理场景，考查考生是否具备尊重、协作意识，以及在人际关系紧张的压力下是否具备良好的心理调适能力和化解矛盾的能力。

遗憾的是，目前很多参考书上对一些沟通协调题目的处理存在较多问题，主要是个别语句用词欠妥当，导致整个题目的回答出现纰漏。回答这类问题考生尤其要谨慎小心，把握沟通协调时应当注意的四大原则，平时就应当多在生活用语当中锻炼措辞能力，有意识地坚持一段时间，不仅能培养谨言慎行的习惯，可能还会令身边的人感觉到你微妙的变化。

第一节　答题原则

一、阳光心态原则

雨果曾说：“世界上最宽阔是海洋，比海洋更宽阔的是天空，比天空更宽阔的是人的胸怀。”当我们在面对工作中的矛盾与冲突、争执与误解时，以一种积极的、善意的心态来理解他人，也许就能看清他人的真意并不是我们起初想象的那样。即使他人存在一些过错，也应该用一颗宽容的心来包容他。宽容不是无奈的产物，也不是妥协的象征，更不是失败的选择，宽容是最值得赞美的心灵旗帜。搬开别人脚下的绊脚石，有时恰恰是为自己铺平道路。

举个真题的例子来说明在面试题目当中如何体现我们的阳光心态。

例题：单位人事调整，领导把你从一个热门部门调到了一个冷门部门，你怎么想、怎么办？

有的考生回答说：“既然领导将我从一个热门部门调到了冷门部门，我会服从领导的安排，不会埋怨，更不会自暴自弃。”这样的态度还是比较端正的，但这话听起来却不是那么令人舒服，好像是看在领导的面子上才勉强接受的，表面上是服从领导安排了，而且表明不会埋怨和自暴自弃，实际上还是认为这是个极其不好的事情，否则何以跟“自暴自弃”联系在一起了？

有的考生上来就一句：“天将降大任于斯人也，必先苦其心志，劳其筋骨，饿其体肤，空乏其身……”这位考生肯定觉得自己满腹诗书终于得到了用武之地，满怀信心地走出考场，实际上等待他的应该是令人惊讶又失望的分数。这位考生用如此悲壮如此严重的口气来谈论单位对自己的人事调动安排，好像领导是故意在考验他，安排他去“冷门部门”是不怀好意的。

积极阳光的说法应该是要对单位人事调整表示理解和配合，同时，对我调岗去所谓的“冷门部门”要欣然接受，这是领导给我的一次难得的锻炼机会。单位里每一个部门都发挥着重要的不可替代的作用，大家认为的“冷门部门”，可能是部门的工作受公众关注的机会较少，或者是工作默默无闻没有得到广泛的认同或赞誉。到这样的部门，更是应该发挥自己的主观能动性，积极融入部门成为有机的一份子，争取能将平凡的工作做到让群众100%满意，相信只要坚持不懈地努力，所谓的“冷门部门”终会体现出它的价值，得到大家的认同。

这样回答显示出考生能善意理解领导用意，能积极调整自己的心态，并决心付诸行动，积极地应对挑战。这就是阳光心态在沟通协调类题目中的运用。

二、自我反省原则

曾子曰：“吾日三省吾身。为人谋而不忠乎？与朋友交而不信乎？传不习乎？”孔子的弟子曾子说：“我每天多次自我反省：为别人办事是不是尽心竭力了？和朋友交往是不是做到诚实了？老师传授的学业是不是复习了？”曾子不是孔子的弟子中最聪明最有悟性的一个，但他这种三省吾身的态度使他备受孔子器重。反省是一种美德，常常反省自己的人，做事效率会越来越高，朋友会越来越多，学问会越来越精进。我们在处理工作中的人际关系时同样如此，遇事先反省自己是否存在不足，不苛求他人做到完美。

例题：如果你是领导，下属总是越过你向你的上级汇报工作，反映问题，你会怎么处理？

大家都知道，行政单位办事流程是非常严谨的，工作安排也是层层部署，一般来讲下级只对自己的直属领导汇报工作，层层上报，一般不允许越级汇报工作。频繁的越级汇报会导致中层领导的执行监督作用得不到有效发挥，并且会极大地浪费上级领导的宝贵时间，浪费行政决策资源，降低行政效率。题目中你的下属总是越过你向你的上级汇报工作，这是工作机制出现问题的危险信号，必须引起高度重视。怎么样才算是高度重视呢？是找来下属责骂一顿？还是苦口劝解一番？在做出行动之前，要先反省一下自身是否存在问题。

【参考答案】首先，我会就发生这种问题的原因进行分析：

第一，可能我平时在工作中过于严厉、独断专行，不能够设身处地地体谅下属，只是一味地批评下属，使得下属怕遭到批评不敢跟我汇报工作。针对这种现象我会及时地做自我反思，主动地征求周围同事的批评意见，并努力在以后的工作中加以改正。多给予下属鼓励和指导，使得他们能够更快更好地完成工作任务。

第二，我还需要认真反思自己是否在之前的工作中不尊重下属的功劳，在向上级领导汇报时过多地将下属的功劳当作自己的成果，掩盖了下属的功劳。对此，我应当主动地承认错误，并请求领导的批评，并在以后在工作中多给年轻人展现自己才能的机会，使他们能在工作中获得更多的成就感和认同感。

第三，下属的越级汇报行为也许情有可原，但我也应该清醒地认识到，越级上报是违反组织原则的，一方面这种行为轻易地否定了直管领导的权威；另一方面，给上级领导造成了过多的工作负担，降低了行政效率。对此，我应当对下属的这种违反组织原则的行为加以必要的提醒、批评，并讲明道理，相信下属认识到了自己的错误之后，能迅速改正，不再犯类似的错误。

三、工作优先原则

在工作环境中沟通的目的是更好地互相配合，共同实现工作目标。所以，不论遇上什么沟通障碍，首先需要将工作放在首位。考生要明白不是为了一团和气而去沟通，去协调人际关系，而是要围绕着工作任务的完成，围绕着集体向心力的形成。经常会有一些题目当中出现工作中某一环节缺失的紧急情况，这时候互相推诿责任，急于澄清事实，撇清关系等做法都是不应当的，而是应当学会在工作中互相补充，本着工作优先的原则，先完成紧急的工作任务。

例题：如果你的下属没有完成工作，反而说你没有把问题交代清楚，你会怎么处理？

【参考答案】首先，无论出于什么原因，由于没有能够完成任务，我会尽快采取弥补措施，在最短的时间内完成任务，尽可能地减少由此带来的损失。

其次，我会积极地反思造成这一问题的原因：

第一，可能由于我没有充分把握好下属的能力差异，造成了在安排任务时没有能够“因材而用”“人尽其用”。我会在以后的工作中，吸取教训，做到合理用人。

第二，我可能没有能够充分认识到任务的艰巨性，造成下属没有按时完成任务。

第三，可能我在下属的具体工作中跟他们沟通不够，责任心不强，没有能够随时关注并及时发现问题，造成任务没有及时完成。

此外，对于这位下属应当加以适当的批评，并建立严格的考核机制，通过良好的制度约束下属，激发下属的积极性。

四、积极主动原则

积极主动指的是主动为自己过去、现在及未来的行为负责，不受情绪或外在环境的过分影响，同时以由内而外的方式来创造改变，积极面对一切。面对工作中的沟通障碍或者人际关系的紧张，我们经常为自己找借口：“我不小心忘记了……”“我迟到是因为……”“我刚来什么都不懂……”我们每天都在为自己辩解，与此同时也放弃了积极努力改变未来的机会，更可能造成了人际关系中的不和谐因素，日积月累，其他人与你的合作就可能形成习惯性的障碍。其实在任何环境中，积极主动既包括主动承担工作甚至是承担不利后果，也包括主动与他人配合，积极想办法改善紧张的关系。

例题：你新到一个单位，同事对你不是很信任，领导也只是交给你一些琐碎的事情做，请问遇到这种情况你怎么办？

新公务员到单位报道之后需要一段时间熟悉工作环境，熟悉工作任务和单位同事，这段关键时期可长可短，适应能力较强的人可能在一两个月之后就可以完全融入新的集体中，并能够配合融洽地交流和工作。但适应能力较弱的人可能会经过半年甚至更长的时间仍然与同事格格不入。时间的长短固然和新单位的工作环境、工作流程以及同事关系的复杂程度有关，但最主要还是取决于自身的主动性。

【参考答案】我新到一个单位，对于工作环境和工作流程，尤其是新同事都需要尽快熟悉。同事们刚刚开始对我不信任，领导也只是交给我一些琐碎的事情做，这是非常正常的事情，我会从以下几个方面积极开展工作：

首先，不管同事刚开始对我的印象如何，我都不能灰心气馁，并且礼貌热情大方地对待每一位领导和同事，主动自我介绍，注意和同事的交流方式多样化，比如，积极参加集体活动，积极为大家服务，争取让大家尽快地熟悉我。

其次，工作不分大小，也不分高低贵贱，只要是能对集体有帮助的就是有用的工作，再简单琐碎的工作也必须要有人认真地完成。对待工作我会兢兢业业，越是简单琐碎的事情越是严格要求自己百分之百做好，并且可以从琐碎的事情中慢慢留心单位的工作流程，熟悉各部门的同事，还可以思考这些琐碎的事情的意义，以及如何能提高工作效率及改善工作流程等。

最后，相信一段时间之后，同事们会慢慢熟悉我，领导也会交代更重要的事情给我，我会一如既往地争取做好本职工作，积极为集体多做贡献。作为一个新人，我会尽快地学习成长，争取不掉队，不拖集体的后腿，更要争取能尽早地为集体多做贡献。

五、答题思路

人际沟通类题目除了要掌握前面的四项原则外，还需要牢记整体的答题思路，即态度、原因、化解、避免。这个八字思路极其便利地将四项原则灵活地贯穿在我们的答案主体中。不仅能将我们杂乱无序的内容按照合理的逻辑来连接，还在一定程度上提醒考生接下来应该要论述什么，不至于无话可说或是中途间断。

第一，态度决定一切。只有从态度上认清问题的本质，从思想上对问题的解决有一个客观的评价，才能更好地指导我们发散思维、寻求解决问题的办法，不至于慌不择言。第二，找寻原因。原因可能是多方面的：有自己的、别人的或是客观的，要学会多角度地合理假设。第三，化解矛盾。顺藤摸瓜，根据前面找到的原因一一化解。第四，避免、提升。思想上要随时保持警惕，会总结经验教训，不断提高，防止问题的再次发生。

例题：你们公司有个重大项目，之前是小李负责，但是由于去年小李出现重大失误，今年由你负责。小李因此不配合，你怎么办？（2011 年 2 月 23 日下午海关系统面试题）

首先，我们来分析下题目中描述的多种情况：小李负责重大项目出现失误、"我"接手剩余的工作、小李不配合。其次，按照我们前面论述的人际沟通四大原则，对这些情况予以解决：阳光思维、工作优先原则，项目出现的重大失误可以通过我后期的努力工作尽量予以弥补，保证不耽误工作的进度；自我反省、积极主动原则，我接手小李的工作他不配合，就要反省自己是否在相关的工作细节上做得不到位，引起小李的反感，然后主动找小李进行沟通，及时化解不必要的矛盾和误解。最后只要按照我们的八字思路来组织答案就可以了。

【参考答案】（表态）如果像题目中所描述的那样，由我来接手这个项目，我会认真努力地工作，尽量把失误造成的损失减少到最低，全身心投入到工作中来，保证工作能够按时保量地完成。

（原因、化解）对于同事小李的不配合，更要冷静分析情况：是否由于自己工作上的一些疏忽大意造成了他的反感或是误会，如果是这样，就要主动和小李沟通，说明情况。自己有错要及时道歉，对于项目中不是很清楚的地方要多向领导和小李沟通请教，毕竟领导比我有经验，小李接触项目比我早，了解到的情况也比我多。当然，小李由于原先的工作出现失误，影响了现在工作的状态这也是可以谅解的。我会尽力地帮助小李走出失败的阴影，所谓失败是成功之母，有了之前的工作经验，相信我们一定会更好地完成这个项目。

（避免提升）在以后的工作中，自己要更加仔细小心，不断加强自己的工作能力，防止由于自己的失误给工作造成不良影响。还要积极主动地和同事领导交流，真诚相待，同心协力地完成上级交付的任务。

第二节　竞争关系

一、题型概述

沟通协调，即考查考生能否在复杂多变的工作环境中处理协调好与上下属、群众乃至新闻媒体（处理媒体的关系多出现在应急应变类题型中，故在此章节不详细论述）的关系。在众多的关系中，处理好与同事之间的"竞争关系"，不仅是自身能力的体现，更是考官对我们考生个人品质和人生修养的侧面考察。在公务员的日常工作中，会有很多的关于职位晋升、外出培训的机会，出题人也就根据这些真实的工作环境，模拟再现这样的情景，让考生表明态度和做出选择。

1. 显性竞争关系

显性竞争关系，也即考生可以在题目中直接得知自己与某个具体的人争取某些"利益"或"机会"，从而表态解决。

例题 1：你和一个同事能力都很强、资历等都一样，这次有一个出国深造的机会，但是同事在领导面前贬低你，你如何处理？

【参考答案】遇到这种情况，首先我要保持正确的心态，理智客观地看待同事对我的评价，不能因此一时冲动去找同事兴师问罪，更不能影响我与同事之间的工作关系，要分清楚同事正常地发表个人看法和贬低我之间的差别。而出国深造的机会，对于我和同事来说都是非常宝贵的一次提升自身能力的好机会，但是我们都要以大局为重，服从组织的安排。

针对同事在领导面前提出的问题，我会先反思下自己是否确实存在那些问题。有则改之，无则加勉。如果确实认为同事说的没有道理，那么我会在工作之余和同事进行良好的沟通，是不是由于自己的工作态度和行为方式，导致同事对我有误解。如果是，那我会主动向同事道歉，消除误解。如果是因为我们之间平时疏于沟通，导致同事对我不了解，而不能客观评价我，在以后的工作我就更主动些，多与同事进行交流，包括工作和生活中，加深彼此的了解。相信通过我的努力，一定能建立良好的工作关系。而对于领导，只要自己平时能够严于律己、宽以待人，努力追求进步，就一定会得到领导的肯定与大家的认可。

关于出国深造的机会，我会服从组织的安排。若同事最后考核通过，说明我在工作上还有需要加强的地方，日后会不断向同事和领导学习请教，努力提升自己的能力和素养，积极参与到单位的各项工作中，争取下次出国学习的机会。

点评：该题考查考生在工作中如何处理与同事的关系，主要通过考查如何对待争取出国学习这一机会来测评考生的沟通协调能力。回答这类考题要体现出良好的心态、与人沟通的能力以及对待同事的态度。要答得出彩，不仅要对这件事情处理得当，而且要联系自身进行自我反省与自我认知，并联系自身以后的工作，考虑到如何避免类似事情的发生。

2. 隐性竞争关系

与显性竞争关系相反，题目中没有直接描述具体的竞争事项，而是看考生能不能通过题目间接地描述、辨别出题者所要考查的竞争关系，难度相对显性竞争关系较大。

例题 2：假设你在某单位工作，成绩比较突出，得到领导的肯定，但同时你发现同事们越来越孤立你。你怎么看这个问题？你准备怎么办？

【参考答案】成绩突出得到领导的肯定是件很开心的事情，以后会继续保持这样的工作热情和积极性，戒骄戒躁，争取取得更好成绩。对于同事们逐渐孤立我的事实，我会从自身处查找原因，看看自己是不是最近过于关注工作以致忽视了与同事间的正常交往和沟通，或是自己在工作中有疏忽大意的地方，造成了同事的误解。若有上述情况，我会及时和同事解释沟通。在以后的工作中除了要努力工作外，还有要与同事多沟通多交流，只有团结的团队才会有优秀的个人，也只有团结的团队才会做出优秀的业绩。

点评：我们除了要会处理显性的竞争关系外，还要会处理类似题目之中的这种隐性竞争关系。要能够快速地找到题目的考查要点，从而准确地按照竞争类思路组织答案。

二、答题思路

关于“竞争”，《现代汉语词典》给出了这样的定义：“为了自己方面的利益而跟人争胜。”“竞争”一词自从被达尔文的进化论形象生动地描述后，似乎一夜间我们整个人类社会都被竞争所支配。“物竞天择”、“优胜劣汰”这样的词汇常常被长辈用来教导我们。然而，如果我们对竞争没有一个理性的认识，那么很有可能单纯地为了竞争而竞争。就像金庸小说中的慕容复一样，最后在竞争的泥潭里迷失自我，永远活在自己的虚幻王国里。同理，在公务员面试中，若是在回答此类题目时出现纰漏或是犯了原则性错误，那么你很可能给考官留下一个不好的印象，甚至是让考官反感。你的此次公考旅途也就此打住了。那么怎么才能答好这类型的题目呢？

想要答好竞争类的题目，处理好人际沟通中与同事的“竞争关系”，就要先理解“竞争”的含义。只有弄清楚了竞争的具体内涵和意义，才能修炼到在答题时无意识有能力的境界，灵活自如地运用人际沟通的各种答题原则，且还不让考官觉得生硬牵强。在公务员面试中所谓的“竞争关系”，绝非我们单一理解的那种你死我活、此消彼长的对立，而是一个相互学习、相互成长的“双赢”学习机会。正确理解了竞争的含义，我们就来看看考生在面试时回答类似题目会犯的经典错误。

例题 1：你和同学一同考入新单位，你工作勤奋，成绩突出，但领导对你印象不佳，同学受到领导信任，并且经常为难你，你怎么做？（2011 年 2 月 19 日重庆市国家税务局面试题）

【答案一】工作中领导看不到我工作的进步，我也不会因此影响工作的积极性，还是会一如既往地认真工作，并虚心学习同学的优点，总有一天会变得和同学一样优秀，我相信那个时候领导也会看到我的进步的。

点评：首先，这个考生会运用阳光思维，但运用过度，缺乏真诚，忽略了题目中交代的背景：一个刚进入工作单位的新人在工作上得不到领导的认可心理上必然会有点波动。此考生忽略了这个人之常情的细节，导致答案过虚，可信度大打折扣。其次，由于没有系统的答题思路，答案内容过于简略，内容不够充实，草草结束，无头无尾，会给考官一种不认真应付了事的感觉，考官甚至会认为考生脱离实际，过于虚伪，根本不具备人际沟通的能力。这是个典型的没有答题思路的答案，答题时间过短，这是很多考生的通病，不仅会影响这道题的分数，还会使整个结构化面试时间剩余过多，不利于整体成绩的提高。

【答案二】刚进入新单位出现这种情况心里肯定会不平衡，但这也是在所难免的，毕竟短时间内领导不可能全面地了解我的工作能力，我也会努力地工作，多向领导请教学习，说明情况，让领导对我有所改观。至于同学为难我，不可否认的是，参加工作之后，我与同学之间的交流不如往昔亲密了，毕竟同事和同学之间的角色要进行转化。同事为难我可能是我某些工作做得不够好，与他的工作风格不一致，导致我们不能真诚相待。以后我会以同学为榜样，观察他的工作方式，学习他的工作作风，齐头并进。若是他还要为难我，我会把相关的情况向领导反映，相信领导会为我们解决好这样的问题，保证我们能顺利工作。

点评：这位考生的答案虽然注意到了相应的细节，但由于用词过于偏激，并不能向考官展现他的处事态度和为人风格。比如说"参加工作之后，我与同学之间的交流不如往昔亲密了"，似乎工作后就一定会没有友情一样，不会兼顾工作与生活友谊的处理；"相关的情况向领导反映"，就犯了我们前面说的原则性错误，在没有了解情况以前就草率地向领导汇报，有打小报告的嫌疑，还会加深与同事之间的误解，根本无法解决问题。不会合理假设，使题目答得过狭隘。并且，此考生虽然内容能充实，但也由于没有答题思路的内在指导，所以答案杂乱无章，让人一眼就看出是想到一点说一点，逻辑层次和体系上就会有所欠缺。

【答案三】若我的努力得不到领导的认可，心里肯定会有点不平静，但毕竟我是新人，刚刚进入单位，领导对我不熟悉也是不可避免的，只要我继续坚持自己，努力地工作，多向领导请教学习，总有一天领导会知道我的进步和努力，对我刮目相看的。对于同学的为难，我是不会放在心里的，不和同事计较，要以大局和工作为重。不参与多余的人际纠纷，不被其他事影响到工作的心态和进度，勤勤恳恳地完成本职工作。

点评：原则的运用不能走火入魔，更不能割裂原则与原则间的相辅相成关系，否则就会犯这位考生的毛病：无为而治、消极应对。他极力地强调了工作优先原则，但却消极地处理与同事的矛盾，遇事不够积极主动。用词上也不是十分恰当，如"计较"、"人际纠纷"等词语，深深地陷入自己挖的陷阱里不能自拔。

1. 显性竞争关系

从上述各位考生的错误答案可以看出，竞争类的题目一定要体现出以工作为重、心胸宽阔的大局观；最重要的是在竞争关系化解完后还要能和同事保持一个和谐的关系。理性看待竞争，把竞争柔和化；合理假设缘由，完美解决。下面给出上题的答案供考生参考：

【参考答案】（态度）作为一个新人，能和同学成为同事，是件很值得开心的事，但是工作勤奋、成绩突出却得不到领导的认可和信任，对于新人而言，心情的压抑是可想而知的。但是凡事都应该以工作为重，要尽快调整自己的不良情绪，继续保持自己的工作热情，毕竟工作是头等大事。

（原因对策）领导对我印象不好可能并不是对我工作态度的否定，而是我的一些细节做得不够完美或是缺乏相应的工作经验。我会把领导对我的印象当作一种鞭策和警示，时刻提醒自己要谦虚做人，勤奋做事。同事对我的偏见可能由于我进入工作后角色还没调整过来，和同学的沟通不够。只要我们能以一颗积极主动的心彼此对待，这样的情况一定会有所改变。

（总结避免）以后我会多向同事请教学习，相互进步，将我们学生时代的友情和默契运用到工作中来，提高工作效率和技能。不断地完善自我，认真完成领导交付的工作，做一个与领导、同事和谐相处的人。

2. 隐性竞争关系

要想答好隐性竞争关系，就要先辨别出题目的竞争关系。隐性竞争类的题目通常在前提中都会有“你”受到“嘉奖”、“领导重视”、“意见被采纳”等的描述，而后果就是同事“越来越孤立你”、“疏远你”、“形同陌路”、“不服气”等。那么我们只要在题目中看到了相关的描述，就可界定这个题目为隐性竞争类，最后再按照显性竞争的答题思路作答即可。

例题 2：在单位里，你和小王是好朋友，现在由于你的升迁导致小王对你形同陌路，你怎么办？（2011 年 6 月 12 日青海省公务员面试题）

【参考答案】第一，自己工作升迁，固然值得高兴，我会激励自己要更加认真地工作。但在与同事朋友的相处中，还是要继续保持谦虚真诚的心态，不能因为升迁就骄傲自满，影响了同事间的友谊。

第二，冷静想想小王和我疏远的原因，是否是由于最近工作太忙，和小王交联系交流少了，引起了他的误会。如果是，那么在今后的工作生活中，就要和小李多沟通交流，业余时间可经常约出来锻炼交流。若是由于自己升职后在工作方式和工作态度上的变化有什么不对，要多征求他的意见，及时改正。

总之，作为一名公务员，要保持谦虚谨慎的作风，戒骄戒躁，团结同事，正确对待名利和荣誉。在今后的工作中继续保持和同事朋友的良好友谊，共同进步，努力营造和谐融洽的工作氛围。

三、真题解析与点评

例题 1：你的同事水平不如你，能力不如你，却总喜欢在领导面前显示自己，并说你的坏话，你怎么办？

【参考答案】所谓“尺有所短，寸有所长”，每个人都会有自己的优缺点，我们要学会在别人身上看到优点，自己不断改进提高；在看到别人不足的时候，自己更要进行反思，有则改之，无则加勉。

至于同事喜欢显示自己并说我坏话的行为，可能是同事工作积极主动的一种表现形式，乐于和领导沟通交流，这是我应该在日后的工作中要学习的地方。当然，以后工作除了要多和领导交流请教，也要多和同事沟通，防止由于沟通不足而产生种种误解，影响了同事间的友谊及正常工作的开展。在工作中有不懂或是不明白的地方，一定要虚心请教，不能自高自傲。总之要一切以工作为出发点，一切以维护团结为重，从自身做起，努力营造一个团结奋进的工作环境。

点评：考生在答题时一定要注意转化题目中所描述的矛盾，要学会合理分析假象原因，保证答题的完整性。

例题 2：你在单位里很能干，很受领导重视，但此时新来一同事，比你更有才能，你将怎么处理和他的关系？

【参考答案】自己的才能和工作业绩受到领导的重视，只会不断激励我进步提升，在日后的工作中要更加努力，决不能因此而骄傲自大。“人外有人，山外有山”，新来的同事比我更有能力，能让我清醒认识到自己的不足和缺点，只有站在巨人的肩上，才能看得更远。自己一定要虚心向同事学习，把同事作为自己工作学习的榜样，主动和同事交流沟通，在工作中有不清楚或是不懂的地方会及时和同事请教。同事刚来单位，对单位有什么不熟悉的地方自己也要热情耐心地给同事说明，以便他能更好地投入到工作中来。总之，自己不会因为新同事比自己优秀而对工作有所懈怠，而会和同事同心协力，共同完成单位的工作任务。我相信只要有积极向上的心态和虚心学习的劲头，自己的进步和努力一定会在日后的工作中体现出来。

点评：此题考查我们是怎样看待已经来临的竞争、我们会以怎样的心态来及时应对、会怎样评价我们所谓的“竞争对手”。只要理清楚这样的出题目的，答案就脱口而出了。

例题3：你单位要竞争上岗，现在有两个同事和你要竞争一个岗位。目前有一个任务交给你们做，由你牵头，另外两个同事态度不积极，影响了工作进度，领导对此不满，对此你怎么办？（2011年6月13日上午北京市公务员面试题）

【参考答案】单位实施竞争上岗有利于发挥员工的工作积极性，提高单位的办事效率。我一定会努力工作，争优创绩。领导把任务交给我负责，我一定会和同事齐心协力共同完成。如果出现了题目中同事配合不积极，影响了工作进度，我有不可推卸的责任。要冷静分析出现拖延的原因，可能是同事手头还有其他的工作要做，分了心。若是这样我一定会主动帮同事解决工作，以便他们能全身心地投入到我们的合作项目中来。若是由于我和同事的沟通不到位，没有向他们说明项目的紧迫性，导致同事的不了解，我会仔细地向同事说明情况，相信同事会及时投入到工作中来。我会及时把项目的进度汇报给领导，以便领导能更好地给予监督指导。竞争上岗的目的在于让我们有彼此学习的机会，有竞争才会有进步。相信我们的共同协作能培养出更多的工作默契，也能在合作中不断地取长补短，共同进步。不管竞争的结果如何，都要理性看待，要从中发现自己的不足，及时改进。

点评：本题考查我们对待竞争的态度，既要积极进取，又要做好与同事的团结友爱。要学会在竞争中相互学习，共同进步。

例题4：小王和小李向科长提了两条建议，小王的建议明显优于小李的建议，但是科长采纳了小李的，小王很不服气。问：如果你是小王，你会怎么办？（2011年7月7日下午湖北省公务员面试题）

【参考答案】优秀的意见被领导采纳，能更好地指导以后的工作。我们提意见的出发点是为了能更好地指导今后的工作，不管意见有没有被采纳，都不能有抵触情绪，而要理性分析自己的不足，及时调整改正。我的建议明显优于小李的建议，可能是我只看到了自己的优点，毕竟是自己的工作成果，难免有所偏爱，不能理性地判断，造成了这样的误解。既然领导选择了小李的建议，肯定是一定理由的，要服从领导的安排，积极配合领导和小李的工作，保证建议能够尽快实施。

如果认真比较调查后，发现我的意见中的确有可取的地方，我也会及时和小李沟通，向领导说明。总之，我们的出发点都是为了能更好地开展工作，并不是争夺荣誉和利益。只要是对工作改进有帮助的建议，我们都会采纳，不论意见是谁提的。自己日后要多向小李学习，不断提升自己的工作技能，虚心请教，共同进步。

例题5：领导经常叫你干一些本属于其他同事的工作，还带你参加一些晚宴。别的同事对你有不满，还传有流言蜚语，你怎么办？（2011年7月20日新疆公务员面试题）

【参考答案】按时完成领导交代的工作，是公务员的职责之一。因此，不管领导分配多少工作任务，都要保证及时完成。领导将其他同事的工作任务分配给我做，还让我参加一些晚宴，肯定有领导的考量，不管是谁的工作，自己都会努力完成。

但如果像题目中说的那样，我的做法引起了其他同事的不满和流言蜚语，就要及时反思在这一过程中自己是不是有做得不好的地方。是不是由于自己做了额外的工作而耽误了自己本职工作的进度，进而给其他同事的工作造成了不好的影响。如果是这样，那么我以后就一定多和同事沟通请教，不断提高自己的业务技能，提高工作效率，在保证完成自己本职工作的同时，按时完成领导交给的其他工作，绝对不能耽误两个工作的进度。如果实在不能共同完成，要及时向领导说明情况，便于领导作出其他的工作安排，不至于耽误进度。

总之，除了要按时认真完成工作外，还要注意和同事的团结协作。只有融洽的同事关系，才能愉悦地工作，也只有和谐有序的团队才能作出优秀的工作业绩。

第三节 合作关系

一、题型概述

"团结就是力量",团结才能更好地完成工作。不管什么岗位,都是整个工作体系的一个分支,都需要和其他的同事共同配合才能完成一项工作。然而就像电影台词里说的那样,"有人的地方就有江湖",在公务员人际沟通的面试题中,"有合作就一定会有矛盾"。考官就是通过设置合作的矛盾障碍,来考查你解决这一问题的能力。通常题目中都会直接明了地给出你和同事的合作,并设置相应的情景矛盾,问你该怎么解决。

例题:领导安排你与有矛盾的同事完成工作,他说忙,不配合工作,你怎么办?(2010 年 7 月 27 日云南省公务员面试题)

【参考答案】领导把任务交由我和同事共同完成,我们就要同心协力,共同将工作保质保量地完成。同事说忙不配合,可能是手头上还有其他比较紧急的任务要完成。我会主动询问,看能否帮上忙,分清轻重缓急,尽力多分担同事的工作,以便同事能及早全身心地投入到我们的工作中来。如果是因为我平常在工作中有做得有不够好的地方或是疏忽大意造成了同事的误解,引起了不必要的误会,那么我也会主动找到同事进行沟通,向他说明情况。不管怎样,我们都会以工作为重,一切从工作出发。在以后的合作中遇事和同事多协商多沟通,求同存异,不清楚不明白的地方要及时请教领导,保证工作顺利开展。

二、答题思路

合作关系的题目与竞争类一样,都是要保证完成工作,但其中的论述的侧重点是不一样的。合作关系的关键在于你怎么看待工作成果的归属、奖励。在答题时既要体现出工作优先的理念,又要照顾到"自己"的心里感受,更重要的是不能因此影响到与同事的团结和友谊。只有多方面兼顾,才能在这类题目中一举成功。

例题:小贾与你做同一项工作,完成工作后,小贾受到嘉奖,而真实的情况是小贾没干什么活,都是你干的活,你如何能揭发他?有几种方法?追问:你觉得你的揭发是不是影响了团结?(2011 年 6 月 24 日吉林省公务员面试题)

【答案一】虽然都说团结就是力量,在工作中要注意团结,但如果出现了题目中这样的情况,一味地忍让包容,不仅自己不能很好地调整心态,也不利于工作的进步。所以我一定会揭发小贾所作所为,让他知道只有付出才会有回报的道理,也让领导知道我的能力,得回我应该得到的嘉奖,并继续努力工作,提升业绩。

点评:通常人际沟通类的题目考生答完出来后自我感觉都还不错,但当看到自己的成绩时,才瞠目结舌,不知自己在哪里出现了问题。该考生就是典型,他从一开始答题就陷入了出题者的圈套,由于受到"你如何揭发他?"的提问方式误导,考生们都以为题目已经说明了要揭发小贾的意思,所以只要顺着这样的思路答下去就可以了。然而,这正是出题人的高明之处,他在此处给考生挖了一个大大的陷阱,考查考生能否完美跳过。当然,我们这里说的"跳过"不是忽略不答,而是合理转化。如果直接忽略的话,对于出题人来说是极大的不尊重,显得我们考生油头滑脑。那么合理转化就需要运用我们的答题四原则了,只有深刻领悟四原则的精髓,才能合理灵活地运用到任何类型的人际沟通题目中来。

【答案二】我和小贾合作的工作获得嘉奖,得到领导和同事的认可,是对我努力的肯定,也会极大地激发我工作的热情。不管别人知不知道我背后付出的努力,这些都不重要,重要的是我在这个过程中收获到成长和进步。小贾获嘉奖和我获嘉奖是一样的,没什么区别,我也会很开心地为他感到高兴。在以后的工作中还是会继续埋头苦干,争取做出更大的成绩。

点评：有一种说法是面试的最高境界是要将虚伪做到无比真诚，其实就是说要在虚伪和真诚之间找到一个合适的平衡点，不能有所偏颇，要二者兼顾。但这位考生就是真诚到无比虚伪，虽说是跳过了出题者设置的陷阱，但却陷进自己所挖的另一个坑中，这也是得不偿失的做法。我们答题时要尽量避免这样的问题出现，才能拿到高分。

【参考答案】所做的工作得到嘉奖，这是对工作者的肯定和认可，有利于激发员工的工作积极性，因此适当的表彰是非常有必要的。但是自己的努力却被别人代替，或多或少会影响到员工的工作热情。

我和小贾合作完成工作，工作都是由我完成，小贾却得到表彰，可能并不是同事小贾主动邀功，而是合作的工作本来就难分彼此，大家对彼此的分工也不是很清楚。我对小贾的工作部分可能也有误会，才会认为小贾没有做什么。若小贾真的没有做什么却获奖，我会先反思一下自己在合作的过程中是不是有做得不对或沟通不到位的地方，让小贾对工作分工产生了误解，我会及时和小贾沟通。相信在我和小贾说明情况后，误解会得到化解，以后能更好地合作。

总之，我在工作中的努力大家是能感受到的。我们的合作成果获奖也证明了这一点，获奖是鼓励，但努力的出发点不是得奖，而是更好更快地合作完成工作任务。日后还是会努力增进和同事的团结默契，同心协力地工作。

点评：我们考生在答题时一定要能够清楚地辨别出题目的陷阱，运用阳光心态将陷阱合理转化。学会假设各种自己可以掌控的情形，最后化解矛盾。切忌思维被考题牵着走，要学会合理地转化考题，将考题范围限制在自己的思路中。

三、真题解析与点评

例题 1：你和小李一起完成一项工作，你负责收尾工作，但你跟小李索要他应当完成的部分资料时，他说只做了一点开头的工作，而领导已经跟你要结果，此时你怎么办？（2010 年 11 月 21 日下午辽宁省公务员面试题）

【参考答案】和同事一起工作是很好的学习和交流的机会，要认真完成工作，也要敢于承担工作上的失误。如果是领导已经向我要结果，而同事又还没有完成的话，我会及时和同事尽全力把工作弥补上，努力赶上工作进度，尽量不给单位造成损失。如果实在没有办法弥补，也不会隐瞒情况，及时向领导汇报目前的工作进度，以便领导能及时安排措施弥补损失。经历过这次的工作失误，一定要吸取经验教训，不断提升工作技能和效率，在合作中要多和同事交流，及时掌握工作进度，调整工作策略。

点评：此题考查考生在工作出现失误后能不能主动地承担责任并及时采取弥补措施。在和同事的合作中出现失误，除了要承担责任外，更重要的是及时弥补，减小损失，防止再犯。

例题 2：领导交给你和张、李共同完成一件紧急的事情，你们圆满完成后，但在会上领导对你和张进行了表扬，却对李只字未提，你怎么做？（2010 年 6 月 9 日陕西省公务员面试题）

【参考答案】共同完成的工作得到领导的表扬，是件非常值得高兴的事，它会激励我和同事不断地进步。然而如果由于领导不了解情况只是表扬了我和张，而忽略了其他同事，这样会打击其他同事的积极性。我会及时和领导说明同事在这项紧急的工作中做出的努力和贡献，但不会在会上打断领导的讲话，可以在会中休息的时候和领导说清楚，以便领导在下节会议中能及时对李进行表彰。以后若是还能和同事一起完成任务，在向领导汇报工作的时候一定会认真仔细，防止再次发生这样的事情。

点评：考查如何看待合作工作获得的荣誉：要学会分享，荣誉不能独揽。其中还间接考查了如何和领导进行沟通。

第四节 服从关系

一、题型概述

士兵的天职是服从，在公务员队伍中，对领导的服从也是公务员必备的素质之一。服从关系是我们与领导相处应遵循的最基本的关系，其他的关系都是在这一关系的基础上展开的，比如说汇报、请示等。因此只有处理好了服从关系，其他关系随即迎刃而解了。但是面试试题的难点也就在如何把握服从的原则及相关矛盾的处理，甚至会变相涉及对服从关系的考查。

例题：领导对你的工作提出意见，你怎么看或者怎么办？（2011年国家公务员面试题）

【参考答案】领导对我的工作提出意见，说明我的工作中还存在不足和缺点，这有利于不断完善我的工作业绩，可以避免在工作走弯路、错路，我会虚心地接受。领导经验丰富，看问题也较全面，对我的工作提出指导意见，也是我提高工作技能的另一种方式。作为一个刚刚走上工作岗位的新人，可能很多想法还不能和实际工作很好地结合起来，需要学习和掌握的东西还有很多。在日后的工作中，会主动地向领导请教，及时将工作中出现的情况向领导汇报。若是自己有什么新的想法或方法，也一定会拿给领导审阅，及时修改其中的不足，以便能更好地指导工作的顺利完成。

点评：这道题其实没有直接考查对领导的服从关系，而是通过你怎么处理领导对你提意见这样的一件小事来窥探你的服从意识。考生要学会透过题表看到考查的实质，只有这样才能答到点子上。

二、答题思路

服从是绝对的，但不是盲目的。怎么把握这个度？面试的时候又怎么把这种思想转化为语言表述出来，这是我们考生需要掌握的技能。在处理这类关系前，我们需要牢记下面几点要领：①领导一般都是对的，如果领导有不对的地方，一定是他不了解具体情况。②领导都是深明大义的，只要了解情况都会做出合理的安排。③对领导要汇报，不要说服；要服从，不要商议。④切勿当众指出领导错误。⑤对领导要尊重，不管其在不在职都要尊重。接下来我们就来看看这几点在我们的面试题中是怎样体现的。只有将这样的几个要点贯彻在答题思路中，才不会受到题目的误导，从而正确分析出题目的情况。

例题：领导一直没有安排你工作，这次有项工作在筹备中，正好是你的专长，你该怎么办？（2011年6月11日山西省公务员面试题）

【答案一】领导不安排给我工作，可能是对我工作能力的怀疑和不信任。遇到这样的好机会，我一定要主动把握，展现自己的实力，积极地参与到工作的筹备中来，发挥自己的专长，和同事同心协力地完成这个项目。我相信领导会看到我在这个项目中做出的成绩，也会看到我的实力，今后会把重要的工作任务交给我。我也不会让领导失望，自己会继续努力，在不断的实践中提升技能。

点评：这位考生完全没有把握住和领导相处的真谛，连基本的服从尊重领导的安排的观念都没有，没有纪律组织的观念，办事完全凭自己的主观感觉。尽管他在回答时体现了团结协作的精神，但是这些优点完全被他犯的原则性错误给抹杀掉了，可见违背原则答题有多么的危险。

【答案二】尊重和服从领导的安排是公务员的基本素质。领导不安排工作给我，肯定是有他的原因和道理的，我不会因此而对领导有意见或心怀芥蒂。至于这次的项目刚好与我专业对口，但领导并没有将项目交由我负责，我不会去插手项目的相关事项。领导交付给我什么任务，我就要把任务做好，勤勤恳恳地做好本职工作，不给领导添麻烦。

点评：在考生的眼里，这个答案看似是不错的，严格按照我们所说的服从尊重领导的安排去答题的，尤其是点题部分还很精练。但是运用得过于机械，完全没有发挥自己的主观能动性，不够积极主动，而是被动地等待安排。这个失败的教训也警示我们的考生在面试答题时一定要吃透题目中背景，相关原则运用要灵活转化。不能死抓住一个原则从头到尾地论述，要学会融会贯通，将各个原则有序地联系起来。

【参考答案】尊重和服从领导的安排是公务员的基本素质，在公务员的日常工作中，这是工作能顺利进行和开展的重要保障。

领导没有给我安排相应的工作，肯定是有他的原因和道理。也许是我平时的工作还做得不够仔细，不能让领导放心将工作交给我，我不能因此而对工作产生懈怠和厌倦的情绪，今后一定要继续努力工作，有不懂的地方要多和同事领导请教交流，在实际的工作中不断进步。而这次的项目刚好是我的专长，如果我有什么好的意见或建议，也会及时和领导进行沟通，按照领导的要求和安排去完成工作。若是领导认为我适合参与项目，我会更加努力地将自己的所学运用到工作中来；要是领导还是认为我不适合参与到项目中，我也会服从和尊重领导的决定。但只要项目需要我，我都会做自己力所能及的努力，保障工作的顺利开展。

在以后的工作中，我还要多和领导同事交流沟通以便更好地工作。

点评：上面的答案是通过整合一、二两位考生的答题内容而得到的，大家可以就此参照对比一下两位考生失误在哪些地方，在他们的答案中又有哪些可取之处。学会在别人的错误中成长，这也是面试的成功之道。

三、真题解析与点评

例题1：领导很有本事，有经验有能力，你已经很努力，还是挨批了，都不想干了。怎么办？（2010年3月11日上午辽宁省国家税务局面试题）

【参考答案】能跟着有本事的领导一起学习，会让自己收获颇多。在自己很努力的情况下还是不能达到领导的要求，被领导批评，也说明了我的领导做事严格谨慎，对下属要求认真。我要及时调整懈怠的消极情绪，振作起来，不能因为自己的原因影响到工作。自己的努力不见成果，要及时反思工作的方式方法，是不是没有掌握捷径，导致效率一直无法提升。在日后的工作中有问题要多和领导沟通请教、多和同事交流，学习他们身上优秀的地方，争取在他们的帮助下快速提升。

点评：解决此题的关键在于能不能设想到自己努力却没有进步的原因，只要能想到这个原因，题目难度就小了。再加上我们思路的第一步，及时纠正态度，整个题目就很完整了。

例题2：一次你在大会上正在作报告，一位领导当即就指责你作的报告净是套话、官话，这时你该怎么办？追问：对你的回答，我觉得你是不讲原则的人，是吗？（2010年3月15日下午吉林省国家税务局面试题）

【参考答案】面对这样的情况，我一定不能情绪激动，要尽快保持镇定，不和领导产生冲突，保证大会的顺利进行。对于领导的批评指正要虚心接受，如果真的如领导批评的那样，我的报告存在套话、官话，在会后要及时针对错误的内容予以改正，交由领导审批。若是由于我的报告内容不够详细，引起了领导的误解，在会后要将详细的报告内容向领导说明，听取领导的意见。不管怎么样，在以后的工作中一定要脚踏实地，遇到不懂的地方要向有经验的领导、同事学习请教，在领导和同事的激励帮助下不断地进步。

（追问）公务员是一个讲纪律讲组织的团队，任何时候都要服从领导的安排，对领导尊重和服从也是原则性的表现之一。对于工作中的对错，更是要坚持原则。错的要及时改正，对的也不能骄傲自满，还需要向领导同事收集经验教训，以便能更好地完成工作。坚守原则与对领导同事的尊重是不冲突的，而是相互包容的。

点评：这道题已经有点应急应变的味道了，这也是我们人际沟通的变化发展趋势。其实不管题目表面怎么变化，答题的思路还是按照我们的那八字来的。着重突出你对领导的批评的看法和处理方式就好了，其实也还是我们前面强调的，对领导要尊重服从，有错误要及时说明改正。

例题 3:领导让你做一件紧急的事,但并不在你的职责范围内,而且你恰好有任务要完成,你怎么办?(2010 年 3 月 6 日下午银监局面试题)

【参考答案】领导交付紧急的任务给我,我会在力所能及范围内尽全力地把它完成,服从领导的任务分配。哪怕这项工作不在我的职责范围内,我也会及时处理,毕竟领导把这样的任务交给我,是有他自己的考虑的。如果能协调好手头的工作当然最好,保证两项工作都能按时完成。但若手头的任务也很紧急,我会及时和领导说明情况,相信领导会理解我的工作难处,及时安排其他人安排负责这个项目,不至于耽误工作的进程。日后我也要不断加强自己的业务能力,以便能更好地完成领导交付的任务。

点评:这道题目很多考生在答题时都不会假设,都只能想到其中的一种情况:及时和领导说清楚自己没时间,而忽略了自己能协调好两个任务的可能。在最后总结提升的时候也不知道该怎么结尾。这个题目就很好地提示了我们在答题时要联想到多种情况展开论述,发散思路。

例题 4:正职对你很赏识,副职对你有偏见,现在正职调走了,副职上来了,你该怎么办?(2010 年 3 月 9 日下午公安部面试题)

【参考答案】做好自己的本职工作是我的职责,无论谁是我的领导,我都应该一如既往地保持工作的热情,尽职尽责地完成好自己的工作。当然,正职领导对我的欣赏,会更加激励我努力工作。副职领导对我有偏见,可能是由于自己平时缺少和副职领导的交流和沟通,使得副职领导不了解我,造成了偏见,也可能是自己平时工作的失误给副职领导留下了不好的印象。总之,不管是正职领导的赏识,还是副职领导的偏见,都是自己努力工作的动力。不管谁是自己的领导,对领导我都会一如既往地尊重,对领导交付的工作也都会认真完成。在日后要不断反思自己在以前工作中的不足,多和领导交流请教,争取得到新领导的认可。

点评:不能由于领导工作的调动影响自己的工作态度。对于领导的批评或是鼓励都要接受、反思。要体现对领导的尊重和服从。

例题 5:领导把你交上去的调查报告的数据更改了,上级机关查出来了,追究责任,领导让你作深刻检查,你怎么办?(2011 年 6 月 23 日下午陕西省商洛市公务员面试题)

【参考答案】我交付的数据被领导改了,可能是我对数据的相关说明不够详细,致使领导以为我的数据做错了。最后被上级机关发现数据修改,要追究责任,我要主动诚恳地承担责任,毕竟是自己工作的疏忽才导致了这样的失误。若自己先前的数据统计是对的,只是解释不够,那么一定会在事后写一个详细的说明报告,交由领导查阅,听从领导的指示,及时地改正上交的错误信息。在以后的工作中一定要吸取这次的经验教训,认真核实报告数据,和领导保持良好的沟通,避免类似事件的再次发生。

点评:这道试题难就难在领导修改相关数据后被上级机关追究责任,好多考生当时就被这一情节困住,无法展开思路往下论述。对于考生来说,在那样一个高压的情景下,拿到这个题,短时间内要作答是有一定难度的。但这个试题也很好地向我们说明了合理假设在面试困境中的重要性和可行性。任何试题,不管它设定的情节有多么尴尬、多么棘手,只要能够利用我们的四大原则,合理地转化假象,都是可以自圆其说的。

第五节　服务关系

一、题型概述

公务员的工作职责就是运用人民授予的权力,为人民服务。那么在这个服务过程中,就会和群众密切接触。随着社会法治建设的不断完善，对我们公务员的服务要求也是日益提高，我们在与群众相处的时候除了要严格遵照法律的相关规定，还要兼顾合理合情的维度，最大最优地满足群众的需求，践行法治型政府、服务型政府的目标理念。

1. 服务群众

例题 1：作为乡政府工作人员，执行某项工作时，受到群众抵触，你怎么办？（2010 年 10 月 19 日青海省公务员面试题）

【参考答案】（态度）作为一名乡政府的工作人员，最大的职责就是做好基层群众的服务工作。若在工作中受到群众抵触，自己一定不能冲动，要冷静分析出现这样问题的原因，安抚群众的激动情绪，防止事态的扩大。

（原因、对策）若是由于自己在工作中执行相关的制度没有做好解释工作，造成群众的不理解，我一定会耐心仔细地说明清楚，严格按照制度规定办事；若是自己的工作方式和工作态度不对，引起了群众的不满，要及时地道歉，并调整自己的工作思路和方式，争取群众的原谅。

（避免提升）总之，在日后的工作要想群众所想，急群众所急，不断提高自己的服务意识，防止类似事件的再次发生。

点评：在处理群众关系时，一定要时刻把群众的利益放在心上，及时安抚群众情绪，先从自身找原因，把问题解决在萌芽阶段。

2. 服务亲友

作为一个拥有权力的特殊群体，公务员在工作中除了要处理与群众的关系，还要处理与我们身边亲朋好友的关系，这也为我们出题增加了一个素材。

例题 2：在税收执法检查过程中，你有一亲戚偷税，希望你能帮他，并说事后有报酬，你怎么说服他？（2010 年云南省公务员面试题）

【参考答案】作为一名公务员，要时刻铭记手中的权力来自于群众，不能以权谋私。但也要照顾到亲友的合理要求，兼顾工作与生活的协调。

若在现实中遇到了这样的情况，我会严格按照法律的相关规定执法，保证执法工作的顺利开展。同时，更要做好亲戚的思想解释工作，耐心和亲戚说明情况，让他了解税收对于国家和公民的重要性，从根本上认可我们的执法检查。我还会在自己的权力和法律规定的范围内尽我所能帮助亲友，为其提供相应的便捷服务，争取亲友的理解和支持。

这件事也在一定程度上启示了我做好亲友工作的重要性，在日后的工作中，我会以身作则，严格要求自己，在亲友间树立良好的形象。只有这样，才能更好地做好本职工作，正确行使人民赋予的权力，圆满完成国家交付的任务。

点评：这是一道典型的与亲友相处的题目。考查考生在坚守原则的同时能不能协调好与亲友的密切关系，也是在坚持原则的前提下会不会灵活转变。

二、答题思路

1. 群众类

在处理和群众的关系时要注意以下要点：

①对于人数较多且现场失控的情况时，要第一时间稳定现场秩序，安抚群众情绪。

②要耐心倾听群众的利益诉求，做好相关记录。能现场解决的一定要立马解决，不能的要做好相关回访。

③时刻坚守为人民群众服务的基本原则。

④接待群众要热情，交谈要细致耐心。

例题：你值班时，有一名群众来电话咨询，你向该群众说明了问题，后来他投诉了你，领导因此而批评你，你怎么办？

【参考答案】第一，及时调整好心态，严肃对待群众的投诉和领导的批评，反思自己的不足。

第二，分析群众群众投诉的原因。是不是自己在电话里给群众说明问题时有做得不好的方面：如果是自己服务态度存在问题，要及时向群众道歉，并在以后的工作中改正；如果是由于自身专业方面的限制，导致对群众的咨询问题没有给予专业的解释而让群众不满意，需及时通过资料查询、向有经验的同事请教，对群众的问题进行后续补充，保证群众问题能得到有效解决。

第三，写份检查报告交由领导审阅，这也是自己在思想意识方面的总结提升。在以后的工作中自己要虚心认真，有不明白的地方要多向同事和领导请教学习，全面提高自己的业务水平，更好地为领导分忧、为群众服务。

点评：在与群众相处中出现矛盾后，要及时反思不足并改正。

2.亲友类

在处理和亲友的关系时要注意以下要点：

①亲友请求办事要看是否违反原则。没有违反原则的，一定要热心帮忙；违反原则的一定要动之以情，晓之以理地耐心解释。

②当工作和亲友的请求发生冲突，要以工作为先，同时又要体现出对亲友的责任，坚守原则重于亲情，制度高于友情，规定大于私情，绝不以权谋私。

例题：你是交通执法人员，你的亲属酒后驾车向你求助，你怎么办？（2011年1月23日甘肃省嘉峪关公务员面试题）

【参考答案】酒后驾车不仅危害到驾车人自身的人身安全，更是会引起公共安全隐患，因此政府高度重视，还将醉驾纳入到刑法的惩罚范围，足以看出醉驾的危害。然而法律规定需要相关人员的执行才能收到良好的社会效果。我作为交通执法人员，一定会坚守职责，严格执法。

我的亲属酒后驾车向我求助，我会严格按照制度办事。耐心向他们说明醉驾的危害及介绍相关的处罚规定，让其知道醉驾的严重危害，提高他们的思想认识。在职权范围内为其提供服务，方便他们接受处罚。

在今后的工作生活中，要严格要求自己，多向亲友解说相关醉驾的规定，宣传法律知识，相信亲友会理解和支持自己的工作。

点评：这道题很好地和时事热点结合起来，这也是人际沟通题目的命题趋势。不仅考查了人际沟通中亲友类的答题要点，还从另一个侧面测试了考生对时政热点的熟悉程度。

三、真题解析与点评

例题1：假如你到一个贫困的村寨去工作，但是村民们认为你这个小娃娃只懂得书本知识不了解农村情况，面对这种情况你该如何对待处理？

【参考答案】出现这样尴尬的情况，自己先要冷静，分析之所以会出现这种状况的原因。如果由于自己工作方式不被群众理解，一定要向群众耐心地说明，争取他们的支持和配合。若是由于自己刚到基层工作，可能不了解当地的实际情况，工作上难免出现失误和不切实际的地方，因此而受到群众批评，我会虚心接受。这也警示自己在日后工作中要多深入群众，了解他们的需求，更要多向有经验的老同事请教，尽快投入到当地工作的开展中来。以积极开放的心态接受群众的批评指导，把批评变成改进和提升的动力，在群众的监督下认真完成工作。

例题2：假如你晚上要去送一个出国的同学去机场，可单位临时有事非你办不可，你怎么办？

【参考答案】走入工作岗位后，工作与生活上发生冲突在所难免，关键就在于我们怎么协调好工作与生活的平衡。既不能因为生活耽误工作，也不能因为工作忘记亲情友情。

若出现像题目中的情形，我会仔细分析下手头工作的情况。如果我的同学晚上的飞机刚好在我加班完成以后，那么我就会抓紧时间工作，做完工作后就去机场送同学，工作生活两不误。如果工作很紧急，必须要立马由自己亲自完成，我就只能打电话跟朋友解释一下，相信他会理解我工作上的难处，毕竟我们朋友以后还是有很多机会再见面的。

总之，平时在工作中就要不断提高自己的工作能力。只有工作效率提高了，才能在更短的时间内完成更多的工作，也就能有更多的调整时间去应对工作和生活中的各种突发状况，统筹好工作与生活。

点评：对于题目中二者选择其一的要求，考生切忌不要贸然决断选择某一种。面对这类问题，最好是能将情境具体化，做出几种备份方案，以供选择。

第六节　命题趋势预测与个性化提升

一、命题趋势预测

事物都是在不断的变化发展中得以完善的，公务员面试也不例外。我国从 20 世纪 90 年代开始引入公务员面试考试，在进入 21 世纪之后，考试逐渐趋于成熟和稳定，有其一定的内在规律。这也就为我们对它进行预测提供了可行的参考。通过对近十余年的面试题进行深入地分析归类，我们为考生总结出以下几点规律：

1. 考查关系维度增多

在 2005 年以前，大多数的人际沟通类题目通常都只处理“我”与工作关系中的某一类关系，如与上司或下属或同事或是群众的单一关系。然而随着公务员考试竞争的日益激烈，参考者素质的不断提升，为了能更好地选拔优秀人才加入到公务员队伍中来，更科学地区分面试者的优劣，出题人不断增加试题的难度。因而，在随后的人际沟通类题目中，大多都是多个关系交杂在一个题目之中，需要考生在错综复杂的工作环境里同时处理好与各种人的关系。这对我们的考生来说无疑是加大了难度。但是，不管题目中有几种关系，万变不离其宗的是处理人际沟通类的答题思路。增加的关系无非就是对关系的整合与表达语句的逻辑连接，考生也无需过于慌张。只要我们牢牢掌握此类题目的答题原则和与每类关系的相处要点，就能很快很好地把此类题目答得出彩，答得流畅，有效避免机械的模板化答案。

例题：你的办公室除你和处长外还有个老同事，老同事老把他自己的工作给你做，影响了你的工作进程，处长因此批评你，你怎么办？（2010 年 3 月 3 日下午黑龙江省国家税务局面试题）

【参考答案】由于我自己工作安排的失误，影响到了单位工作的进程和效率，对于领导的批评我要虚心接受，不能有什么情绪而影响到今后的工作。老同事老把自己的工作交给我做，我会仔细分析下原因，是不是由于老同事最近身体有不舒服或是家里有其他的事情分散了工作精力。如果有，我会及时地帮助同事调整到最佳状态，以便能及早地投入到工作中来。年轻人应该在实际工作中不断积累经验，我还是会尽我所能帮老同事分担工作，统筹协调好各项工作的进程，提高自己工作效率，保证各项工作都能按时完成。总之，在工作中要团结协助，及时向领导汇报工作进程，保证工作的按时完成。

点评：这道题就是关于领导与同事关系结合的处理。我们既要答到如何看待领导的批评，也要兼顾到怎么处理老同事交付的工作。在多关系的题目中，一定捋清楚各个关系的特点，不能眉毛胡子一把抓地论述，一会儿说与领导该怎么样，一会儿又说对待同事该怎么样。更不能遗漏，这是大多数考生会犯的毛病。明明题目中很清楚明白地告诉考生有三对关系，可是在实际答题中考生由于紧张就只会答自己能解决的那部分，不会分析的那部分就直接忽略掉了。这些都是面试答题的大忌，所以考生在答题时一定要做到心中有数，牢记四个原则和八字思路。所谓冷静是以实力为基础的，没有理论的积累，拿到题目怎么可能淡定。

2.考查形式多变

除了关系增多、变复杂外，人际沟通类模块还不断地变化考查形式，较多地和情景模拟（如例题 1）、应急应变（如例题 2）类模块相结合。更注重考查我们实际的应变能力和思路的多方向运用。换个角度来说，也就是我们只要能把人际沟通类模块吃透吃稳，能很好地辅助我们解决其他两个模块答题，一举三得。

例题 1：你一个朋友因为上岗竞争职位失败而失落，你怎么劝他？请现场模拟。（2011 年 5 月 10 日上午广东省公务员面试题）

【参考答案】小王，你的心情我能理解，就像我前年一样不也竞争落选了吗？不过通过那次竞争我才真正看到了自己和同事的不足，后来通过一年努力，终于在去年竞争上了想要的岗位。所以我们失败过后难过是很正常的，但是也不能因为这次的失败就影响到我们整个工作的计划和进程。我们竞争岗位是为了能更好地发挥自己的工作才能，哪怕今年失败了，我们也要在自己的岗位上争取进步。正所谓失败是成功之母，我们要从别人身上看到自己和他们的差距，虚心学习。我们还年轻，一次失败对于我们来说就是一次宝贵经验的积累，以后的机会还是很多的，只要我们不断进步，肯定能得到机会的垂青。你那么用功，我相信通过这一年努力学习，你会在工作中做出你的成绩。

点评：其实情景模拟和人际沟通在答题思路上基本是一致的，唯一的区别就是情景模拟在表述的语气上要稍显口语化一点，人称上要进行适当地转化。以这道题为例，完全可以转为我们人际沟通的竞争类去答题，就是你怎么样应对工作中的竞争关系以及竞争失败后如何调整，所以我们要学会减压。整个结构化面试的考查要点是融会贯通的，我们不能决然割裂它们之间的内在联系，而要把各个模块的解题要点互相运用、借鉴，达到举一反三的效果。

例题 2：召开一个专家座谈会，会上单位领导与一位专家发生激烈争辩，专家愤然离场，作为座谈会的组织者你如何处理？（2010 年 5 月 9 日北京市公务员面试题）

【参考答案】面对这样的突发情况，首先我要保持冷静，不能因为慌乱而致使整个会议无法正常开展。作为一名组织者，我应该统筹整个会议流程，协调各个与会主体之间的关系，确保会议顺利进行。

其次，我会与会议主持人沟通，暂时中断会议进行。在休息期间安抚领导情绪，维持好现场秩序，同时派了解现场情况并具有较好沟通协调能力的同事去劝说专家，尽量让专家回到座谈会，尽最大的努力保证会议圆满完成。

再次，事后迅速浏览会议记录，了解领导和专家产生矛盾以及争辩的原因，及时地向领导和专家说明情况，化解误会冲突。

最后，要认真做好这次座谈会的总结工作，反思自己在这次工作中的不足，吸取经验教训，以便下次能更好地完成组织会议工作。

点评：这道面试题考查考生的情绪稳定性、统筹计划能力、分析问题能力、沟通协调能力和应变能力。题目中有给考生规定角色定位为“组织者”，但大多数考生均不能准确地定位，直接就理解为主持人，以会议主持人自居，根本不能展开作答。也有的考生误解为这道题目是计划组织类，长篇大论地去分析自己在组织会议过程中的失误和不足，严重偏离考题。

更有考生具体假设争吵的理由，分析争吵的对错，将化解人际矛盾的题目答成综合分析问题的深度。这些都是考生要引以为戒的。只有将题目很好地定位，分清自己的角色，把握好问题的走向，才能将答案组织得丰满有序，同时还能体现出考生缜密严谨的分析能力。

二、个性化提升

1.思路把握的重要性

个性化不是随意化，而是答题的特色化。要想答案有个性，必须牢牢掌握答题的基础要领，否则一切都是镜中花、水中月。只有把地基打牢靠，才可能对新建的楼房进行精装修。这也就是我们一直强调要重视答题思路的原因。

在多年的教学实践中，我发现考生在面试时最大的难题就是无话可说，不知道该从哪说起。拿到一个题目，最直接的反应就是大脑一片空白，无从下手。其实追根究底就是因为不知道面试出题人的思路，只要知道了出题人的思路，我们反着这个思路破解，就是我们的答案了。“态度、原因、化解、避免”就是我们总结出题模式后得到的解题思路。所以我们一定要准确无误地牢记这八字思路，在这一思路的指引下，组织答案。在八字思路中，原因分析又是最为重要的。只有找到了原因，后面的化解才有内容；也只有原因分析对了，后面的化解才不会离题。八字思路在面试中的运用，相当于申论大作文中的提纲，统领考生的答题思路和内容。

2.准确把握关键词

公务员面试短短二三十分钟，时间相当紧凑。所以面试题目里的每一个词、甚至每个字都非常关键，一定要看清或是听清题目再开始作答。关键词的作用有两种：一种是丰富题目中的情景。这些词可能会成为你答题的提示点和关键信息，如试题中的“出国学习”、“合作项目”等，需要考生围绕这些关键词阐述自己的态度和做法，也可能是出题者故意用来误导考生的（如试题中的“你和同事有矛盾”、“同事打你小报告”等情节），一定要学会合理分析题目中描述矛盾和小报告的真实与否，到底是矛盾还是误解。另一种就是给考生定位角色的关键词，如“假如你是小王”、“假如你是单位的领导”、“会议组织者”等，考生只有明确了题目要求你所扮演的角色，才能合理假设。弄清楚题目中你是领导、下属还是一般同事。区分不同的角色在处理问题时的不同侧重点和要领，所以切忌慌乱作答。把握不好题目中的关键词不仅容易跑题，更重要的是容易忽略题目中的内容，遗漏答题要点，得不到理想的分数。我们前几节对考生答案的举例和评析足以说明把握关键词的重要作用，考生们一定要引以为戒。

3.用词的中性化

在人际关系的题目中尤其要注意自己的表述，防止过多地使用那些文绉绉的词汇，如“出生于书香世家”“自幼饱读诗书”等，毕竟我们参加的是面试，所以要做到口书结合。也要禁用那些较消极的词汇，防止被自己引入歧途。就如下面这位考生一样：

例题：你的同事水平不如你，能力不如你，却总喜欢在领导面前显示自己，并说你的坏话，你怎么办？

【答案】很荣幸，在我的工作生涯中还未遇到这样的同事。但大千世界，什么样的人都可能存在，如果真的遇到这样的同事，我会这样去做：

第一，“尺有所短，寸有所长”，每个人都会有优点存在，我会尽量去发现他的优点，去向他学习，但我绝不会学习他“喜欢显示，搬弄是非”的毛病。不论从事何种行业，首先要学会做人。

第二，对于他喜欢显示自己并说我坏话的行为，我表示同情。人人都有展示自己、突出自己，争强好胜的愿望，他是因为自己工作能力不行，才从其他方面去谋求领导的关注，他是因为正常竞争不过我，所以才使用一般人都鄙视的阴暗手段，所以，他虽可恨，但更可怜。

第三，我会从大局出发，尽量与之处好关系，如果互相争斗，最后损失的是工作，是自己。

第四，我相信领导看人、识人的能力，相信“路遥知马力，日久见人心”这句话。如果不从加强道德修养、提高业务能力入手，最终他能蒙蔽一时，却不能蒙蔽一世。是非之人终究不会有好下场的。

点评：这位考生的答题内容和语言组织丰富流畅，感情色彩也很强烈。但他的用词太过于消极了，比如“搬弄是非”“鄙视的阴暗手段”“蒙蔽”“终究不会有什么好下场的”等话语，背离了面试的阳光思维原则，在面对和同事之间的问题时一味地把同事刻画得过于黑暗。国学大师王国维在《人间词话》中有这样一句话“有我之境，以我观物，故物皆着我之色彩”。自己是什么样的心态，就会把别人假想成什么心态，切记不可通过贬低别人来提升自己。所以答题时一定要注意自己的遣词造句，在平常练习的时候就要克服避免。

【参考答案】参见竞争类的真题详解

在面试的复习准备过程中，要做到全面详细地准备，任何类型的题目都要心中有数，这样在面试时才不会因为题目新颖而心里发慌。当然，作为考试的一种，面试也是有它的出题规律的，因此我们一定要通过多做历年真题，来把握考试的规律。归根到底，面试是说话的一种考试，再详实的内容要是不能表述出来，也是徒劳，所以我们一定要多说多练。总之，我们在回答人际沟通类题目时，只要严格按照我们的四大原则和八字思路，准确抓住题目的关键词信息，就一定能将答案组织得很漂亮。

考生头脑里要有：①全局观念、民主作风和协作意识；②语言文字表达条理清晰，用语流畅，重点突出；③尊重他人，善于团结和自己意见不同的人一道工作；④坚持原则性与灵活性相结合，营造宽松、和谐的工作氛围；⑤建立和运用工作联系网络，有效运用各种沟通方式。

练习题目

1. 好朋友和领导都爱玩乒乓球，领导总输就扔拍子发脾气，好朋友向你诉苦，你怎么劝他？是你会怎么做？

2. 一项工作本来由同事去做，而同事出去有另外的任务了，领导安排你接替同事的工作，同事回来后对你的工作不满意，你该怎么办？

3. 单位要求工间做健身操，很多同事认为是走过场，搞形式，你怎么说服他们？

4. 一个单位作风懒散，积极性不高，单位领导让小赵完成工作但效果不佳，因此批评了他，以致同事孤立了他，现在领导又交给小赵一份工作，但是要得到其他同事的帮助才能完成，如果你是小赵，你该怎么办？

5. 小王的同事请小王帮个忙，但这件事是违规的，小王拒绝了，但之后这位同事找到小王的领导，领导命令小王帮这个忙，小王很为难，你会给小王怎样的建议？

6. 领导交代你和小张一项工作，你的部分必须在小张完成的基础上进行，小张是个慢性子，完成时限快到了，他还没完成，这时你怎么办？如果在工作开始前你就知道小张是个慢性子，你会怎么处理？

7. 单位的几个年轻人住集体宿舍，但是没有空调和网线，他们就跑到办公室去，领导以为他们是晚上加班，表扬了他们，后来其他同事知道了，渐渐地疏远了那几个年轻人。你认为其他同事为什么疏远了他们？如果你是年轻人中的一员，你接下来会怎么办？

8. 本单位资金紧张，有些退休老同志的医疗无法全部报销，老同志要找领导反映，领导派你去接待，你怎么做？

第八章　组织管理类

组织管理能力是公务员必备的基本能力之一，也是公务员结构化面试中一种传统题型。对于公务员来说，每天要面对的工作错综复杂，必须要有明确的目标，要统筹兼顾，协调各方，要合理安排各种资源，协调各方关系，才能把工作做好。在张传禄的《机关的机关》里，他将机关的职责概括为"三办"——办文、办会、办事。我们就从"办"字说起。这个"办"字，中间是个力，意思要下力气。力字两边还有两个点，一个点代表的是汗水，一个点代表的是泪水。也就是说，办文也好，办会也好，办事也好，既要付出辛劳的汗水，又要付出辛酸的泪水。因而，在公务员结构化面试中，该项试题往往是必考的题目，几乎各地区各部门均会设计此类题目进行考核。说到底，这类题目要考查的就是考生实际做事的本领。下面我们通过一道例题来看看不同考生在回答组织管理这类问题的具体答法。

例题：如果让你负责你所在城市的民工生活状况的调查，你准备怎样完成这项任务。

【答案一】领导把调查城市民工生活状况的任务交给我，说明了领导对我的信任，同时这也是锻炼我的组织能力、工作能力的良好机会，我一定要圆满完成这项任务。

1. 制定方案：方案的内容应该包括这次调查工作的目的、意义、主要内容，时间、地点、参加的人员、方法、步骤等。

2. 实施：方案被批准后，按照方案要求组织实施，召开会议、落实任务、明确分工、提出要求，拟发通知，检查督促，协调指导，发现问题及时解决，有重大问题向上级领导请示汇报，以使这次调查活动顺利进行，达到预期目的。

3. 总结：调查结束后，要认真书写总结报告，肯定成绩，找出差距，向领导汇报，以利于不断提高自己业务水平和工作能力，在今后更好的开展工作。

通过对上述答案的分析，我们可以看出这个答案可以回答组织管理类中的任何一道题型，也就是说这个答案是千篇一律的答案，其中虽然每个环节都面面俱到，但是缺乏亮点，如果每个考生都带着这样的答案进入考场，那么分数肯定是高不了的。接下来我们看一个比较能突出亮点的答案。

【答案二】我们知道在改革开放的浪潮当中，很多城市的基础设施日趋完善，这当中融入了农民工兄弟的辛勤劳动，在我们对农民工兄弟表示认可的同时，现在农民工问题也变成了城市发展和经济发展中的突出问题。领导让我负责我所在城市的农民工生活状况的调查，体现了我国政府对弱势群体民生问题的关注，我一定尽心尽力地完成这项工作。

第一，吃准领导的要求，分析研究这次调查的时间，工厂区域，调查内容，以及与农民工兄弟打交道的方式方法。调查时间我会选择在周末，在这个时间段进行调查能确保和农民工的时间达成一致；调查地点我会选择在农民工聚居的地方，比如一些工业密集区或者城中村，然后请示领导。

第二，领导批准后，我们调查小组就开始工作。一人负责通知宣传工作，调动农民工积极配合我们调查。宣传主要采取在工厂区向农民工兄弟发放宣传品等方式。剩下的几人分成两个小组，第一组直接进驻工厂区，到民工宿舍区实地调查，发放调查表，对他们提出的问题和困难以及他们的生活状况要真实记录。第二组进入农民工积聚较多的城乡结合部，去他们租住的房子中实地调查，工作中我们一定要注重工作方法，视农民工为兄弟，保证每天的工作量按时完成。

第三，调查结束后，分析数据，写出农民工生活状况调查报告并连同原始调查数据一同上交领导，认真总结并向领导汇报。

再来分析这个答案，相信考生都会觉得这个答案比答案一要好很多，这就是需要我们深入思考的一个问题，家的答题步骤都是一样的，为什么对于同一个问题，有的考生只能把整个问题的框架说出来，而有的考生不仅能将框架说出来，而且答案也是比较出彩呢？

通过多年教学经验，我得出了一个结论，即组织管理是一种最简单也是最难回答的一种题型。说这类题型简单是因为这类题型的答题思路很明显，很多学生都能轻松地回答出来一个帽子三个环节，一个帽子就是在答题时不要直接开门见山说要怎么组织一个活动，这样的答案给考官的印象太过于突兀。为了使我们的答案更加完美、充实，我们可以在回答具体的组织实施之前加一个帽子，这个帽子就是组织此次活动的目的和意义，因为我们知道组织任何一个活动都有一定的目的，如果考生能将一个活动举办的目的和意义与国家的宏观政策背景联系在一起，那便是锦上添花了。在回答完一个帽子之后，我们就进入了活动的三个环节，这三个环节以时间划分为标准的话就是事情要计划，因为我们做任何一个活动都要有一个计划，中国也有句古话叫做“凡事预则立，不预则废”，因此对于一个活动提前有一个周密的计划是开展后续工作的前提和基础。在计划完之后，我们就可以进入具体的实施环节，也就是整个活动怎么安排，这是三个环节当中的第二个环节。在第二个环节之后，我们的活动已经举办完了。但为了能够善始善终，我们还需要回答第三个环节，就是事后的一个总结，我们通过这次活动有什么收获，比如对此次活动的经费做一个汇总，上报领导进行审批，总结自己此次在活动当中的得与失，为下次举办类似的活动提供经验教训。这样我们按照一个帽子三个环节，整个活动就圆满地结束了。但是在具体的答题过程中，更多情况下考生回答这类问题的时候帽子过于老套，一般都会回答这是领导对我工作能力的信任，也是我工作中锻炼的好机会，因为我一定会认认真真地做好这项工作，不辜负领导对我的信任。这个帽子乍看起来没有什么不好，表达的也是考生心里想的内容，但是在深入分析后我们会发现这个帽子可以用到任何组织管理的题型当中去，考生如果现在回答这样的帽子，就像穿着制服进考场一样，模板化太过于强烈。我们知道，公务员面试是反模板化的一个答题过程，答案越是与众不同、越是能自圆其说、越是言之有理，分数也相应地会越高。

接下来再说下三个环节。这三个环节相信参加过公务员面试的考生都知道，无非就是事前计划、事中实施、事后总结三个步骤。很多考生都能将答题思路熟记于心，但是真正在答题的过程当中，很多考生就乱了阵脚，答题时逻辑思路一片混乱，将事中实施的环节放到事前计划的环节、将事后总结的环节放到了事中实施的环节，造成了时间和空间混乱，在考场上这样答题无疑会给考官一种不好的印象，连事情的组织活动表达得都不够清晰，进入工作岗位又怎么能将公务员的实际工作做得井井有条呢？因此这种考生的面试得分肯定高不了。

在公务员的日常工作当中要办理各种各样的工作，这些都需要公务员具备一定的组织管理能力。但由于公务员的工作职责一般是机关单位的事务，因此通过对公务员日常工作的梳理我们可将公务员所做的事情分为七大类。它们分别是会务类、调研类、文体活动类、接待类、宣传教育类、救灾援建类、展会类。接下来我们对这七种活动进行一个系统的梳理。

第一节 会务类

一、题型概述

会务类是我们组织管理中的第一个类型，也是比较重要、经常考查的一种题型，原因是政府机关经常要组织一些大型的会议来学习精神、制定一些决策。具体到公务员的日常工作当中，会务类又可以分为以下几种小的类型，它们分别是研讨会、贯彻学习会、工作总结（表彰、报告）会、座谈会（见面会）、听证会。由此可见公务员的一个很重要的工作职责就是组织一些会议，因此掌握组织会务类的一些方法，不但有助于在考场上出色地回答一些组织管理的问题，而且对于进入公务员工作岗位后在实际工作当中妥当地处理这类活动也有帮助。

由于很多参加公务员面试的考生都是刚刚毕业的大学生，相应的实际工作经验还是比较缺乏的，接下来我们就对会务类答题思路进行系统地解说。

二、答题思路

前面已经说到了答题的思路，那就是一个帽子三个环节，一个帽子就是组织这次活动的目的和意义，三个环节就是在活动具体实施的过程当中我们事前计划、事中实施、事后总结。

一个帽子	活动的目的和意义
三个环节	计划组织
	协调控制
	总结提升

一句简简单单的话罗列了回答组织管理题目的要领，要领很简单，相信每个考生在回答面试题时是按照这个思路来的，但是为什么有的考生回答的有声有色、亮点层出不穷，而有的考生确是像记流水账一样，回答的一点也不出彩呢？这就是需要我们各位考生思考的一个问题。接下来我们来看一下会务类的答题要素的梳理。

三、答题要素梳理

(一)一个帽子

帽子也就是举行这次会议的目的和意义，举行这次会议要达到什么样的目的。这个帽子要求大家在平时的工作和生活当中多进行思考，积极寻找举行活动的目的。一般会务类的目的就是学习中央、政府提出的一些精神，通过会议的举办传达一些会议的精神，进而来制定一些决策。这里还有一个小技巧就是我们可以通过阅读题干来寻找一些答题的关键词，这样能使组织管理类的题目增色不少。

例题：单位准备召开一次立法听证会，请你组织安排，说说你的做法？

这里我们就不需要再老套地说“这是领导对我工作能力的信任，也是我工作中锻炼的好机会，因此我一定会认认真真地做好这项工作，不辜负领导对我的信任”之类的话。而是通过寻找题干中的关键词“立法听证会”作为回答问题的一个切入点，从而使我们的答题更出彩。接下来我们用关键词法来回答下举行一次立法听证会的目的和意义。

【参考答案】立法听证会是保证立法民主化，充分听取各方面特别是广大群众意见的一个好形式，它体现了我们政府问政于民、问计于民、问需移民，真正地实现了我们政府是从人民群众当中来再回到人民群众当中去，体现了我国政府对于民生问题的切实关心，也对我国促进法制化进程有着巨大作用。因此对于此次立法听证会无论从思想上还是从行动上我都会高度的重视，尽心尽力地将这次工作落到实处，真心地倾听人民群众的呼声。

(二)三个环节

计划准备：

在回答完帽子之后，我们就可以进入会务类的三个环节的准备组织阶段了。这里又可以分为以下三个小环节。首先我们一定要确定活动的形式和主题，比如会务类的形式一般为小型会议、中型会议、大型会议及特大型、座谈会等。很多考生在回答这类题目的时候由于忽视了活动的形式和主题，在回答后续工作过程中就会空洞、没有灵魂。我们知道活动的形式和主题是任何一个活动的核心和灵魂，因此回答组织管理这类题目的时候我们一定要给活动确定一个主题，其他后续的工作就是血和肉。血和肉就可以用我们自己平时积累的语言进行答题。

在确定完会议的形式之后，在我们的头脑里应该有一个清晰的活动流程。我们知道会议是人们为了解决某个共同的问题或出于相同的目的聚集在一起进行讨论、交流的活动，它往往伴随着一定规模的人员流动和消费。接下来就进入会议的计划准备环节。在组织活动之前我们要领会上级、领导意图，吃透文件精神，了解所要组织活动的具体主题、内容、目的等，然后按照人、财、物、地、时准备，形成方案，上报领导批准。这里有个问题需要引起我们各个考生的注意，就是按照人、财、物、地、时准备，形成方案，这里很多考生将人、财、物、地、时面面俱到，比较粗略地回答了一遍，虽然各个环节都不少，但是答案听起来却没有亮点，这就要求我们考生在回答这类题目的时候不要千篇一律，不用面面俱到地去抓每一个亮点，而要选择一些亮点来进行答题，因为每个活动都有亮点，我们要将人、财、物、地、时这五个点有选择性、有针对性地将点扩大成面。考生在回答这类问题时可酌情根据会议的侧重点进行选择。

首先我们看举行会议的人员组织，会议的参加人员分为两类：一类包括组织者和聘请的服务人员，联系其他单位的人员进行协助的；另一类人员是活动的参与人员或者叫受众，例如活动针对谁、邀请谁、服务谁。这类人员在组织环节里面确定，在此不提及。一般情况下，参加会议的人员类型是比较固定的，包括领导、参会人员、服务人员三类。

财务，也就是举行会议的经费预算，我们都知道巧妇难为无米之炊，举行任何一个活动都需要一定的经费投入，因此经费是在计划活动中需要考虑的一个环节，但预算的估计在答题中难度很大，因为其需要将各个详细的内容和物资进行罗列和计算，考生回答时可以不回答预算，如果考生在答题的过程当中想要面面俱到，以体现考生逻辑思维比较全面的话可以自己进行一次估算，向考官体现自己的预算意识即可。

物资，是指在活动中需要用到的各项物资，物资的选定要突出活动的特点。一般情况下物资的准备要从以下几个方面来考虑：食品、住宿、记录、安全、辅助工具、资料等，具体物资的使用一定要和活动形式、时间、人员、场地相结合。会议所需物资比较简单，一般包括会议资料，会议用具例如身份牌、桌椅、麦克风等。

会务类地点一般是结合会议类型，在单位内部会议室或是外租宾馆会议室或者礼堂。

举行会议的时间一般要结合参会领导的时间、参会人员的时间、会议主题或者会议成功的时间要求等。

以上是针对会务类活动的计划组织阶段，考生可选择几个突出的亮点进行计划组织，此外有些考生在整个组织管理类的活动当中，自己将整个活动筹备得井然有序，在答题过程当中丝毫不提领导，这是我们需要注意的问题，作为一名公务员，既要对群众负责，同时也要对上级领导负责，所以在回答组织管理这类题目的过程中，在计划准备阶段中，当我们所有的计划工作都做好的时候，我们在这里要提下对领导的汇报，对于我们的计划流程要上报领导审批，领导审批同意后我们才能按照制定的方案进行下一步的工作。

协调控制：

接下来进入会议的事中实施阶段，很多考生在回答这类题目的过程当中，会觉得很痛苦，原因是要组织一个规模比较大的会议，要面面俱到地说很多。有很多考生在回答这类题目的过程当中，从第一步要干什么直到最后这个活动结束列了八九点，这样回答既抓不住重点，答案又非常的冗长，缺少亮点。比较好的方法就是在活动实施阶段利用职能分组法进行分工。具体实施的过程当中，根据计划实施，细化工作流程，做到专人有专事、专事有专责。在具体实施的过程当中不妨设置一些小组，比如会务组、摄像组、安保组、财务组、应急组、医疗组、茶水组等。提出合理解决方案，及时处理突发事件，保证会议顺利进行。在具体的会议类活动过程当中，下设几个小组，将责任落实到具体的个人，我们会发现虽然人不多，但仍然能把整个活动举办得井井有条。其实在政府或是公司举行类似的会议用的也是职能小组法。

除了对活动进行职能分组法之外，我们在活动的进行过程当中也应当注意以下三个内容。

第一，对活动中突发事件的把握。中国有句古话叫做计划赶不上变化，哲学中的运动与静止的关系中也谈到了，一切事物都是运动的，唯有变化才是不变的，也就是说在各种各样的活动当中，往往有我们想不到的突发事件发生。对活动中突发事件的预估和准备是组织管理活动，尤其是组织管理大型活动所必须关注的重要内容。一般来说，较大型的活动都有应急预案，尤其是涉及安全问题的。但是在应急预案方面的考虑不用详细进行阐述，只需要回答：此次活动规模较大，并涉及一些安全问题，因此要事先详细了解应急预案，并在突发事件出现时立刻启动预案，与此同时，出现与计划不符的行为时要立刻纠偏。（关于可能出现的突发事件可参考应急应变模块的相关内容）

第二，还是在前面给各位考生贯彻的亮点思维，对活动重点和难点的把握是对活动进行组织管理的重要内容，也是考试往往可以打出的亮点。我们知道现在考官的反模板意识越来越强，有的题目可能只问考生活动的重点和难点是什么，或是问对于某个活动如何进行计划工作，这就要求现在的考生要像孙悟空一样练就一双火眼金睛，跟着考官的思路进行答题，以不变应万变（本章后面会对此详细论述），有选择性地对整个活动进行完整的回答。

第三，对前面叙述不足的地方进行补充。作为答题组织过程的最后一个环节，协调控制的概念也是相对比较宏观和笼统的。因此考生回答到这里时如果想起了一些比较好的亮点或者前面没有回答出的内容，可以进行补充叙述。

总结提升：

总结提升是相对简单的一个环节，也是答题的最后一个步骤。一般来说总结提升是对活动的经验、目标、实施效果等内容的收尾，作为活动和答题的一个完整结束。考生在回答总结提升的时候，可以从以下四个方面进行叙述。

第一，举办此次会议的经验和教训的总结。这是总结提升答题环节的第一步，考生在此要谈谈活动的经验教训。虽然考生并没有组织活动，无法提出具体的经验教训，但是可以向考官展现此意识。

第二，预期目标的达成。我们知道举办任何一个活动的目的意义是对于活动的目标和要达成的效果进行预想，因此在总结提升阶段，要形成对于答题第一部分的呼应，要谈一下根据这样的活动安排是否能达到或超过预期活动目标。

第三，实施效果的描述。此处和目标达成异曲同工，各位考生可以参照第二点进行答题。

第四，本次活动工作方法的积累和创新。很多活动例如宣传和专项整治活动往往都是一时的，因此考生在答题最后要提出形成长效机制的一些想法或建议，通过举行这次活动，提升了自己哪方面的能力，可以向考官展示考生宏观的纵向思考能力，可以为下次类似工作的举办提供经验教训，同时也可以为同事下次举办类似的活动提供经验和教训。此处也可以是组织管理类题型的答题亮点。

要点回顾：

<table>
<tr><td colspan="6">一个帽子：目的＋意义</td></tr>
<tr><td rowspan="2">计划准备</td><td>人</td><td>财</td><td>物</td><td>地</td><td>时</td></tr>
<tr><td>领导、参会人员、服务人员</td><td></td><td>食品、住宿、记录、安全、辅助工具、资料、身份牌（台牌）、桌椅、麦克风</td><td>单位内部会议室或是外租宾馆会议室或者礼堂</td><td>结合参会领导的时间、参会人员的时间、会议主题或者会议成功的时间要求</td></tr>
<tr><td>协调控制</td><td colspan="2">会务组、摄像组、安保组、财务组、应急组、医疗组、茶水组</td><td colspan="3">备注：1. 突发事件的把握；2. 活动重点和难点的把握；3. 叙述不足的地方进行补充</td></tr>
<tr><td>总结提升</td><td colspan="5">举办此次会议的经验和教训的总结；预期目标的达成；会议效果的描述</td></tr>
</table>

四、真题解析

例题：假如你是机关工作人员，下周要召开由市各部门主管领导参加的“加强食品药品安全生产监督”工作会议，领导要你来安排，你该怎么做？

【参考答案】市级各部门主管领导参加的“加强食品药品安全生产监督”工作会议，有利于保障全县消费者的身体健康和生命安全，避免事故发生，这是我们的责任，同时也体现了我国政府真正将人民群众的利益放在第一位。这也反映出我们政府对民生问题的重视,因此对于此次加强食品药品安全生产监督的工作会议,无论从思想上还是从行动上,我都会高度重视,努力将会议工作安排好。

第一,我会认真领会此次会议的精神,围绕"加强食品药品安全生产监督"这一主题,拟定一份会议组织实施方案,就会议的时间、地点、与会领导、会议议程、会议需要的文件材料、资金、设备等事项,制定一份计划草案,由于是加强食品药品安全生产监督工作会议,我会将地点定在单位会议室,时间选择在下周的工作日,拟定好此次会议的与会领导和参会人员,上报领导批准。

第二,根据计划,做好准备工作。将工作人员进行分组,明确分工,责任到人。首先设置会务组,会务组负责会议的准备工作。主持组负责此次会议的主持工作,把控整个会议的流程。后勤组负责会议当中参会人员的茶水、饮食等工作,确保会议能够顺利地进行。设备组负责此次会议的话筒、多媒体、音箱的调试工作。此外还要准备好会议所需文件与材料,安排好与会领导的食宿等后勤工作,布置好会场,安排好引导工作等。

第三,此次工作会议结束之后,为了保证此次会议的效果,我将拟定新闻通稿,下发通知。通知与会相关部门主管领导,与相关媒体取得联系。同时在会议的过程中,要注意与会务组工作人员保持及时的联系与沟通,防止出现意外情况。在会议结束后,做好善后工作,整理会议材料,落实会议精神,上报领导进行审批。同时我将针对此次会议的整个工作进行系统的梳理,总结此次工作筹备的得与失,为下次准备类似的工作提供经验教训。

第二节 调研类

一、题型概述

公务员是指依法履行公职、纳入国家行政编制、由国家财政负担工资福利的工作人员。这也就是说公务员因其具有的双重法律身份而享有不同的法律地位:一方面,公务员是公民;另一方面,公务员是国家的公务员。这一身份决定了公务员是国家公共事务的管理者。而我们知道,调研活动是行政管理过程中的一个重要环节,也是全面了解行政执政情况的主要途径之一,对行政干部不断改进工作方法,提高执政力能起到较好的帮助、指导作用。调研更具有反馈信息,监督检查,协调关系的作用,所以说调研工作是进入公务员岗位后经常要进行的一个工作。由此可见公务员大部分的工作职责就是进行调研工作,因此掌握组织调研类的一些方法,不但有助于在考场上出色地回答一些组织管理的问题,而且也有助于进入公务员工作岗位后在实际工作当中也能游刃有余地把握这类活动。

由于很多参加公务员面试的考生都是刚刚毕业的大学生,相应的实际工作经验还是比较缺乏的,对于会务类的题目,有些考生或许基于自己上学期间曾经做过学生干部的经历可以思路较为清晰地将题目回答出来,但是对于调研类这类题目,大家还是比较生疏的。接下来我们就来讲解调研类的答题思路。

二、答题思路

在第一节会务类环节我已经给大家详细讲解了组织管理的答题思路,调研类和会务类答题思路总体来说框架是一样的,也是一个帽子三个环节,一句简简单单的话罗列了组织管理的答题要领,相信对面试有所了解的考生基本上都是按照这个答题思路来答的,但为什么有的考生能将调研类的问题回答得有声有色,详细而又具体,而有的考生回答问题就像我在序言里给大家举的那个例子一样,他回答的答案可以用到组织管理中的任何一道题,没有任何亮点可言。这就是需要我们各位考生思考的一个问题。那么接下来我们来看一下调研类的答题要素的梳理。

三、答题要素梳理

(一)一个帽子

帽子也就是举行这次调研的目的和意义，举行这次调研要达到什么样的目的。这个帽子要求大家在平时的工作和生活当中多进行思考，积极寻找举行调研的目的，尽量从宏观的理论高度结合国家的大政方针着手来回答调研的目的和意义。一般调研类的目的就是各级各部门的一项重要职责，也是广大干部把握发展规律，提高工作水平、抓好工作落实的前提和保证。要实现经济和社会各项事业又好又快的发展，做好调研工作意义重大。我们可以在调研中发现，一些地方在认识和实践中存在诸多问题与误区，尤其需要提请政府决策者们注意甄别和解决。当然这只是国家规定的一般调研类的目的与意义。各位考生完全可以采用在会务类一节我给大家讲解的方法，就是我们可以通过阅读题干来寻找一些答题的关键词，这样能使组织管理类的题目增色不少。

例题：领导让你做节能减排调研，你该怎么办？

这里我们就不需要再老套地说“这是领导对我工作能力的信任，也是我工作中锻炼的好机会，因此我一定会认认真真地做好这项工作，不辜负领导对我的信任”之类的话。而是通过寻找题干中的关键词“节能减排”作为回答问题的一个切入点，从而使我们的答题更出彩。接下来我们用关键词法来回答一下做节能减排调研的目的和意义。

【参考答案】当前，节能减排已不能仅仅停留在口号上，而是应当落实到真正的行动当中。在改革开放的浪潮中，虽然我国的经济取得了长足的发展，我国 GDP 已超越日本，跻身全球第二，但在看到经济取得进步的同时，我们也应当看到我们的环境已经受到了严重的破坏，现在国家非常重视节能减排工作，提出了我们“不唯 GDP 论英雄”、倡导绿色 GDP、实现低碳经济的发展。因此无论是从思想上还是从行动上我都会高度重视此次调研工作，保证此次调研结果的准确性。

在前面我已经给大家讲了为了使我们的答案反模板化，回答任何一个活动都要有一定的侧重点，在解答调研类题型的时候，我们在答题的时候要贯彻我们提供的数据是真实的、可靠的、是通过科学的技术方法得出来的。因为我们调查的数据是要呈报给领导的，我们得出的数据是为了领导做决策使用的。突出数字真实、可信是我们在回答此类问题的一个亮点。

(二)三个环节

计划准备：

在回答完帽子之后，我们就可以进入调研类的三个环节的准备组织阶段了。这里又可以分为以下三个小环节。首先，我们一定要确定活动的形式和主题。比如调研类的形式一般为普通调查、事故调查、专项整治等。很多考生在回答这类题目的时候由于忽视了活动的形式和主题，在回答后续的工作过程中就会空洞、没有灵魂。因为我们知道活动的形式和主题是任何一个活动的核心和灵魂，因此回答调研类题目的时候我们一定要给活动确定一个主题，其他后续工作就是血和肉。血和肉就可以用我们自己平时积累的语言进行答题。

例题：团员下乡开展调研活动，你怎么组织？

【答案】团员下乡开展调查活动，一方面通过实践让团员对农村的现状和发展有更深入的了解，另一方面通过实地调查为我们研究农村问题收集重要资料。为了策划并组织好这次活动，让活动达到预期效果，我将从以下几个方面开展工作。

这个答案乍看起来，还不错。考生知道列点思维。调研活动一方面能深入了解基层农村，另一方面收集了资料。考生接下来会回答三个环节的具体实施，但是我们听完整个答案会不禁有这样一种疑问，答案倒是井井有条，但是活动的主题是什么呢？考生忙活了半天究竟要组织一个什么样的活动呢？因此针对题干比较宽泛的问题，考生为了突出亮点可以给活动定个主题。比如可以是对农村“空巢老人”的调查、农村“留守儿童”心理的调研、农村家电下乡的考察等，当我们给这个调研确定一个主题后，我们会发现不但回答得有亮点，而且能将调研活动结合农村实际的状况，体现了我们对国家政策方针的了解，这样的答案就会增色不少。

在确定完调研的形式之后，在我们的头脑里应该有一个清晰的活动流程。一般调研类的活动流程是：确定主题——划定范围——选择方式——进行调研——信息整理——解决方案。我们知道调研是通过一定的科学方法对事物的了解和把握，在调查活动中收集、整理、分析信息，掌握事物发展变化的规律和趋势，为预测和决策提供可靠的数据和资料，从而帮助决策者确立正确的发展战略。接下来就进入调研的计划准备环节。我们在组织活动之前要领会上级、领导意图，吃透文件精神，了解所要组织活动的具体主题、内容、目的等，然后按照人、财、物、地、时准备，形成方案，上报领导批准。这里有两个问题需要引起各位考生的注意，第一是按照人、财、物、地、时准备，形成方案，这里很多考生将人、财、物、地、时面面俱到，比较粗略地回答了一遍，虽然各个环节都不少，但是答案听起来却没有亮点，这就要求考生在回答这类题目的时候不要千篇一律，不需要去面面俱到地抓住一个亮点阐述，而要选择一些亮点来进行答题，因为每个活动都有亮点，我们可以将人、财、物、地、时这五个点有选择性、有针对性地将点扩大成面。考生在回答这类问题时可酌情根据调研的侧重点进行选择。

首先我们看进行调研的人员组织，调研的参加人员一般包括组织调查单位的人员，在选人要注意选取熟悉调查业务、做事细心谨慎、年轻体力好的人员；如果是比较专业的调查比如领导让你调查生活区居民附近河水的污染程度，则可以聘请专业机构的人员，例如统计局，以确保调查数据的权威性。另外一些公益类型的调查，比如 2011 年 5 月 1 日国家交通局颁布的醉驾入刑，国家第六次人口普查等可以征集志愿者、大学生参加。除了参加调查的人员外还要注意被调查人员的选择，要注意此时被调查人员的选择要有一定的代表性，要包括社会各个阶层的群体，以体现此次调研活动的科学性，另外还要注意控制被调查人员的数量，这里各位考生可以说实行抽样调查，要能获得较为详细的信息。

财务，也就是进行调查的经费预算。可以参考会务类中有关"财务"的内容。

物资，所需物资是指在调研中需要用到的各项物资，物资的选定要突出活动的特点。一般情况下物资的准备要从以下几个方面来考虑：食品、住宿、记录、安全、辅助工具、资料等，具体物资的使用一定要和活动形式、时间、人员、场地相结合。调研所需物资比较简单，一般结合调研形式，可以选择纸张、笔、录音器具、录像器具、交通器具、电话等。

调研类地点一般是结合调研类型，根据调研对象的所在地和分布情况分为室内调研和室外调研。

进行调研的时间一般要根据调查对象的时间特点，如果是调查早餐摊点就在早晨，如果是调查农民工的情况，则选择在农民工下班的高峰期，不要和农民工的工作时间产生冲突。

以上是针对调研类活动的计划组织阶段，考生可选择几个突出的亮点进行计划组织，此外还要注意对领导的汇报，对于我们的计划流程要上报领导审批，领导审批同意后我们才能按照制定的方案进行下一步的工作。

协调控制：

接下来进入会议调研的事中实施阶段。比较好的方法就是在活动实施阶段利用职能分组法进行分工。具体实施的过程当中，根据计划实施，细化工作流程，做到专人有专事、专事有专责。在具体实施的过程当中不妨设置一些小组，比如在进行调研的过程当中，可以设置一个调查组、调研要用到一定的物资，可以设置一个物资组、后勤保障组、如果是技术含量比较高的调研，比如水体污染程度的调研可以设置一个专家组等，提出合理解决方案，及时处理突发事件，保证工作顺利进行。在具体的调研类活动过程当中，设几个小组，将责任落实到具体的个人，我们会发现虽然人不多，但是我们仍然能把整个活动举办得井井有条，其实在政府或是公司举行类似的调研用的也是职能小组法。

除了对活动进行职能分组法之外，我们在活动的进行过程当中也应当注意以下三个内容。①

第一，对活动中突发事件的把握。

第二，亮点思维。

第三，对前面叙述不足的地方进行补充。

总结提升：

总结提升是相对于计划准备和协调控制当中，比较简单的一个环节，也是答题的最后一个步骤，一般来说总结提升是对调研的经验、目标、实施效果等内容的收尾，作为活动和答题的一个完整结束。考生在回答总结提升的时候，可以从以下三方面进行叙述。

第一，举行此次调研的经验和教训的总结。通过调研活动提升了我们哪些方面的能力，也就是说我们从此次调研活动中积累了哪些有用的经验，为下次自己或者同事进行类似的调研活动提供经验借鉴。同时自己在调研活动当中做的也有不尽如人意的地方，这就需要我们对此次调研活动进行查漏补缺，力争下次不犯同样的错误，努力提升自己的业务水平。

第二，预期目标的达成，我们知道举行任何一项调研的目的意义是对于调研的目标和要达成的效果进行预想，因此在总结提升阶段，要形成对于答题第一部分的呼应，要谈一下调研数据的真实性、有效性、科学性。显示我们调研所获得的调研数据能够为领导做出决策提供理论依据。

第三，调研结束之后要做好文件的档案规整工作、做好财务结算工作，进行工作总结，上报领导；同时做好个人总结，着重查漏补缺。

要点回顾：

<table>
<tr><td colspan="6">一个帽子：目的＋意义</td></tr>
<tr><td></td><td>人</td><td>财</td><td>物</td><td>地</td><td>时</td></tr>
<tr><td>计划准备</td><td>参加人员一般包括组织调查单位的人员；如果是比较专业的调查可聘请专家</td><td></td><td>食品、住宿、记录、安全、辅助工具、纸张、笔、录音器具、交通工具、电话</td><td>根据调研对象的所在地和分布情况分为室内调研和室外调研</td><td>根据调查对象的时间特点确定</td></tr>
<tr><td>协调控制</td><td colspan="2">调研组、摄像组、物资组、后勤保障组、专家组</td><td colspan="3">备注：1. 突发事件的把握；2. 活动重点和难点的把握；3. 叙述不足的地方进行补充</td></tr>
<tr><td>总结提升</td><td colspan="5">进行此次调研的经验和教训的总结；预期目标的达成</td></tr>
</table>

四、真题解析

例题：如果让你负责你所在城市的农民工生活状况的调查，你准备怎样完成这项任务？

【参考答案】农民工问题在我国现代化进程中有着特殊的历史地位，不仅关系到农民的转移就业、农民的增收、农业农村的发展，关系到工业化、城镇化、城乡一体化的发展，也关系到中国现代化的顺利推进。同时农民工的民生问题也是党和政府高度关注的一个焦点问题。因此如果让我对所在城市的农民工进行生活状况的调查，我一定会高度重视这个工作。我将从以下三个方面筹备这项工作：

第一，制作此次调查的问卷，初步将调查的时间选择在周末，因为周末是农民工休息的日子，会有充足的时间做调查问卷；地点选择在农民工聚居的地方，比如说是城乡结合部或者是比较密集的工业区。确定好参加此次问卷调查的工作人员及整个调查的程序，上报领导进行审批。

第二，针对领导审批的建议进行修改之后进入调查阶段，在调查阶段确保此次调查数据的真实性和科学性。发放设计的调查问卷，在整个调研活动中做到专人负责专事，设置调查组，调查组是此次活动的

① 具体注意内容参见会务类的协调控制。

核心,主要负责农民工生活情况的调查;后勤组负责调研活动中工作人员的饮食、住宿问题;交通联络组负责调查的行程问题。相信通过以上几个小组的通力合作能将此次调查进行得井然有序。

第三,此次调查结束之后,我将对此次调查活动的经费预算及调查结果做一个系统的梳理并上报领导。同时我将针对此次调查活动的经验进行总结,为下次自己或同事进行类似的调研活动提供相关的经验和教训。

第三节 文体活动类(晚会、比赛)

一、题型概述

在公务员的日常生活工作当中,每天面对错综复杂的工作,难免会身心疲惫。而开展一些文体活动则是一个团队充满生机、活力以及和谐程度的重要体现。开展好文体活动不仅能满足公务员健康向上的精神需求,更是增加整个公务员整体团队的凝聚力、战斗力、向心力的有效手段,是活跃公务员文化生活的前提。开展生动活泼、丰富多彩的文体活动,使广大职工在繁忙的工作中缓解疲劳,释放生理和心理的疲惫,从而使大家能将充裕的精力用到工作当中,从而更好地为人民服务。

因此在公务员队伍当中,单位经常会举行各种各样的文体活动,在这里我们讲的晚会类和比赛类就是各位考生在进入公务员岗位之后经常要参加的一些文体活动,掌握这些文体活动的答题思路和答题方法,不但有助于考生在公务员结构化面试中脱颖而出,而且能为以后举行类似的活动提供一定的理论基础,那么接下来我们将讲解组织文体活动类的答题思路。

二、答题思路

和一般型组织管理的思路相类似,文体活动类的答题思路也是一个帽子加三个环节,但是在前面的讲述中我已经告诉了大家,总体思路都是一样的,但是怎么能使我们的答案与众不同就是我们接下来要思考的一个问题了。接下来我们就来认真梳理组织文体活动类的答题思路。

三、答题要素梳理

在回答这类问题的时候为了使我们的答案更加充实、更加有针对性,我们要给这个活动戴一个帽子,这个帽子对于有些考生来说戴得非常漂亮,突出了这个活动的目的和意义,而有的考生则是一个已经过时的帽子。在我多年来的教学经验当中,我会问考生为什么这个帽子戴得不好呢?考生就会说了,刚刚大学毕业,既没有一定的社会实践,又没有当过学生干部,没有组织过类似的文体活动,回答这类文体活动时大脑一片空白。那么针对这种情况,我们应该怎么克服呢?这就需要我们考生在课下多进行思考,多积累一些社会实践的经验。接下来我们就来学习文体类的答题思路。

(一)一个帽子

这个帽子就是举行文体活动的目的和意义,或者是通过文体活动的举办我们要达到什么样的目的。这里我给大家做一个简单的梳理,一般情况下我们公务员队伍当中举办的文体活动无非就是举办一个晚会、或者是举行一次比赛。当然这只是一个总体的说法,一个晚会根据不同的主题可以举行不同的活动,比如可以是离退休老干部的联欢晚会、单位来了一批新的同事的迎新晚会。比赛更是数不胜数,比如今年是中国共产党建党90周年,很多事业单位为了纪念伟大的中国共产党走过的90年的不平凡的路,相继进行了唱红歌比赛、一些体育竞技类的比赛,等等。给大家举这么多的例子就是给大家说明现在公务员结构化面试出题已经非常的灵活了。但大家也不必因此惊慌,只要我们掌握了一定的方法和技巧,完全有能力以不变应万变。接下来我们来看一个例子:单位让你组织一次离退休老干部晚会,请问你会如何组织?

这里各位考生可以套用我在第一节给大家讲的抓关键词的方法给这个活动戴一个帽子,我们通过对题干的阅读可知，这道题的关键词不多，一个是离退休老干部，一个是晚会。这两个关键词就给了我们回答问题的思路，我们已经把主体定在了离退休老干部的身上，而不能是新同事或者是单位现有员工。再来看下一个关键词，是举行一个晚会，这就告诉大家此次活动的形式已经确定下来了，通过对关键词的把握，答题的亮点已经出来了。这就告诉我们广大考生，在公务员结构化面试当中，我们的答案一定是从题干中来，再回到题干当中去的，各位考生不能以为公务员结构化面试没有标准的答案，就天马行空地乱答，以为自己越与众不同、答案越是离奇，得分就越高。在这里大家一定要走出这样一个误区。我们的答案一定是来自题干的。这就要求各位考生在答题时一定要认真审题。那么接下来我们来看一下这个离退休老干部晚会的意义。

离退休老干部的人生经验和工作阅历相当丰富，往往是一个单位的核心和骨干，是单位一笔无形的财富。因此单位举行联欢晚会有利于促进新老员工的感情交流，促进新老员工之间的工作交流，与离退休老干部的交流可以指导我们后续的工作，同时晚会的举办也可以为离退休老干部充分展示才艺创造一个良好的机会，这也体现了我们对离退休老干部的关心，因此我会发挥大家的聪明才智，共同协作，完成此次晚会。

以上是此次晚会的目的和意义，通过刚才的学习我们可以发现，这个帽子出彩的地方就是在答题的过程当中，始终贯穿的就是离退休老干部这个主体以及晚会这个活动。这就是我们利用题干中的关键词进行答题的好方法。以上是文体活动类中晚会类的解析。我们知道文体活动是一个比较大的范围，其中包括各种各样的活动，那么接下来我们在来讲公务员队伍当中经常举行的一个活动，这就是比赛。来看这样一个例题：单位要举行一次歌咏比赛，由你负责，你准备怎么组织？利用同样的方法，通过阅读题干可知，这道题的关键词是一次歌咏比赛，那么接下来我们就给这个活动戴一个帽子。

在当今大家工作压力比较大的情况下，单位适时地举办一次歌咏比赛，不但有助于活跃单位的气氛，调节大家紧张的工作情绪，而且能够丰富大家的业余文化生活，促进单位的和谐发展，因为我们知道公务员这个队伍是一个向心力、凝聚力、战斗力非常强的团队。因此对于此次比赛我会本着“友谊第一、比赛第二”的原则努力做好比赛的各项工作。

这看起来是一个比较完美的帽子，也是我在课堂上经常给大家讲解的一道例题。但领悟能力非常强的同学经常会问：“老师，你说如果我知道了这个活动，为了使我的答案更加个性化，我能不能给这个歌咏比赛定个主题呢？比如今年就是我们伟大的中国共产党建党 90 周年，各个单位都举行了一次唱红歌的歌咏比赛，我能不能在答题时就说我歌咏比赛的主题是‘红歌唱响中华大地’呢？”这个答案当然可以，对于一些接受能力比较好的同学，为了想突出亮点，当然也是可以的。只要是积极向上的、符合社会主义核心价值体系的都可以当作主题。这个各位考生在答题时可以酌情使用。

以上给大家讲解了文体活动类当中晚会类和比赛类这两小类型的活动，有的考生可能会问了：老师你刚才不是说了文体活动包含很多个小的活动吗？怎么就讲这两种呢？在这里给大家说明的是，公务员结构化面试当中，一般也只会考这两种活动，各位考生不必为此纠结。只要掌握了晚会类和比赛类这两个活动，其他的类型相信各位考生在掌握了答题方法之后可以不攻自破。

(二)三个环节

计划组织：

在回答完一个帽子之后，我们就可以进入文体活动类的计划组织环节了。在这里我们还是按照晚会类和比赛类给大家做详细的介绍。首先我们来看晚会类，计划组织环节具体可以分为三个小环节：第一，我们要先确定晚会的内容和形式，晚会类根据晚会举行规模的大小可以分为大型晚会、中型晚会、小型晚会、茶话会、座谈会等，另外根据晚会的性质可以分为联欢晚会、年终总结大会、表彰大会等，各位考生可以根据具体题干来进行选择。在确定完晚会的内容和形式之后，我们进入第二个小环节，确定活动的具体流程：晚会，顾名思义一般都是晚上举办的以文娱节目为主的集会。一般按照确定主题——宣传动员——晚会筹备——晚会实施——晚会结束这个流程来进行的。细心的同学会发现，这个流程还是按照事前计划、事中实施、事后总结这个环节来进行的，在课堂上讲课的时候我也经常会告诉大家要细心学习任何一个小的知识点，知识都是融会贯通的，我们要举一反三、触类旁通。

在确定完晚会具体流程之后我们要进行物资的筹备了，在晚会筹备之前我们要领会上级、领导意图，吃透文件精神，了解所要组织活动的具体主题、内容、目的等，然后按照人、财、物、地、时准备，形成方案，上报领导批准。这里要注意根据晚会的特点来进行选择，将人、财、物、地、时这五个点有选择性、有针对性地进行扩散，形成亮点。

首先我们来看晚会的人员构成。晚会的参加人员包括组织人员和邀请人员，此外还有演员和现场服务人员。

财务，也就是举行晚会的经费预算，可以参考会务类中的相关内容。

物资，所需物资是指在活动中需要用到的各项物资，物资的选定要突出活动的特点。一般情况下举办晚会的物资要结合晚会的安排和节目，可以配套的有食品、相应的奖品以及举办晚会所用的道具等。

晚会类地点。一般小型晚会在单位的会议室，大型晚会可以租用场地。

晚会举行的时间一般在周末的傍晚，特定节日晚会在节日当天傍晚。

以上是晚会类的计划组织环节，接下来我们再来看比赛类的计划组织环节。和晚会类的组织流程基本一样，比赛类的我就大致介绍一下人、财、物、地、时的安排，以便考生在回答比赛类的题目中能够有侧重的把握。

比赛类的参加人员首先是参赛选手的确定，其次是组织方人员的确定，还包括裁判员、现场服务人员、后勤人员、观众、保安等，这可以视比赛的形式和规模确定。财务和会议类的一样，在这里不再赘述。

物资，比赛类根据活动自身的特点，所需的各项资料取决于比赛的内容，例如棋类比赛就需要各类棋、桌子、椅子、计时器等，户外比赛就需要相应的各项比赛器具。

比赛的地点根据比赛内容选择可选择是室内比赛还是室外比赛等。

举行比赛的时间要结合季节特点和项目特点进行选择。这个考生可以根据活动的具体类别进行选择性的回答。

以上就是文体活动类的计划组织阶段。在这里我给大家详细罗列了文体活动类计划组织的各个环节，我在上课的时候很多考生会问："老师，你讲了这么多，将此次文体活动的各项工作都做得面面俱到，但是我们公务员结构化面试一道题仅能答 5 分钟，还要加上考官读题和我思考的时间，而且 5 分钟的时间我也不能将时间用得满满的。那我该怎么回答呢?"相信这是大多数考生存在的疑问，还是在第一节给大家的思路，在活动实施中肯定是面面俱到的，但是各位考生在回答问题时可以进行有目的性的取舍，哪些点触动了你，你就可以进行哪方面的答题。比如刚才给大家讲的物资准备的环节，对于财政经费的预算，在回答绝大多数题目的时候考生可不必回答，因为举行任何一项活动都是要有一定的财政预算的。这时再面面俱到罗列预算，就过于啰嗦了。这在第四部分的真题解析部分我会做详细的答案解析。

协调控制：

在计划组织环节之后，我们就可以进入活动的协调控制环节了，也就是活动的具体实施环节。还是在第一节会务类给大家讲解的职能分组法，大家同样可以借鉴，为了使本书更有针对性，我将根据具体的活动类型给大家进行分组。一般情况下我们举办一个晚会可以设置以下几个小组：表演组、摄像组、主持组、后勤保障组、应急组、茶水组、医疗组等。比赛类可以设置以下几个小组：参赛组、评委组、表演组、主持组、后勤保障组、摄像组等。在接下来具体的例题讲解中我会结合具体的问题进行作答。协调控制环节说简单也简单、说难也比较难，这个环节说它简单是因为我们经过大量的练习之后会发现其实组织一个类似的活动分组都是差不多的，有的同学针对一个活动一口气说了很多个职能小组，但是往往我们听了之后会感觉空洞，我总结了原因就是虽然说了很多个小组，但是并没有结合活动的具体类型来阐述为什么要设置这个小组，也就是在回答下设小组的时候，我们要具体说出来我们设置该小组的目的，也就是这个小组的职能是什么。其实在真正的答题过程当中，和计划组织环节当中的人、财、物、地、时一样，不必面面俱到，只需点明这个活动中具体要哪几个比较重要的组就好了。这也印证了我们各位考生经常在答题的时候说的大行不顾细谨。抓住大的原则不动摇，细枝末节各位考生可以根据自己的喜好进行选择。这里还有一个就是为了表现考生的忧患意识，我们可以在答题时突出对突发事件的把握以及这个活动的侧重点。

总结提升：

总结提升是相对于计划准备和协调控制当中的比较简单的一个环节，也是答题的最后一个步骤，一般来说总结提升是对活动的经验、目标、实施效果等内容的收尾，作为活动和答题的一个完整结束。[①]

晚会类要点回顾：

一个帽子：目的＋意义					
	人	财	物	地	时
计划准备	晚会的参加人员包括组织人员和邀请人员，此外还有演员和现场服务人员		晚会的物资一般要结合晚会的安排和节目，可以配套的有食品、相应的奖品以及举办晚会所用的道具等	一般小型晚会在单位的会议室，大型晚会可以租用场地	一般在周末的傍晚，特定节日晚会在节日当天傍晚
协调控制	表演组、摄像组、主持组、后勤保障组、应急组、茶水组、医疗组		备注：1. 突发事件的把握；2. 活动重点和难点的把握；3. 叙述不足的地方进行补充		
总结提升	进行此次晚会的经验和教训的总结；预期目标的达成				

比赛类要点回顾：

一个帽子：目的＋意义					
	人	财	物	地	时
计划准备	参赛选手的确定、组织方人员的确定，包括裁判员、现场服务人员、后勤人员、观众、保安		根据活动自身的特点，取决于比赛的内容，例如棋类比赛就需要各类棋、桌椅、计时器等，户外比赛就需要相应的各项比赛器具	根据比赛内容选择是室内比赛还是室外比赛等	举行比赛的时间要结合季节特点和项目特点进行选择
协调控制	参赛组、评委组、表演组、主持组、后勤保障组、摄像组		备注：1. 突发事件的把握；2. 活动重点和难点的把握；3. 叙述不足的地方进行补充		
总结提升	进行此次比赛的经验和教训的总结；预期目标的达成				

四、真题解析

例题：建党 90 周年，单位要举行一次歌咏比赛，如果领导让你组织此次歌咏比赛，请问你要怎么办？

【参考答案】中国共产党从 1921 年成立到今天，已经走过了不平凡的 90 周年，在这 90 周年的日子里，见证了 90 个年头的成长，体会了 90 个年头的浮沉变换。单位举行一次唱红歌歌咏比赛，不但有利于缓解大家紧张的工作气氛，更有利于促进单位的和谐发展，因此我会本着“友谊第一、比赛第二”的原则来

① 具体答题思路详见会务类的总结提升。

组织此次歌咏比赛。

第一,做好此次比赛的前期筹备工作。将此次歌咏比赛的主题定为唱红歌比赛,并制定详实的比赛日程,包括比赛举行的时间、地点、参赛者以及评委。比赛的时间将选择在7月1日建党90周年的当天;地点选择在单位内部的活动室;比赛的参赛人员采取主动报名的形式,以提高大家的积极性。评委由单位内部领导担任或者聘请专业评委。筹备工作结束之后上报领导进行审批。

第二,在前期筹备工作的基础上,为了确保此次比赛的顺利进行,我将下设几个职能小组,做到专人有专事、专事有专责。首先设置主持组,主持组的工作职责是把控整个比赛的流程,在活动进行到中间环节充分调动大家的情绪,使现场充满热情洋溢的气氛,让大家都能够精神愉悦;设备组负责比赛现场灯光、音响及话筒等设施的正常运行,营造一种和谐的文化氛围;摄像组负责比赛过程当中的摄影工作,当活动进行至高潮时,及时记下精彩的瞬间;后勤组负责整个比赛的后勤保障工作,例如为嘉宾和参赛选手提供水果、饮用水等物品。

第三,在歌咏比赛的中间环节,可以穿插一些互动节目。一方面能提高大家的主动性,另一方面也能活跃现场的气氛。比赛结束后,按照科学的评分标准,评选出此次活动的优胜奖,并向表现突出的团队发放奖品。将比赛过程中的照片或视频资料上传到单位的官方网站,显示出我单位同事的精神风貌和同事的风采。同时将此次比赛的经费和工作总结上报领导进行审阅。

第四,总结此次比赛过程当中成功的经验和失败的教训,为下次举办类似的活动提供借鉴。

第四节 接待类

一、题型概述

接待类是公务员结构化面试当中经常出现的组织管理的题目之一,因为政府机关工作繁忙,经常要进行一些接待活动,根据我多年的教学经验,接待类往往是各位考生非常薄弱的一个环节,有的考生没有一定的社会实践经验,在回答接待类要比其他类型相对要差一些,这一节我们就讲解政府机关接待类的活动。接待安排类问题包括一般包括参观接待安排、学习接待安排、会议接待安排、工作接待安排和投诉、上访接待安排等类型。在这里值得强调的是接待工作要坚持以人为本,既要提高接待客体(接待对象)的满意度,也要提高社会公众的满意度,这就需要在提高接待服务质量的同时,特别注意厉行节约,努力实现在接待工作方面建设节约型机关、节约型社会。坚决贯彻温家宝总理对后勤接待工作者的告诫:“一粥一饭,当思来之不易;半丝半缕,恒念物力维艰。”接下来我们来学习接待类的答题思路。

二、答题思路

接待类的答题思路与前面几个模块答题思路类似,也是一个帽子加上三个环节。这个帽子就是进行接待工作的目的和意义,三个环节可以分为接待前的准备工作、接待中和接待结束后的总结三个阶段。但是如何将我们的答案阐述得有理有据,让考官认为我们回答的内容言之有物才是最终能决胜考场的法宝。接下来我们就来进行答题要素的梳理。

三、答题要素梳理

首先,我们知道回答任何一个组织管理题的思路都有一个帽子,但也有的考生会问我:“老师,一定要戴帽子吗?您一直在强调这个帽子,对于有些题我勉强会戴帽子,但是对于接待类的题目,我真的没有思路。”这里要向广大考生强调的是我们在回答组织管理这部分试题的时候,为了使我们的答案更加充实、丰满,只要帽子不是太牵强,建议大家还是带帽子,哪怕是简简单单的一两句话也会使我们的答案听起来不会那么突兀。那么针对以上情况,我们应该怎么克服呢?这就需要我们考生在课下多进行思考,多积累一些社会实践的经验。但这里想给大家说明的是一般回答接待类的帽子都是比较固定的说法,只要考生提前看一些面试参考书，并采取有效的学习方法，一般情况下这都不是问题。接下来我们就来学习接待类的答题思路。

(一)一个帽子

在题型概述部分，给大家介绍了接待类的类型，接下来针对不同的接待主体，给大家举几个例子，来具体学习接待类帽子的回答方法。先来看这样一道例题：西部某自治区团委发来电传：兹定××书记带领36人来南京雨花台烈士陵园于5月4日进行参观教育活动，5月3日下午5点火车到达南京，请接待。1.根据以上电传，你能圆满完成接待任务吗？2.请谈一下你的接待安排思路。通过对这个题干的阅读，我们可以知道这是一个普通类型的接待，接下来我们来对这个接待的帽子进行阐述。

西部某自治区团委组织人员来南京进行参观教育活动，我作为南京的接待人员，会积极联系各个方面，妥善安排来访人员，全力配合来访人员的活动，协调好工作，以保证参观教育活动的顺利进行。

上述就是一个接待类的帽子，这是一个普通的接待活动，那么根据不同的主体我们再来看下一道例题：外市友好单位组成考察团，准备到你单位学习，上级领导指派你负责接待工作。请问你有什么打算？通过对这个题干的阅读我们可以知道这是一个参观学习的接待活动，并且是兄弟单位来我单位进行学习交流的接待，这时候我们在回答帽子这个环节的时候就要有意突出进行学习交流的意义。试着回答这个问题。

兄弟单位之间的考察，有利于促进我们单位与兄弟单位的交流和学习，增进彼此间的了解，为日后的共同合作、追求进步，奠定了良好的基础。我国历来也非常重视相互交流学习的重要性，孔子有句名言叫作："三人行，必有我师焉。择其善者而从之，其不善者而改之。"从这句话我们也看出了学习交流的重要性。此外，做好接待工作，有利于树立我们单位的良好形象，对保障考察的顺利完成具有很重要的意义。

以上是参观学习类的接待活动的目的和意义，广大考生可以发现，同样是一个接待活动，通过阅读题干中的有效信息，我们可以回答出不同的帽子，这就要求我们各位考生在学习过程当中，一定要注意方法的灵活运用。在公务员结构化面试的考场上，跟随题目的思路，加入自己的元素，进行有针对性的答题。这里也有一个值得向大家强调的地方，有些考生在做全真模拟回答问题的时候，本来答题的声音和答题的气场以及整个答题思路都还好，但是很多考生，特别是女同学在真正答题时候声音就会越来越小，越来越没有自信。我询问为什么，她们就会说："老师，我不知道我说的对不对，所以说着说着就不敢往下说了。"相信很多考生在答题的过程当中都会有这样的困惑，没有自信。这是我们进入考场的时候最忌讳的一点，要知道公务员结构化面试是没有固定的、标准化的答案的。只要我们在考场中能够自圆其说、言之有理就能拿到不错的分数。但是这个思维的发散我们也要掌握一个度，不要天马行空地过度发散。接下来我们再来看一下投诉、上访的接待活动。现在推行农村医疗保险，一些村民对村官不信任，担心村干部有贪污骗钱行为，来到政府办公室投诉，如果这件事由你来处理，你该如何处理？这个就是接待群众上访的活动，看一下这个接待活动的帽子。

随着我国医疗体制改革的日趋完善，医疗保险不仅在我国的一线、二线城市取得了巨大的发展，在我国农村也逐渐推行了农村医疗保险，遇到题目中村民对村官的不信任、一些群众担心干部有贪污骗钱行为从而到政府办公室进行投诉的情况，我会本着群众利益无小事的原则来认真处理这个问题，因为我对公务员这三个字是这样理解的。"公"就是我们公务员要立党为公，"务"就是我们公务员要为人民群众服务，"员"就是我们公务员是人民群众当中的一员，我们公务员要从人民群众当中来，又要回到人民群众当中去。因此遇到这样的问题，我会冷静地来处理。

以上是群众上访接待类的帽子，这个帽子开头肯定了我国医疗体制改革取得的成果，又在一定程度上体现了我们公务员的以群众利益为己任的社会责任感。各位考生可根据题干中的具体内容进行阐述。在这里给大家讲解了三个具体接待类的目的和意义，在公务员的工作岗位上，一般接待类的活动无非是上述三个类型。因此考生要着重掌握上述三个帽子。

(二)三个环节

计划准备:

回答完接待类的帽子之后,我们就进入三个环节当中的第一个环节:计划组织环节,这里我们又可以分为三个小环节。第一步是根据题干中的关键词提炼出接待类的类型,根据这个类型我们就可以确定这个接待活动的内容和形式。就像刚才在一个帽子环节中给大家举的三个例子,通过题干中关键词的提取,接待类的类型可以分为普通接待类、参观学习类、投诉与上访类的接待。接待类的形式和主题在这里就不做过多阐述。

在确定完接待类的形式和主题之后,为了能使我们整个活动顺利进行,在我们的头脑里要有一个清晰的活动流程。具体流程如下:获取对方信息——确定接待方式——确定交通情况——进行食宿安排——确定行程安排(以上均是三个环节当中的计划组织环节)——进行接待工作(协调控制环节)——保存票据、赠送特产(总结提升环节)。以上是我们在进行接待类活动的整体流程。接下来就进入接待的计划准备环节。在组织活动之前我们要领会上级、领导意图,吃透文件精神,了解所要接待工作的具体主题、内容、目的等,然后按照人、财、物、地、时准备,形成方案,上报领导批准。接下来我们将人、财、物、地、时这五个点具体地、有针对性地进行扩散。考生在回答这类问题时可酌情根据接待的侧重点进行选择。

首先我们来看接待类活动的人员组织情况,接待的人员主要包括接待方的人员的确定,具体要看其级别和接待的规模而定,包括组织者、接站者、陪同者、饮食、医疗、交通、安全保障者等。财务和会务类类的一样,在这里不再赘述。

物资,是指在接待工作中需要用到的各项物资,物资的选定要突出活动的特点,关于接待类的物资比较简单,包括交通工具、相关材料、礼品、各类器材的准备。

接待类活动的地点选择一般来说是被接待者的参观地点,在这里有单位内部的接待、厂区的接待、学校的接待、如果是实验室的话则是实验室的接待等地方。

接待的时间一般要具体参考被接待者的时间安排。

以上就是接待类的计划组织环节,各位考生可根据具体的题目中的关键词进行取舍。这里还要给考生强调的一个思维,就是在我们制定计划之后要上报给领导进行审批,在此我们要强调领导的地位。有些考生在回答组织管理这类问题的时候,自己将整个活动策划得井然有序,而忽视了领导。公务员队伍是有严格的组织纪律的,下级需要服从领导的安排。在具体的活动没有实施之前要上级领导进行审批。针对活动中存在的不足,要听从领导的指示进行修改,体现我们对领导的负责。这时有的考生会问我:"老师,如果我制定的计划相对来说比较可行,领导审批之后肯定会同意我的意见,那我还用说吗?"这里要向大家说明的是,如果计划环节领导审批之后没有进行指示,至少领导能对我们的活动流程有一个整体的了解。所以说在我们答题之后加上一句上报领导审批是非常必要的。

协调控制:

接下来进入接待的事中实施环节,也就是活动的具体实施环节。还是在第一节会务类给大家讲解的职能分组法,大家同样可以借鉴,为了使本书更有针对性,我将根据具体的活动类型给大家进行分组。一般情况下我们举办一个接待可以设置以下几个小组:接待组、交通组、联络组、后勤保障组、欢送组;如果是来参观学习的话也可设置一个专家组或者是学习组,这个小组的工作职责就是负责接待活动的核心环节,进行学习等。在接下来具体的例题讲解中我会结合具体的问题进行作答。我们在答题过程中只需点明这个活动中具体要有哪几个比较重要的组就好了;另外为了表现考生的忧患意识,我们可以在答题时突出对突发事件的把握以及接待活动的侧重点。

总结提升:

总结提升是相对于计划准备和协调控制当中的比较简单的一个环节,也是答题的最后一个步骤,一般来说总结提升是对活动的经验、目标、实施效果等内容的收尾，作为活动和答题的一个完整结束。[①]

要点回顾：

一个帽子：目的＋意义					
	人	财	物	地	时
计划准备	人员主要包括接待方的人员的确定，包括组织者、接站者、陪同者、饮食、医疗、交通、安全保障者等		物资的选定要突出活动的特点，包括交通工具、相关材料、礼品、各类器材的准备	接待类活动的地点选择一般来说是被接待者的参观地点	接待的时间一般要具体参考被接待者的时间安排
协调控制	接待组、交通组、联络组、后勤保障组、欢送组；如果是来参观学习的话也可设置一个专家组或者是学习组		备注：1. 突发事件的把握；2. 活动重点和难点的把握；3. 叙述不足的地方进行补充		
总结提升	进行此次接待的经验和教训的总结；预期目标的达成				

四、真题解析

例题：西北的同行要来本局学习，领导把任务交给你去组织，你怎么开展？

【参考答案】西北的同行要来我单位学习，提供了相互交流、相互学习、相互借鉴的平台。同时兄弟单位之间的考察，增进彼此间的了解，为日后的顺利合作奠定了前提和基础。领导将接待的任务交给我来组织，对我个人而言代表了单位的形象，因此对于此次接待工作，无论是从思想上还是从行动上，我都会高度重视。

第一，对同行单位的人员就人数、性别、职位等信息做一个提前的了解。在此基础上，吃透文件的精神，领会领导的意图。制定详实的接待方案，此次方案包括接待内容、路线、食宿安排和后期行程等。时间方面由于是交流学习定在工作日；地点就定在我们单位进行学习。在具体的行程上，组建一个小型联欢会，要注意考察人员的需求。

第二，在具体的接待环节，为了保证接待工作的顺利进行，我下设几个职能小组，并做到专人有专事、专事有专责。联络组负责联系好考察人员的车辆和住宿问题，保障兄弟单位在考察期间的食宿问题；接待组负责兄弟单位的迎接工作，彰显我们单位热情洋溢的精神风貌；学习组负责兄弟单位考察期间重要信息的讲解；后勤保障组在整个考察和学习的过程当中做好相应的物资和相关资料的准备工作；最后，在学习过程结束之后，我会设置一个欢送小组，并拍照赠送纪念品，为今后友谊的长存奠定基础。

第三，在整个接待工作当中，我会针对具体出现的问题协调接待工作的具体方案，遇到问题及时进行解决。同时，针对此次接待工作当中的学习问题我们要扬长避短，针对工作当中做到比较到位的，我们单位要继续发扬，工作中的不足要虚心向兄弟单位学习，以保障此次学习和交流的目的和效果。考察结束后，我会对此次接待工作做一个总结，总结此次接待工作的工作经验和出现的问题，为下次类似的接待工作提供经验。

① 具体答题思路详见会务类的总结提升。

第五节 宣传培训类

一、题型概述

政府机关经常要举行一些宣传、培训类的活动，其中宣传活动的目的在于传播党的方针政策，先进的科普知识，它是人们获得知识的一种渠道。政府会宣传真、善、美，会举行符合社会主义核心价值体系的宣传活动，比如我国政府现在努力倡导宣传党中央第四代领导集体倡导的社会主义荣辱观、科学发展观、构建和谐社会的口号等。

而培训类的活动一般是由政府、社会机构组织参与的，符合社会实际需要的，为达到社会进步和福利的改善而开展的各类活动。目前，全国各地开展的促进农民工再就业的培训活动就是典型例子。由此可见，我们广大考生进入公务员岗位之后，日常的宣传类和培训类活动就是我们进入工作岗位之后的重要工作内容。因此宣传类和培训类的组织活动也是备受考官青睐的一种题型。这时有的考生就会问："老师，为什么考官爱考这些琐碎的题呢?"这里要向大家强调的是组织管理与现在的事件处理都是考试比重逐年上升的题型，原因很简单，这类问题考查的都是考生实际做事的本领，换句话说我们刚刚进入公务员岗位做的就是这么细微的工作，老子有句名言："天下大事必做于细，天下难事必做于易。"我们只有将细微、简单的工作做好才能成就一番大事业，这里也要给大家说明的是，既然选择了公务员这个岗位，我们一定要禁得住寂寞、耐得住诱惑、守得住清贫、稳得住心神。

二、答题思路

宣传培训类的活动我们这里根据日常公务员的工作职责，分为两大类。一个是政府机关经常组织的大规模的宣传活动，另外一个是政府机关组织的培训，这个培训是比较宏观的培训活动，可以是企业内部的员工培训，也可以是针对外部群体的一个对外培训。比如单位内部员工要组织一次内部计算机培训，领导将这个任务交给你，请问你怎么组织？通过对题干的阅读，我们可以知道这就是一个单位内部的培训。再来看下面的一个例子，在2008年北京奥运会前期，为了办好奥运，让世界更好地了解中国，我们政府组织了对出租车司机的英语培训，这就是一个外部的培训。宣传培训类的答题思路和一般的组织管理的一样，也是一个帽子加上三个环节。这个帽子在这里就是举行宣传培训的目的和意义，类似的三个环节就是宣传培训类的事前计划、事中实施、事后总结三个环节。接下来我们就来学习宣传培训具体要素的梳理。

三、答题要素梳理

和前面的思路一样，帽子就是举行宣传或者是培训的目的和意义。在多年的教学经验中，相比接待类、会议类的帽子，宣传培训类的帽子对于广大考生来说并不是一个难点。我总结了出现这种情况的原因，主要是因为大多数考生都是应届生，大家接受了多年的高等教育，对于学校经常举行的一些宣传、培训活动都是比较熟悉的。所以宣传培训类这种题型也是广大考生非常容易接受的题型。对于这种较为简单的题目，我们也不能掉以轻心，也要在熟悉的基础上多加回顾，争取做到锦上添花，使我们的答案从优秀成为卓越。

(一)一个帽子

这个帽子是进行宣传培训的目的和意义，或者是通过此次宣传、培训要达到什么样的目的，这里简单地举个例子给大家做一个系统的梳理。首先来看一道宣传类的例题：现在酒后驾车现象增多，如果让你组织志愿者开展禁止酒后驾车的宣传活动，你怎么做?

这里通过对题干的阅读，我们可以知道题干中的关键词是志愿者、禁止酒后驾车的宣传，这两个关键词就给了我们答题的思路，此次宣传活动的主体和形式根据题干我们都可以确定。另外细心的同学还会发现这个宣传活动肯定是一个室外的宣传，那么根据关键词的提示我们就又获得了此次宣传活动的形式。这就是一直给大家贯穿的一个仔细阅读题干的好习惯，各位考生一定要注意。接下来回答此次宣传的目的和意义。

中华民族是一个有着悠久历史的民族，流传千年的酒文化至今也是大家在餐桌上难以抗拒的一种文化，但我们在为我们的历史感到骄傲的同时也出现了一些问题，那就是很多人酒后开车，这种行为极大地危害到了人民群众的生命安全，我国政府现在也高度重视酒后驾车行为，已经在 2011 年 5 月 1 日颁布了醉驾入刑，因此做好此次宣传活动有利于提高大家的安全行车意识，意义重大，无论是从思想上还是从行动上我都会高度重视这次宣传活动，力争做到此次宣传活动妇孺皆知。

以上是此次宣传活动的目的和意义，通过刚才的学习我们可以发现，这个答案的出彩之处在于不但写出了我国的酒文化，结合了我国的历史，显示了考生对我国历史的了解，还联系到了我国 2011 年刚刚颁布的醉驾入刑，体现了对现今的大政方针的了解，可以说是既联系了历史又联系了现在，相对来说是一个较为完美的答案。在这里向各位考生强调的是在回答其他组织管理的帽子时考生可以不必牵强地强调符合国家的大政方针，但是在回答宣传类活动试题的时候我们要尽量与国家的政策方针相符合。这样不仅能使我们的答案更加出彩，也向考官展现了我们对国家政策的了解。因为作为一名考生，我们要报考的职位是公务员，公务员是国家公共事务的管理者，我们要对社会上发生的事情保持一定的政治敏锐性，像范仲淹说的一样：我们要“先天下之忧而忧，后天下之乐而乐”。我们要站在政府的角度来看待人民。而且宣传类的活动一般也是宣传国家的大政方针。所以各位考生在回答宣传类活动一定要结合相应的宏观背景，这也是宣传活动不同于其他活动之处，同样也是答题的一个亮点。

接下来我们再来看一道培训类的例题：如果单位组织计算机培训，由你负责，请问你有什么打算？通过对题干的阅读，我们可以发现这道题的题干很简单，同样也是用的关键词法，而且举行的是一次计算机培训，这里值得各位考生注意的是此处是计算机培训，不是专业技能的培训，也不是学外语的培训，这就要求我们广大考生在答题的时候一定要个性化地突出计算机培训，也就是技术含量相对比较高的培训。那么通过以上的分析我们来回答这个培训类的帽子。

当今社会，电脑和互联网以其广泛的信息存储量和方便快捷的特点逐渐走进了人们的生活和工作当中，而单位组织一次计算机培训有利于单位职员掌握基本的办公自动化的理论知识，提升日常的工作效率，有助于整个单位为民服务能力的提高。同时，单位举行培训也贯彻了我们单位树立学习型政府的构建，给大家灌输了终身学习的理念。因此，我一定会努力将这次活动组织好。

大家可以看到这是一个比较突出亮点的答案，首先题干中是计算机的培训，在帽子刚开始的时候就肯定了计算机给我们生活带来的物质便利与精神享受，在此之后又写了此次培训的目的，最后由于这个活动是培训，又联系到了当今政府构建学习型社会，短短的三句话就罗列了培训类的三个目的和意义，可谓言简意赅，希望各位考生在学习完这道题之后能够举一反三、触类旁通。其实细心的考生会发现当练习的题目达到一定的数量之后，我们就会无师自通。这也是我向大家强调的一个方面，公务员结构化面试与笔试的差别非常大，我在上课的时候经常会让学生练习大量的习题，在我没有讲的时候我就会让考生自己试着答题，答完之后我会对答案进行点评，之后我会讲我的答题思路，让学生查漏补缺，带着问题去听课。因为面试就是考查学生的瞬时思维和语言表达能力。在课堂上不要过度地依赖老师，一定要跟随老师的思路，加入自己的元素，成为特种兵中的侦察兵。为什么是侦察兵？这就是说我们要像侦察兵一样，不但自身有很强的专业技能，同时也要具备一定的反侦察能力。换到我们公务员的考生当中，就是我们要具备一定的反模板能力，抹去模板的痕迹，这也是面试当中得高分的关键。接下来进入具体的三个环节。

(二)三个环节

计划准备：

在回答完一个帽子之后，我们就可以进入宣传培训类的计划准备环节了。在这里我们还是按照宣传类和培训类给大家做详细的介绍。首先我们来看宣传类，计划组织环节具体可以分为三个小环节。第一，要先确定宣传的内容和形式，宣传类要确保宣传形式多样、内容丰富、范围广、效果好，可采取培训、讲座、贴标语口号、设立咨询点、巡回宣传等方式，扎实深入开展一系列活动。另外根据宣传的性质可以分为街头宣传、广播宣传、网络宣传、论坛宣传、宣传栏、派发传单、黑板报、讲座、大会宣传、电话宣传、短信宣传、电视宣传、电子杂志宣传等，各位考生可以根据具体题干来进行选择。

在确定完宣传的内容和形式之后，我们进入第二个小环节，即确定活动的具体流程：宣传活动是一种专门服务特定议题讯息的表现手法，运用各种符号传播一定的观念以影响人们的思想和社会的社会行为。一般按照确定主题——划定宣传范围——选择宣传方式——进行宣传——跟踪效果这个流程来进行。细心的考生会发现，这个流程还是按照事前计划、事中实施、事后总结这个环节来进行的，在课堂上讲课的时候我也经常会告诉大家要细心学习任何一个小的知识点。接下来我们再来看下培训类的活动，培训的计划组织环节也可以分为具体的三个小环节。第一，确定培训的内容和形式。培训课程可根据所需时间灵活调配，培训的形式有教师主导培训、网上学习、多媒体课程、阅读书籍等多种类型。考生应关注第一种形式，即教师主导培训，其特点是以教师为中心，教师在整个教学过程中处于主导和控制地位，以接受程式化的知识为导向，注重知识、技能的传递。第二，培训是一种有组织的知识传递、技能传递、标准传递、信息传递，也就是说培训是一定要具有可传播性的。具体的培训流程如下：了解培训的需求——邀请师资培训——确定培训场所——进行培训——跟踪效果。

在确定完宣传培训类的具体流程之后，我们要进行物资的筹备了。考生在回答这类问题时可酌情根据活动的侧重点进行选择。

首先我们看宣传类的人员构成，宣传人员的选定包括组织宣传的人员，例如单位里主管宣传的职工、多才多艺的职工、媒体和报纸的联络人等；另外是宣传对象的确定，划定对象特征，如是大学生还是农民工；选定宣传范围，例如是一所学校还是一个区域内的。财务和晚会类的一样，在这里不再赘述。

物资，所需物资是指在活动中需要用到的各项物资，物资的选定要突出活动的特点。宣传类的活动最主要的还是宣传资料，资料要较为详尽地体现宣传的主体和内容。另外如果是户外宣传的话就需要相应的桌椅、食品、饮用水和其他物品。

宣传地点的选择应结合宣传的形式，分为室内宣传和室外宣传。但是我们在大多数情况下进行的是室外宣传，所以一般是选择在人流量大但是较空旷的地点。

宣传时间是根据宣传的不同方式，如果是街头宣传就选择在人流量比较大的时段，比如说可以选择在下班的高峰期；如果是媒体宣传就选择播放的黄金时间等。各位考生要根据宣传的形式进行确定。

以上是宣传类的计划组织环节，接下来我们再来看培训类的计划组织环节。和宣传类的组织流程基本一样，培训类的我就大致介绍一下人、财、物、地、时的安排，以便考生在回答培训类的题目中能够有侧重的把握。

培训类的人员组成包括培训人员例如讲师、教授、培训师、有经验的同事、领导等，还有参加培训的人员及培训的组织服务人员。财务和晚会类的一样，在这里不再赘述。

物资，是指在活动中需要用到的各项物资，物资的选定要突出活动的特点。培训类的物资最重要的是培训资料的选择，要详细地说出培训资料的内容，其他的物资还包括培训中涉及的道具、教材、食宿物资等。

培训类活动的地点根据培训的性质而定，如果是单位内部员工进行的培训，地点就选择在单位的会议室，大型培训活动可以租用场地。

培训的时间一般要结合单位的情况和培训师的时间进行确定。例如单位内部的计算机培训活动，时间就应当选择在周末或者是正常工作日的下班时间，不影响单位员工的本职工作。

以上就是宣传培训类的计划准备阶段，在这里我给大家详细罗列了宣传培训类计划组织的各个环节，考试可根据具体活动的实施酌情进行选择。

协调控制：

在计划组织环节之后，我们就可以进入活动的协调控制环节了，也就是活动的具体实施环节。还是在第一节会务类给大家讲解的职能分组法，大家同样可以借鉴，为了使本书更有针对性，我将根据具体的活动类型给大家进行分组。一般情况下我们举办一个宣传类可以设置以下几个小组：宣传组、摄像组、物资组、后勤保障组、应急组，等等。培训类可以设置以下几个小组：教学组、教务组、设备组、后勤保障组等。在接下来具体的例题讲解中我会结合具体的问题进行作答。协调控制环节的思路也可参考会务类，在此不再赘述。

总结提升：

总结提升是相对简单的一个环节，也是答题的最后一个步骤，一般来说总结提升是对活动的经验、目标、实施效果等内容的收尾，作为活动和答题的一个完整结束。[①]

宣传类要点回顾：

一个帽子：目的＋意义					
	人	财	物	地	时
计划准备	宣传人员的选定，包括组织宣传的人员、宣传对象的划定		宣传资料要较为详尽地体现宣传的主题和内容。户外宣传的话就需要相应的桌椅、食品、饮用水和其他物资	宣传地点的选择应结合宣传的形式，分为室内宣传和室外宣传	宣传时间要根据宣传的不同方式进行确定
协调控制	宣传组、摄像组、物资组、后勤保障组、应急组		备注：1.突发事件的把握；2.活动重点和难点的把握；3.叙述不足的地方进行补充		
总结提升	进行此次宣传的经验和教训的总结；预期目标的达成				

培训类要点回顾：

一个帽子：目的＋意义					
	人	财	物	地	时
计划准备	包括培训人员，例如讲师、领导等，还有参加培训的人员及组织服务人员		培训资料的选择，具体的物资还包括培训中涉及的道具、教材、食宿物资等	地点根据培训的性质进行确定	时间一般要结合单位的情况和培训师的时间进行确定
协调控制	教学组、教务组、设备组、后勤保障组		备注：1.突发事件的把握；2.活动重点和难点的把握；3.叙述不足的地方进行补充		
总结提升	进行此次培训的经验和教训的总结；预期目标的达成				

① 具体答题思路详见会务类的总结提升。

四、真题解析

例题：单位组织一次计算机培训，由你负责此次培训工作，请问你怎么做？

【参考答案】当今社会，电脑和互联网以其广泛的信息存储量和方便快捷的特点逐渐走进了人们的生活和工作，而单位组织一次计算机培训有利于单位职员掌握基本的办公自动化的理论知识，提升日常的工作效率，有助于整个单位为民服务能力的提高。同时，单位举行培训也贯彻了我们单位树立学习型政府的构建，给大家灌输了终身学习的理念。因此，我一定会努力将这次活动组织好。

第一，在培训之前，认真吃透培训的精神，向有经验的老同志求教，了解大家对计算机培训的需求，以保障此次培训的针对性和有效性。在此基础上，确定培训的人员，人员包括培训老师和参加培训的人员，联系好相应的老师；布置好培训的场地，地点选择在单位的计算机培训教室；组织参与此次培训的工作人员召开会议，明确分工，落实各个小组之间的工作职责，做到专人有专事、专事有专责。

第二，在培训的过程当中，及时协调好各个小组的工作职责。教学组要采取图文并茂的形式进行教学，确保此次培训的效果；教务组负责相关讲义的印制和发放以及参加培训人员的考勤工作；设备组负责整个培训过程当中的音响、摄影设备的正常运行；后勤组负责整个培训团队的后勤支持。

第三，培训结束后，针对此次培训进行一个计算机基础知识考核，检验此次培训的效果。同时针对整个培训过程中出现的问题和获得的经验进行总结。总结自己在培训活动中的得与失，提升自身的组织协调能力，以便更好地开展类似工作。

第六节　救灾援建类

一、题型概述

我们都希望生活在一个有序的世界里。但在真实生活中，总有一些意外事件发生，而且是我们预测不到的事件，这种事情的发生严重危害了人民群众的生命财产安全。比如 2008 年 5 月 12 日四川汶川发生了里氏 8.0 级大地震后，中华大地的儿女们纷纷行动起来，捐款捐物。2010 年我国甘肃舟曲又发生了特大泥石流灾害，全国各地的人民也体现了中华民族“一方有难八方支援”的优良品德。一系列灾难的发生，让我们再次想起了温总理的一句话“多难兴邦”。这句话是温家宝总理在汶川地震后在北川中学写下的，它体现了一个总理在一个国家面临巨大灾难时克服困难的信心和决心。同时救灾援建类活动以送慰问金、慰问品等形式，深入基层、深入群众、尤其深入到困难群众中，着力解决群众最关心、最直接、最现实的利益问题，体现了党和政府对人民群众高度负责的精神，是党和政府了解群众疾苦、为群众办实事、密切与群众的联系、构建和谐社会的一种途径。

公务员作为人民群众当中的一员，在国家发生灾难之后，以国家公共事务的管理者为己任，积极利用新闻媒体鼓励大家进行捐款，体现了以人民群众的利益为先的原则。因此在各位考生进入公务员岗位之后，救灾援建也是公务员经常要做的工作之一。因此掌握这种类型的题目不仅能在结构化面试当中取得优异的成绩，在以后的工作当中也能快速上手。

二、答题思路

救灾援建类也是属于组织管理当中的一个知识点。与其他思路一致，救灾援建类的答题思路也是一个帽子加上三个环节。其中这个帽子就是我们进行救灾援建的目的和意义。而三个环节是救灾援建之前的计划环节、救灾援建之中的实施环节、救灾援建之后的总结提升。和前面讲述的其他活动一样，关键是我们的答案要能够突出亮点。怎么使我们的答案更加精彩？这是我们要思考的一个问题。救灾援建类的帽子比较简单，只要能体现出我们中华民族的爱心、奉献精神就可以了。接下来我们进入答题要素的梳理。

三、答题要素梳理

(一)一个帽子

首先,我们知道在回答组织管理这类题型的时候我们要先戴一个帽子,相信广大考生对救灾援建类型的帽子都不陌生,这个帽子在答题思路部分我已经向大家进行了说明。而且广大考生在学校基本上都经历过给贫困地区捐款、捐物,在汶川地震、甘肃舟曲泥石流、甚至是日本地震发生的时候,大家都或多或少地捐过款。所以这种题型对大家来说即使是没有亲身经历过,但是至少也都见到过,不是一个陌生的题型。救灾援建类的题型不多,主要包括两个方面:一个是物资慰问,属于物质层面的救灾援建;另一个是义演慰问,这个属于精神层面的救灾援建。首先我们来看一道属于物资慰问的例题:汶川大地震后,领导让你到灾区去慰问受灾群众,你会怎么办?通过对这个题干中关键词的阅读,我们可知这个问题是属于物资层面的慰问,接下来我们来看一下这个问题的帽子。

2008 年 5 月 12 日,我国四川汶川发生了里氏 8.0 级的地震。中华民族在抗震救灾过程中铸就了“万众一心、众志成城、不畏艰险、百折不挠、以人为本、尊重科学”的抗震救灾精神,如果领导让我去灾区去慰问受灾群众。我会积极地投身于此次灾区的慰问活动当中。

我们来看这个帽子,帽子主要强调了我国民众万众一心、众志成城的抗震救灾精神。同时此次救灾援建活动也体现了我们“一方有难八方支援”的无私奉献精神。总体来说这个帽子是一个较完美的答案。上面这个例题属于对灾区的物质慰问,属于物质层面的援建。我们知道对于灾区的援建,我们党是高度关注的,不仅从物质方面给灾区以援助,同时还会通过对灾区进行文艺汇演等方式进行慰问。这体现了我国政府不但注重对灾区物质文明的建设,同时也注重对灾区精神文明的建设。接下来我们来看这样的一道例题:某高校为帮助边远山区的贫困学生,准备到珠三角地区义演,如果这事由你负责,请问你将如何组织?通过对这个题干关键词的阅读我们可以知道,这属于精神层面的活动,而且是演出,那这个时候我们就可以借鉴晚会类的答题步骤。细心的考生就会发现,其实我们学的知识都是融会贯通的,所以这就要求大家在以后的学习当中,要掌握一定的学习方法。有的考生在面试之前会看大量的面试辅导资料,但是看的过程仅仅是停留在知识的填鸭式的阶段。虽然看了很多的资料,但在答题的过程当中往往生搬硬套。这就要求我们各位考生在学习过程当中,要注意学习方法的积累。只要我们掌握了一定的学习方法,就能以不变应万变。在上课的过程当中,一些心急的学生经常会这样问我:“老师,马上就要考试了,你能不能给我们押几道面试的真题?”这个问题就显示了考生的焦灼、没有自信。要知道公务员面试都是由人事局出题的,考试制度具有严密性,这就意味着任何人在考试之前都不能看到真题。在真正备考过程当中,掌握科学的学习方法,比什么都重要。这就是我们古人的一句名言:“授人以鱼不如授人以渔。”大家只要掌握了回答组织管理的答题思路,相信通过自己的努力,一定都能取得不错的成绩。

(二)三个环节

计划组织:

回答完组织管理的一个帽子之后,我们就进入了三个环节当中的第一个环节,也就是计划组织环节。来看救灾援建类的环节。和其他活动一样,这里的计划组织环节也是分为三个小环节。第一,确定活动的内容和形式,救灾援建类的内容和形式在前面已经向大家做了详细的说明,救灾援建一般分为物质层面的救灾援建和精神层面的救灾援建。在确定完救灾援建的内容和形式之后,我们进入第二个小环节,确定活动的具体流程:我们知道救灾援建顾名思义一般都是扶助贫困户或贫困地区发展生产、改变穷困面貌,是中国政府和社会帮助贫困地区和贫困户开发经济、发展生产、摆脱贫困的一种社会工作。一般按照圈定被援建对象与范围——明确帮困目标和任务——确定帮困措施和形式——实施和执行——严格考核的验收这个流程来进行。

在确定完救灾援建具体流程之后我们要进行物资的筹备了,这里的思路可以参考会务类,不再赘述。

救灾援建的人员主要包括两个方面的人员:一是援建的主体人员,也就是实施帮助的人员;二是被援建的人员，也就是受助方。如果是义演慰问的话当然还少不了参加义演活动的演员。这个就需要各位考生根据救灾援建类的内容和形式进行人员的选取，这样才能够使我们的答案更加具有针对性。

财务，也就是举行救灾援建的经费预算。在回答一般组织管理类的题目时，为了使答案更具有针对性，我们可以适当弱化预算这个环节。但是在救灾援建类活动当中，我们一定要突出财务这部分。因为我们都知道救灾援建就属于实施帮扶的一种活动，而救灾援建无非就是物质层面的帮扶或者是精神层面的帮扶。所以这是广大考生在此尤其需要注意的一个问题。

物资的筹备工作也是我们回答救灾援建类的侧重点。在对灾区慰问的过程当中，我们要准备充足的物资，比如发生自然灾害的灾区，我们可以准备一些关于衣食住行方面的物资；如果是对希望小学的援建，我们可以准备一些学习用品。这样更能突出我们援建的针对性。细心的考生会发现，针对受助方主体的不同，我们能使我们的答案更加具有可操作性。

救灾援建的地点一般选择在受助方当地。

时间一般根据受助方的情况而确定，这个时间要具体问题具体分析。

以上就是救灾援建类的计划组织阶段的内容。在这里我向大家详细罗列了救灾援建类计划组织的各个环节，这部分知识是广大考生相对其他活动掌握得比较快的一个知识点，原因就是很多考生都亲身经历过捐款、捐物的活动。通过对多年来公务员结构化面试题的研究，我们发现救灾援建类题目的考查比重在不断上升，有的考生会问了，这样简单的题目为什么还考得比较多了呢？这是因为它与我们国家倡导的社会主义核心价值体系是相一致的。我们很多的考题在命题的思路上体现了弘扬真、善、美的核心价值体系。这是各位考生要注意的一点，不能因为这类题简单就放松警惕，我们要在现有的基础上，力争使我们的答案锦上添花。

协调控制：

在计划组织环节之后，我们就可以进入活动的协调控制环节了，也就是活动的具体实施环节。还是在第一节会务类给大家讲解的职能分组法，大家同样可以借鉴，为了使本书更有针对性，我将根据具体的活动类型给大家进行分组。一般情况下我们举办救灾援建类活动可以设置以下几个小组：慰问组、摄像组、物资发放组、后勤保障组、应急组、交通组、财务组等。在接下来具体的例题讲解中我会结合具体的问题进行作答。

总结提升：

总结提升是相对简单的一个环节，也是答题的最后一个步骤，一般来说总结提升是对活动的经验、目标、实施效果等内容的收尾，作为活动和答题的一个完整结束。[①] 这里要对大家进行补充的是为了突出我们的爱心、奉献精神，我们在答题的总结提升环节要贯彻一种阳光思维，也就是相信通过我们对灾区的援建，灾区的民众一定能走出暂时的困难，为未来美好的生活而努力。这是我们在回答此类问题时要贯彻的一种思维。

要点回顾：

<table>
<tr><td colspan="6">一个帽子：目的＋意义</td></tr>
<tr><td rowspan="2">计划准备</td><td>人</td><td>财</td><td>物</td><td>地</td><td>时</td></tr>
<tr><td>一个主体是援建的主体人员，另外一个主体是受助方</td><td>物资的筹备工作是回答救灾援建类的侧重点</td><td></td><td>救灾援建的地点一般选择在受助方当地</td><td>时间一般根据受助方的情况而确定，这个时间要具体问题具体分析</td></tr>
<tr><td>协调控制</td><td colspan="2">慰问组、摄像组、物资发放组、后勤保障组、应急组、交通组、财务组</td><td colspan="3">备注：1. 突发事件的把握；2. 活动重点和难点的把握；3. 叙述不足的地方进行补充</td></tr>
<tr><td>总结提升</td><td colspan="5">进行此次援建活动的经验和教训的总结；预期目标的达成</td></tr>
</table>

① 具体答题思路详见会务类的总结提升。

四、真题解析

例题：某高校为帮助边远山区的贫困学生，准备到珠三角地区义演，如果这事由你负责，请问你将如何组织？

【参考答案】帮助边远地区的贫困学生，有利于发扬高校大学生的爱心，体现了学校对贫困学生的人文关怀。如果让我组织同学们到珠三角地区义演，我会认真组织好此次工作，具体来说：

第一，我会对珠三角地区人民群众对文艺节目的喜好作调查研究，然后有针对性地对活动安排拟定初步方案，方案中应包含举办的时间地点、节目内容、参加人员、经费、食宿安排等相关事宜，并将方案交由领导审阅批示。确定方案后，在学校内宣传活动的意义，同时在校内各学院中征集适合参演的节目。提前与当地宣传部门联系，在当地做好前期宣传和后勤工作，以吸引更多的群众。在从学校出发到当地之前，召开动员大会，调动大家的积极性，宣布注意事项，增强成员的安全意识。

第二，到当地后，要服从当地宣传部门的安排。联络当地的负责人，将场地布置好，并在当地进行适当的宣传。表演过程中加强与各有关人员的联系，维持好现场秩序，做好应急处理措施，防止突发事件的发生所带来的损失。同时在表演过程中向有关领导汇报情况，让领导更好地了解表演的详情。

第三，义演完毕后，对义演所获的捐赠款项、物资进行整理，并汇报给领导，以便于公开公正地交给贫困学生。并对这次活动进行全面总结，提高自己在类似活动上的组织能力。

第七节　展会类

一、题型概述

近几年，随着我国国际地位的提升，国际影响力的日益提高，各种展会也在全国各地不断举办。特别是2010年在我国上海举行的世博会，显示出我国国际地位的上升和国际影响力的提高。我们知道展会一般是指由一个或若干个单位举办，具有相应资格的若干经营者参加，在固定场所和一定期限内，用展销的形式，以现货或者订货的方式销售商品的集中交易活动。比如以销售宣传为目的的展销会、交易会等。在本书中，展销类的活动是我们最后进行讲解的一节，这是因为展销类的活动较为新颖，目前在面试中涉及得并不多，但在一些经济比较发达的地方，公务员结构化面试当中已经出现了这样的考题。这说明我们的知识体系都是不断更新的，面试出题在与时俱进，我们广大考生在进行公务员备考的过程当中也应与时俱进。对于新出现的一个活动类型，考生要积极地进行思考，勤于发现问题，只有这样才能比竞争对手更优秀。这就是我们哲学中的一个定理，即：发现一个问题比解决一个问题的贡献更大。对于这种新兴的题型，很多考生可能不是很熟悉，那么我们接下来就进行一个系统的梳理。

二、答题思路

由于是新兴的一个题型，在上课的时候经常会有学生问我，展会类的答题思路是什么？在这里很明确地告诉大家，展会类的答题思路和组织管理类的答题思路基本一致，也是一个帽子加上三个环节。思路是一样的，但是如何将我们的答案凸显出亮点，是我们接下来要做的工作。

三、答题要素梳理

首先，我们已经知道了在回答展会类问题的时候，为了使我们的答案更加充实、更加有针对性，我们要给这个活动戴一个帽子，这个帽子对于有些考生来说戴得非常漂亮，突出了这个活动的目的和意义，而有的考生则是一个已经过时的帽子。在我多年来的教学工作当中，我会问考生，为什么这个帽子戴得不好呢？接下来我们就来学习展会类的答题思路。总体来说展会类的答题思路是比较简单的。

(一)一个帽子

我们知道展会一般都是指由一个或若干个单位举办的,具有相应资格的若干经营者参加,在固定场所和一定期限内,用展销的形式,以现货或者订货的方式销售商品的集中交易活动。这也就是说展会一般都是市场经济的产物,所以在回答展销类问题的过程当中一般都是要强调我国经济的长足发展。对于广大考生来说这里的帽子并不是难点。来看一道例题:单位要组织工作成果宣传展示会,要邀请上级领导和媒体,你会做哪些准备工作?通过对这个题干当中关键词的阅读,我们知道这个活动是个展示会,而且是本单位展示工作成果的大会,那么让我们看这道题的帽子怎么戴。

工作成果的适当宣传和充分展示,对树立单位的良好形象有重要的促进作用。邀请上级领导和媒体参加这样的活动,有助于这项工作的更好进行。为此,我会按照如下的步骤来对整个展会进行准备。

(二)三个环节

计划准备:

在回答完帽子之后,我们就可以进入展会类的三个环节的准备组织阶段了。这里又可以分为以下三个小环节。首先我们一定要确定活动的形式和主题,比如展会类的形式一般为小型展会、中型展会、大型展会及特大型展会等。

在确定完展会的形式之后,我们的头脑里应该有一个清晰的活动流程,可酌情根据展会的侧重点进行选择。

首先我们看展会的人员组织。展会的参加人员分为两类,一类包括展会的组织者和聘请的服务人员,联系其他单位的人员进行协助的;另一类人员是展会的参与人员或者叫受众,例如展会针对谁、邀请谁、服务谁。这类人员在组织环节里面确定,在此不提及。一般情况参加展会类的人员是比较固定的,包括展会的举办方、参会人员、服务人员三类。

财务,也就是举行展会的经费预算,可参考会务类,在这里不再赘述。

物资,是指在展会中需要用到的各项物资,物资的选定要突出展会的特点。具体物资的使用一定要和展会形式、时间、人员、场地相结合。展会所需物资比较简单,一般包括展会资料、展会用具例如广告牌、桌子椅子、麦克风等。

展会类地点一般是结合展会类型,在单位内部会议室或是外租宾馆会议室或者礼堂。

举行展会的时间一般要结合参展方、参会人员的时间、展会主题或者展会成功的时间要求等。

以上是针对展会类活动的计划组织阶段,考生可选择几个突出的亮点进行计划组织。此外,在计划准备阶段,当所有的计划工作都做好的时候,我们要将计划流程上报领导审批,领导审批同意后我们才能按照制定的方案进行下一步的工作。

协调控制:

协调控制阶段的思路可以参考会务类。在具体实施的过程当中不妨设置一些小组,比如参展组、摄像组、安保组、应急组等。要准备合理解决方案,及时处理突发事件,保证展会顺利进行。在具体的活动过程当中,我们可以下设几个小组,将责任落实到具体的个人,我们会发现虽然人不多,但仍然能把整个活动举办得井井有条。

总结提升:

总结提升是相对简单的一个环节,也是答题的最后一个步骤,一般来说总结提升是对活动的经验、目标、实施效果等内容的收尾,作为活动和答题的一个完整结束。①

---

① 具体答题思路详见会务类的总结提升。

要点回顾：

<table>
<tr><td colspan="6">一个帽子：目的+意义</td></tr>
<tr><td></td><td>人</td><td>财</td><td>物</td><td>地</td><td>时</td></tr>
<tr><td>计划准备</td><td>一类是展会的组织者和聘请的服务人员，另一类是展会的参与人员或者叫受众</td><td></td><td>展会资料、展会用具例如广告牌、桌椅、麦克风</td><td>展会类地点一般是结合展会类型，在单位内部会议室或是外租宾馆会议室或者礼堂</td><td>时间一般要结合参展方、参会人员的时间、展会主题或者展会成功的时间要求等</td></tr>
<tr><td>协调控制</td><td colspan="2">摄像组、安保组、财务组、应急组、参展组</td><td colspan="3">备注：1.突发事件的把握；2.活动重点和难点的把握；3.叙述不足的地方进行补充</td></tr>
<tr><td>总结提升</td><td colspan="5">举行此次展会的经验和教训的总结；预期目标的达成</td></tr>
</table>

四、真题解析

例题：假如你带团去山东参加农产品展销，你是团长，你怎样组织好这次活动？

【参考答案】参加农产品展销会，是将本地农产品进一步推向市场，彰显本地农产品品牌特色，真正促进农民增收的绝佳机会，我作为团长，深感责任重大，一定会努力圆满完成此次展销任务。

第一，在展销准备阶段：我首先会听取领导意见，着手联系组织参展部门，确定参展人员，召开会议，分配工作任务。其次，与展销会举办方取得联系，了解展销会展销范围、规模，确定展会时间、地点。成立活动小组，征集领导、专家、小组成员意见，写好详实、周密的参展计划，制定日程安排和农产品宣传方案，报领导批准后，按照计划执行。最后，选择参展的产品并做好参展产品的包装，印制好宣传资料。依据日程安排，成立展销工作领导小组，并进行责任分工，确保参展工作的顺利开展。联系展销会主办单位，根据需要，确定参展的摊位。做好参展人员的食宿、交通等后勤保障工作。

第二，在展销阶段：我会利用多种宣传方式，向前来参展的客商实事求是地介绍产品，包括产品的产地、生长环境、制作工序、产品特点和优势。对于签订合同的客商，严格按照合同规定执行，绝对不弄虚作假，欺骗客户。及时了解展销会各方面的信息，根据市场的变化，做出展销策略的变化，让更多的客商了解我们的产品，相信我们的服务。同时，了解农产品市场信息，为指导当地农产品生产收集信息。此外，及时收集其他相关的农产品信息，以便学习相关经验。

第三，在总结阶段：展销会结束后，组织人员整理参展资料、清理场地，并带领参展人员安全返回。写好总结报告，包括旅途开销，特别是对各地方农产品信息的材料做相关的总结，上报领导。总结自己在此次活动中的经验与不足，以提高自己开展类似活动的能力。

第八节　命题趋势预测与个性化提升

一、紧密结合社会热点

通过对前面七节内容的学习及例题的讲解，相信相当大一部分考生在掌握科学的学习方法的基础上，再加上课下勤动脑、勤动口的练习，都能取得不错的学习效果。这一节属于相对提高的一节。有些优秀的考生在掌握了组织管理类题目的答题思路之后，就会向我反映："老师，我觉得组织管理是最简单的一种题型，只要掌握了一定的方法加上练习就好了，不像综合分析那么难。"的确是这样，在回答组织管理这类题型的时候我们不会无话可说，但我们知道公务员面试就是发散思维、挖掘潜力的考试，就是使无话可说的人有话可说、有话可说的人说得更好的一种考试。因此在这里我们将做一个考试的拔高，使优秀考生的答题能有一个质的飞跃，从而达到卓越。

通过对各种组织管理题型乃至公务员结构化面试题的深入研究，我们会发现试题并不难，各位考生在看到题目的时候都不会无话可说。原因就是考试的题目都是源于我们的实际生活的。比如：10 个大学生要到你们单位实习，领导让你负责这个接待活动，请问你怎么安排？通过对这个题干关键词的阅读我们可以知道，这个题目有两个要着重注意的方面。

第一，大学生的实习。大学生的就业和实习问题是当今我们探讨的一个热点问题，一些大学毕业生在毕业之后选择了卖猪肉、擦皮鞋的行业。因为我们知道现在中国的高等教育已经从精英教育走向了大众教育，大学生天之骄子的光环正在渐渐地退去，很多大学生理论与实践脱节，毕业后在人际关系、应对挫折、情绪调节等方面适应社会的能力还是比较弱。如果他们在大学期间能够在单位实习或者下基层进行锻炼，对于大学生将来的健康发展意义重大。因此，有 10 位大学生到我们单位实习，领导交由我负责，我会竭尽全力完成领导交代的任务，处理好这次实习的工作。

第二，负责这个接待活动。在前面第四节已经系统讲解了接待类活动的活动流程。这里各位考生可以将大学生的实习与单位的接待融合在一起进行答题，这时我们会发现随着公务员结构化面试试题难度的提升，简单的问题已经渐渐失去了出题人的青睐，出题人一定会结合一些社会热点与组织管理进行融合，这在一定程度上就加大了考生答题的难度。再来看这样一个例题：某市要组织一次煤炭博览会，主题要突出“提高科技含量，节约能源资源”，现在需要布置会场。由你来策划，请问你怎么开展此次工作？通过对题干关键词的阅读，我们可知这道题是展会类与国家颁布的构建资源节约型、环境友好型社会紧密联系在一起的，这也是一道组织管理与社会热点紧密联系的一道组织管理题。在回答帽子的环节，我们一定要将国家的政策方针贯穿到答题当中去。温家宝总理在政府工作报告中指出：“要在全社会大力倡导节约、环保、文明的生产方式和消费模式，全社会努力建设资源节约型和环境友好型社会。”这就要求我们在日常生产和生活中节约资源，提高资源利用率，全面落实科学发展观，构建两型社会。我市此次进行的煤炭博览会，正是建设两型社会的具体实践，意义重大。因此我会从以下几个方面来开展此次会议工作。这道题就是将展会类与国家的宏观政策紧密联系在一起的题。这也就是各位考生要注意的一个环节。这就要求我们广大考生在实际生活和学习当中，不能读死书，一定要对社会热点保持关注。因为公务员是国家公共事务的管理者，要做一名合格的公务员就要对社会热点保持一定的敏感度，要真正做到温家宝总理所说的一句话：“民之所思我之所忧，民之所忧我之所行。”

为了使这本书更加具有针对性，我将从政治、经济、文化、社会四个方面给大家做一个系统的梳理。当然由于本书内容有限，各位考生自己也要积极搜集社会热点问题，变被动学习为主动学习。

政治方面：我国全面落实依法治国；政府行政管理体制的改革，从管理型政府向服务型政府转变；完善制约和监督机制；重视教育的作用，加强自主创新能力建设、创新型国家的构建；随着网络迅速进入人们的工作和生活，政府网络舆情能力的提高；反腐倡廉建设等。

经济方面：通货膨胀；政府出台低污染、低耗能、低排放的三低消费；调整经济结构；扩大内需促进经济的增长；惠民生；农村家电下乡；住房问题；就业问题；分配制度等。

文化方面：反低俗、庸俗、媚俗之风的反三俗文化；国家软实力的提升；手机短信文化的普及；国学热；名人故里之争等。

社会方面：随着医疗的发展，用血量的骤增，出现了血荒；“空巢老人”的问题；“留守儿童”的问题；“三农”问题；食品安全问题；住房安全问题；食盐抢购问题；提高个税起征点的问题；醉驾入刑的问题等。

通过对以上政治、经济、文化、社会四个方面的系统梳理，我们会发现在政治方面、经济方面、文化方面的热点相对于社会方面的热点是比较少的，这就是为什么我们一直给各位考生突出强调要重视社会热点，对社会热点保持一定的敏感度。

来看这样一道例题：有大学志愿者要到你所在的社区进行一帮一“助老”接力活动，如果你被任命负责协助此事，你将如何保证此活动顺利进行？通过对这个题干关键词的阅读，我们可知这个是“助老”活动。这道题是广西壮族自治区 2010 年公务员面试的一道真题，很多考生在答题时往往会偏题，这道题是有大学志愿者要到你所在的社区进行一帮一"助老"接力活动，这就将我们的位置定在了社区的一名工作人员。但是有些考生在回答这道题的时候由于审题不清，角色转化不够到位，直接将自己的角色定位成了大学生，这样即使答案再精彩，由于审题的失误分数也是高不了的。因此，角色定位要清晰、准确是大家要注意的一个关键点。对于题干比较长的题型，大家在读题的时候一定要认真审题，不能在答题的时候输在起跑线上。这里告诉大家一个小技巧，就是考生可以用"我"的身份将这道题用自己的话复述出来，也就是我们平时所说的用鹦鹉学舌法将这道题进行阐述：这道题是说有大学志愿者要到我所在的社区进行一帮一"助老"接力活动，我被任命负责协助此事，那么我将从以下几个方面开展工作……。细心的同学会发现，在这里偷换了主体，题目中是"你"，而我在复述这道题的时候我偷换成了"我"，这是因为在考场上用"我"或者"我们"，从心理学的角度上来讲，无疑将考官和考生拉到了一条战线上。试想如果对考官一直是"你"、"你们"，就无形当中使我们的关系和考官对立了。这是我们大家在答题当中要注意的一个心理暗示的小技巧。那么接下来我们再来说复述题目的两个优点：第一，用自己的语言将题目进行复述，可以重新审视题目，在一定程度上可以避免跑题。第二，将题干用自己的语言进行复述，也可以给自己一个缓冲的时间，为后面答题理清自己的思路。这是一举两得的做法，各位考生在公务员结构化面试当中是可以借鉴的。

阅读完题目之后，我们再来看这道题，这道题是"助老"的活动。很多考生在答题的时候简简单单的就是助老。但是比较关注社会热点的考生巧妙地将这个"助老"活动联系到了当今出现的"空巢老人"，无疑增加了这道题的亮点，巧妙联系了社会热点，无疑分数就提高了。通过对这个题的分析，我们可以看到结合社会热点会使我们的答案更加具有一定的理论高度。那我们再来思考另外一个问题，这是一个"助老"活动，那么会不会在其他的公务员结构化面试当中出现"留守儿童"的活动呢？这就是知识的融合贯通，我们广大考生一定要灵活学习，多对一些社会热点进行思考。

二、提问方式的特定化

上面第一个环节给大家讲解了对于公务员结构化面试我们要保持一定的社会敏感性，在积累一定的社会热点之后，我们再来看题干提问方式的特定化，也就是考官一般喜欢怎样对题目进行提问。来看这样的一道题：你负责组织安排一场国际会议，请问你怎么打算？通过对这个题干的阅读，我们可以知道这道题是考官直接问我们要怎么打算，换句话说也就是怎么组织这次国际会议。这样的提问方式，是属于比较简单、一针见血的提问方式，考生不需要揣摩考官的心思，只要中规中矩地回答完这道题就好了。但是我们知道现在公务员变得越来越热，甚至有的地方报考比例已经达到了 200∶1，造成了"千军万马挤独木桥"的局面，这就意味着结构化面试的难度会越来越大，考官反模板的能力也会越来越强，这就要求考生在考场中随机应变，根据考官提问的方式，加入自己的元素，进行反模板化的答题。其实知识积累程度比较好的考生会发现这么一个规律，在我们掌握了答题的方法之后，根据自己平时知识的积累一定能回答出出彩的答案。这就要求考生在平时多进行社会问题的思考，不能简简单单地依靠老师或教材，要在头脑中有这样一种观念：化被动学习为主动学习。

在多年的教学经验中，我发现只要是上课肯认真听老师讲，课下又及时练习的考生，取得的进步往往都是最大的。广大的考生现在都知道一天 9 个小时的公务员培训辅导班，大部分的时间还得要自己练习答题，培养瞬时思维的。这里给广大考生的建议就是要合理安排老师上课的时间和自己练习的时间。如果课堂上老师讲的时间很长，那么留给学生的自己答题的时间就会相对缩短，所以很多考生并不能将老师课上讲的知识完全消化和吸收，导致了自己在答题的时候还是不尽如人意。这就要求各位考生在课下一定不能偷懒，一定要自己多加练习。很多学生会问我这样的问题："老师，我家里只有我自己。根本就没有练习的气氛，我该怎么办？"在这里告诉大家一个好办法，各位考生可以回去对着镜子练习自己答题。在练习的过程当中，注意控制自己的面部表情，同时也可以通过手机或者是录音器这样的工具，进行录音，这便于自己练习完答题之后的查漏补缺。刚才给大家讲了要合理安排老师讲课的时间和考生自己练习的时间，但是有的考生也会说那我们就尽量少让老师讲，我们自己多加练习吧！这样的想法也是不正确的，任何一个知识体系的学习都不是一蹴而就的，在学习的过程当中，我们应当一步一个脚印，稳扎稳打。急于求成只能使整个事情变得更糟。这里我们要遵循哲学中的质量互变规律，只有我们的量积累到一定的程度才能够产生质的跳跃。同时任何事物的变化规律也是螺旋式上升、波浪式前进的，在学习的道路中没有捷径可以走，只有踏着荆棘丛生的坎坷道路，一步一个脚印向前走。这就要求广大考生要吃得苦中苦，只有这样才能为人上人。

三、连续提问和追问

我们知道公务员面试经历十多年的摸索，已经渐渐走上了制度化的轨道。题型越来越五花八门，题干的设置也越来越难，往往需要考生进行深入的思考才能领会题目的意图。我们知道最早公务员面试的类型仅有一种，那就是结构化面试。很多人又叫这种面试为标准化面试。这是因为结构化面试是根据所制定的评价指标，运用特定的问题、评价方法和评价标准，严格遵循特定程序，通过测评人员与应聘者进行语言交流，对应聘者进行评价的标准化过程。也就是说每个考生的题目都是一样的，考官进行评判打分的标准也是一样的。但是随着报考人数的逐年增多，公务员的竞争可谓达到了“白热化”的程度。在2011年的国考当中已经出现了无领导小组讨论，很多考生亲切地称这种考试为“群殴”，原因就是7—9名考生坐在一起讨论一个问题，大家仁者见仁、智者见智。相对于结构化面试而言，难度加大了一点。无领导小组讨论对于性格比较内向、不善言辞的考生来讲很有可能在小组讨论的时候插不上话，对于一些情绪自我控制能力不大好的考生来说也是一个挑战。在我上课的过程当中，为了活跃课堂气氛，我会给大家讲无领导小组的答题方法。在让大家进行无领导小组练习的过程当中，我发现对于一些比较外向，相对比较“强势”的考生来说，如果其他考生不同意他的观点，他会出现说话嗓门变大、面部表情反常，甚至推人、打人这样反应。这些都是要参加无领导小组讨论的考生需要注意的问题。

再来说下情景模拟，这也是继无领导小组之后又出现的一个新兴的题型。在2011年广东省省考面试的过程当中，每一套题的最后都会有一道情景模拟。这种题是人际沟通的延伸，其实这种题说简单也简单，说难也难。说它简单是因为情景模拟就是我们生活当中一些情景的再现，爱观察生活的考生在回答这类问题的时候难度不大，说它难是因为这是一种刚刚兴起的一种考题，很多考生很可能还不熟悉。这里向大家强调的是如果其他结构化面试是使用书面、凝练的官方语言的话，那么情景模拟一定是与其他题型不一样的答题方法。因为情景模拟说白了就是生活当中一个真实场景的再现。在这里向大家举一个例题进行说明：你的同事小李最近买房了，工作压力很大，经常利用上班时间干一些私活，严重影响了你们单位的工作效率，如果让你对小李进行劝说，请你做一个现场模拟。这就是一道情景模拟的题目，很多考生在回答情景模拟的时候上来还是一副官样化的语言，说一些你这样做严重影响了组织的纪律，是要受到惩罚的。乍一听，这样的答案还是可以的，但是我们仔细品味下这样答符合我们现实的沟通方式吗？假如我们真有这样的一个同事，我们就这样劝他吗？这样的态度是不是太生硬了，有点让人接受不了呢？所以说我们在日常的工作和生活当中，一定要注意说话的艺术，要注意沟通的技巧。我们完全可以在沟通之前先说一些恭喜的话，制造一种可以进行真诚沟通的场景，比如听说你买了房子，现在房价一路攀升，你现在买了房子也算有房一族了，恭喜恭喜。这样的话会使我们的沟通更有效果。简而言之，就是我们的情景模拟一定要生活化。

以上简单地给大家介绍了无领导小组讨论和情景模拟这两种新兴的题型，其实在这里就是告诉各位考生一定不要死读书，我们会发现考官的反模板意识在不断地加强，那么接下来我们就来看组织管理这种题型的变形。组织管理这个题型出现新的变化就是考官会对题干进行连续提问和追问，比如这样一道例题：假如你是高校工作人员，高校派你做一个企业对高校毕业生需求的调查，你估计在调查过程中会有什么困难？你打算怎么解决这些困难？这就是一道难度比较高的一种组织管理题，在这道题中，考官并没有问你打算怎么办，而是上来就问在调查过程中会有什么样的困难，接着又追问你打算怎么解决这些困难。这就需要我们考生能敏锐地察觉到考官的意向，这样的题就是以后会加大出题力度的反模板化的题，其实在我们回答这种题目的过程当中，我们会发现，这道题问的也就是组织这次调查的难点或者说是重点是什么，其实也就是我们在计划准备环节和协调控制环节应该着重注意什么问题。这时如果考生再按部就班地按照事前计划、事中实施、事后总结进行答题，就显得太过于牵强，与这道题目的题干不符合，这就是我们应当注意的问题。

【参考答案】目前，高校毕业生就业形势日益严峻，不利于我国经济社会的和谐稳定，对于高校来说如何有效帮助和合理引导毕业生就业，是每个学校应该关注和思考的问题。学校准备做一个企业对于高校毕业生需求的调查活动，有利于学生了解企业的用人标准和要求，更好地提升自己；有利于学校完善高校教育内容和方式，提升学生的核心竞争力。

调查中可能遇到的困难有：调查的样本不具有代表性，如何选择合适的调查方式，调查工作人员的选取和数据的整理。

而对于调查中可能出现的困难，我认为可以这样解决：

第一，样本的选取。为了确保调查的可信度，样本的选取必须具有全面性、代表性。解决这个问题的办法是：根据国家对企业的分类，从每类中选出一定数量的代表企业，代表企业的标准是大中小企业都要包含其中，并针对学校的性质，重点选取一些和学校专业类型和教育内容相关联的重点企业，保证调查结果的有效性。

第二，调查方式的选取。选取合适的调查方式可以提升调查的效率，保证调查工作能高效完成。由于此次调查主要是针对于企业的用人需求，因此可采取文献调查法，与各类企业的人事部门进行联络，咨询企业的用人原则和各类工作的具体要求。也可采取问卷调查的形式，设计科学的调查问卷，调查内容主要围绕用人标准、专业技能需求等学生最关注的内容，还可采用座谈会的方式，邀请一些重点企业的招聘负责人，到校进行互动和交流。通过三种方式的调查以保障调查的全面性和效率。

第三，调查人员的选取。这次调查对调查人员的素质要求较高，要求调查人员不仅懂得高校毕业生的特点，还需要有一定的企业知识，除此之外，还要有较好的沟通交流能力，以便调查时能得到对方的认可。所以在调查人员的选择上要严格把关，同时还要对所有的调查人员进行培训，确保符合要求。

第四，调查结果的统计。可借助一些科学的统计处理软件，对结果进行汇总并进行仔细、认真的分析，以明确企业对高校毕业生的真实需求。

以上是这道题的答案，通过答案我们可以看出，这道题回答的侧重点与一般提问方式的组织管理的侧重点是不一样的。这道题问的就是此次调查活动可能遇到的困难，这就要求我们根据题目的思路来进行答题，有的考生会问："老师，以后组织管理的题都会这么难答吗？"这里我给大家举了个难度比较大的例子，意在告诉各位考生对于题目一定要具体问题具体分析。接下来看这道例题：假如你是市残联的工作人员，现在让你组织一项关爱残疾人的活动，你有什么计划？通过对这道题题干的阅读，我们可以知道，考官并没有问我们从头到尾怎么办，只是问我们怎么计划。这时候我们就要根据具体的题干进行答题了，我们的答题思路一般是一个帽子加上三个环节，而对于这道题只需回答一个帽子加上两个环节就好了，三个环节当中的最后一个总结提升环节我们就完全没有必要来回答了，即使是回答了也是画蛇添足，反而有可能降低我们的得分。所以我们在回答组织管理这类型的题目时，一定要像孙悟空一样练就一双火眼金睛，能迅速找到题目中的有用信息，有选择性地进行答题。

本章的最后再给广大考生一些回答组织管理题的备考建议。《国家公务员通用能力标准框架（试行）》中明确指出，公务员应具备的计划组织协调能力主要体现在以下几方面：

第一，依据工作目标，预见未来的要求、机会和不利因素，并做出计划，也就是说我们在组织管理答题的过程当中要有忧患意识，要能够防患于未然。第二，计划要切实可行，具有可操作性。这里给大家举一个例子。在我上课的过程当中有这样一道例题，单位要举行一次宣传活动，一些考生就会说为了提高此次宣传活动的效果，做到妇孺皆知，我们要请一些大明星。这时候从经费预算的角度进行考虑，一个单位的宣传活动请大明星就有点不现实了。所以我们要注意在回答组织管理的过程当中，我们的计划一定要具有一定的可操作性，不能因为是答题就天马行空，乱答一气。第三，按计划执行的能力，执行过程中的变通能力。这里有两点向大家强调的是我们要按照计划执行，不能像有的考生答题一样，计划和实施完全对不上号，同时也要注意在执行的过程当中突发情况的发生。第四，善于总结提高，把感性认识上升到理性认识，更好地开展工作。这个环节是我们最后的总结提升环节，考生可根据考题有选择性地回答问题。

最后给大家讲解在平时我们怎么进行积累，更好地回答组织管理这类问题。第一，多看书学习，尤其要多看各类管理方面的书籍，了解各类活动的基本程序，使我们在组织整个活动的过程当中更能井井有条，让考官听起来感觉我们是有一定的工作经验的，进入公务员队伍后对于陌生的工作环境和工作流程，我们是能够快速适应的。第二，做生活的有心人，积极参与学校以及单位组织的各项活动，了解各种活动的流程。在平日里多注意积累举行各类活动的具体流程，在回答组织管理活动这类问题时基本就没有什么问题了。第三，我们要学会在平凡中发现组织活动的真谛，组织一次活动之后充分思考一下组织整个活动的流程，并学会举一反三、触类旁通，将组织活动中的精髓推广到组织其他类似的活动当中。相信大家通过以上八节内容的学习都能够有长足的进步！

练习题目

1.电动自行车目前引发了许多争议，有人说可以禁止通行，有人说可以单双号等，让你去做一个关于电动车的调查，怎么开展？

2.你们单位的业务取得良好的业绩，将邀请外部的业务关联单位参加一次业务推广和欢迎的招待会，现在由你来负责通知参会人员，请问你该如何进行？

3.开展"低碳生活环保日"，领导安排由你负责工作，你如何开展？

4.贵阳市交通堵塞严重，对此让你组织一次调研，你如何开展？

5.某地区准备文化书市活动，进行文化交流活动，同时准备举办健康讲座，由你来组织这项活动，你怎么组织？

6.政府要组织1000名群众代表对55个政府部门和50个职能部门进行工作评议，问你怎么来组织？

7.某市准备表彰一批"优秀农民工"，以弘扬风气，请问你认为怎样做才能保证评选的真实性，保证选出的是优秀农民工而不是农民工领导？

8.学校团委要组织一次"青年创业策划大赛"，领导让你组织，如何开展工作？

9.让你组织一次提倡勤俭反对浪费的活动，你怎么做？

第九章　自我认知与职位匹配

自我认知与职位匹配一类题目是公务员结构化面试中唯一可以提前作书面准备，将可用的素材写成纸稿的题型。正因为如此，大家都可以提前预计此类题型，这就要看谁最能充分了解岗位需求，并全面准确地定位自己，让自己准备的素材打动考官，让考官觉得你就是这个招考岗位的不二人选。也正因为此类题型考查的是考生一些基础的素质，很多考生对此类题型存在轻视的心理，认为写成讲稿很麻烦，考场上临场发挥也没问题。殊不知，根据以往情形来看，大多数考生都做不到在考场上流利地回答此类题目，这样会给考官留下一个非常不好的第一印象。考官要么觉得该考生没有非常重视此次面试，连做个自我介绍都说得断断续续、逻辑混乱，要么觉得考生是在编造故事，否则为什么自己的过往经历都要时时停顿才能串联起来呢。我们知道自我认知与职位匹配题目如果出现在结构化面试中，往往是第一题，根据心理学上的首因效应，在第一道题上就栽了跟头的考生往往会影响考官对考生的整体印象。

对于此类题型，我们根据对自己认知的角度不同，可以将其分为三类：认知过去、认知现在和认知将来。

每个人都应该对自己的过去不断地沉淀、反省、总结，也应该对自己的现状有个客观清晰的认识，在前两者的基础之上，才能谈得上对将来进行合理的预期或者规划。而每一位走到公务员面试这一关的考生，不仅仅应当对自己认知客观准确，更需要注意的是，认清自己是否真的适合公务员这个岗位，是否真的具备了与报考单位和岗位相匹配的某方面的潜质。如果确实不适合公务员这个岗位，并不存在符合这个岗位的相应潜质，那么考生可能需要反思是否一开始就选错了方向。相信除了公务员这份平凡又崇高的职业，我们国家还有很多的舞台等着新时代的年轻人去发挥，去创造。所以，学好自我认知与职位匹配无论是从希望通过面试的角度来说，还是从认清自身的发展前景的重大问题上来说，都是非常重要的。在准备此类问题的时候，总体来说，需要把握以下两点原则。

第一节　答题原则

一、人岗匹配原则

人岗匹配，就是按照“岗得其人，人适其岗”的原则，根据不同的人的特点、素质，将其安排在各自最适合的岗位上。真正有效的人岗匹配至少需要经历“知岗”“知己”“匹配”三个重要步骤。

“知岗”就是对所报考或者将要报考的岗位进行调查了解，最好的调查了解莫过于能进入相关部门实习一段时间，但这并非每位考生都有机会做到。但在面试前至少需要做好如下几方面的了解工作：

1.所报考单位的组织结构及在国家整个管理体系中的功能和位置。

2.所报考岗位的主要职责及必备的个人技能和条件。

3.所报考的单位及岗位经常需要打交道的部门或者个体对象。

4.所报考单位的工作环境及团队氛围。

考生通过查询该单位的官方网站了解该单位、该系统的组织结构、工作原则、工作重难点等，也可以通过一些亲朋好友了解该单位的团队氛围等，甚至有条件的情况下可以实地考察工作环境，了解工作服务对象等。

当我们知道了岗位的特点和要求，我们就应该进入“人岗匹配”的关键环节——“知己”。“知己”的方法有很多，如心理测验、人才测评等。在考生进入面试环节时，最重要的是要对自己过去的经历、工作技能和特长、工作期望等进行全面的梳理。为了检验自我认识的客观性，可以借助一些人才测评的手段检验自我评价是否客观可信。这一阶段需要对自己以下几方面进行梳理：

1. 人生经历梳理。

2. 能力特长梳理。

3. 求职意向梳理。

最后就应该准确地判断自己是否已经全部具备或者部分具备岗位要求的条件，即人岗匹配程度有多高。通常来讲要找到百分百匹配的案例实属罕见，此情形下就要求考生对符合岗位需求的能力特长、过往经历等进行进一步梳理，以便在面试时能够突出自己符合岗位需求的条件。公务员用人单位在选拔人才时，有自己的选人标准，体现在面试环节中即是面试题目及评分表和评分规则，这一套测评标准的最优状态即是得分最高的正是最适合的人选，这个标准选拔出的最适合的人选也许是和一般企业认为的优秀人才有差别，也许不是一般大众眼光中的佼佼者，但必定符合“人尽其才，物尽其用”的原则，体现人岗匹配的真意。

二、真实可信原则

上面谈到了希望考生能在面试时尽量展现自己符合岗位需求的一面，在面试辅导课中，有的考生会在课下问我：“我没有符合岗位需求的特长，也没考过什么证书，难道要叫我瞎编一些吗？”“考官手上有我的简历吗？我编造一些特长用人单位能查得出吗？”在这里要奉劝考生们不要抱着这样一种投机取巧的侥幸心理，且不说某些地区或者某些部门面试时考官手上可能有每一位考生的资料，即便没有，胡编乱造的谎言也是很容易被揭穿的。曾经有地方的公务员面试中就出现过，十个考生中有八九个都自称是学生会主席、优秀学生干部，根据经济学上“劣币驱逐良币”的效应，考官们可能会对整组考生的自我陈述产生怀疑甚至反感。更何况，即使侥幸通过了面试，考官中很可能就有本单位的领导，谎言可能很快就会被揭穿，这显然不是明智的做法。

正因如此，自我认知与职位匹配一类题目，以真情实感打动考官才显得更加重要。有同学会疑惑：“那全让我说真话，我真的没有什么好讲的啊，也没什么优势。”这其实是走入另外一个极端，以真情实感打动人并不代表不能突出放大自己的优点。但要注意，放大自己的优点并不是靠编造，而是通过一些实际例子来证明自己确实具备这些优点，加深考官对你的印象。

有同学喜爱篮球，但确实没参加过什么大型比赛，也没拿过什么奖项，但也可以说：我喜爱篮球，曾代表班级参加系里组织的篮球比赛，平时积极参加篮球训练，虽然至今仍是一名替补队员，但是我仍然热爱篮球这项集体活动，坚持参加训练，每场比赛必到场备赛并为自己的队友加油，学习经验争取能有上场为球队做贡献的机会。

还有的同学说，我除了参加过小学生书法大赛获过奖以外，上中学、大学再没获过什么奖项，这个怎么好意思在面试的时候说呢？其实也可以巧妙地转化一下，把这个书法特长的优点放大。可以说：我小时候学习书法是父母老师培养的结果，曾经参加过某某市小学生书法大赛获得几等奖。后来慢慢发现，学习书法不是为了获奖，而是陶冶情操，修身养性。学习书法还可以了解中国传统文化的博大精深，学习古人的高风亮节。之后我学习书法完全是出于兴趣爱好，学习更加主动积极。也因为学习书法的缘故，常常能为集体活动贡献一份力量，学校海报、宣传栏等处常常有我的身影，我更为我的一个小小的特长能在集体中发挥作用而感到自豪。

举这两个例子是想说明，大多数人在学生时代都没有做过什么惊天动地的大事，取得过什么辉煌的成就，但用人单位更希望通过了解你的兴趣特长来了解你的个人品格以及内在潜质。与其吹得天花乱坠，不如回归真实的自己，起码可以让考官看到你的真诚和坦白，还可以用实实在在的例子加深考官对你的印象。

第二节　认知过去——背景经历

一、题型概述

这类题目往往询问考生过去经历的一些事情，通过考生所经历事情时感悟的人生道理来了解考生的过去。虽然说过去并不代表考生现在的状态，更不能代表考生将来的情况，但是毕竟过去发生的事情是真实客观的，能够折射出考生的背景经历，尤其是要求考生说说对过去事情的评价和感受，更能够检验出考生是否对自己的过去有客观清晰的认识，能否在过去的基础上调整自己未来的方向。

这类型的题目往往有两种询问的方式：一种是问和过去有关的事物；一种是问和过去有关的人物。

二、答题思路

问到和过去有关的事物时，通常的问题有：你最……事情是什么？比如你最成功的事是什么，或者最难忘的事是什么等。也可能换另外的提问方式，比如你的座右铭是什么，你最喜欢的一句话是什么等。

在回答这些问题的时候，话题没有固定的选择范围，如前所述，要求真实可信，不可胡编乱造。说出自己对事情的真实感受和想法，让考官通过你的叙述更深入地了解你做人做事的态度。

例题 1：你最难忘的事情是什么？

在回答"你最……事情是什么？"这个问题时，可以采用以下两种思路。

思路一：

1. 简要叙述你最……事情经过。
2. 事情给你的感悟、启发或者教训。
3. 今后如何实践悟出的道理。

如果你最……事情有很多件，那么也可以多说几件，但是在叙述的时候要讲求事情之间的逻辑顺序，最好这几件事情之间有内在联系，串起来就可以折射出一系列的人生道理。

思路二：

1. 简要说明最……事情很多，印象最深刻有这么几件。
2. 事情一＋感悟、启发或教训。
3. 事情二＋感悟、启发或教训。
4. 事情三＋感悟、启发或教训。
5. 今后如何实践悟出的道理。

【参考答案一】我最难忘的事情是我刚开始服兵役的时候的那段训练。

最初入伍的时候我要按照规定进行严格的军事训练，我自认为身体比较强健，从思想上没有予以高度重视，甚至是还比较轻视，认为这只是一种形式，这种军事训练起不到什么良好的效果。在刚开始的几天我一直持有这种思想，在训练中我的身体明显出现了不适应的感觉，经常呕吐，胃病的老毛病又犯了，没有一点胃口，全身无力。我感觉自己实在支撑不下去了，就找班长请假。原本以为能够得到班长的允许，没有想到竟是一番严厉的批评，对于班长的这些批评，我虽然没有直接顶撞但是依然感觉很委屈，认为班长不会体贴士兵。辅导员察觉到我的情况之后，一方面在训练完毕后帮助我进行身体上的调整，让我尽快地恢复身体状态，另一方面又积极地给我做思想工作，让我意识到作为军人应当服从组织命令，不怕吃苦，勇于克服困难。

后来，随着训练强度的不断加大，自以为身体能够完全胜任训练要求的我开始认识到这种训练并不是以前想象的那么简单。尤其是拉练过程中的负重训练，让我在思想上开起了"小差"，认为这些都是对士兵的没有必要的折磨。作为现代化军队，加强技术研发是最重要的，搞军事训练没有太大必要。每每看到训练完毕我磨出血泡的双脚以及粗肿的大腿，我都想放弃，但是看到周围的战友我又一次次地打起精神。我又产生了偷懒懈怠的情绪，在训练中表现不积极，并且因此影响了全班的训练成绩，辅导员、周围的战友看到我思想上的负担也积极开导我，并在训练过程中主动地帮助我克服困难，坚持完成训练。我开始意识到这种训练并非是单纯地对自己身体的考验，更是一种意志力的磨炼，身为一名战士要勇于接受这种挑战而不能做失败的退缩者。在一段时间之后，我的身体也逐渐适应了高强度的训练，对于训练也有了更高层次的认识。在训练结束举行的表演大会上我们班获得了优秀训练集体的荣誉称号，我个人也被授予优秀训练个人的称号。

通过这次难忘的训练，我懂得了在遇到困难的时候应该保持顽强的状态，积极应对、迎难而上，而不是一味地抱怨甚至是退缩。我纠正了以前对于军事训练的错误认识，同时军事训练也增强了我的团结意识、纪律观念，锻炼了我的毅力，让我体会到了集体合作带来的荣誉感。这些难得的收益为我以后更好地适应军营生活提供了坚实的保障，也让我受用一生。

【参考答案二】有人说，人的一生中关键的转折点就那么几个，抓住了就能改变命运，失去了就再也找不回来了。在过去的生活中我也有过几次关键的转折点，但令我难忘的莫过于我的考研生活了。

大学三年级的时候我决定考研，以继续深造。大学四年级的时候开始着手准备，由于是跨学校考，所以有一定难度。我对自己的考研制订了详细的计划，先是从买书开始，从大三就开始搜集各科的复习资料，一直到大四开学。然后接下来就是找自习室复习，由于当时学校的考研风气很浓，自习室相当紧张，从九月份开学一直到来年一月份结束，如果早上七点以后起来去自习室是根本不可能找到空位的，以至于经常会有同学搭车去别的学校上自习。为了解决这个难题，我们只有一个办法，就是每天早上六点钟起床，第一时间跑到自习室门口，等着看楼的管理员开门，然后去占座，学习。日复一日，每天背着重重的书包往返于自习室、食堂、宿舍之间，有时候自习室赶上有课了，还要跑着去找其他空闲教室。这样的生活一共持续了四个月，直到考研结束。最终，努力还是换来了回报，一起考研的朋友们都考取了自己满意的学校。

考研的生活是难忘的，从中得到的最多的是知识的积累，其次是锻炼了坚强的意志和顽强的毅力。每天将近 14 个小时的埋头苦读，对于完全靠自律来约束自我的大学生来说并不容易。另外就是收获了友情，研友们一起奋发向上，互帮互助、团结奋斗的精神值得怀念和珍藏。也许，考研对于漫长的整个人生来说并不算什么，但是在年轻的时候，有过奋斗的历史，总会激励着人走向另一个成功。

例题 2：你有座右铭吗？追问：1. 你的座右铭是什么？2. 为什么没有座右铭？

座右铭是人生的坐标和指南，通过座右铭主要考查一个人的处事原则和态度。同时座右铭应该影响自己平时的一言一行，所以在答座右铭的时候一定是自然的、充满感情和亲切感的。答座右铭的时候要注意两点：

第一，不能太消极。例如有些人的座右铭是“比上不足，比下有余”，这样的话不仅有点消极，还有点世故；再有一些人的座右铭是“岂能尽如人意，但求无愧于心”，这样的话是对自己的宽慰，有点推卸责任的味道。

第二，不宜太悲壮。有些人喜欢高喊口号，一上来就说我的座右铭是“为共产主义事业而牺牲一切，随时准备为祖国献身”，云云，这些都和我们的时代背景不相符合。现在是一个告别了革命的年代，那些过于极端浪漫主义的座右铭与和谐社会不是很协调。如果你的座右铭确实是这样的，笔者表示尊重和理解，不过如果用来回答公务员面试的题目，应该慎重，起码要注意语言表达。

思路一：

一句话里面往往包含了很多个方面的道理，所以我们在将自己的座右铭说出来之后，就可以对座右铭里面蕴含的道理进行解析。比如，你的座右铭是“不会评价自己，就不会评价别人”，从这句话中可以分析出：一是认识自己的重要性；二是提醒我们要换位思考；三是评价事情应该客观公正，一视同仁。每一个方面体现出来的道理都可以通过说理或者自己的经历展开。最后总结表态，说明自己将怎样践行这个座右铭。

1. 简要叙述座右铭及其含义。

2. 道理一。

3. 道理二。

4. 道理三。

5. 如何践行座右铭。

思路二：

我们选择一句话作为座右铭的时候，总和一定的经历和背景相关，所以我们可以通过座右铭引出自己的一段经历。

1. 座右铭。

2. 座右铭背后的故事/座右铭的由来。

3. 座右铭对自己的影响/如何践行座右铭。

思路三：

座右铭可以不止一个，可以有多个，不过不要太多，最多不超过三个。我们有时候会觉得答题内容过于单薄，这个时候我们就可以选择两句或者三句话作为我们的座右铭。和上面讲解的思路一样，最好这几个座右铭之间有内在的联系，在叙述的时候最好也有逻辑上的顺序和铺排。

1. 座右铭一＋道理。

2. 座右铭二＋道理。

3. 如何践行座右铭。

思路四：

我们不仅可以给道理分类别，还可以给道理分层次。有些话不仅有明显的含义，还有潜在的含义，很多层含义。比如“失败是成功之母”，你刚把它作为座右铭的时候觉得自己就是必须要经历失败才取得成功，这可以说是其最直接的含义。后来你发现，其实所谓的失败并不是你自己的失败，别人的失败也可以成为你的成功之母，这是第二层含义。再后来你发现，只要我们认真面对，敢于进取和挑战自我，即便是失败了，而别人踩在我的肩膀上取得了成功，我做了别人的垫脚石，这看起来是失败，但从另外一个角度来说，也是一种成功，所以失败本身也是成功。只要我们用心生活，人生没有失败。这是第三层含义。

1. 简要说明座右铭。

2. 第一层含义＋体验。

3. 第二层含义＋体验。

4. 第三层含义＋体验。

5. 如何践行座右铭。

【参考答案一】我的座右铭是“浪子回头金不换”。我之所以选择这句话作为自己的座右铭，是因为我从我的经历中切实体会到这句话给我带来的巨大影响。

年幼时的我是一个不太招人喜欢的孩子，经常背着老师，在学校里面拉帮结派地去欺负同学，上课也不好好听课，学习成绩很差，经常跟一帮不爱学习的同学混在一起。我一直以为那样的人生很潇洒，很有意思。到了后来，我身边的一个跟我一起玩的伙伴突然洗心革面不再贪玩、打架了，而是每天都按时上课，认真听讲。我们都感到很奇怪，并公开地嘲笑、打击他，很多次都邀他逃课出去玩，他一直都不为所动，依旧全身心地学习。后来在他坚持不懈的努力下，他的学习成绩直线上升，在学期末的时候成为全班的尖子生。对于他翻天覆地的变化我先是感到很吃惊，后来感觉很羡慕、很后悔，羡慕这位曾经学习成绩不如我的伙伴竟然出现了这么不可思议的改变，后悔自己没有及时发现问题，利用好现在的大好时光抓紧学习。经过对自己的深刻检讨和冷静分析之后，我暗自下决心，一定要以他为榜样，洗心革面，做一个优秀的学生。同时，作为对自己的激励，我把“浪子回头金不换”这句话作为自己的座右铭，让它时时刻刻激励我，督促我不断改过自新。

正是这句话对我以后的人生产生了不容忽视的影响，也改变了我的人生轨迹。从那以后，我不再无故旷课，不再厌恶学习，充分利用课余的时间补习之前的课程，认真完成老师布置的作业。终于，功夫不负有心人，我在学期末不仅取得了优异的成绩，而且因为数学考了全年级第一，老师让我做了班里的数学课代表。在我的努力下，我始终保持了优秀的学习成绩，并顺利通过了高考，成为一名重点大学的学生。

反思我的人生历程，我深刻地认识到精神的指引作用是巨大的，在人生并不平坦的道路上我的座右铭给了我太多的启发和勇气：它让我敢于正视自己的错误，敢于严厉地自我剖析，敢于面对严峻的现实让自己勇往直前。曾经的我因为这句话深受其益，现在的我会继续让它指引我的人生，并且我会结合自己的人生经历对这句话进行更加深入的认识，不断挖掘简单话语背后更为深刻的内容，使其更好地指导我的人生道路。

【参考答案二】从小到大，我的座右铭都是“一分耕耘，一分收获”。简简单单的八个字，我对它的理解却是在数次的怀疑中不断丰富起来的。

最初，这八个字对我的意义就是持之以恒地坚持勤劳和勤奋，就会有好成绩。每天回家仔细完成作业，复习预习功课，学期末制定计划认真复习，考试就取得了不错的成绩。

第一次怀疑让我知道好方法会让勤奋更有效率，不正确的方法会让自己事倍功半，甚至徒劳无功。因此，我在勤奋的同时也会多动脑，寻找好方法，如利用先进的科学手段，向有经验的人学习请教等。

第二次怀疑让我清楚耕耘也需要适应环境与客观规律。好的环境固然能让一个人的努力耕耘更容易获得成果，但环境是客观的，由不得人挑挑拣拣，遇到任何环境都不能抱怨放弃，努力地适应它、改善它，在这个过程中自己会收获更加多的无形资产。

第三次怀疑让我明白人生迷茫的是不知道自己要收获什么，为何而耕耘。有目标就会有动力，会努力地适应环境，寻找方法，勤劳耕耘。

现在我寻找到了自己的目标，知道自己人生想要收获什么，该如何去耕耘。依旧是简单的八个字，但耕耘已经不是一味地简单地勤奋，收获也不再是一张满分的试卷或者一张奖状，更多的是自己心灵上的满足。将来，我可能还会对其产生怀疑，并且从中学到什么，但持之以恒的努力却是永恒的。

【参考答案三】我的座右铭是“活到老，学到老”。

知识是无限的，生命是有限的，我希望用有限的生命去不断地扩充自己。不断地追求知识，不断地学习是我最大的特点，也是我进步的方向。我从小就热爱书籍，曾经非常渴望自己有朝一日成为一个知识渊博的人。培根说过，知识就是力量。在信息化的 21 世纪，人才是最稀缺的资源，作为国家社会主义建设的中坚力量，青年人就要不断地学习科学文化知识，拓展自己的知识面，与时俱进，化知识为力量，才能在未来的建设中发光发热。

学习不仅仅学的是书本知识，从广义上来说更包括实践能力。人成长的过程就是一个不断学习的过程。从呱呱坠地、牙牙学语到为人处事、待人接物都是一个逐渐探索、学习的过程。任何人在他的一生中都要经历不同的人生阶段，每一个阶段所处的环境和面临的任务都会不同，都需要去不断慢慢地摸索、实践。这也是一个学习的过程。

就我而言，我目前处于刚刚步入社会的初期阶段，正处于从学生向社会人的转型时期。其间有很多的不适应，归结起来是，长期从学校形成的依赖心理要克服，独立生活的能力要养成，独立面对困难的勇气要培养，抗击压力、乐观的心理素质要养成等。如何平稳过渡，这是应该去摸索和实践的。另外，书到用时方恨少，工作中才发现自己在学校所学到的书本知识不够用，甚至是不适用，这时候就需要在原有的基础上去多学习提高工作技能的知识。工作之余也应多读书，以陶冶情操，增添生活乐趣。

例题 3:你最难忘的人是谁?

最难忘的人往往和最难忘的事情联系在一起。一个人让你难忘一定是你们之间发生了一件或者很多件难忘的事情。因此,在回答最难忘的人这样的问题时,不仅从思路上可以借鉴上文讲到的"最难忘的事",更可以在内容上面相关联。考生在梳理自己过去的人生经历时,可以将两者放在一起来梳理,同样的经历,可以从不同的角度来谈,整理出侧重点不同的答案。

在回答"你最……的人是什么?"这个问题时,可以借鉴"最……的人"采用以下两种思路。

思路一:

1.简要叙述你最……的人的主要事迹/你与他(她)之间发生的相关事情。

2.他(她)给你的感悟、启发或者影响。

3.今后如何实践悟出的道理。

如果你最……的人有很多个,那么也可以多说几个,但是在叙述的时候要注意人物之间的逻辑顺序,最好这几人之间有内在联系的,串起来就可以折射出一系列的人生道理。

思路二:

1.简要说明最……的人很多。

2.人物一十感悟、启发或影响。

3.人物二十感悟、启发或影响。

4.人物三十感悟、启发或影响。

5.今后如何实践悟出的道理。

【参考答案】在我一生当中我最难忘的人是在我服役时候的一名班长。4年前,我还是一个新兵的时候,他对我很严格,无论什么都要管,让我十分不习惯。由于我之前比较散漫,比如说我在训练完之后,喜欢和隔壁床的战友聊天。一开始他就和我说明部队的纪律,可是我并没有在意,继续和隔壁床的战友聊天,他就罚我去跑操场、站军姿等,这让我对他心生恨意,老是想找机会整他。有一次我把他最喜欢的鞋子给扔了,害他找了一整天,当他知道是我做的时候,因为这是针对他一个人的,他并没有当场责怪我,只是在空闲的时候找我谈了谈心,让我认识错误。在这件事之后,他对我并没有改变,还是一如既往地对我进行严格的训练,有一次我在训练的时候不小心受了伤,为了不影响整个部队的训练,他就先帮我包扎好伤口,背着我完成了训练之后再把我送到了军医那里,并安排了战友照顾我。在那几天,战友和我说了许多关于班长的事,军人一直是他的梦想,在部队里服役的9年的时间里,他不仅对自己严格要求,也对他所带的班严格要求,可是在私下,他对战友、附近的居民都十分关心,虽然他家里的经济条件很不好,可是在他们遇到困难的时候仍然经常帮助他们;在他的带领下班内的军人不仅能力很强,而且十分团结,在他带领下的班年年都会被评为"优秀班"。最后,在班内战友的帮助下,我们达成了和解,并在以后的日子里相处得十分融洽。

在服兵役这两年时间里,我从班长身上看到了作为军人无论处于什么岗位,无论有没有人关注,都要坚守自己的岗位。不管是在和平年代还是在战争时期,我们都要坚守自己的岗位。我还看到了无论任何时间,无论任何地点,都要时刻记着组织的纪律,不能够做任何违反组织纪律的事情。与此同时我还看到了我们在与人相处过程中要宽容,能够包容理解他人,并且在做事情的时候我们一定要负责任。更重要的是,我还看到了在工作生活当中,要乐于助人,当别人需要帮助的时候要尽自己最大的努力去帮助别人。

现在,我已经退役了,但班长的品格一直深深影响着我,我从中正确认识了自己。以前的我是一个比较散漫的人,但经过部队的熏陶、班长的教导,我已经改掉这一恶习,并时时刻刻都能够保持认真的态度去做每一件事。在以后的工作生活中我将会一直以班长为我的榜样,努力提高自己。虽然现在我与班长还有一些差距,可是我还会一直努力,向班长看齐。

第三节 认知现在——特长与不足

一、题型概述

考官除了希望多了解你的过去，更希望了解你的现在，以及你对自己的现状是否有客观清晰的认识和评价。了解现在的问题有很多典型的代表，比如："请你用3分钟时间做个自我介绍。""请你谈一谈自己的优缺点。""有三种人才：能够独立做好事情的，能够带领好一个团队的，能够制定好的决策的，你认为自己属于哪一类？以后还需要在哪些方面努力？"等。

以上举例的三个题目，代表了这一类题目设计的三种不同的阶段。最初的公务员面试中自我介绍是一个常考的问题，因为这个问题虽然老套，但考生有发挥的空间，不同个性特点的考生答题的效果是完全不同的，有的能言简意赅突出自己的优势，给考官留下深刻印象；有的却泛泛而谈，漫无边际抓不住重点。但是这样的题目也有一个缺点，虽然有心准备的考生仍然可以将自我介绍讲得出彩，但是一些考生会生搬硬套一些范文，让考官辨别不出其真实水平，因此这类题目只在外交部等少数部门的面试中继续采用，很多部门都不再简单的采用自我介绍的题目了，而是渐渐变型为第二种："请你谈一谈自己的优缺点。"这样的问法更有针对性，能让考生重点突出直奔主题，但缺点仍然是和第一种问法类似。第三种问法避免了考生事前死记硬背范文，因而是目前自我认知类题目中比较受命题者青睐的一种提问方式。

二、答题思路

例题1：请用三分钟的时间做个自我介绍。

自我介绍的题目，总体上来说，答这类题有两个方法：一种是分层次介绍自己；一种是分类介绍自己。我们先谈谈分层次介绍自己。

思路一：

1.基本素质。包括两个方面：一方面是精神上的，作为一个生活在现代社会中的人，尤其是做一个公务员，首先从个人素质上要求我们是一个好人。在做自我介绍的时候我们可以介绍我们的这些品质，比如助人为乐、乐善好施、严于律己宽以待人等。另一方面是身体方面，有一个好的身体是做好工作的关键，我们介绍自己的时候可以强调自己身体素质很好，具有良好的生活习惯。

2.政治素养。公务员应该关心政治，熟悉自己国家的意识形态和方针政策。我们在介绍自己的时候可以说明自己对党的历史、党的理论的了解程度，如果认真阅读过马、恩、列、斯、毛、邓、江等原著的，可以突出强调。我们也可以强调自己对当前党和国家的方针政策的了解程度。如果你是党员，或者在党内担任过什么职务，在不违背考试规则的情况下这些都可以说。另外，说明自己不仅是个好人，还是一个听党的话、跟着党走的好人。

3.知识背景。在知识经济时代，一个人只是听话还不行，必须具备相关的知识，才能适应现代社会的要求。首先是专业知识，专业知识是一个人的基本素质，具有扎实的专业功底的人会给人一种踏实可靠的感觉。介绍专业知识可以介绍兴趣爱好、学习和工作过程中取得的成绩，如发表过什么文章，获得过什么荣誉等。另一个知识是综合知识。除了自己的专业之外，还对哪些方面的知识有爱好，读过些什么书、看过哪些文章。

4.个人能力。能力和知识不是一回事，有知识但能力不一定强。知识是理论，能力是实践；知识是潜在的，能力是实现了的。在介绍个人能力的时候要结合自己的生活经历和工作背景，有工作经验的人这个方面应该重点介绍。

5.兴趣特长。现代人不仅应该具备知识和能力，还应该是立体的人，一个全面发展的人，一个有生活情趣的人，这个全面发展和生活情趣就体现在兴趣特长上。这个属于闪光点的介绍，属于锦上添花的项目，建议要少而精。如果没有特长，可以不说，也可以说得笼统一点。

6.缺点与不足。每个人都有缺点，有缺点并不是什么可怕的事情。在说自己的缺点的时候一定要真诚，要对自己进行深刻的反思和批判。讲缺点的时候不要去哄骗考官，这无论从什么角度来说都是不可取的。

7.总结。总结比较任意和自由，可以是表明自己对生活的态度，可以是对未来的展望，也可以用自己的座右铭来作为结尾。

这样一分下来就有七个部分，但是要提醒大家，并不是所有的人都要去介绍这七个部分，并且很多人也不可能同时具有七个部分，比如有些人的学习成绩一般，如果去编一些获得什么奖学金的谎言，这是不对的。大家在做自我介绍的时候不用撒谎，每个人多少都有自己突出的优点，把自身的优点挖掘出来就是了。我曾经有一个学生，考试挂科，差点毕业不了，社会实践参加得少，什么都不行，就是爱好广泛，绘画、钢琴、足球、游泳，样样都精通，并且拿过很多奖，他做自我介绍的时候这些东西就成为他的重点，三分钟有两分钟在讲这些，最后也被录用了。即使你什么都很行，在做自我介绍的时候也不要面面俱到，应该有重点。

思路二：

思路二的内容和思路一是相同的，只是分类方法不一样，如果说思路一是按层次分，思路二就是按类别分。

1.生活中的我。自己如何与亲友相处，以及自己的兴趣爱好。

2.学习中的我。自己的求学经历和知识背景，以及学习态度和取得的成绩。

3.工作中的我。自己的工作背景或者参加社会实践的经历。

4.理想中的我。自己的理想、职业规划和人生准则等。

思路三：

思路一和思路二都显得比较全面。我们为了更加有重点地介绍自己，把自己最突出的一面展示出来，可以用几句话或者几个词的方式来概括自己。如：自立自强不自卑，虚心进取不自满。这两句话可以展开，结合自己的背景经历来谈。比如谈自己自立自强的时候可以讲自己如何独立，如何在上学期间就赚取生活费和学费，如何在条件困难的情况下克服困难；在谈虚心进取的时候可以讲自己是如何在取得成绩的情况下再接再厉，获得新的成绩的。每个人都有不同的经历和特点，我不能帮大家做自我介绍，只能引导大家怎么把自己说出来，至于说的内容是什么，还要靠大家自己。

【参考答案一】各位考官好。我是一名中共党员，大学期间，我曾担任我们学校党支部支委。支委这项工作，让我更加意识到了党员的责任和义务，所以，在生活当中，我时刻不忘以一名党员的标准严格要求自己，谨记“把人民的利益放在第一位”，平常乐于与人为善。为了能帮助到更多的人，我加入了学校的义工联，成为了一名义工。大学四年，坚持义务助学，帮助贫困人家的孩子。

我的专业是汉语言文学，我非常热爱我的专业。刚进大学的时候，我们的班主任就和我们说，作为中文系的学生，应该有两个宝，一个是能写，一个是能说。所以，大学期间，针对这两方面的能力，我致力于本专业的学习，并结合相关的实践活动，掌握了较好的专业技能。

为了更好地锻炼自己，我加入了我们学校的青年报社，最终成为报社的副主编。从一名普通的记者，到报社的副主编，在这个过程当中，我很好地锻炼了自己写和说的能力。首先，在写作方面，我参与编撰了很多刊物，比如我们学校的《新生入学手册》，校团委负责的《红马甲》、《荔园导航》等其他校级杂志。其中，《新生入学手册》是一本宣传我们学校的形象，让更多的学生和家长了解我们学校的风貌的手册。人手一本，发刊量七千余本。此外，我还在《深圳特区报》上发表过文章。这些经验，都很好地锻炼了我的写作能力。其次，在学校报社当记者的那段时间，我有意识地去锻炼自己的口才。我采访了很多人，在采访的过程中，通过与采访对象的交流，去获取自己需要的信息。在这个过程当中，我的表达能力以及与人沟通的能力得到了很大的提高。通过大学四年的学习，自己在语言表达方面有了很大的进步。

当然，我现在还只是一名应届毕业生，在工作经验方面还存在着很多的不足。正所谓"三人行必有我师焉"，在以后的生活当中，我会本着谦虚的态度，多向别人学习，见贤思齐，见不贤而自省，以便更好地弥补自身的不足。

我的座右铭是"诚于做人，勤于做事"，一直以来，我都以这个座右铭激励自己。正所谓成才先成人，现在的很多岗位，除了对我们的专业技能提出要求外，还把做人提到了一个非常重要的位置，将"德才兼备"纳入到录取人才的标准当中。所以，在以后的生活和工作中，我还将会用这句话来严格要求自己，把做人和做事很好地结合起来，争取成为一名对社会有用的人，更好地实现自己的人生价值。

【参考答案二】各位考官好，我是××号考生。我本科学习的是计算机科学与技术，辅修国际经济与贸易，研究生阶段的专业是应用数学，研究方向是随机分析与金融工程。我认为学生的首要任务是学习，所以一直努力积累自己各方面的知识与技能。因此，无论是三年完成四年本科课程，还是辅修、跨专业的学习，我都认真努力，多次获得学校的"三好学生"、"优秀研究生"称号与奖学金。

同时，我秉承学以致用的宗旨，积极参加各种竞赛和实践活动，提高自己的实际操作能力。我曾经与其他学院的几个同学组队参加了北京大学举办的中国创新管理挑战赛。在各场模拟赛与晋级赛中，我与队友通力合作，搜集、拟合、分析数据，不断修正完善，最后建立了一个集定价、生产、财务与销售等环节于一体的滚动式模型。在每次比赛中，我都充分发挥自己对数据的敏锐性，准确地分析出竞争对手的状况，为产品的定价、生产等环节制定出更加合理的决策。通过队伍的团结协作，我们在上千支高校队伍中脱颖而出，最终取得第三名的成绩。这类比赛让我将自己的所学运用于实践，同时在实践中不断根据需要学习充实，使得自己知识的深度与广度都有了很大的提高。更加可贵的是，还锻炼了我与人沟通协调的能力，意识到团结合作与大局观的重要性。

除此以外，我还担任过班长、学院学生会的秘书长等，这些职务锻炼了我的组织协调、写作等各方面的能力，强化了自己不拘小节、为他人服务的意识，让我感受到了助人与服务的快乐。

尽管自己在一些方面取得了一定的成绩，但是我深知，成绩只能意味着过去，这些成绩是有限的，很多成绩也只是停留在理论层面，我还缺乏具体的实践操作的能力，在今后的学习和生活中，我将戒骄戒躁，一如既往地发扬自己的优点，通过多种渠道提高自己的能力，尤其努力培养自己的实践和动手能力，改进自己在为人处事、待人接物方面的不足，争取成为一个对社会、对国家更为有用的人。

例题2：两句话说明你自己的特点，并结合工作中的事例说明。

思路一：

两句话可以选择两个优点。如果选的是优点，为了突出介绍的全面性，在结尾部分有必要点明自己的不足。比如第一句话是勤俭朴素，吃苦耐劳；第二句是视野开阔，勇于创新。最后结尾可以表示自己将再接再厉，同时对存在的不足加深认识和加以改进。

1. 优点一。
2. 优点二。
3. 缺点及其自身的态度。

思路二：

可以选择两句相对来说比较中性的话，通过这些话既可以让人看出你的优点，也可以让人看出你的缺点。比如第一句，办事雷厉风行，坚决果断；第二句，看问题深入细致，注重细节。和坚决果断相联系是武断，过于草率；与注重细节相关的是对整体把握不足。

1. 特点一：优点＋缺点＋改进。
2. 特点二：优点＋缺点＋改进。

思路三：

在讲自己的特点的时候，可以选一句优点，一句缺点。比如第一句，具有强烈的服务和奉献意识；第二句，常立志而志不长。

1. 优点：举例说明＋发扬。

2. 缺点：举例说明＋改进。

【答案一】各位上午好！我是一名应届本科（硕士）毕业生。关于我的特点，可以用以下几个方面加以概括：

在学习上，刻苦努力，勤于思考，热爱读书，踏实向上，求真务实，用心学好自己的专业基础知识，扎实学好自己的专业课程，并于大学四年内得过两次校内一等奖学金和一次国家奖学金，在国内多种学术刊物上发表了多篇文章。读万卷书，行万里路。在勤于学习专业基础知识的同时，我还不断积极投身于社会实践，让理论与实际相结合。在大学期间，我曾经到我们当地县委党校马克思主义理论教研部实习，学习和巩固我的专业知识，曾经随学校院团委老师组织学生“三下乡”活动，去农村宣传法律基本常识和医疗救助基本常识，也曾作为学校爱心社社长多次组织社员去当地敬老院、孤儿院慰问孤寡老人和儿童，为他们送去我们的爱心和温暖。大学期间我曾经连续两年担任我们学院团委组织部副书记，协助团委老师做好学院团委工作，撰写工作简报和组织各班级开展各项团员活动。业余实践活动不仅巩固了我的知识、扩大了我的视野，而且锻炼了我的组织和策划能力，丰富了我的大学生活，让我十分热爱我的学习生活，并做到充实而有意义。

在生活上，尊敬师长，团结同学，乐于助人。作为学校爱心社的一员和班级生活委员，我积极帮助班上来自边远农村家庭困难的同学，组织班级开展心理成长活动交流会，让大家能在成长的路上互相帮助，互相鼓励，共同成长和进步。

点评：1. 回答没有切中题目的关键。这个题目这样问，就是要考生把自己的个性和特点突出来，而该考生没有把握住重点，把一个有重点的题目变成了没有重点，对自己的介绍应该从学习上和工作上两个方面，而不是简单的两句话，因此，显然不符合题干要求。

2. 介绍自己显得过于完美，没有重点。尤其是“在学习上，刻苦努力，勤于思考，热爱读书，踏实向上，求真务实”一句，该句根本不是一句话，而是可以分为很多句。

【答案二】各位上午好！我总结自身特点有二：第一，心地善良，具有同情心、乐于助人，具有很好的服务意识。在读书期间，我曾经加入学校爱心社，作为爱心社的一员积极参加和组织各类献爱心活动，多次组织同学去敬老院和孤儿院献爱心。作为班级生活委员，我乐于为班级同学服务，乐于帮助他人。大学四年我主动承担了上课为任课老师擦黑板的责任，主动协助辅导员做好班级同学的心理健康的教育，每逢节假日都会买礼品或贺卡送给任课老师和班级生活困难的同学。

第二，做事善始善终，敢于挑战自我，面对困难时具有迎难而上的勇气。我做事比较踏实，一般决定要去做的事情都会善始善终，即使是中间遇到很多困难，也会积极想办法克服，坚持到底。我的小学是在农村读的，鉴于农村孩子大多贪玩，不好学的特点，任课老师课下给学生留的作业也非常不切合实际，曾经有一次老师规定傍晚放学回家要抄写课文《小蝌蚪找妈妈》十遍，我清楚记得自己点着蜡烛趴在一张破旧不堪的桌子上从放学一直写到晚上十二点。这样的事情经常发生，以至于上夜班的邻居叔叔都会以我家的灯光为他们晚上回家照路的灯塔。这种坚忍不拔的意志力一直伴随着我走过人生的每个阶段，是我走向成功的法宝。

第三，责任心强，爱岗敬业。作为一名基层人民教师，我对于自身的本职工作尽职尽责，认真完成教学工作的同时，关心学生的身心健康发展，讲好课，教好学生。认真细致备课，耐心负责教导学生。

点评：该考生在语言表达上还是比较规范，内容也比较丰富，具体，有针对性，总体来说是份过得去的答卷。不过里面还是存在一些问题：

1. 说特点二的时候，交代背景显得啰嗦，并且逻辑不严谨。“我的小学是在农村读的，鉴于农村孩子大多贪玩，不好学的特点，任课老师课下给学生留的作业也非常不切合实际”这句话中，说农村孩子大多贪玩并没有根据，这个背景完全没有必要交代，只需要说老师布置的作业很多就可以了。

2. 举例不贴切。事例显得有些幼稚，并且离现在的自己太远了，应用一个近期的事例，才更有说服力。

3. 审题不清，多了一个特点。

【参考答案一】关于我的特点，可以从以下两个方面加以概括：

第一，吃苦耐劳，积极进取。吃苦耐劳的品格的养成归因于我成长的环境。我出身于一个普通的农民家庭，从小就树立了要掌握科学文化知识，改变农村落后面貌的志向，并为之奋斗。中考对于我们当地的学生来说是人生一大门槛，升入县城唯一的一所高中等于跨进了大学的校门，为了能够考上高中，我克服各种不利条件，奋发向上。初三一年，我每天早上五点半起床，晚上一两点睡觉，时时伴随着蜡烛的微光不停向前，眼睛因而近视到了400度。终于功夫不负有心人，我成为全村仅有的两个高中生之一。进入高中后，我依然不敢放松，继续向前。伴随着早上六点多的晨跑铃声起床，晚上十点的熄灯铃声睡觉，吃的是食堂价格最便宜的馒头和自己从家里带来的咸菜，三年的高中苦读换来的是大学的录取通知书。进入大学后，我依然保持着吃苦耐劳、积极进取的精神，努力学习，考取各种专业资格证书，尤其是经过四个月的紧张复习顺利考取研究生。这样的品格是我成长的宝贵财富，我感激它，没有它，就没有我现在的成功。

第二，乐于助人，勇于奉献。人生最大的价值不在于你得到了多少，而在于你奉献了多少。在日常的工作和学习中，我乐于帮助他人，并从帮助他人中感到了自己的重要性，他人因我而快乐会让我比自己的快乐更高兴。在教学过程中我经常会遇到一些学生拿着一些讲过不下七八遍的问题来问，刚开始我会非常的不耐烦，因为这说明学生根本没听课或逃课了。但是反过来想，学生来问问题，说明他有求知欲，态度是值得肯定的，单凭这一点就应该耐心教育，想通了这些我就微笑给予解答，课下找学生谈话，询问他们的听课情况，找出原因，帮助其成长。对于经常逃课或上课容易走神的学生，我会利用课余时间，找其咨询情况等。归结起来发现大多是由于公共课不重要或课程枯燥，老师讲得不生动形象等原因，于是我会从自身方面检讨，备好课，找学生谈心，从心理上打消学生的抵触情绪，利用多媒体教学，激发学生兴趣。虽然不是辅导员，也不是专业课老师，但我依然会尽职尽责，做好自己的本职工作。

【参考答案二】我总结自身特点有二：

第一，心地善良，具有同情心，乐于助人，具有很好的服务意识。在读书期间，我曾经加入学校爱心社，作为爱心社的一员积极参加和组织各类献爱心活动，多次组织同学去敬老院和孤儿院献爱心。作为班级生活委员，我乐于为班级同学服务，乐于帮助他人。大学四年我主动承担了上课为任课老师擦黑板的责任，主动协助辅导员做好班级同学的心理健康的教育，成了辅导员的小帮手，每逢节假日都会买礼品或贺卡送给任课老师和班级生活困难的同学。

第二，做事善始善终，敢于挑战自我，面对困难时具有迎难而上的勇气。我做事比较踏实，一般决定要去做的事情都会善始善终，即便是中间遇到很多困难，也会积极想办法克服，坚持到底。数理逻辑是我们研究生阶段开设的一门专业课，课程内容非常抽象，需要专业的数学知识背景，我是一名文科生，只学过大学文科数学，并不具备扎实的数学功底和思维。所以对我来说，学习这门课程非常困难，但这也是锻炼自己、提升自己的好机会。既然选择了学习这门课程，就不能轻言放弃。我利用课余时间努力完成老师留的作业，并认真做好复习和预习工作，半年中我几乎所有的业余时间都是在图书馆做题，几乎每个晚上都会学习到深夜，为了一道题，不惜花费大量时间和同学讨论，向师长请教。终于，被大家称为黑色星期三的数理逻辑课结束后，我顺利地通过了该课程的考核，并且取得了好成绩。这一段时间的经历让我受益匪浅。

例题3：有三种人才：能够独立做好事情的，能够带领好一个团队的，能够制定好的决策的，你认为自己属于哪一类？以后还需要在哪些方面努力？

思路一：

我们可以选择一种人才类型，然后借助这种人才把自己的优缺点引出来。答题时候要注意两点：一是这些人才的有些优点具有交叉性，比如责任感强，就可以是三种人才都具有的优点。二是每种人才都可以包含很多的优点，比如能够独立做好事情的人才具有的优点就可以有独立思考能力强；理解力好，可以准确捕捉别人的要表达的含义；具有创造力；专业知识扎实；做事细心；有很强的忍耐力等。我们不可能所有的优点都具备，所以在介绍自己的时候，要根据自己的特点有选择性的介绍。

1.选择其中的一种。

2.优点＋适当举例。

3.不足与未来的目标。

思路二：

如果你觉得自己是万金油，什么都懂一点，什么都不是很精通，你可以向考官表明你具有各方面的潜能，目前还很难说属于具体的哪一类人才。然后列举自己在三个方面或者其中的两个方面具有的一定能力，最后表明自己应该在全面发展的基础上有专长。

1.不选择，表明自己的可塑性。

2.各方面的优点＋适当举例。

3.表态：未来确定的发展方向。

思路三：

我们并不排除有全才的存在，有的人可能已经是多个方面的人才。这个时候你在选择的时候最好不要三个都全部选择，你可以选其中最突出的两个，说明你的实力和全面发展，如果你是全才，在结尾的时候应表示谦虚。

1.选择一＋举例。

2.选择二＋举例。

3.不足与未来的目标。

【答案一】综合分析自身特点，我认为自己是能独立做好事情的那一类。

从小到大父母、老师、同学对我都很放心，因为他们觉得我很独立，能踏实、有分寸地把事情做好，即使是某些事情做得不够到位，但是也不会太离谱。不论是自己的事情，还是领导分派给我的任务或同事拜托给我的事情，我都会积极、认真、负责、高效率地完成，并能做好。

独立做好事情需要具有一定的担当力、判断力和勇气。在面对困难或危急情况时，要冷静、不慌张、理性，并且能在最短时间内做出准确判断，迅速处理。当然，由于社会经验少，阅历浅，在面对一些突发性事件的时候，有时无法做出恰当准确的分析，我会在最短时间内冷静分析、理清思路，迅速向领导报告，听取领导意见，或向同事、朋友寻求帮助，力争在最短时间内解决问题。我会在以后的工作中继续加强自身素质的培养，提高独立处理事情的能力，提高自身综合素质。

点评：1.表述太笼统。优点应该分点表达，这样才会显得清晰，有内容。

2.举例不深入仔细。答案中的例子只是蜻蜓点水，应该适当展开。

3.审题不准。这里是介绍自己，不是要考生表态，答题中的最后一个自然段“独立做好事情需要……需要……”这是在分析问题了。

4.有些自相矛盾。前面说自己能独立做好事情，然后又说“由于社会经验少，阅历浅，在面对一些突发性事件的时候，有时无法做出恰当准确的分析”，好像又不具备独立做好事情的能力。

5.对自己的未来定位不清。题目中明确地说了，自己以后要向哪些方面努力，而该考生只是泛泛而谈，对自己的未来没有一个具体的目标。

【答案二】在分析了自身特点后，我认为自己是能够带好一个团队的。带好团队，需要具备领导才能，即做事情能顾全大局、具备高度的责任感和事业心、果断处事、决策英明、关心下属、使得团队具有核心凝聚力和创造性。在过去的学习中，我曾带领班集体参加学校组织的各项活动，比如大学生创业模拟大赛、大学生演讲比赛、学校的拔河比赛等，作为班长我会积极鼓励同学们群策群力，发挥每个人的想象力和创造力，集体想出切实可行、有效的参赛办法，最后我们在所参加的各项活动中均取得了不错的成绩。在过去的工作中，作为单位的部门负责人，我带领同事，积极做好上级布置的工作，根据每个同事的特长，分派不同的任务给他们，充分发挥每个人的专长，培养和鼓励岗位能手，另外还积极组织各项群体文娱活动，增强群体凝聚力，关心同事生活，在大事上坚持原则，在小事上灵活处理，使得部门在年终评奖的时候获得了单位集体优秀奖。

当然，成绩只是属于过去，在实际工作中我还有很多不足之处，很多方面还有待进一步的提高和加强。

点评：这份答卷和答案一比起来，问题讲得更深入具体一些。除了这个优点以外，还是和答案一存在类似的问题，讲问题的时候合在一起，既没有分点，也没有层次，让人听来像一团糨糊。

【参考答案一】综合分析自身特点后，我认为自己是能独立做好事情的那一类，原因如下：

第一，具备吃苦耐劳的精神。农村家庭的成长背景让我养成了吃苦耐劳的习惯。无论吃、穿、住、用等日常生活，还是学习和工作，我都本着一切从简、坚决不铺张浪费的态度。大学期间我充分利用课余时间去做兼职，以减轻家庭经济负担，包括去社区送报纸，去商场做促销员，去做家教，做学校办公室行政助理、翻译等，极大地锻炼了我吃苦耐劳的精神。

第二，独立性强，责任心强。从上高中开始我就离开父母独立生活，开始学会克服依赖心理，开始学会慢慢适应环境，理性规划自己的生活和学习。从小到大父母、老师、同学对我都很放心，因为他们觉得我很独立，能踏实、有分寸地把事情做好，即便是某些事情做得不够到位，但是也不会太离谱。不论是自己的事情，还是领导分派给我的任务或同事拜托给我的事情，我都会积极、认真、负责、高效率地完成，并能做好。我在家中排行老大，从小父母教育要养成对事情积极负责的态度，要勇于担当，照顾弱小，在过去的学习、工作和生活中我对于自己的事情认真负责，科学规划自己的人生，爱岗敬业，爱护学生，即便遇到比较调皮经常旷课的学生，我也会客观分析情况，找准原因，与学生共同进步。

第三，善于学习，乐于向别人请教。作为刚刚从大学校门踏入社会的青年人来说，社会经验少、实际操作能力欠缺是很正常的现象。在工作中我也总会遇到一些之前没遇到过的问题，但是我善于学习，并且积极的向领导或同事请教不懂的问题，并从中找到解决问题的方法，总结经验，让自己的处事能力不断增强。

我希望在以后的工作中能不断进步，做一名办公室领导。所以，我会在以后的工作中继续加强自身素质的培养，努力提高自己的管理能力和统筹规划能力，多去参与实践活动，扩大视野，锻炼自己的判断力、意志力，提高自身综合素质。

【参考答案二】在分析了自身特点后，我认为自己是能够带好一个团队的。

首先，做事情能顾全大局。在过去的一年中，我们部门会不定期开一次全体工作人员的会议。领导会就近期各位教职工的表现给予适当点评，作为部门学科的负责人，我由于经验少、阅历浅，某些事情难免会做得不到位，领导也会当着所有人的面点名批评，虽然当时我会有些想法，但仍会站在领导立场上认真思考领导对我的批评，虚心向领导请教，在以后的工作中，认真加以改进。

其次，能使团队具有核心凝聚力。在过去的工作中，作为单位的部门学科负责人，我带领同事，积极做好上级布置的工作，能根据每个同事的特长，分派不同的任务给他们，充分发挥每个人的专长，培养和鼓励岗位能手，另外还积极组织各项群体文娱活动，增强群体凝聚力，关心同事生活，在大事上坚持原则，在小事上灵活处理，使得部门在年终评奖的时候获得了单位集体优秀奖。

再次，处理问题果断、细致。工作、学习生活中总会遇到大大小小的突发性事件，这些事件的发生往往让人措手不及，尤其是一些紧急情况。在一次学校的大型演讲比赛中，有一名参赛选手因为紧张过度，刚上台不久突然晕厥倒地，现场慌作一团，作为负责人的我立即叫大家不要慌张，并派现场医护人员迅速采取急救措施，并遵照医护人员的意见将其送往学校医院救治。之后，重新组织会场，安抚参赛选手和观众情绪，鼓励大家上台不要紧张，按程序办完比赛。事后，及时去医院看望晕厥的参赛选手，并鼓励他不要气馁，给他信心，让他争取下次机会再来参加比赛，以锻炼自己的自信心和口才。

带领好一个团队不仅需要有上述三个能力，还需要有理性决策的能力，我在这方面做得还不够好，会在以后的工作中不断总结经验，提高决策能力和领导能力。

第四节 认知将来——求职意向与动机

一、题型概述

求职意向与动机主要考查求职者求职的诚心和职业忠诚度，说得直白一点，是考查求职者的求职态度。其题目可以分为如下几类：

1. 要求考生谈行业与考生自身的关系的。比如，你为什么要考公务员？你为什么要考这个职位？等等。具体一点的会要求考生谈和职位的关系。

2. 考查考生对工作环境的要求。比如你心目中的好领导是怎么样的？你理想的工作环境是什么？等等。

3. 考查考生的职业取向。比如你最喜欢的工作是什么？最不喜欢的工作是什么？等等。

二、答题思路

例题1：如果进入新的岗位，你的目标是什么？

思路一：

我们的目标从时间上来说可以分为近期的目标和长远的目标。回答这个题目我们可以采用这样的分类方式。

1. 目标的重要性，强调自己是一个有目标的人。

2. 近期的目标＋工作设想。

3. 长远的目标＋工作设想。

思路二：

有些人没有长远的目标，这个时候你也可以不用谈长远的目标，你可以向考官表明自己是一个脚踏实地的人，对未来会有所考虑，但是考虑得不多，最关键的是把目前的事情做好。然后就直接说出几个具体的当前的目标，最后突出重要的目标。

1. 强调干实事的重要性。

2. 自己的几个目标：目标一、二、三。

3. 强调坚守目标的重要性。

【参考答案一】我个人的座右铭是“但行好事，莫问前程”，我觉得最重要的事情是把当前的事情做好。如果我进入单位，我的工作目标主要包括如下几个方面：

第一，尽快熟悉工作岗位的职责和要求，掌握工作所需的各种基本技能。我会认真按照领导的要求做好自己的事情，迅速找出自己的欠缺之处，并用最短的时间进行弥补和提高。多多思考，勤于观察，勇于动手实践，提高学习能力。

第二，尽快熟悉单位领导和同事，搞好人际关系，融入新的群体。我会尽快熟悉新的工作环境，熟悉单位中领导和每一位同事，与领导和同事建立良好的关系，虚心向领导和同事请教工作中不懂的问题，养成谦虚、不骄不躁的处事态度。

第三，尽快熟悉当地的环境，便于以后工作的开展。尽快熟悉我工作社区的居民的生活习惯，地理位置，人文环境，社区的各种设施。作为一名政法干警，我会在最短时间内去社区实地考察，了解社区的人文素质和居民的生活状况以及其他方面的情况。

虽然我的近期目标有很多，但是我会把重点放到做好自己的本职工作上，我会努力适应新的环境，坚守自己的岗位，兢兢业业地做一名合格的社区民警。

【参考答案二】作为一名即将走上工作岗位的年轻人，有自己的工作目标，不仅能够让我更好地投入到工作中，在应对困难的时候能够有积极的心态去正视问题、解决问题，还能够帮助单位集体树立良好的工作作风，提高单位集体的办事效率。我认为一个人不仅要有近期目标，也要有长期规划。我的近期工作目标有两个：

第一，尽快熟悉本地语言、文化和地理情况。由于我不是本地人，目前对本地情况还不是很了解，所以我将会通过利用网络技术查询，结合自己的实地调查、走访、了解，再通过认真咨询本地同事或者本地人民群众以熟悉本地的语言文化等。让自己能够更快地适应工作，让自己能够更好地为人民服务。

第二，通过国家司法考试。作为司法系统的一名干部，我必须要不断地学习，参加职业培训，努力提高自己的能力以及办事效率，让自己更好地为单位、为集体作出自己的贡献。

而我的长远目标则是在未来的某一天成为一所监狱的负责人。我国目前的监狱管理机制还不是很完善，而且监狱被认为是最苦、最累的地方，所以，我希望自己能够成为一所监狱的负责人，通过自身的努力，更好地对犯人进行管理、服务，努力去改造他们，去开导他们，让他们早日回归社会，成为对社会有用的人，从而为社会的和谐贡献自己的力量。

例题 2：有人说基层公务员工作条件艰苦，待遇低，升迁慢，你为什么还要来考基层公务员？

思路一：

题干说的在很大程度上是事实，我们先可以承认基层的工作条件确实有不尽如人意的地方，然后重点强调自己的能力和意愿，最后表明自己态度。

1. 描述基层工作的艰苦条件。

2. 阐述自身的求职意愿和能力。

3. 重申自己的意愿。

思路二：

我们可以承认题干的说法，同样，我们也可以质疑其说法。答题的时候可以开门见山地对这样的说法表示反驳，同理，在这个基础上，表明自己一种乐观向上的态度，同时对未来进行展望，相信环境会得到改善。

1. 对题干说法进行批评。

2. 表明自身的态度。

3. 强调用发展的眼光看问题。

例题 3：有人认为做警察很神气，你是不是这样认为的？

【参考答案】在人们的心目中，警察是除暴安良、维护社会稳定的守护神，其正直、威严、勇敢的形象给人们一种很神气的感觉。这说明我们的人民警察坚守岗位、尽职尽责的工作态度得到了广大群众的信任。作为我个人，如果我成为一名光荣的人民警察，我更愿意把这种信任看成是对我今后工作的鞭策。

同时我也认识到，警察神气的背后隐藏着巨大的压力和风险。作为人民警察，要时刻准备好为国家为人民献身，要时刻准备好危难时刻冲在第一线。地震、雪灾、洪水等自然灾害爆发的时候，有武警同志冒着生命危险去救援，社会上大大小小的危害人民群众生命财产安全的事件发生后，刑警或民警同志等会冒着生命危险冲在最前面。这都说明了警察的神气背后的巨大危险。

作为警察，穿上制服就意味着代表国家行使职权，同时身上背负着巨大的责任。警察队伍中还存在着部分人滥用职权、以权谋私等现象，严重损害了人民警察的形象。我如果能成为一名警察，一定会严格遵守纪律和职业道德的要求，时刻保持头脑清醒，为维护良好的警民关系和社会稳定作出自己的贡献。

练习题目

1.你认为一个公司对你而言,是给你良好的发展机会对你有吸引力,还是给你比较可观的薪水更能吸引你?

2.加入公务员队伍之后,你对自己的定位是什么?

3.如果加入到公务员队伍,你准备怎么提高自己?

4.报考公务员是你自己的追求还是你父母的要求?

5.我们认为你的专业和我们的要求不相符合,你有什么要解释的?

6.你最遗憾的事情是什么?如果时光倒流,你怎么改变这个遗憾?

7.你曾经组织过的活动中,你觉得有什么遗憾?如果时光倒流,你怎么改变这个遗憾?

8.你喜欢读的书籍、杂志有哪些?

9.谈谈受到帮助和帮助别人的一件事。

10.求知、上进、责任感是人不可缺的品质,请结合自己的现状和以后的发展谈谈你是怎么看的。

11.除了学习知识外,结合岗位谈谈你还需要哪些能力、经历。

第十章 情景模拟题

第一节 题型概述

一、情景模拟概述

情景模拟又称评价中心测评法，是公务员面试中常用的一种方式，它是通过设置一定的模拟情况，逼真地模拟工作环境系统和工作场景，将应试者纳入该环境系统中，要求应试者扮演某一角色并进入情景中，去处理各种事务及各种问题和矛盾。在这个过程中，考官采用多种测评技术和方法，观察和分析应试者在模拟的各种情景压力下的心理、行为、表现以及工作绩效，以测评其素质潜能，或看其是否能适应或胜任工作。情景模拟主要有三种方式：一是通过现场对话的方式考查考生的能力；二是通过现场的多媒体向考生播放一段录像，根据录像的内容向考生提问；三是通过现场的执法或操作来考查考生的应变能力。

情境模拟面试的理论依据是动机理论中的目标设置理论。目标设置理论认为，一个人的未来行为会在很大程度上受到他的目标或行为意向的影响。基于这个假设，情境模拟面试的目的是给应试者设置一系列工作中可能会遇到的事件，并询问“在这种情况下你会怎么做”，以此来鉴别应试者与工作相关的行为意向。应试者对他将来会怎么做的回答与他将来真实的行为之间有非常高的相关性。所以，情境模拟面试就是通过设置工作中的各种典型情景，让应试者在特定情景中扮演一定的角色，完成一定的任务，从而考查其多方面实际工作能力的一种面试方法。情境模拟面试主要考查应试者的思维灵活性与敏捷性、语言表达能力、沟通技能、处理冲突的能力、组织协调能力、人际关系处理能力等。总体上看，它是一种低成本但很有效的模拟工作相关事件的面试方法。

本章所讲的情景模拟有别于上文讲到的传统情景模拟的方式，是近年来在结构化面试中灵活穿插运用的一种半情景模拟的方式。由命题者设计一定的事件场景和考生所扮演的角色，要求考生将考官当成事件里面的某一个人物，完成对其解释说明、沟通说服或者是调解纠纷等任务。半情景模拟面试最大的特点是考官不参与对话，只是作为虚拟的沟通对象，考生可以自由发挥想象，假设对方的态度如何，以及自己应当如何回应。这是为了保证考试的公平性，因为当考官参与对话时，很可能因为回应的方式、内容的不同而使得考生面对的沟通难易程度不同，失去了统一评判的标准。事先预定好考官如何回应考生的想法也是不可行的，因为每一位考生的表现不同，考官不大可能面对每一位考生的不同表现作出相同的反应。

二、半情景模拟面试的特点

如上所述，半情景模拟面试主要测试应试者的各种实际操作能力，它主要有以下两个特点。

(一)岗位匹配性

由于命题者设计的情景是未来可能遇上的工作环境，测试内容又是拟招岗位的某项实际工作，因而具有较强的针对性。比如，在广东省考法检系统的情景模拟面试题中，规定考生的身份为负责案件公诉的检察官，面对刑事案件受害者家属的抗诉要求，向其解释案件处理合理合法，劝说其放弃抗诉。这就是在设置将来考生可能会面对的工作场景，考查考生是否具备法检系统工作的素质。这就要求考生既要熟悉有关抗诉的法定条件，又要模拟自己对该案件的处理结果非常熟悉，还要体谅受害者家属的悲痛心情，注意言辞要谨慎小心，不能刺激到受害者家属的敏感神经，最终还需要坚持原则，将法律的精神用通俗的语言解释给受害者家属听，让他们能够理解判决的结果。这小小的一道题，其实已经考查了考生报考法检岗位的各种综合素质。这类题目很多，工作场景也很多，这就要求考生平时通过新闻媒体网络，或者通过实践工作，了解所报考岗位经常可能需要完成的工作任务，以便做好相应的复习准备。

(二)真实可信性

由于命题来源于实际工作场景，考查的重点是应试者分析和解决实际工作问题的能力，加之这种方式又便于考官根据自己丰富的工作经验进行观察、了解应试者是否具备拟任岗位职务的素质，因此考生普遍反映半情景模拟面试比笔试和其他面试形式更具有可信性。

在结构化面试中，应试者容易陷入消极被动的境地，消极地接受考官的提问，应试者实际上是在机械地回答问题，而不能真实地展现自己的才能，在一定程度上不能充分地检测应试者的基本素质是否符合职位与岗位的要求。而半情景模拟将应试者在考场上所扮演的角色，强行由消极被动接受，向积极主动转变，使应试者在考场上成为面试的主角。比如，过去通过结构化面试考查考生的沟通协调能力，会出这样的题目："你的同事小张因竞争上岗失败而心情失落，工作积极性不高，你作为同事怎么办?"

以往考生在面对这样的结构化面试的题目时，往往容易落入机械化答题的套路，可能回答"我首先理解他的失落心情，安慰他，对他动之以情，晓之以理，鼓励他不要灰心不要气馁。"考生都知道需要这么做，关键在于谁能通过自己恰当的表达方式，和善的语气，温暖激励的话语，让小张感觉到安慰和鼓舞，这就不是一句笼统的"动之以情，晓之以理"能敷衍了事的了。如果把这个题目稍稍变动一下，改为"你的同事小张因竞争上岗失败而心情失落，工作积极性不高，你作为同事如何劝说他，请把考官当作小张，现场模拟一下如何劝说小张。"这样的提问方式充分体现了半情景模拟的优势所在，直接要求考生再现真实场景，用生活化的对话语言来展示自己的沟通能力，这就不是掌握几个答题套路就能解决问题的了。

半情景模拟面试除具有真实性的特点外，还具有开放性的特点。真实性表现为应试者在测试中所"做"的、所"说"的、所"写"的，与拟任岗位的业务直接地联系着，犹如一个非常短暂的试用期，其工作状态一目了然。开放性表现在测试的手段多样、内容生动，应试者作答的自由度高、伸缩性强，给应试者的不是一个封闭的试题，而是一个可以灵活自主甚至即兴发挥的广阔天地。

第二节　答题原则

一、"三有推定"原则

在人际交往中可能产生各种误会、矛盾和冲突，别人说的和我们所听到的可能会产生理解上的偏差。我们个人的分析、假设、判断和信仰可能会歪曲我们听到的事实。如果事先就因为对方不太愉悦的话语、冲动的态度就断定了对方是无理取闹，那么整个沟通已经因为我们的态度不够真诚而失去了成功的基础。尤其是在面对一些群众的不理解和质疑时，更应该换位思考，理解群众的疑问。

2008年，上海浦东新区在布置信访工作时要求，各级领导干部面对群众的诉求首先要做"有理推定"，面对群众需要解决的问题首先要做"有解推定"，面对群众的批评、意见首先要对自身的工作做"有过推定"，不能回避问题、推卸责任。

浦东新区提出的"三有推定"原则，对于我们解决情景模拟中的沟通问题，具有很好的借鉴意义。

一是有理推定。对于矛盾的双方，或者与我们僵持的对方，不管什么内容，一律推定其为有理。从这一原则出发，要求我们绝不能把对方当作无理取闹的人来看待，而要认真听取陈述，要通过适当的表达引导对方说出真实的想法。让来访人说得出，道得明，从而大大提高沟通的效率。

二是有解推定。我们遇到的半情景模拟题目背景，多是非常棘手、非常敏感的问题，甚至面对情景本身，考生很容易被题目设置的障碍吓退，产生畏难情绪。此时应当具备阳光心态，相信事情一定有解决的办法，相信我们只要有理有据、有礼有节地真诚沟通，一定能化解矛盾，让对方满意。

三是有过推定。面对对方的不理解，首先要冷静地反思自己是否存在问题，决不能否认自身工作存在过失的可能性。即使我们工作流程、工作态度都没问题，如果对方没能理解我们的做法，仍然可能是因为我们没有认真沟通，没有耐心仔细地解答对方的疑问所造成的误解。这一点正是沟通中必须要具备的反思精神。孟子曰："爱人不亲，反其仁；治人不治，反其智；礼人不答，反其敬。行有不得者，皆反求诸己。其身正，而天下归之。"孟子这句话也暗含着有过推定的道理。

二、用心倾听原则

有考生会认为，在半情景模拟面试中，由于考官不参与对话，只是一个虚拟的沟通对象，就不需要倾听，这种想法是错误的。在沟通中，不管在技术上我们是否能听到对方的回应，一个人在与对方沟通时是否能注意到听者的反应，是否注意到对方的情绪变化，是否重视他人的想法，是否能反复确认自己已经正确地理解了他人的想法，这是很清楚就能察觉到的。良好的沟通者能以开放的姿态，克服自身的偏见和情绪，使用鼓励性的语言，积极倾听他人的想法，不时重复以便确认理解正确。其实考生在半情景模拟中仍然可以通过"您刚才提到了……这件事情，是否可以理解为……这样的意思呢？""很感谢您刚才给我们提出的宝贵意见，我能否将您的建议归纳为以下几条？"……这样的语句向考官展示，你在沟通中并非一味地向对方灌输自己的观点想法，而是一种双向的交流，平等的协商。

三、适当妥协原则

很多半情景模拟题目有明确的要求，要考生劝说对方接纳自己的意见，或者说服对方做出一定的牺牲等，很多考生因此在沟通时将此任务作为终极目标，丝毫不动摇，不懂得妥协。其实，考官并非在任何情况下都以你是否最终完成此项任务为评判你表现的标准，更多的是希望通过你的沟通能在不违反原则、完成大目标的前提下，达到双方都满意的结果。因此，在沟通中适当妥协是十分必要的。妥协不是放弃原则，而是在大局观的指导下，放弃局部利益，而做出对全局最有利的决定。当然，妥协的过程中也一定放弃了一些东西。如何在错综复杂、互相矛盾的信息交汇中，做出合理、准确的决策，那就是高手与凡人的差别之处了。

第三节　咨询服务情景模拟题

政府部门由于自身的职责职能，拥有大量的公共信息，当公众与政府之间出现信息不对称时，容易产生误会、纠纷甚至是群体性事件。因此，政府在行使行政管理、执法等职能时除了应当注意方式方法以外，更重要的是应当将群众所关心的、关系到群众切身利益的问题解释清楚。这既是对人民群众的爱护和尊重，更是对政府部门自身工作顺利开展的保障。半情景模拟题目中也经常出现面对公众、媒体要求给予某一事件权威的解释或者说法的题目，这一类型的题目我们称之为咨询服务情景模拟题，考生扮演的角色往往是拥有正确信息的政府部门工作人员或者其他知情人员，要求对不明真相的群众解答疑问。我们来看看下面这个例题。

例题1：日本核电站泄露事件后，群众担心我国的海产品受到了污染，政府请相关专家检验后认定没有受污染，群众还是担心，你是某报社记者，如何和群众说？现场模拟。（2011年5月14日上海市公务员面试题）

日本核电站泄露事件之后，群众对于我们生活的环境、食品、水等是否受到核辐射的污染尤为担心。对于公共食品卫生安全问题，人民群众最希望能得到清楚明白的数据和答案。在本题设定的场景中，政府已经请相关专家检验之后证实没有污染了，但是群众仍然担心，这正是政府部门与人民群众信息不对称的结果，需要包括媒体在内的各界人士的耐心沟通和解释。

【参考答案】各位朋友们大家好！我是××报社记者小陈，工作证号××。很荣幸今天有机会跟大家聊一聊大家最关心的日本的核泄漏事件，这事儿可跟我们老百姓的餐桌问题息息相关。我们报社最近一直在密切关注事件的动向，我所在的新闻小组则一直负责与核泄漏有关的食品安全问题的追踪报道。我知道大家最近害怕吃海产品，担忧海产品遭受到核辐射的污染。这种担忧是非常正常的，说明我们越来越重视我们的身体健康了。其实政府监管部门从核电站泄露事件以来已经采取了比平时更加严密的监管措施，一直在关注和检测日本核辐射对我国的影响。

我们通过向政府权威部门求证，向知名的专家学者采访，得出了让人满意和放心的结论。现在我代表报社，就我所采访了解到的情况，跟大家做一个明明白白的交代，向大家承诺，我国附近海域以及陆地目前都处于安全状态，没有受到日本核辐射的严重影响。大家可以放心食用我国境内销售的海产品。为什么这么说呢？我从以下几个方面告诉大家详细情况。

第一，大家知道，现在日本核辐射向外扩散主要通过两大途径，一是通过水携带出去，二是通过气流携带，这两种方式均未影响我国附近海域。按照现在日本核辐射污染的程度，即使污染物能够通过大海携带到中国，经过上千公里距离的海水反复稀释，也几乎稀释得没有了；依靠空气传播则主要是看风向，从近10天的风向来看，对中国也没有影响。因此，目前日本核辐射不会对中国近海养殖和捕捞的海产品造成放射性污染，食用这些海产品是安全的。鉴于日本核辐射范围和数值正在不断减少，未来对我国海域影响的可能性将更小，群众无需对海产品食用安全担忧，增加不必要的心理恐慌。

第二，我国东部沿海的海产品养殖大省，饭店和居民餐桌上的海鲜多数来自本地养殖和近海捕捞，部分深海鱼类如三文鱼、金枪鱼、鱿鱼等来自太平洋、印度洋、大西洋等地的远洋捕捞。我国海产品相关产业的公司已经暂停与日本海域捕捞船只的业务往来。从近期海鲜消费的情况看，国内海鲜出口到日本是主流，日本海鲜进入国内本来就很少，其中绝大部分还是以来料加工的方式进来，经过加工后再返销到日本，因此，日本海鲜直接进入国内餐桌的量就更少了。

第三，现在我国相关部门已经着手根据现在日本核泄漏事故情况以及可能传播的情况，设置一个安全界限，让我国的远洋捕捞在安全区域内进行。我国政府监管部门也加强了对境外海产品加工原料和成品的检验检疫，我们报社也会及时发布相关监测数据，请大家随时关注这些情况，也能让自己和家人吃得更加放心。

总结以上我所介绍的情况，大家可以打消心中的疑虑，只要是从正规的市场内买到的海鲜，都是通过了严格的检验检疫关卡的，是大家可放心食用的海鲜产品，要相信科学，不可盲目恐慌。

关于日本核辐射的相关情况，大家还有任何疑问的，或者有什么建议，可以现场提出来，也可以联系我们报社，热线电话是××，我们也欢迎大家对食品安全问题进行监督和投诉，作为一家负责任的新闻媒体，大家关心的问题，就是我们关心的问题，我们一定追踪到底，谢谢大家。

我们回顾一下刚才答题的思路，可以把它总结为以下五个步骤：

1. 安抚情绪。
2. 表明态度。
3. 解释说明。
4. 建议提醒。
5. 后续服务。

这五个步骤分别具备不同的功效：首先是要简单介绍一下自己，说明自己的来意，稳住群众的情绪，让群众相信你是有诚意、有能力来说明问题或者解决问题的，让大家静下来有耐心听你解释说明。第二步就要摆明对于问题的态度，给予一个明确的答复，一个负责任的解释。接下来是进行详细解释说明，阐明理由或者公布权威数据，让大家信服。接下来事情解释清楚了，可以给咨询者一些建议或者一些善意的提醒，让大家能避免一些误区。最后为了将事情解决得更加彻底，应当提供一些后续的服务，或者留下联系方式，便于群众有需要时可以及时地找到相关途径解决问题。当然表明态度也可以在解释说明之后进行总结性的发言，这个可以根据具体情况而定。

例题 2：郊区垃圾处理点，专家已经说明不会有污染，但村民担心，你怎么跟村民说？请现场模拟。(2011 年 5 月 12 日下午广东省公务员面试题)

【参考答案】乡亲们：

你们好，我是垃圾处理点的负责人老朱，今天请大家过来主要是针对大家一直担心的郊区垃圾处理点的问题，跟大家沟通一下。大家担心垃圾处理点会污染环境，担心生活受到影响，我很理解你们的心情。我们成立了专门的调查小组，经过了一个多月的调查了解、实地探访、拜访专家学者和环境部门相关负责人，今天我就是代表我们小组，就调查结果向大家做个交代，做个汇报。

现在我把郊区垃圾处理点的日常工作流程，以及大家担心的问题分别给大家做出回应。首先我想说的是政府在实施前就已经想到大家担心的问题，并采取了相关的措施进行解决。政府不会简单地把垃圾随意堆放，根据《××市垃圾处理条例》，我们会进行无公害化处理。我们实地查看了垃圾综合处理，再生资源利用，餐厨垃圾处理，居民垃圾分类，垃圾污染防控，绿色垃圾、建筑垃圾、危险废弃物以及电子垃圾处置等方面工作，对垃圾处理点环环相扣的工作流程进行了询问查看。我们郊区垃圾处理点采取的是科学的处理方式，对垃圾进行有机处理，不影响饮用水、大气、土壤和大家的日常生活。我们已经请专家做出了科学的论证，证明通过设备的处理不会对环境造成污染。建立垃圾处理点的目的其实就是美化环境，所以希望大家能配合我们的工作。

乡亲们爱护环境，关心身体健康的心情我非常理解，我们可以将这样的关心这样的热情转化为实际行动，比如，按照环卫部门的要求对垃圾进行分类后再丢弃，尽量多使用环保袋，多次重复利用塑料袋等，这一些小小的举动就能使垃圾处理点更好地发挥作用，也能使我们的环境更加美好。

为了让大家放心，乡亲们可以选取代表在适当的时候去参观处理过程。我这里也有专家的论证结论，等会儿我会张贴出来给大家看。总之，乡亲们请放心，政府做事最根本的出发点就是为大家服务，因此大家如果还有什么疑问，可以及时与我联系，也可以到环保监察部门去反映。最后感谢乡亲们一直以来对我们工作的支持和配合，请大家相信政府、相信科学，继续配合我们工作。

例题 3：某地在网上开展评选优秀教师的活动，结果出来之后有记者质疑这样网上评选的方式是否恰当，获奖者的票数远远超出人们的期望，是否存在网上刷票的情况。就在这个新闻发布会上，你是发言人，你会怎么回答记者的问题？请现场模拟一下。

面对负面的意见，最好的办法是有理有据、有理有节地做出积极的回应。前面我们已经谈到了，对群众反映的问题，我们首先要做有理推定，即使我们坚信我们的工作是正确的，是没有失误的，我们也要允许群众在不知情的情况下有所怀疑，更要充分保障人民群众的知情权和质询权。所以应当要有一个开阔的胸襟，诚恳的态度，大方得体地回应，体现出良好的涵养和素质。从长远来看，群众对我们工作组织方面的质疑是对我们工作改进的重要帮助途径，对于公众的怀疑，我们反思己过，从内部改善工作流程和工作方法，无形中就会促进公共工作的改善，也会为我们评选机构赢得声誉和公信力。

【参考答案】各位媒体朋友们：

大家好！针对媒体朋友对这次在网上开展评选优秀教师活动所产生的质疑，下面由我代表这次评选委员会向大家做个详细的解释。

首先感谢大家对我们优秀教师评选活动的关心和支持，今天大家坐在这里，就是对我们的活动热切关注的体现，在这里要衷心感谢各位的到来。为了让更多学生、家长以及相关的社会各界人士广泛参与投票，真正评选出百姓和社会认可的优秀教师，此次评选活动采用了网上评选的方式。这种投票方式快捷，不限场地和时间，可以更加广泛地征集社会大众的意见。评选活动结束后，获奖者以较高的票数夺魁，我们首先对获奖的老师表示祝贺。

同时，我要在这里向大家郑重地声明，我们的评选活动制度严格，经过层层审核把关，此次评选活动是公开、公正、公平的，并不存在大家担心的网上刷票的情况。下面我把活动细节跟大家做个简要的说明。

由于第一次采用网上评选，我们在活动之前借鉴了其他网上评选活动的一些经验教训，制定了一系列严格的制度，避免出现刷票现象。同时制定了严格的把控机制，保障此次评选的公平和公正。相关规章制度，媒体朋友和广大市民朋友都可以在我们网站上查阅。在评比期间我们都是严格按照相关制度执行的。对于是否存在刷票的现象，我们是可以通过技术手段来检测和核实的。我们在活动之间，已经聘请高级技术人员对于评选网站进行了技术屏蔽，不允许在同一台电脑、同一个IP地址上多次投票，我们也请了市公证处的公证人员，对活动的真实性、公平性和可靠性做了公证。由于通过网络广泛征集投票，加上宣传的力度较强，所以获奖者的投票数比我们预期的要多，大家还可以看到，其他候选人的获奖票数也相应地比预期的要多。

等一会儿我们会请公证人员向大家宣布公证结果，媒体朋友们可以把我们公证人员的公证词记录下来。另外，获奖者的资料会在网站上公布一周，欢迎大家检举监督。新闻发布会结束之后，也欢迎媒体朋友与我们一起，请第三方的技术人员，对刷票事件进行技术核查。希望媒体朋友们能将调查核实的结果第一时间向市民朋友公布。如果大家认为这次投票还存在其他什么问题，请通过举报热线或者举报电子信箱联系我们。我们一定会尽快地调查核实情况，如存在问题我们一定追查到底，对相关责任人严惩不贷。谢谢各位的参与。下面有请公证处的公证人员。

第四节　调解矛盾情景模拟题

群众工作中难免会遇到矛盾纠纷的调解，在处理矛盾纠纷时，最重要的一点是能用心倾听、用心观察、用心分析，更要有克服困难的信心。当然在半情景模拟答题中，这几点都是隐形的，是不太容易被考官观察出来的。但是起码我们应当做到从形式上来讲，是能体现诚恳的态度的。

有人经过调查之后发现，在沟通中的表达是否有效，有55%取决于面部表情和身体语言，38%取决于声调，而语言只占到7%，可见，在回答这类题目时，首先要有克服困难的勇气和决心，要有平等地和矛盾双方交流的态度，由内而外地体现在语言和肢体表情上，才能够获得考官的青睐。

在肢体表情方面，要注意如果是面对矛盾双方，应当保持中立，不要长时间偏向其中一方，应当给予双方同等的关注，对待双方的态度始终和蔼亲切。在语言方面，要多用解释性语言，少用反问式的语言；多用家常式语言，少用管理式的语言；多用安慰性的语言，少用刺激性的语言。说理要耐心透彻，随时注意照顾双方情绪的变化，这样人民群众就容易接受，从而达到顺利解决矛盾纠纷，使双方都满意的目标。

答题的思路，我们可以总结为以下五个步骤：

1. 安抚情绪。
2. 表明态度。
3. 了解情况。
4. 说明道理。
5. 当场答复（或者限时答复）。

例题1：当地两个村的村民因山林问题发生纠纷起争执，领导让你马上赶赴现场，你现场模拟如何做说服工作。（2011年5月10日上午广东省选调生面试题）

【参考答案】乡亲们，请大家静一静，先听我说几句，我是咱们县林业局的小李，县委领导知道了咱们村民因为山林归属问题产生了一些意见分歧，领导很重视这个问题，派我来了解情况，帮助大家一起解决好这个问题。乡亲们，咱们邻里同乡地住了几十年了，大家千万不要意气用事，争吵赌气解决不了问题，心平气和好好谈谈才能谈到一块儿去。因为这点小事情伤了和气不值得啊！

大家的心情我非常理解，相信大家也希望能和和气气把这个事情解决好，国家对于山林问题是有明确规定的，咱们解决问题靠政策、讲道理就准没错。我今天就是带着政策规定来了，带着领导的指示来了，但是首先要跟大伙了解清楚情况，才能回去和领导汇报请示。

大家你一言我一语反而说不清楚，现在由两村的村支书、村长和两村选出来的村民代表，跟我一起到村办公室来说明白这个事情，今天我也把有关两村的土地使用状况资料带来了，一起来分析分析是个什么情况。

和平村的王书记，您能统计一下和平村的乡亲们的意见吗？能不能尽快把村民们信任的代表选出来？拜托您了。幸福村的陈书记，能否麻烦您统计一下幸福村乡亲们的意见，也尽快把代表选出来。谢谢您。

好了，两村的代表都选举出来了，乡亲们，大家要相信我，一定会和两村的领头人和村民代表一起讲明白事情的真相，如实地记录好，并向县领导反映情况。同时，我在这里也给大家保证，一定在最短的时间内给大家回复，具体的回复时间，等我回去汇报领导之后就通知大家。请乡亲们都放心回去等消息，政府一定能帮助大家顺利地解决这个问题，一定让两村乡亲们都满意。

例题 2：你是监考人员，一个人没有拿身份证你不让他进考场，他拿驾驶证说也能证明身份，你如何劝解？（2011 年 5 月 13 日下午广东省公务员面试题）

【参考答案】这位考生朋友，对不起！我们考试公告上和准考证上都写得很清楚，凭身份证和准考证才能进入考场。国家只把身份证作为能够证明公民身份的唯一合法证件，驾驶执照虽然与身份证同号码，但不具有相同的法律效力。与身份证号码相同并不能说明什么问题，现在社保卡的号码也和身份证统一了，但同样的道理，社保卡也不能作为证明公民身份的合法证件。现在唯一补救的办法就是赶快打电话给您的家人朋友，以最快的速度帮您把身份证送过来，不要再耽误时间了，如果对考试制度规定有意见，那可以在考试结束之后提出来，现在既然已经制定了这样的规则，人人都应当遵守。现在离开考还有 20 分钟时间，建议您赶快通知家人朋友帮忙。开考后 15 分钟考生就不得进入考场，离现在还有 35 分钟时间，您先到候考室等候，我会通知考场门口的保安工作人员，跟他们说明情况，您家人到达的时候，他们会直接将身份证送到候考室来。如果顺利到达的话，您就可以入场考试了。

刚刚我请示了领导，为了不耽误您的考试时间，特别准许您先进入考场考试，同时写一份承诺书，声明如果你家人朋友没有按时将身份证送到考场，即自动取消考试资格，自愿退出考场，所答试卷作废，不参与评分。如果您同意的话，现在就可以跟我先进入考场了。

第五节　模拟沟通说服题

沟通说服情景模拟题是要求考生在特定的场景之下，通过摆事实讲道理，劝说对方接受自己的观点，按照自己要求的想法去做。相比前面的矛盾协调类情景模拟题，这样的谈话显得更为主动，同时也对考生提出了更高的要求，不仅仅要求双方达成一致意见，更要求对方接受自己的观点，在解决问题的方向上绝不能妥协，否则这个沟通说服就是失败的。总体来讲答题思路可以分为以下几个步骤：

1. 理解鼓励。
2. 指出问题。
3. 说明道理。
4. 建议提醒。

例题1:培训课上大家交头接耳,你作为负责人,准备在课间跟大家沟通一下这个事情,作一个现场模拟。(2011年5月10日下午广东省公务员面试题)

此题是要求你说服大家尊重老师,遵守培训课堂纪律,同时,可能在培训课组织或者上课内容方面自身也存在一定的问题,如果有那么就一定要和大家沟通,鼓励大家都提出意见,共同来改进。我们假定这是一个单位组织的培训,那么要劝说的对象都是你的同事,和你是平级的关系,所以,在沟通时要注意尊重对方,给对方留下余地,不能采取批评指责的方式,否则反而会收到相反的效果。

【参考答案】各位同事大家好!

我是这次培训课程的负责人,很高兴看到大家准时到场积极参加我们的培训课。看到大家兴奋的表情,我深深感觉到我们这次培训课的意义重大,我的责任就更加重大了。经过这两天的培训,相信大家已经感受到了我们邀请的各位专家学者渊博的学识和丰富的实践经验,他们都是业务骨干,是从我们这样的业务科员做起,通过自己努力摸索成长起来的精英。我们单位领导多方联系,再三热情地邀请,才能集中在这一个时间段内,为大家安排了这么多位优秀的老师给大家讲课。他们在课堂上是把自己几十年的经验毫无保留地传授给大家,这个机会是我们前面几届新招录的同事没有遇上的。这次领导们十分重视,花了大力气希望在最短的时间内给大家更多的业务知识培训。大家更要好好珍惜这难得的机会,多用心学习啊!

这几天同志们参与课堂讨论的积极性很高,但同时我也观察到,在老师授课期间,非讨论发言的时间里,也有一些同志在课堂上窃窃私语,交头接耳。这不仅会影响到自己和其他同事的学习效果,也是对授课的专家学者不尊重的表现。虽然专家们都没有跟我们工作小组反映意见,还一直表扬大家热情好学,但是没有反映意见不代表没有问题,不代表我们可以不遵守课堂纪律。这是自觉自愿的事情,我相信今天我提醒大家之后,大家都能严格遵守课堂纪律,在讨论、互动阶段可以踊跃发言,在老师讲课的时候认真听讲,不要分心。如果对老师讲解的内容有疑问,可以举手经老师同意之后再提问,也可以课后与老师们交流,他们都是非常和蔼和亲的,都非常乐意解答大家的问题,大家不用顾虑。

当然,如果大家觉得我们在课堂组织形式上,或者老师授课方式上有值得改进的地方,也欢迎大家课后向我提出意见,我会向我们培训工作小组汇报讨论,也会和老师沟通交流,争取改进。对于我们这次培训过程中后勤组织方面的一些问题,有做得不周到的地方,我先跟大伙说句对不起,也请大家批评指正,我们一定尽力服务好大家。

好了,我就说到这里,接下来这堂课我们请到的培训老师是业务科的李科长,他在业务方面有着丰富的经验,年年被评为业务能手,让我们以热烈的掌声欢迎李科长。

例题2:家长觉得读书无用,都不让孩子去读书,说还不如去打工挣钱,怎么说服家长?现场模拟。(2011年5月11日上午广东省公务员面试题)

此题要求考生劝说家长让孩子重返校园继续上学,并且要让家长从内心深处认识到孩子读书的重要性。考生要说服的对象是认为读书无用的家长,他们可能在就业难和读书贵的双重压力之下选择让孩子放弃学业而外出打工挣钱。要帮助他们解开两个难题:一是读书究竟有没有用;二是读书贵的困难到底能不能解决。

【参考答案】各位家长朋友:

大家好!我是县教育局的小王,前一段时间我们中小学都开学了,但是听说很多学生都没有能按时返校读书,局里的领导知道了这个事情,非常痛心也非常重视,派我来跟大家了解情况。大家认为"读书贵、就业难",这种客观条件的困难的确在一定程度上存在,我非常理解大家的难处。国家一直在想办法解决教育经费困难的问题。刚才通过跟一些家长聊天,了解到大家或多或少都认为读书没太大的用处,这样的想法是很危险的。

首先我们来讲一讲读书是不是有用的问题。很多家长看到部分年轻人不读书外出打工挣钱了,出人头地了，当然这是好事。不否认一些年轻人可以通过自身的奋斗，通过一边打工一边学习，获得了一门技术，能够自食其力了。但是大家要看到，不是每一个不读书外出打工的年轻人都能够这么幸运地获得学习和发展的机会的。我们要看到更多活生生的例子是，很多年轻人都是在生产流水线上做着高强度低技术含量的辛苦工作。为了挣得更多的加班费，身体健康尚且不能绝对保证，更何谈学习和提高？大家更不要去羡慕那些一夜暴富的人，他们若非十分幸运碰上了好时机，可能就是通过一些违法手段来获得财富，大家不能去效仿。

如何才能让自己的孩子更好更快地获得一技之长呢？我们现在的高等教育以及中等职业教育已经初具规模，国家为职业教育、高等教育投入了大量的人力物力财力，更有很多的学费优惠减免规定。高等学府固然是学知识学本领的圣地，大家不要忘记了职业教育也是能帮助孩子们学得一技之长的好途径。大家看到新闻里面都在播，很多地方闹用工荒，但是大家知道最为抢手的是什么人吗？正是有一技在身的职业学校毕业生。

当然，现阶段大家的确是在经济上有些困难，但这不是主要的问题，关键在于我们想不想克服。有句话说得好，"再苦不能苦孩子，再穷不能穷教育"，我们县为什么有那么多的贫困乡？都是因为过去吃不饱穿不暖，教育落后欠下的债。现在靠着国家改革开放的政策，我们的日子越来越好过了，不能忘记过去的教训，不能让孩子们重复走老一辈的老路，吃没文化没技术的亏。孩子是祖国的未来，如果我们的孩子都输在了起跑线上，以后拿什么去和外国竞争，拿什么保家卫国？

相信这些道理各位家长都明白了。关于读书要花钱的问题，我们今天也把国家的政策文件、县领导的指示方案带来了，等一会儿就把这些宣传手册发放到乡亲们的手上，上面都写了义务教育的学费减免规定，中等、高等职业技术教育的学费减免办法等，我们的宣传员小张、小李还会给大家算一笔账，供一个孩子上学究竟花费多少，将来的回报又是多少。大家还有什么疑问和困难也可以提出来，我们一定会尽全力帮助大家。

相信只要我们坚定信心，共同努力，互相帮助，我们的孩子、我们的国家一定会拥有美好的未来！感谢各位家长的配合和支持，我就讲到这儿了。

第六节 人际交往情景模拟题

例题 1：你是一名新员工，碰巧在电梯遇到业务科的张科长，他是业务骨干，你也曾听过他的课，可是他对你并不了解，你如何利用这个机会，让他对你有所了解？请把考官当作张科长来进行现场模拟。(2011 年国家公务员面试题)

本题涉及与领导进行交流，而且该领导对你并不了解，目前也没有工作需要向其汇报，所以本题最大的难点不是与领导交流时使用"敬语"，也不是如何恰当地介绍自己，因为这并不是正式向领导介绍自己的场合，关键在于如何选择交谈的话题。

本题中考生是新员工，与张科长唯一的接触是听过张科长的培训课，所以交流的话题应当契合这个主题。除了身份与情景设置以外，题目中还对交流的目的提出了明确的要求：让本来不认识你的张科长对你有所了解，这也是本题的第二个难点。也就是除了寻找与张科长的共同话题外，还需要进行恰当有效的自我展示，给张科长留下较好的印象。答题中，可以在表达对张科长授课的赞美和感激之后，说说课程对自己的帮助，比如举例说明课程内容在实际工作运用中取得了不错的效果。

【参考答案】张科长，早上好！我是新来的小王。上次有幸听了您的培训课程，我深受启发，您的讲解对我快速熟悉工作流程帮助很大。最近我们科室老同事说我业务能力进步明显，其实我都是按照您介绍的方法来做的。

真的，在上个月的个体工商户咨询会上，我跟前来咨询业务问题的个体老板交流，刚开始的时候我用一些专业术语跟他们讲解，效果很不好。后来，我想起您在授课中经常采用的一些通俗贴切的表达方式，受您启发，我也开始尝试用类似的方法向他们讲解我们的业务流程，没想到效果非常好，走的时候这几个个体老板都非常高兴。

我真希望以后还能有机会听到您的培训课，我觉得我要学习的地方还很多，以后请您多多批评指教。您的楼层到了，张科长再见！

例题 2：你一个朋友因为上岗竞争职位失败而失落，你怎么劝他？（2011 年 5 月 10 日上午广东省法检面试题）

【参考答案】小张，怎么了？看你脸色不太好，是哪里不舒服吗？要不要帮你请假回家休息？不是身体不舒服？那我来帮你诊断诊断。让我猜一下，是不是最近竞争上岗的事儿，还觉得挺遗憾的？

说实话，我认为你的感觉是对的，你那天显得有些紧张，正因为这样，可能没有发挥到你应有的水平，为此我也替你感到十分惋惜。我知道你准备了很长时间，没有成功我心里也很难过。不过胜败乃兵家常事，人不可能一生都一帆风顺的，难免会遇到挫折，你就当这次竞争上岗是对你意志力的一次考验吧。

其实我觉得这次竞争上岗还是非常公正公平的，你看你就是因为一时没有发挥好，分数就只比小周差了一点点，而小周那天发挥的确是稳稳当当，没有什么失误。你和小周，平时都是我最要好的朋友，你们俩我都很了解，平时工作表现一直都难分高下，让我来选，我也很为难，可惜的是竞争职位太有限。但是有一点你要相信，在场投票的评委和大众都认为你也非常优秀，你平时的工作态度、工作能力大家都有目共睹。只要你不放弃，坚持一贯的表现，我相信下次你一定还有机会参加竞争上岗，而且下一次比这次就经验丰富多了，一定会发挥得更好，相信你的表现领导会一直看在眼里的。我还会全力支持你！

你现在就应该多放松放松心情，下班之后多和同事们一起打打球，这样才能尽快走出阴影，恢复你一贯爽朗的精神气。你是我们心目中打不垮的铁人小张嘛！今天下班之后有羽毛球活动，到时候我来找你一起去啊？

人际交往中的情景模拟灵活多变，不能简单地将其归结为几条思路，但我们也可以将上述人际交往中的主要步骤梳理一下。

1. 消除戒心，拉进距离——可以通过寻找共同话题、赞美或者关心来实现。

2. 切入正题，讲清事实——根据此次沟通的目的陈述，注意预想听者的反应。

3. 正面激励，打好基础——赞美或者激励能使人心情愉悦，并乐意继续与你交往。

练习题目

1. 学校想安排住在市区的李老师去市郊支教，你作为领导，请模拟一下如何与李老师谈话，才能让他乐意地接受。

2. 你是甲，领导对乙有意见，将一项本来属于乙的工作安排给你，而你又有其他工作，绝对不可能完成这项工作。你怎么跟领导讲？请现场模拟一下。

3. 你是某景区的工作人员，景区有危险，有游客想要进去参观，你怎么说服他们不要进？现场模拟你怎么说。

4. 为创建文明城市，拟对全市的某些建筑重新装修一下，一商贸大厦负责人怕影响营业不同意装修，怎么说服？请现场模拟一下。

5. 学校考试，家长聚集，造成学校附近拥堵，你作为交警，请模拟说服现场。

第十一章　材料分析题

第一节　题型概述

最近几年，国考和地方各级公务员结构化面试中，出现了依据背景材料提出面试考题的新型命题形态，形式上类似于笔试时候考的《申论》科目。材料分析题首先是在地方公务员面试中尝试性地局部采用，然后再逐渐推广，最后被国家公务员考试所采用。以浙江省为例，2008 年浙江省公务员面试中首次出现材料题，之后的 2009 年浙江省考面试中，近半数招考岗位选取材料题作为其面试形式。不仅如此，浙江、江苏、黑龙江、福建、湖南等地的结构化面试中，依据背景材料答题的命题形式也逐渐成型。在 2011 年国家公务员面试中，材料分析题得到了较大范围的采用，这在国考中尚属首次。可以预见，在未来国家公务员面试中，采用材料题进行面试的地区有进一步增加的趋势。

一、什么是材料分析题

材料分析题是指首先给定一组资料让考生在指定考室和规定时间内阅读完毕，然后正式进入考场由考官针对材料相关问题提问的考试形式。从本质上来说，材料分析题的材料、考官提问的问题、测评要素与评分标准都是事先制定好的，考官也不能针对材料随意发问，从这个特征上看，材料分析题仍然是属于结构化面试的一种，只不过在形式上有一些变化。

面试中为考生提供的背景材料通常为一组 1000—2000 字左右的文字，一般围绕某一主题，由几个段落或片段组成，试题的背景材料除文字外，还可能是场景视频片断、漫画等其他信息载体形式。

在提问环节，考官所问的几个问题仍然是承载着综合分析能力、语言表达能力、逻辑思维能力、应急应变能力、计划组织能力、沟通协调能力等要素的常规问题。题目的背景材料大多来源于社会热点问题，要求考生在规定的时间内，完成对材料的阅读理解和记忆，然后在此基础上，回答考官的提问。一些地方为了加大考试难度，还会以限时或口读的方式提供材料来加大对考生瞬时内准确接收记忆信息的能力的考查。相对于传统的结构化试题，此种形式能够在更大程度上检验考生的应急应变能力和心理承受能力。与此同时，一些地方为了照顾地区考生的实际情况，并不要求记忆材料，材料可以带入正式考场，一边看材料一边回答。难度的大小可以由招考组织方根据本地区考生的特殊情况而决定。

二、材料分析题的优势

由于每一位考生教育程度、知识背景、专注领域有很大的差别，过去我们在结构化面试当中考查考生的综合分析能力时，经常运用一些社会热点问题，要求考生说说看法，谈谈感受，如果考生对试题背景的了解非常有限，而题目交代事件本身又不是很清楚的话，会对考生顺利作答产生不利影响。这种情况在一个考场哪怕是出现一例，都可能使测评结果出现偏差，导致考生被误评为综合分析能力不足。

我们来看这样一组题目：

1. 请你谈谈对“郭美美”事件的看法。

2. 个别年轻人在网络上炫富，并称自己是某慈善机构的高管，引起网民的不满，甚至引发对慈善机构的信任危机，你对这样的事件有何看法？

这两个题目对比之下，我们可以发现，虽然所指的是同一个事件，但是考生如果对该事件来龙去脉知之甚少，很难从第一种问法中了解事情的原委，最终导致乱说一气。第二种问法交代事件稍微清楚一些，但是仍然是不详尽的，比如，为什么年轻人称自己是慈善机构高管会引发慈善机构信任危机啊？是与她炫富有关么？炫富到了何种程度啊？这可能都是对这件事件不甚清楚的考生的疑问。

为了克服考生对话题了解程度对作答表现的影响，材料分析题应运而生。在对考生进行提问前，先为考生提供统一的背景材料，请考生阅读相关背景知识。这样做一方面避免了上述问题，另一方面能够考查考生阅读、理解、分析、解决问题的能力，减少考生答题的盲目性和面试评分标准的主观随意性。实际上，材料的引入更加有利于对考生真实能力的考查。考生可根据题目材料所给出的具体情景设计解决问题的方法。这种以热点背景性知识为依托，以发散思维考查为重点的面试试题，能够更为全面地考查考生的能力和素质，更有利于公务员的选拔。当然，并不是说材料分析题的出现让考生不用过多地了解时事热点问题了，相反，我们了解相关热点越广泛越深入，对于我们从材料当中发散思维，由浅入深、由此及彼地分析问题的本质更有帮助。

三、材料分析题的形式分类

1.题组形式

题组形式是指考生在面试中将要回答的一组试题是基于同样一篇材料，命题者设计题目是从同一段材料的不同角度来命制不同题型的问题，可以是综合分析，也可以是沟通协调等，但始终围绕与此材料相关话题。

材料分析题如采用题组形式出现，一般来讲要求材料层次较为丰富，换句话说，篇幅比较长，大约1000—2000字不等。考生进入面试室正式回答考官所提出的问题以前，先在“预考室”阅读工作人员提供的材料，阅读时有相应的时间限制和具体的阅读要求。考生读完材料后，再到考场进行答题。考生需要注意的是，在“预考”环节，考生尚未接触试题，预考环节结束后，考生直接进入正式考场。考官会以刚才阅读的材料为依托，提出一系列问题，要求考生现场作答。

2.单题形式

单题形式的材料分析题是指每道题所依据的材料各不相同，通常是在一套结构化面试题中，既包含传统题，也有部分材料题。单独出现的材料题通常不设置预考，而是答题过程中现场阅读材料。如果出现单题形式的材料分析题，一般在考场内会有题本，但也不排除考官口述材料或者观看视频录像等形式。

第二节 社会热点材料型

一、题型概述

社会热点材料型，顾名思义是通过选用社会一些热点事件作为题目的背景材料，这些事例一般是近期国内政治、经济和社会生活中所发生的热点问题，尤其是有关民生的一些话题。材料虽说是社会热点，可考题却不仅仅只有综合分析题，而是可以从材料发散出任何一种结构化面试的题型，包括情景模拟在内。

这就要求考生在拿到材料的时候需要全方位地看待材料内容，而不仅仅是考虑到材料所谈的内容本身。

二、材料阅读

材料式结构化面试和一般的结构化面试的最大不同就在于，考官的问题是围绕材料展开，但考生在看材料时并不知道考题是什么，因此，考生要学会短时间内迅速阅读、分析、提取、总结、升华材料，也就是概括材料的主题、大意，作答时依据材料，并要超越材料。

我们以下面的真题为例，为大家展示如何利用材料阅读时间，最大限度地整理思路，最大限度地设想可能遇到的问题。

例题:2009年4月18日下午浙江省面试题

材料一:2008年11月28日上午,浙江省省委书记赵洪祝,省长吕祖善作为嘉宾走进浙江在线直播室,接受人民网与浙江在线联合举行的网络访谈,与网友互动交流,在网上引发强烈关注,也把浙江省委常委围绕深入开展学习实践科学发展观活动的在线交流推向高潮。截至访谈结束,两家网站的统计数据显示:赵书记上网对话网民专题页面访问量合计达到1158万人次,同时在线人数达220万之多,留言达到3100余条。吕祖善省长讲:"危机面前信心比黄金重要"、"政府要和企业站在一起"、"办法总比困难多"……浙江省委副书记、省长吕祖善的一句句话,通过在浙江在线互动网络访谈直播迅速在网上传播开来,传到网民电脑前,讲到浙江老百姓心里。

材料二:浙江在线新闻网站日前开设"问政零距离"栏目,陆续邀请省委工作部门和省政府组成部门及直属单位的主要负责同志与网民进行在线交流,省人大常委会、省政协和省法院、省检察院的领导也将视情况参加,以便更好地了解到民意,看到自己工作中的不足。由此,官员与百姓之间的距离也就更加靠近了。该栏目对网民的有效留言将由相关部门直接解答,限时回复,努力做到"件件有回复、件件能落实",并将解决结果在栏目中公布,接受网民监督。为使民生问题得到有效解决,栏目建立起一整套完善的留言审核、定时答复、考核评比等制度,并且强化了监督功能设置。不仅有各区县和职能部门的回复率统计,还特别推出"网民满意度"调查统计,使每位参与栏目的网民都可以根据部门对自己问题的回复和解决情况做出相应评价,实现了科学运作、规范管理,保证栏目健康有序发展。

第一步:考生在拿到材料之后,首先快速浏览每段材料的大意,弄清楚整体材料讲的话题,了解材料与材料之间的逻辑关系。

比如上面例题,首先快速浏览之后知道两段材料都是讲通过互联网搭建政府与人民群众沟通的平台,为人民群众答疑解惑、排忧解难的事情。前一段讲的是浙江两位主要领导人与网民的互动交流,后一段讲的是政府各职能部门负责同志与人民群众网上交流,反映问题并解决问题。

第二步:第二遍阅读材料的时候,注意抓取重要信息,如果允许记录,则在发给的纸上记下关键词,提醒自己每一段的主要信息。要注意,一般不允许在材料上做标记,考生们要看清或者听清考场纪律,以免违反了规则。

例如上面题中,就可以记下"省委书记、省长"、"深入开展学习实践科学发展观活动"、"省委工作部门和省政府组成部门及直属单位的主要负责同志"、"直接解答,限时回复"、"件件有回复、件件能落实"、"栏目建立起一整套完善的留言审核、定时答复、考核评比等制度,强化了监督功能设置"、"回复率统计"、"满意度调查"等。

第三步:如有时间可以从材料当中发散一下,设想可能会遇到的问题。比如在这段材料中,我们可以分析,除了让我们发表对该事件的看法以外,还有什么其他的问题隐藏在材料中。要组织一次这样的网上交流活动,事前应该需要做许多的准备工作,包括宣传、技术设备准备、安排网上交流会时间、技术人员跟进、会议的技术支持等,这样我们就可以设想,这可以出一道与本材料直接或者间接相关的组织计划类题目。再想,组织这样的活动参与的人数众多,如果在网上交流的时候遇上争吵不休,或者有人散布不法言论混淆公众视听,或者黑客袭击网站等突发情况,作为活动的组织工作人员,应该如何处理?这就是一道应急应变题目了。再者,网上交流之后,领导希望能详细了解活动在群众当中的反响,了解活动最终落实的效果如何,这就是一道调查调研类的题目了。

三、真题解析

1.请谈一谈你对浙江省官员与网民在线交流这件事有什么看法。

本题属于要求考生就材料中的现象、事件或观点谈谈自己的看法、认识类的试题。试题的设问一般是以"如何看待"、"如何评价"、"如何分析"等词语出现。答题时要求考生陈述自己对材料的看法、认识,重点是考查考生对材料主题的把握,强调回答问题要有针对性。

本题的设计中规中矩，比较老套，考生看完材料后应该对这样的题目做好回答的准备。这道题从本质上来说和我们前面讲过的综合分析题没有区别，甚至更加容易一些。因为不存在考生不知道不了解这个事情的情况。但是考生们应注意，水涨船高，人人都会说上一点儿的时候，考验我们答题水平的时候就到了。能够从材料本身说开去，谈得更深入的考生才是优胜者。

【参考答案】通过浙江省官员与网民在线交流这件事，我们可以看出现今政府部门更加重视网络、重视网民的意见，说明我们政府懂得利用诸如网络这样的新媒体、新思路去执政，这是新时代下，政府部门转变执政观念的一种表现，而且，作为执政部门的领导，愿意这样坐下来，直接和群众进行沟通，也是一种亲民、爱民的表现。

互联网是新闻载体之一，不受时间和容量等情况限制，传播及时，接收方便，内容广泛。在互联网上，网民可以针对关系自己切身利益的问题或自己关心的公共事务更加积极地发言。民众不但会在网上给官员和政府提一些中肯的意见、看法，反映现实生活中的问题，而且也会发挥自己的智慧，积极献计献策，让政府的决策更加科学，这种方式使得政府的执政更加公开透明，更加主动，更加成熟。如今，网络已成为中国各级官员体察社情民意的重要手段。

更为值得赞赏的是，浙江省的做法并不仅仅是让老百姓感受领导人的亲民爱民作风，而且是真正将网络交流作为纠正自己部门工作偏差，改进工作方式，为老百姓解决实际困难的快捷平台。将这样的交流形式以网络专栏的形式固定下来，并且按期统计回复率和满意度，这可以说是真正将老百姓的利益放在首位，想人民之所想，急人民之所急。这样的方式为监督政府工作作风起到了重要作用，也为政府部门的绩效考核提供了新的思路。

可以说，政府官员代表政府部门与网民在网上相互沟通，这是一件利国惠民的好事。之所以这件事值得人们称道，恰恰说明这样利国惠民的事还太少，浙江省的做法值得其他地方借鉴和推广。在这一过程中，要学习的不仅仅是网上交流这种外在形式，更多的是学习浙江省领导班子这种务实求真的工作作风。只要落实好这一点，不管是以什么样的形式，我们总能找到最适合当地老百姓的沟通方式和交流渠道，让老百姓的意见少一点，让社会更稳定一点，让人民更幸福一点。

2.如果由你来组织一次在线交流，你需要注意哪些问题？

网民在线交流活动的组织是我们在读完材料之后预料之中的问题，但要听清楚问题了，考官问的是“你需要注意哪些问题?”即是一种比较特定的提问方式。如果回答“我需要注意事前的计划、事中的协调、事后的总结”，这显然是不能针对问题本身的。其实考官问需要注意的问题，换句话说就是组织这个活动的重难点是什么，考生最好能直奔主题答出组织这次活动的困难之处、工作核心部分，以及考生准备如何解决这些问题。

【参考答案】在线交流活动要达到发动民众广泛参与和切实帮助人们群众解决问题，改进我们政府部门的工作的目的，需要精心的筹备和安排。

首先，尽早确定在线交流的网站、交流的时间、参与交流的主要领导人。为了方便更多的网民参与，网站可选择大型新闻网站或大型门户网站，时间最好安排在双休日或晚上，网民比较集中上网的时间里。尽早确定好之后，就应当提前规划宣传工作。跟承办的网站协商确定好网络宣传的方案。还可以通过发送手机短信、新闻节目公告等形式，请市民留意交流时间，邀请广大网友积极参与。

其次，要确定好交流活动的主持人和在线交流活动规则。主持人应选择协调能力强、政治敏感度高、反应迅速的优秀网站在线主持人。为保证在线交流活动正常进行，可以制定几套活动方案，比如在线交流网民在一定数量范围内时，可以不限发言频率和提问次数。如果网民数量较大，网站可能承载能力不足，可以限制发言频率，确保每位网民都有机会发言，并且能提高发言的有效性。同时，列举网络上的不良行为，避免在线交流时出现网络不文明行为。网站的技术人员应当同主持人提前做好沟通，及时宣布交流规则。

再次，在整个过程中充分做好前期网络技术准备工作，预计可能出现的问题，设定交流现场的应急预案。比如如何防止网络黑客攻击等。还要事先向网友说明，如果现场提问太多，领导不能及时一一答复，我们会记录下来，以后会逐步处理、回答。

最后，让政府网站全程对整个交流过程进行文字直播，会后将网民提问和领导回答整理汇编成系列文章，公布在该网站上，以供未能按时参加交流活动的网民查找阅读。对于领导人在现场及时承诺的解决问题的办法，在交流会结束之后，对问题处理结果进行后续报道，及时给网民一个满意的答复。

3. 在线交流时你发现有两种截然不同的意见，而且跟帖很多，由你负责处理，你该怎么办？

在线交流时遇上两种截然不同的意见，甚至是争锋相对，是非常正常的。题目的关键就在于是在线交流当时发生的，网民人数众多，如果不能及时澄清可能造成误解，引发进一步的争论。但要把握住，由于“我”只是组织这次活动的工作人员，模拟的身份并非在线交流的主要领导，所以在处理问题的时候应谨慎小心，在职责范围之内做好辅助工作，请示领导后执行。

【参考答案】当我注意到这样一种微妙的情况时，会和共同负责组织这次交流活动的其他同事分工合作，我们一方面要密切关注意见分歧的动向，一方面要弄清事情的原委，尽快汇报领导。

首先，我会和同事一起注意在争论过程中是否存在不法分子趁乱传播不良信息的情况，如果有的话，尽快通知技术人员和公安网警侦查处理。

其次，如果是网民们讨论得非常热烈，也要注意提醒大家遵守网络道德，礼貌待人。对于一些言辞过激或者言辞不雅的网友要劝导和纠正。坚决避免讨论变成互相攻击和谩骂。

再次，我会密切关注两种意见的主要发言支持者，并总结出两种不同意见的矛盾焦点。如果是在我能力范围之内可以解答的问题，我会以最快的速度提出解决问题的方案，交给在线交流的主要领导人审阅，由领导人决定是否当即处理。如果不在我能力范围内，我也应当尽可能快的整理好一份汇总双方意见分歧的材料，报告给领导。对于不能当场解决的问题，要对广大网民做好解释安抚工作，请示领导具体能给予回复的时间。

领导对此分歧做出的解释或者处理意见，应当作为本次交流活动在线直播和事后整理公布交流记录的重要组成部分。让更多的网友能看清问题的真相，了解解决问题的思路。

小结：我们看到一段社会热点材料的时候，要在快速浏览材料并记录关键词的基础之上，合理推测可能考查的题目类型，比如出题频率较高的综合分析、应急应变、组织计划、沟通协调、情景模拟等，从命题人的角度去考虑有可能如何命题。提前推测到题目有助于争取更多的思考和组织语言的时间，使我们比别人看得更远，想得更深。当然我们推测的题目并不会百分百正确，但是有这种问题意识是非常好的。这种问题意识应当在平时练习历年真题时有意识地去揣摩去总结，也可以通过书本的学习多获得一些过来人的经验。

第三节　名言俗语材料型

一、题型概述

名言俗语一般是引用经典著作中的原文、名人名言，民间流传的一些俗语，党和国家领导人的重要讲话或指示，新闻媒体中的重要文章或社会生活部分具有典型意义的观点。这些引文材料的共同特点是要么涉及重大的理论问题，要么涉及当前社会生活中的热点问题。上一节我们讲过了，材料里面隐藏的题目不仅仅是表面上看到的问题，更多的是训练自己的敏锐度，多从几种常考的题型的角度去发散，在正式答题之前推测可能命题的方向，争取准备时间。

二、材料阅读

例题：2010年7月8日邵阳市隆回县公务员面试题

材料：重庆政法委书记刘光磊说：政法干警要慎重交友，不能被一些“小”所包围，沉迷于自己的“小圈子”，结交“小兄弟”，放纵“小嗜好”，结果“小洞不补，大洞吃苦”，因错交朋友而“摔跟头”、“掉脑袋”的例子不少。

材料中重庆政法委书记讲的“三小”现象，既是对目前政法干警队伍中小部分干警现状的描述和揭露，也是对广大干警的提醒和警示。所以，这句名人名言不仅仅要从现象本身进行综合分析，更是涉及考生与招考职位的匹配程度，涉及考生自身是否能进入干警队伍之后自觉抵御诱惑，廉洁自律，克己奉公。当然在抵御诱惑的时候，肯定还是会面对一些需要沟通和协调的情况，比如发现干警队伍已经形成小圈子，或者自己被人劝说拉进小圈子，亲友糖衣炮弹攻击等情况下，如何正确地处理好人际关系。盘点之后，发现常考的几种题型如综合分析、沟通协调、应急应变、自我认知与职位匹配、情景模拟，应急应变出考题的可能性不大，其他几种都有可能，比如情景模拟也是有可能：多年未见的亲友突然拜访赠送1000元购物券，你怎么拒绝？把考官当成是你的亲友，现场模拟一下。看材料要能看出问题，这是我反复强调的一点。希望大家能举一反三仔细揣摩。

三、真题解析

1. 你如何理解“小洞不补，大洞吃苦”？

本题属于综合分析类试题，由重庆政法委书记刘光磊一句寓意丰富的话引出当今社会出现的少部分政法干警执法不公、执法不严，甚至以权谋私、权钱交易、徇私枉法的现象，考查考生对社会热点的敏感程度和综合分析能力。作答本题的难度就在于深入地分析论证这句话的含义，如果不能很好地说理论证，举例论证也是很好的办法。

【参考答案】“小洞不补，大洞吃苦”这句话使我想到一句成语——千里之堤，溃于蚁穴。在改革开放和市场经济条件下，拜金主义、享乐主义等腐朽的思想和价值观时时侵蚀着政法队伍，政法干警长期与社会阴暗面打交道，稍有不慎，就可能滑进深渊。正如重庆政法委书记刘光磊指出的，少数政法干警被一些“小”所包围，沉迷于自己的“小圈子”，结交“小兄弟”，放纵“小嗜好”，最终“摔了跟头”、“掉了脑袋”。

重庆打黑行动中，文强从一个10年前曾经人人敬仰、显赫一时的打黑英雄，最后却沦落为人人喊打的黑老大，其实他的“贪”念也不是与生俱来的，是平时滋生出的“小节无害”论害了他。在他的潜意识中，不良习惯、嗜好人人都有，只要不妨碍大局就行，不必大惊小怪。俗话说“常在河边走，哪能不湿鞋”，长期的量变最终必然导致质变。很多犯了错误的干部，往往就是崇尚“小节无害论”，而放松了自我要求，逐渐沉迷于灯红酒绿、牌桌舞场，腐败在不经意间滋生，由近及远、由浅入深、由小变大、由少积多，直至做起权钱交易、权色交易，且愈陷愈深，愈走愈远，最终逃脱不了法律的严惩。

不管我将来在什么岗位上工作，我都会时刻注意在工作和生活中及时纠正发生在自己身上的一些小毛病，防止不良的习惯，小洞、小漏侵蚀我们的意志，麻痹我们的思想。小毛病、小问题积少成多，最终就会酿成大漏洞。因此，我们要时刻牢记教训，防微杜渐，警钟长鸣，坚持从小节上抓起，把好拒腐防变的关口，自觉抵制各种诱惑，防止邪念的滋生和信念的动摇，在思想上筑起一道坚实的反腐败的防火墙，真正做到“勿以恶小而为之，勿以善小而不为”。

2. 假如你的“小兄弟”受处罚，打电话向你求情，你怎么办？

本题为沟通协调类题目，考查考生是否具备人际关系的处理能力、反腐拒变的意识、正确的权力观，处理本题的关键是既要按章办事，秉公处理，也要对昔日的“小兄弟”做好思想工作，更要从现在起，从自身做起树立良好的榜样，做好宣传教育的工作，不姑息“小兄弟”不合理不合法的要求。

【参考答案】人在社会上生活，都会有自己的亲戚朋友，有自己的交际圈子，作为一名公务员，我们行使着国家的权力，应该明辨是非，分清工作和生活，不能沉迷于自己的'小圈子'，更不能利用自己手中的权力徇私枉法，做有损于群众和国家利益的事情。在工作中，有熟人找上门说情办事是难免的，但是我们要做到秉公执法，要坚持原则，不徇私舞弊，不为私利所惑。

在生活中我是一个能够明辨是非和善恶的人，并且交友谨慎，在与熟人交往时时刻牢记四个字："热情、有度"。"热情"就是在政策许可的范围内，能帮助熟人的就应尽量给予帮助。哪怕自己帮他跑腿、贴路费、贴成本，只要不违反原则，不损害他人利益，都可以。"有度"就是坚持原则，依法办事。如果我的"小兄弟"找我说情，我不会轻易答应，更不会收钱物，我会认真分析"小兄弟"向我求情的事，如果是想减轻处罚，那我会联系办案部门，征求他们的意见，如果确实是因为态度好，可以从轻处罚的话那我会为他尽量争取，在法律允许的情况下给予帮助。如果他是想免于处罚的话，那我要在对小兄弟耐心说服的基础上依法处理。而且我相信，经过我耐心诚挚的解释说明，我的"兄弟"会支持和体谅我的工作的。

经历过这件事情之后，我要认真思考如何让这种情况在以后的执法活动中不发生。我会在平时的工作与生活中在亲戚朋友中树立一个公正严明的形象，让他们知道我是依法办事、秉公无私的人，但是也要让亲戚朋友感受到我对他们无微不至的关心和热情，并且在平时与亲戚朋友的交往中也要有意识地向他们灌输知法守法的思想，不做违法的事情。对于自己，要树立正确的世界观、人生观和价值观，把党和人民的利益放在首位，不断增强抵御各种消极腐败思想的能力，在工作中切实做到严格执法，热情服务，秉公办事，不徇私情。

3.你如何克服"三小"?

本题属于自我认知与职位匹配类试题，立足于当前社会反腐这一现实，考查考生的权力观、地位观以及金钱观，因此考生要能从自身出发，真正认识到自己权力的特殊性，提出克服"三小"的合理建议，从侧面体现出自己与职位的匹配度。

【参考答案】要克服"三小"，我认为应该做到以下几个方面：

第一，要加强自己防腐抗变的能力，防微杜渐。作为一名公务员，我们行使着国家赋予我们的权力，对于权力，取之于民，用之于民，我们要依法行政，不滥用权力，不拿权力去换金钱、换私利、换美色，甚至将权力作为"商品"，在官场上交易。要时刻加强自己的思想防线，抵制形形色色的诱惑。"勿以恶小而为之，勿以善小而不为"，注意从细微之处着眼，从一点一滴的小事情开始做起，在每一件事上都严格要求自己，潜移默化，形成良好的道德品质和自我约束能力。

第二，要做到做人正派，交友谨慎。一个人的能力可以有大小，职务可以有高低，但正派做人、正派做事的"标准"任何时候都不能降低。我们面对复杂的社会环境，要耐得住寂寞、守得住清贫、抵得住诱惑。只有具备这样正派的品格，做人才有底气，做事才会硬气，才能在面对邪恶时挺身而出，维护公平正义。平时要纯洁自己的社交圈，慎交朋友，少讲义气、多讲正气，少点玩心、多点进取心，真正聚精会神谋事业，扎扎实实干工作。

第三，执法要严格，办事要公道。我们在工作中必然会遇到各种各样的阻力和诱惑，这就要求我们必须铁面无私，敢于和一切邪恶作斗争，敢于碰硬，对违法违纪者，严格查处，决不姑息手软，做到有法必依、执法必严。并且要努力提高自己的执法能力，规范执法行为，做严格执法、依法执法的表率。我们行使着社会公共权力，只能用于公共事业，造福人民，决不能当作牟取私利的工具。要树立鲜明的是非观、善恶观，要清楚生活中、工作中什么该做、什么不能做，在执法过程中，要以国家的法律、法规以及公共道德准则为标准，秉公办事，公平、公正地处理问题。

第四节　漫画、视频类材料型

一、题型概述

漫画题本质上和前面章节讲过的漫画故事类题目是相通的，利用漫画形象生动的特点，对某种社会现象进行讽刺和批判，考查考生的理解分析能力，只不过在材料题中，一般是给出一幅或一组漫画，也可以与其他材料相结合共同组成背景材料供考生阅读，在材料和漫画之后紧跟着几道题目，仍然是不限于综合分析题。视频材料在2011年国考铁路公安职位面试中频繁出现，所配套的面试题目大多与公安专业知识相关。由于视频材料形式上的限制，我们这里只以漫画题为例，为大家讲解这类型题目。

二、材料阅读

例题：2010**年**3**月**26**日上午浙江省公务员面试题**

材料(简述)：今年以来，很多省的企业招不到工人，出现"用工荒"。

漫画(描述)：一个人处在十字路口中心，路口分别指向"子女就学"、"社会保障"、"薪酬"、"最低工资"。

材料反映的是我国沿海发达省市出现的"用工荒"等问题。本题除了可以从宏观上考查大家对"用工荒"现象的看法以外，还可以从中观的角度考查大家如果是某地区负责此项工作的政府工作人员，如何有效地解决困难；或是考查大家就"用工荒"的现象着手调研，如何组织，或者保证调查的真实性。从微观的角度还可以考查大家，如果你是企业的负责人，应当采取何种措施缓解本企业招工困难的情况。这些都是我们可以根据题目设想到的。我们还可以设想，在招工困难、订单堆积的情况下，企业的员工因为其他企业的高薪聘请纷纷要求离职，你是企业的负责人或者人事负责人，该怎么办。这就成为一个很好的应急应变题目。

三、真题解析

1.就用工荒出现的原因谈谈你对用工荒出现的看法。

常规型的综合分析题，但考生在听题时千万不可大意，不可因为听到熟悉的字眼，就武断认为是在阅读材料时预计的问题，从而疏忽了一些重要的细节。命题者在设计题目时也会考虑到可能被考生推测到题目内容而故意做一些小小的变化。比如本题就特别要求从用工荒出现的原因方面谈谈对用工荒出现的看法。

【参考答案】用工荒，是指用工短缺现象。相对于持续多年的民工潮，用工荒的出现是多方原因造成的，其中既受世界经济形势影响，也和农民工待遇问题有很大关联。它暴露了我国以前政策的不合理之处，需要及时调整。

首先，受世界经济形势的影响，东部沿海一些企业在2008年底经济不景气时订单减少，导致工厂减员。在2009年底2010年初出口订单恢复增长，企业纷纷扩大生产，很多农民工已经在当地就近就业，一时间无法招到足量工人。这是直接原因。

其次，更深层次的原因与中国发展模式的结构瓶颈都有莫大关联。我国沿海许多加工产业都是简单加工出口外销型企业，技术含金量低，靠的是我国充足而廉价的劳动力资源。然而随着沿海地区经济不断发展，当地居民生活水平有了大幅提高。但是农民工的欠薪、工资福利水平、劳动保障条件、子女就学等问题得不到有效落实，东部地区高昂的生活成本使得农民工的工资相比之下显得捉襟见肘。很多农民工选择就近就业，一来可以照顾家庭，二来生活成本较低。

再次，目前用工荒问题已经成为全国性的问题，并非仅仅是东部沿海地区的问题。缺工是因为供求的不平衡，企业需要大量的一线工人，但是新成长的劳动力学历越来越高，首要选择已经不再是生产工。

新生代劳动力结构的变化，不仅仅影响着企业的招工情况，在一定程度上，也在逼迫着企业升级换代。用工荒的另一面则是大学生就业困难的问题。

总之，用工荒在未来几年内都可能长期存在，我们务必认清形势，促进企业升级换代，转换经济模式，积极实施劳动力和产业双转移，强化政府引导，实现劳务市场转型到位，才能有效缓解用工荒的矛盾，维持经济可持续发展。

2. 组织设计一个“企业为什么招工难”的调查问卷，你打算怎么办？

调查调研类题目是我们在面对社会热点的时候应当考虑到的问题，社会热点往往背后有其深刻原因，尤其是涉及人数众多的普遍现象时，更应当通过调查调研了解事情的真相。回答这一类问题关键是不能使用过多空话套话，冲淡题目本身的意义，更多应谈到你所能考虑到的重要细节，这才是打动考官的关键。

【参考答案】调查问卷的目的是希望能找出企业招工难的原因，为了保证调查的真实性全面性，我将会对此次调查问卷活动作如下安排：

首先，成立一个调查小组，分工收集一些有关用工荒的报道资料。一方面为选定调查地区、调查对象做准备，另一方面了解更多用工荒的可能原因，为设计调查问卷找到一些最新的资料。

其次，设计调查问卷。为了保证调查的全面性，调查问卷分为三类：一类是针对企业老板；一类是针对企业招工负责人和人才市场工作人员；还有一类是针对求职者。针对企业老板的调查问卷主要涉及企业经营状况、企业用工缺口分布情况、对劳动法的认识程度、企业劳动保障制度、企业工资福利水平等。针对企业招工负责人和人才市场工作人员的调查问卷主要涉及招工供需状况、招工最为困难的地区和工种、招工最有吸引力的条件、求职者关心最多的条件、求职者本身的年龄学历技能等状况。针对求职者的调查问卷主要涉及期望工资福利水平、未来职业规划和生活规划、生活成本和家庭负担、自身知识技能情况、求职意向、最为关心的招聘条件等。

再次，为了保证能全面了解东西部地区招工困难的不同原因，我会将我们调查小组分为两组，分别选取有代表性的东部沿海地区和中西部欠发达地区，分工进行问卷调查。在出发之前先进行全面的培训，务必让每一位调查人员清楚此次活动的重大意义、要完成的目标任务，制定好分步骤行动的计划，分阶段按时完成任务。出发前准备好调查需用的物资，比如小礼品等，要求调查工作人员佩戴好工作证，主动亮明身份，耐心细心地发放和收回问卷。

最后，将调查问卷回收汇总，仔细鉴别问卷的真实性，去伪存真，进行完整的统计。统计之后可邀请专家参与，进行定性和定量的分析。撰写一份详细的“企业为什么招工难”的调查报告，向领导汇报真实情况。

3. 你是企业人事的主管，现在要招工，你面前的考官就是你想要招工的对象，怎么向他们介绍你的企业，如何吸引他们到你们企业工作？

【参考答案】各位乡亲，大家好！我作为××公司的人事主管，负责为大家推荐我们的企业，首先请允许我介绍一下企业的详细情况。我们是一家大型服装设计、生产、零售一条龙的综合性企业，内销和外贸都是重要的销售渠道。自企业成立以来，年年成为本市纳税先进单位。我们是正规的大型企业，各种工资福利待遇不仅遵守国家劳动法的规定，更在同行业当中具有竞争优势。接下来为大家详细介绍我公司的工资福利待遇情况。

第一，工资构成由基本工资加上绩效奖金构成，基本工资2000—4000元不等，绩效奖金0—2000元，加班时间严格按照国家劳动法规的规定，限制在合理的范围内。加班按照法律规定另计加班工资。社会保险购买齐全。

第二，工作环境舒适卫生，劳动保护措施齐全。公司整个生产流水线采用半自动化模式，整个生产车间无尘化处理，保证身体健康。每年会在高温酷暑季节额外发放高温补贴，准备清凉饮品，帮助大家降温消暑，并按照国家规定通过轮休的方式放高温假。

第三，提供员工宿舍，两人一间，水电气及家具齐全。夫妻同时在本公司工作的可以申请夫妻房。公司提供一日三餐，发放餐补，自愿就餐。也可以选择外出就餐或者在宿舍做饭。

第四，我们提供每年两次的免费技能培训，帮助员工提高生产技能和管理技能，希望员工能往更好的技术岗位和管理岗位发展，公司每年年底组织技术管理岗位的竞聘，择优录取优秀人才。

第五，我们提供每年一次的家乡与公司所在地之间的往返长途车票报销，公司的行政部门也会积极和铁路、公路交通运输部门方面联系，争取最大限度地方便员工购买车票回家。不回家过年留在公司值班的员工，可以享受一名未成年子女和一名亲属往返本市探亲的长途车票报销待遇。

此外，如果有未成年子女上学的问题，我们也与本市的一些外来工子弟学校，以及郊区部分学校有联系，协助解决子女上学问题，使大家无后顾之忧。如果有兴趣进一步了解我们公司，请跟我到公司进行面谈，顺便也可以参观一下工作生活环境，眼见为实。辛苦大家跟我来一趟吧。

第五节　命题趋势预测与个性化提升

近年来，材料题中的五大类题型其基本特征保持不变，在此基础上较为倾向于与场景相结合，侧重于考查解决实际与具体操作能力。

材料类题目中，综合分析类题目一般设置在第一题的位置，这对考生的适应能力提出了更高的要求。通常要求考生结合材料背景透过现象看本质，要求考生从给出的事例中总结、归纳出相应的道理。还有一部分综合分析类题目侧重于原因的分析，要求考生解答时联系材料中的实际情况，准确回答事例产生的原因，弄清“为什么”。此外，当题干连结语采用“必须”、“应该”、“给我们的启示是”等时就是要求考生回答解决办法、措施，指出解决问题的途径。

人际沟通类题目在材料题中更为情境化和具体化。从近几年材料题的考查轨迹看，以往我们关注的领导、同事、亲友、下属等主体在交际情境中更为鲜活，而新闻媒体这一主体的出现频率日趋高涨，需要广大考生多多关注。组织管理类题目更加注重对实际问题的解决。应急应变类题型考查要素主要集中在小型群体性事件的快速处理上。

需要大家注意的是，为平衡考题的延续性和创新性，材料题可能在将来更多的是以单题形式出现在结构化面试中，而且可能针对以前人际沟通中缺乏具体情境、回答问题缺乏针对性等弊端，首先从沟通协调类题目入手进行改革。下面就人际沟通中最新出现的一些情景化题目给大家做具体讲解。

例题 1：2011 年 2 月 25 日下午北京边检总站、厦门边检、总工会、辽宁统计局、甘肃国税面试题

材料（简述）：小张是借调到某单位的年轻职工，他和该单位领导及该单位职工老赵一起去某县调研。该县是领导以前工作过的地方。在调研中小张发现该县存在很严重的问题，他对老赵说要向领导汇报，老赵建议小张谨慎点好。调研结束后还没等到向领导汇报，两人就被邀请去吃饭，席间小张对该县情况插话较多，而且把他发现的问题直接提出来了，导致当时现场气氛尴尬。

问题：你觉得小张的做法有什么问题，为什么？如果是你你会怎么做？

【参考答案】为官一任，造福一方，作为一名公务员，要心系百姓，贴近基层，为百姓谋福祉，及时向领导反映百姓的疾苦和地方的困难。同时，作为一名公务员，在做事时，要讲究一定的原则和方法，在题目中，小张的出发点是好的，希望向领导反映该县的问题，能够让领导在第一时间了解到该县的情况，但是小张的做法确有不妥之处。

第一，县里领导为了表示感谢邀请小张和老王吃饭，但是小张和老赵目前的身份是调研人员，不能接受被调研单位的吃请，这餐饭不是一般的公务接待，小张和老赵应该谨慎对待，小心避嫌，要婉言拒绝。

第二，小张在席间谈及这次调研中发现的问题，是不合时宜的。既然是调研，就应当在调研报告中反映真实的情况，在真实情况没有调查清楚之前向被调研单位透露调研情况是非常不妥的。有可能导致最后调研结果的失真，还有可能给被调研单位造成不必要的困扰。

如果我是小张，我会从以下几方面去着手解决：

首先，与老赵达成共识，婉言谢绝该县领导的吃饭邀请。对该县领导表示感谢并说明自己是职责所在，必须时刻注意坚持原则，请县领导谅解。

其次，如果的确是一般的公务接待无法推脱，在席间可以通过聊天的方式和该县的主要领导了解具体的情况，重在了解信息，而不评论，以免造成双方的尴尬局面。但也不能随便透露调研中发现的情况。

再次，我要真诚地向老赵请教，毕竟老同志经验丰富，我会与他协商是否需要根据前期考察发现的问题，再次深入重点地进行实地考察和走访，掌握最一线的资料，以确定问题的真实性。向老赵请教相关经验，分析产生这些问题的原因，并提出能够解决问题的措施。

最后，说服老赵打消顾虑，虽然领导曾经在当地工作过，但是问题如果存在却不如实反映，这是对不起当地的老百姓。领导既然在当地工作过，对当地老百姓应该有着更深刻的感情，我更是应该将真实情况如实向领导汇报。如果知情不报，会让领导的工作十分被动，也让当地政府部门工作的问题得不到及时的改进，后果是相当严重的。当与老赵沟通好之后，我会将真实的信息和建议形成书面的材料，整理成文，递交给领导，请求领导予以重视。

总之，我作为一名公务员，虽然经验尚浅，阅历不多，在工作中难免会出现一些问题，但是遇到问题要有积极的心态，多向领导请教、向老同志学习，不断地提高自己的工作能力和业务水平。我相信只有先端正好态度，摆明立场，才能更好地为人民服务。

例题2:2011年2月25日上午北京国税、天津国税、张家口统计调查大队面试题

材料:小张和小王一起吃饭，小张问小王，新来的刘处长水平怎么样，小王没做正面回答，小张说他觉得刘处长水平不怎么样，因为有一次他发现刘处长审批的材料有明显的问题，而刘处长却审批通过了，小张并没有向刘处长提及，而是向王副处长汇报了此事。

问题:请你对小张的做法做一评价。

追问:如果你是小王，你打算怎样劝说小张?

【参考答案】和谐关系的形成有利于工作更好地开展，作为单位的一份子，不仅应该注意和同事之间的协调配合，更应该维护领导的权威，形成单位内部的团结氛围。对于小张的行为我认为是不妥的。

第一，小张在与同事私下交流的时候背后议论领导，并且探听同事的口风，给出的负面评价不利于单位的内部团结，一旦在同事之间传播会影响领导的权威，破坏团队的凝聚力。作为单位的一名成员，应该尽可能地为了单位的团结和发展做出自己的努力，避免对他人的议论和非议，通过沟通和交流取人之长、补己之短，争取在互帮互助中实现共同进步与提高。尤其应该维护领导的权威，尊重领导的全局性与前瞻性，促进组织的凝聚力与战斗力，才更有助于提高积极性和工作效率。

第二，小张认为刘处长在审批材料过程中存在问题，却没向刘处长及时进行反映，没有认识到作为一个团队成员在发现问题时，及时为领导提供相关信息并提出意见和建议是自己应尽的职责，采取沉默的方式，是一种不负责任的表现。所以作为团队一份子，应该提升责任意识，无论领导还是同事，一旦发现存在问题，都应及时给出自己的意见和建议，避免由于决策或者工作失误造成不良的后果，影响单位或者部门的良好形象。

第三，小张在发现刘处长审批材料出现问题后不仅没有及时向刘处长反馈个人意见，而且向王副处长汇报了此事，容易造成领导之间的矛盾，不利于单位成员间和谐关系的形成。对于同一件事情不同的人由于年龄、经验、阅历以及看待问题角度的不同都会产生不同的看法，何况领导在看待问题时更擅纵观全局，所以小张认为审批不妥并不意味着确实存在问题，不能充分证明刘处长的工作水平存在问题。尤其这种情况下更易造成领导间的误会。

综上所述，我认为小张的做法是不妥当的，是需要改正的。

追问：

如果我是小王，我会本着真诚的态度，团结的原则劝说小张，我会从以下几个方面和小张进行交流。

第一，我会向他讲明这样做的危害性。背后议论领导，一旦在同事之间传播开来对刘处长的权威造成影响，领导的权威就是部门的权威，如果领导权威受到影响，我们部门在单位内部外部开展工作都可能会遭遇到困难。

第二，对于领导在审批材料时出现的问题，作为下属有责任向领导及时汇报，如果的确是领导疏忽了，那么可以避免我们整个部门甚至整个单位的错误，如果的确是自己理解得不对，也可以借此机会向领导请教，纠正自己的错误。不管结果如何，我们都应该一如既往地尊重、服从领导。这样一方面能够向领导提供更多的信息，便于领导做出正确决策；另一方面如果我们的意见不合理，也可以直接获得领导的指导，有利于我们个人的能力提升。

相信经过沟通，小张以后也会本着团结互助、工作第一的原则来处理问题的。

练习题目

2011年2月23日上午湖北国税、民进中央机关、水利部面试题

第一环节首先每个考场的人进入备考室，然后负责人发给你一则材料，让你先看10分钟，第二环节进入面试教室，4道题，这四道题是关于这则材料提问的。念一题答一题的形式，有纸和笔。

一、背景材料（阅读材料，大约10分钟）

某省会城市有一个非营利性公益组织，由一些大中型企业赞助，教育援助办公室是其中的一个部门，主要负责对教育资源缺乏的地区提供帮助。

该办公室有三个人：主任王立、小方和大姐李娜。

王立，已有多年公益事业经验，在本部门已工作3年，非常有责任心，但要求严格，经常指导小方，对小方规定过严，有时干涉到工作细节方面，甚至影响了小方独立性的发挥。小方，新分配到这个部门，到本部门半年多时间。李娜，原来在师范院校团委工作了7年，来本部门1年多。李娜原负责师资筹备工作，现在这个工作由小方来接管。

最近，该省一个教育落后的贫困县教育资源十分贫乏，向这个组织提出教育援助申请。基金会考察后同意援助，在经过多方筹集之后，资金还缺200万，师资资源也较为缺乏。具体的工作落到了小方这个部门，王立让小方负责师资援助方面，李娜负责资金筹措方面。

二、根据材料回答问题（考官读题，无题本，有可能追问）

1.在对贫困地区的教育扶持方面，你认为政府、社会和公益组织应该承担什么样的责任？

2.如果你是小方，怎样处理人际关系，提高本部门工作效率？

3.如果你是小方，怎样完成师资扶贫这一任务？

4.如果你是小方，忽然得知本省团省委也在组织对该县的一个支教工作的方案，你会怎么办？

2011年2月23日下午中国出入境检验检疫局面试题

一、背景材料（阅读材料，10分钟）

某城市推行一个便民工程，主要的服务对象是老年人和残疾人。这一工程需要各个部门一起配合，才能推行。这一工程在推行的进程中，要上马大量的电子设备，主要有三种设备。这个便民工程涉及的范围非常广，光其中一项设备就达到3万台。

现要以民政部门牵头，多部门协调合作，成立一个工作组，该工作组包括人事局，各银行机构和一些基金会等机构部门。这一便民工程在推行的过程中得到了广大民众的支持，当然也产生了一些反对的意见。

二、根据材料回答问题(考官读题,无题本,有可能追问,25分钟)

1.请你谈谈对该城市推行这一民生工程的看法?你认为在推行的过程中会遇到哪些困难?

2.在工程推行的过程中,有不少的老年人认为这些东西不太实用,而且还得支付一定的费用。若你作为一名工作组成员,遇到这种情况,你怎么做?

3.领导要你做一个关于这一工程的总结报告,你认为该报告应该包括哪些内容?你会以什么样的方式获取资料?

4.在网上,一个网友发表博客说这项工程是一个面子工程,不实用,此博客的传播范围较广,已经引起了一些市民对于此项工程的异议。若派你去跟这位博主沟通,你会怎样说服他?现在我就是这位博主,请现场模拟一下沟通过程。

第三篇　真题篇

第十二章　最新真题精选汇编

2011年5月14日上海市公务员面试题

材料:随着网络的不断普及,很多机关纷纷建立并开通机关微博,网民们发现,这句"很潮,很亲切"的打招呼方式,已经常能从政法机关工作人员口中听到。随着广东警方去年2月底在网上首开微博,直播"警察故事"引发"围观"后,全国各地政法机关利用微博与网民良性互动的大幕已悄然拉开。甚至很多公务员及领导也在网上织起了"围脖"。

1.对这种现象你是怎么看的?

【参考答案】在网络日益普及的今天,越来越多的网络交流方式走进千家万户,成为民众了解政府及相关单位政务的便利渠道。其中,"微博"更是当今受到民众普遍欢迎的"打招呼方式",有其积极意义。微博是网络时代的延伸,其具备网络的特点,如广泛,便捷等,使得民众能够及时并且十分便利地了解政府公布的第一手信息,充分行使知情权和监督权,有利于我国的民主化进程建设。

此外,微博也有自身的优势,如140字的限定输入使信息传输更为迅捷,发表非常及时。但是微博代表个人时,话语比较随意,利用微博办公的话有所不同,要注意代表的是一个集体甚至是政府,须充分考虑,认真准备,才能避免跟风,为群众办实事。

要更好地运用微博,还应该从以下方面进行改善:

第一,微博应由对外部门负责管理,初期应随时与领导沟通处理信息,妥善用词,以避免变成个人意见的发表,给民众造成误会。

第二,应加强学习微博的应用技巧,避免发生技术性失误,从而影响政府部门形象。

第三,微博回复可能有各种情况,对待群众反映信息应有正确态度,有问题及时协调处理,产生误会应耐心解释。

总之,在政务上使用微博是值得赞许的,它能够加强政府机关与民众之间的沟通桥梁,使得群众能够更加方便、及时地了解政情政务,也有利于群众理解政府的工作,赢得大众支持。同时,这也是构建服务性政府的一种方式。相信通过各方的努力,微博的作用会发挥得更好,真正做到为民办事。

2.单位领导让你去负责微博使用的调查,应该如何组织?

【参考答案】调查微博的使用有利于了解微博在人们的生活及工作中发挥的作用和影响,是广大公务员把握发展规律,提高现有工作水平、抓好工作落实的前提和保证,因此这次调查工作意义重大。由我来负责这次微博使用的调查,我将从以下方面来着手进行:

首先在调查之前做好完善的方案和准备工作,其中包括:(1)明确调查对象。这次的微博使用调查范围为本市,对象为市内各级单位,争取做到调查对象的普遍性与针对性相结合,保证调查结果的真实有效;(2)确定调查方式。在进行调查之前设计好调查问卷,召集单位里有经验并熟悉微博或本身微博使用情况良好的同事组成调查小组,就微博的开通情况、微博的关注率以及微博解决群众问题的情况等为主要内容,进行调查问卷的发放及收集整理。

其次在调查的过程中,先要对市内单位进行走访,与单位的领导和员工进行面对面的谈话,获取第一手的信息和资料。还可以在征得本人同意的情况下查看一些单位或员工的微博使用情况,通过照相、录像等方式做好信息的记录工作;同时用发放邮件以及论坛访问的形式从网络上了解各级单位的微博使用情况,听取各方意见和建议。通过发布微博,或者建立网络信箱,了解群众对于各单位微博的回复情况及具体建议。

在本次调查中还应注意一些细节问题,如问卷问题设计合理,利于被调查者回答,节省调查时间和成本;调查覆盖面尽可能地广泛且具有针对性,保证科学性,调查结果尽量反映真实情况;在调查过程中调查小组成员确保通讯畅通,及时发现问题解决问题,遇到突发事件及时启动应急预案;信息的汇总和整理应细致耐心,避免出错。

最后,调查结束之后整理好自己与调查小组收集到的资料,进行汇总核实和分类汇编。分析之后将此次微博使用情况的调查结果写成调查报告,以书面形式上交领导,为领导决策提供依据。

3.你办公室的一个同事,在上班的时间经常发微博,你作为他的同事,应该怎么做?

【参考答案】同事在上班时间经常发微博,而我作为他的同事,本着关心同事的原则,有义务了解事情的来龙去脉和具体情况,再根据事实来寻求解决之道,与他一同处理好这个问题。

首先我会在休息时间找个较为安静的地方向同事询问一下最近的工作状况,是否有需要我帮忙的地方,然后侧面了解一下该同事发微博的内容,是与工作有关的还是与工作无关的。

其次,分情况进行处理。在了解完情况后,如果是领导分配的和工作有关的,那我会建议同事在固定的时间段来提高效率把微博做好,这样才不会影响其他工作,同时也告知他自己可以提供一些帮助,如果有需要的话我会义不容辞地协助同事共同完成微博任务,或者帮他处理一些其他力所能及的工作;如果是织的个人微博,我则会在恰当的时间以适当的方式提醒同事,使他明白工作时间不应该处理个人事务,这样会影响自己的本职工作,也会在单位造成不良影响。应该在上班时间完成本职工作,下班后再处理私人事务。

相信通过我们的良好沟通,同事会做出合理的调整,最终会把工作做好。

4.你的调查报告,在一次会议上受到领导的批评,你会怎么做?

【参考答案】一个人的工作不可能一帆风顺,遇到问题不可怕,关键是看我们怎么正确对待它,我会以平和客观的心态来对待和处理这件事情。对于领导的批评我们应该保持虚心接受的态度,有则改之无则加勉。原因的确不在自己身上,要利用适当的时机向领导解释沟通;有错误时,要勇于接受批评并且敢于反省自身。

如果出现本题中的情况,我绝对不能产生不好的情绪,更不能因为这个影响我正常工作的开展。领导是站在干好工作的角度,调查报告必须保证是真实的科学的,因此领导这种对工作负责的态度是值得我学习的。首先,不管我的调查报告是否有问题,我都会虚心接受领导的批评,维护领导的权威,这是作为下属的基本职责。其次,我会认真反思,重新仔细地查阅调查报告,进一步核实数据,找出调查报告的不足之处。再次,我会找个适当的机会向领导道歉并请教,认真聆听领导对我的调查报告的意见,并作好相关记录,承诺修改时间。然后,针对领导指出的不足,重新进行缜密的调查,并将调查报告以更加清晰和简洁的结构重新整理,将修改后的调查报告再交给领导审阅进行汇报,并针对领导的指示做进一步的修改,直至完善。最后,在以后的工作中,要更加认真负责,注意细节,多向领导和同事请教学习。

总之,在以后的工作中,我会把领导对我的批评当成一种鞭策,加强日常工作的汇报,及时与领导沟通,多向其他有经验的同事学习,在实践中求知、在实践中锻炼、在实践中成长,并时刻提醒自己做事必须认真谨慎,保证工作的顺利进行。

2011年5月14日上海市监狱局面试题

1. 有人说有理想的人是快乐的，请问你的理想是什么？

【参考答案】苏格拉底曾经说过，世界上最快乐的事，莫过于为理想而奋斗。教育学家史立兹也有句名言：理想如晨星，我们永不能触到，但我们可像航海者一样，借星光的位置而航行。这些名人名言都说明了一个道理，即理想是我们人生的目标，有了目标，我们就会有动力，会让我们有奋斗的能量，也会让我们的生活更充实，也会更快乐。

我们每个人都会有理想，有了理想，我们就要付诸行动。如果一个人的理想是成为一名济世救人的医生，那么他必须心怀医者慈悲之心，努力钻研医术，掌握高超的治病救人专业知识，才能成为悬壶救世的一代名医。如果一个人的理想是成为一名维护正义的法官，那么他必须以理性的眼光看待世界，不畏强权而帮助弱小。

而我的理想则是通过自己的力量帮助别人重塑人生。我曾经看过一部名为《和声》的电影，影片讲述了一所女子监狱合唱团里发生的故事，女囚犯们通过合唱重新审视了自己的人生，在监狱里积极改造争取重获新生。我被这部影片中狱警对囚犯的用心教导而使得囚犯们能够直面人生而深深地感动，更坚定了我想通过自己的努力而使他人有不一样的人生的理想。也许我并不一定能完全改变他人，但我相信，就如同居里夫人所说："如果能追随理想而生活，本着正直自由的精神、勇往直前的毅力、诚实不自欺的思想而行，则定能臻于至美至善的境地。"

2. 你对上海老龄化现象如何看？

【参考答案】人口老龄化是指总人口中因年轻人口数量减少、年长人口数量增加而导致的老年人口比例相应增长的动态。国际上通常把60岁以上的人口占总人口比例达到10%，或65岁以上人口占总人口的比重达到7%作为国家或地区进入老龄化社会的标准。

上海人口发展的特点是人口国际化特征日益显现，老龄化程度接近世界人口老龄化最高的国家水平，中心城区人口高容量问题亟待解决。严重老龄化是目前上海面临的最严峻挑战，2008年上海户籍人口中，60岁及以上的老年人口为300.57万人，占户籍人口的21.61%，老龄化程度接近世界人口老龄化最高的国家水平(人口老龄化程度23%—25%)，比全国高近一倍。专家预测，到2030年上海老年人口将达到500万至600万的峰值。

产生老龄化的因素是多种多样的：第一，计划生育政策的实行使得人口出生率降低，人口的减少直接导致老龄化现象严重。第二，我国社会稳定、人民生活条件改善、医疗水平提高等因素导致人们寿命增长，这是人们生活水平和保健水平提高的必然结果，是民富国强的标志。

要应对老龄化严重的问题，应有针对性地解决：首先，由于出生人口减少过多而导致的老龄化，只能通过适当放宽计划生育政策来缓解，如夫妻双方都是独生子女的允许生育第二胎。其次，由于人们的寿命延长而产生老龄化，要解决的问题不是如何防止老龄化，而是如何应对由此造成老龄化后所带来的养老金不足和养老服务不足的问题。主要措施是延迟退休和加大财政投入，加强养老服务和养老福利事业发展，完善福利制度，注重老年人群的福利提升，重点聚焦高龄老人、独居老人。

3. 如果要建立一个老年配餐中心，你会怎么做？

【参考答案】建立老年配餐中心是为了更好地照顾独居老人或不方便自己做饭的老人，体现了党和政府对老年人福利事业的关心以及重视。因此，我会重视这次任务，从以下方面来展开工作：

首先我会组织相关人员通过一次调研活动走访了解区域内老年人的数量及构成情况，根据数量及年龄确定配餐中心的规模，与社区老年人面对面沟通了解饮食习惯、饮食喜好及可承受价钱等，使得老人能够有选择性地用餐；在地点方面应该选择交通便利的地点，如离公交站或地铁站较近、路况较好的地方，以便于快速送餐，保证餐饮的新鲜可口。

其次，我会组织一些活动来宣传配餐中心，例如可以通过网站发布广告，还可以在社区拉横幅告知小区居民，或者在市内召开饮食专家讲座等，如果经费允许的话还可以联系媒体进行报道宣传，增强宣传效果，使得更多的老人能够享受到这一便利服务。

同时，还要招聘并培训送餐人员，要求具备爱心、耐心和责任心，且工作态度认真，能够以为老年人服务的宗旨来工作；还会请教饮食专家制定合理饮食搭配，保证食物新鲜、卫生，保证老年人的健康；在供给方上要慎重选择那些信誉良好的商家提供原材料，务必保证食材的安全和卫生，毕竟老年人的身体机能比较脆弱，更应该妥善处理。

最后，在老年配餐中心建立好后，还应当多听取用餐者的意见和建议，及时作出调整，以更符合老年人的用餐习惯，使老年人享受到更为贴心的服务，体会到党和政府对老年人工作的关心。

4.有人反映配餐中心价格贵、态度差，你如何处理？

【参考答案】有人反映配餐中心价格贵、态度差，无论是否属实都应该在态度上高度重视，以免造成严重影响，给配餐中心的工作造成不便。

首先我会马上成立一个专项调查小组，通过走访的形式向反映情况的人了解真实情况，明确所反映问题的焦点，仔细聆听并做好相关记录，承诺会在一定的时间内给予回复、解决。

接下来我会把调查小组分为两个小组，一组进行明察，另一组负责暗访，通过两种形式并进的调查以达到调查结果的真实可信。明查小组找配餐中心负责人了解情况，包括价格确定标准、人员组成、操作规章等，询问是否有工作人员态度差而被投诉的问题。同时，还可以通过电话采访一些订过餐的老年人，向他们了解情况，询问是否觉得餐点价格高以及工作人员的态度如何。暗访小组成员会挑选一些生面孔，如较少与工作范围以外的人打交道的员工，先做好前期的辅导工作，再去进行调查。暗访小组装扮成订餐的老人，亲身体验订餐过程，真实感受配餐中心的价格高低和态度好坏。

通过多种渠道进行调查后，根据所了解情况查明真实问题，如情况属实，确实是价格高，那么调整菜价，如果是因为原材料较为优质而无法降价，也要向订餐者做出说明解释；工作人员确实有态度差的情况，要提出批评并限时做出整改，及时解决；如不属实，及时澄清，向民众解释，消除不良影响，争取取得民众的认可。

事后要严格配餐中心各项工作规范，透明价格、热情服务，真正做到为民服务，为老年人服务。

2011年5月15日上午上海市公务员面试题(警察)

1.对“有志者事竟成”，你是怎么理解的？

【参考答案】有志者事竟成，破釜沉舟，百二秦关终属楚；苦心人天不负，卧薪尝胆，三千越甲可吞吴。“有志者事竟成”的意思是有志向的人，做事一定会成功。人生要自己去拼搏、去奋斗，在风雨中百折不挠勇往直前，在人生的每个驿站上留下一段不悔的回忆。流泪不是失落，徘徊不是迷惑，成功属于那些战胜失败、坚持不懈、执著追求梦想而又异常自信的人。

我的志向是维护正义，帮助弱者，这也是我报考警察这个职位的初衷。我出生于警察世家，从小耳濡目染，有极强的正义感，遇到不公平不公正的事情总是希望能够彰显正义。在遇到他人需要帮助的情况时，我会本能地提供力所能及的帮助，予人玫瑰，手留余香。父母在我成长历程中也不断教育我要多帮助他人，只有这样整个社会才能和谐安定，我们的生活环境才会愈加安乐。

为了实现这一志向，我自小就开始做准备。因为家庭的原因使得我能够从中学习一些简单的知识，例如遇到窃贼如何智取。当然，最主要的知识和技能还是需要通过正统的学校学习才能获得，因此我报考了警察学院进行系统学习。在校期间，我认真刻苦学习理论知识和技能，并在课余时间积极参加社会实践和实习，将所学知识运用于实际，检验自己的理论基础，不断完善自身，为争取早日能成为一名优秀的警察做准备。正是秉着"有志者事竟成"的信念，我不畏艰苦地学习及实践，终于获得了"优秀毕业生"的称号。我也相信，通过不懈努力我也将会成为一名优秀的警察。

2. 垃圾分类，据调查显示：有大概九成的人没有做到，只有一两成的人做到了，请问你是怎么看待的？

【参考答案】垃圾分类主要是指对城市中产生的生活垃圾进行分类，将垃圾按可回收再使用和不可回收再使用的分类法为垃圾分类。目的在于减少垃圾占地，减少对环境的污染，变废为宝综合利用资源。中国自1996年就已经开始进行垃圾分类了，但是到目前为止大部分城市普遍对垃圾分类工作做得不足，垃圾分类还是停留于表面。

原因在于：第一，垃圾分类在我国多个城市已推行了多年，但大多效果并不理想。在一些城市，市民按照要求对垃圾进行了分类，然而在垃圾清运时再次被混装拉走。这样的局面不仅挫伤居民积极性，也使垃圾分类被当作"环保秀"。政府在引导工作上做得也不够，导致公众不够重视。

第二，居民在前端进行垃圾分类，但后端的体系建设没有跟上，管理不到位，这是垃圾分类的一大障碍。

第三，政府在垃圾分类后续工作上措施不得当，只有前端处理手段，没有后端利用手段。没有真正地综合利用可再生资源，破坏了整体的垃圾分类。

鉴于此，要想从根本上做到垃圾分类，可以从以下方面着手：

首先，政府需要通过电视、广播、平面广告等各种形式加强宣传和引导，大力宣传垃圾分类对民众及国家的好处，使民众详细了解垃圾分类的积极意义和必要性，增强全民的社会责任感。

其次，政府应建立健全垃圾分类环节，加强制度保障，提高管理能力，使得垃圾分类能够真正落到实处并且长久执行，而不是流于形式。

最后，需要全民一起行动起来，加强自身的社会公德感与责任心，明确垃圾分类的重大意义和方式方法，严格执行相关规定，并号召身边的人共同遵守法律法规，共同建设可持续发展的和谐环境。

垃圾分类于民于国都是有万利而无一害的，是我们贯彻落实可持续发展战略中的重要一步，对当世及后世子孙意义重大。

3. 小区居民对垃圾分类做得不好，你怎么办？领导让你组织一次对垃圾分类的宣传活动，你应该怎么组织？

【参考答案】中国自1996年就已经开始进行垃圾分类了，但是到目前为止大多数城市普遍对垃圾分类工作做得不足，垃圾分类还是停留于表面。要改变这一现状，需要从各个小区做起，做好垃圾分类工作。做好垃圾分类的宣传活动对于提高小区居民的认识和责任心有积极作用，主要流程如下：

首先要做好宣传前的准备工作。第一，确定宣传的内容，包括垃圾分类的意义及日常垃圾分类的方法及类别，要通俗易懂且与小区居民生活息息相关，增强他们的参与感；第二，明确宣传的手段。对小区居民的宣传方法要多种多样，比如传单、海报、横幅标语、立警示标志，或者利用街道的宣传栏进行宣传；第三，挑选宣传人员，进行此次宣传的人员应该具有一定的环保知识且口头表达能力较好，易于为小区民众讲解垃圾分类的相关问题，还可以邀请环保局的相关工作人员来现场宣传，增强宣传的权威性和影响力。

选择一个非工作日的时间进行现场宣传会，在前期做好初步宣传的基础上使得小区居民都能够亲自参加，巩固宣传效果；宣传现场的工作人员还应维持好秩序，耐心为居民解答与垃圾分类有关的疑问，提供力所能及的帮助；同时还可以联系本市媒体进行报道，扩大宣传效果，号召本市居民共同完成垃圾分类工作。

宣传过后还应定期对该街道下属的社区进行调查，对垃圾分类表现积极踊跃的居民适当给予物质或精神奖励，使得垃圾分类能够持续下去。最后将此次宣传活动的文字、图片信息撰写成总结稿，总结这次活动的不足之处，为今后的活动提供借鉴，并呈交给领导审阅。

4. 专业题：你是哪里人，学校，专业，分数等，你为什么报考上海的警察？

【参考答案】我之所以会报考上海的警察岗位，主要基于以下几个原因：

首先，我作为一名大学应届毕业生，面临着找工作的现状。大学毕业后我必须找到一份工作维持生活且不依赖于父母，自立自强。由于我是在上海读的大学，在上海生活了四年，对这里已经比较熟悉且充满深厚的感情，从心里喜爱这片热土。上海不仅有现代化的都市感，也有着独特的市民文化，我希望能留在这座城市发展，我相信这对我的职业生涯是十分有益的。

其次，我出生于警察世家，从小耳濡目染，对警察这一职业十分敬佩且培养了浓厚的兴趣。因此，我立志成为一名人民警察。我本科的专业是侦查，在校期间学习了侦查学原理、犯罪学原理、现场勘查学、侦查措施与策略、犯罪情报学、刑事犯罪案件侦查等专业课和警体技能课，熟悉警察工作的路线、方针、政策，能熟练掌握和运用与本专业有关的法律、法规，具有较高的执法水平；掌握了刑事侦查专业的基本理论、基本知识和基本技能，全面掌握刑事侦查工作的程序、措施、手段和方法，具有侦破一般案件的能力，具有较快适应相邻专业业务工作的基本素质和能力；掌握了一定的人文社会科学和自然科学知识，具有相应的科学文化素养；锻炼了健康的体魄和良好的心理素质，掌握了射击、擒拿格斗、散打、攀登、泅渡、驾驶、查缉等警体技能，能适应公安实战的需要。

当然，我在校期间多为学习理论知识，实践的机会还比较少，缺乏实践动手能力，还需要在今后的工作中多加学习和实践，才能成为一名合格的人民警察。我非常渴望能够加入人民警察这个队伍，这不仅是自我价值的实现，也是社会价值的体现，我希望能将我所学到的知识运用于实际当中，真正做到为人民服务，为社会的安定和谐贡献自己的一份力量。

2011年5月15日下午上海市公务员面试题

1. 俗话说“有志者事竟成”，请谈谈你的志向。

【参考答案】有志者事竟成是指有志向的人，做事一定会成功。这句名言告诉我们，人生要不断地去拼搏、去奋斗，在风雨中百折不挠勇往直前，才能收获很多，成长很多，在人生的每个驿站上留下一段段不悔的回忆。流泪不是失落，徘徊不是迷惑，成功属于那些战胜失败、坚持不懈、执著追求梦想而又异常自信的人。

我的志向就是做一名基层公务员，把自己所学的知识和实践相结合，在基层这个舞台，挑战自我，提升自我，到基层去倾听群众生活的疾苦和他们的诉求，真正地为民办实事，做好事，以实现社会价值和个人价值的统一 。志向是我们做事的目标和导航，但是更需要我们去付出实际行动，脚踏实地。成长需要磨砺，青春不畏挑战，青年是人生成长的重要阶段，作为刚毕业的大学生，只有树立远大的志向，才能激励我们勇敢地肩负起时代赋予我们的使命，努力成为对国家和人民有用的栋梁之才，无愧于社会，无愧于人生。

2. 现在小汽车、私家车越来越多，请对这一趋势谈谈你的看法。

【参考答案】随着社会经济的发展和人们生活水平的提高，汽车消费逐渐成为一种时尚，我国各大中城市私家车的数量也在快速增加，越来越多的人成为了有车族，私家车大规模进入寻常百姓家，给人们带来许多便利的同时，私家车的快速发展也带来了城市交通拥堵、能源短缺、环境污染等问题。

首先，私家车的发展加剧了我国能源资源的短缺，使得我国对国外的石油依存度越来越高。

其次，私家车的发展使得道路交通拥堵严重，在一些中心城市，道路甚至瘫痪，而我国的公共基础配套设施仍不完善，使得道路交通秩序混乱，反而给人们的工作生活带来不便。

再次，小汽车和私家车呈几何数字增长，也带来了环境问题，环境污染日益严重。汽车又造成噪声污染，破坏生态环境，危害人体健康。近年来，北京、上海、广州等大城市市区，机动车排放的一氧化碳等污染物已成为一大污染源，更多城市将可能被列入不适合人类居住的城市。

针对以上问题，政府应当从以下几个方面来进行完善：

首先，政府应当积极地对私家车的发展进行引导和指导，不能任由其发展，同时加大财政扶持力度，增加公共硬件设施建设，增加公共交通线路，合理规划道路建设，改善非机动车和步行出行环境，如在中心城区配置自行车，在机动车道划分出自行车道以方便人们出行。

其次，民众应尽量乘坐公共交通工具，减轻交通运输压力，提倡绿色出行，多乘坐公共汽车、地铁等公共交通工具，提高环保意识。

相信在政府和民众的共同努力下城市道路交通一定会更加科学、和谐地发展。

3. 小区内经常因为占用车位等问题发生矛盾，请你对此设计个调查方案。

【参考答案】随着私家车数量激增，小区内频频上演"抢车位"事件，停车矛盾正困扰着越来越多的小区居民，此次调研方案设计意义重大，有利于民众停车难的问题早日得到合理的解决。我会从以下几个方面来展开工作：

首先，明确此次调查的目的，确定调查方案的对象，以小区居民为对象来展开，尤其是调查内容的设计非常重要，内容可以包括停车位收费的问题，露天和地下停车的规划和设计问题、小区车位是否够用以及物业管理相关问题。

其次，在调查方式上，采取问卷调查、走访和网络调查等多种手段相结合，以保证调查结果的有效性和真实性。同时为了调动业主参与的积极性，可以在事先准备一些小礼品，结合调查规模做好相关的预算。

再次，调查方案还应做好人员的分工，保证活动的有序开展，作为负责人应随时做好各个部门和人员之间的协调工作，在整个调查过程中做好问卷的回收、记录和归档工作，并对数据和资料进行整理分析，设计出一个具有可实施和可操作性的方案，早日解决居民停车难的问题。

4. 小区物业收取进出车辆管理费，业主认为已经缴纳物业费，不应该缴纳管理费，物业就催缴、给车子上锁，你是街道管理人员，怎么处理？

【参考答案】面对这种情况，作为街道办管理人员，首先，要了解清楚具体情况，找出小区的物业规定和相关的制度，认真阅读，发现矛盾的症结，并咨询相关的专家，物业费中是否包括车辆进出的管理费用，及时与双方协调，解决问题。

其次，找到业主和物业管理人员，向双方了解情况查明矛盾冲突产生的原因，并告知双方应当按照相关制度和规定按照程序来执行，如果物业费中没有包括车辆管理费用，应该事先向业主告知并在小区门口公示相关的制度规定，并和业主协商好收取相关费用的定价问题，如果物业费用中已经包含车辆管理费用的话，物业应立即解除对业主车辆的扣留问题，处理方法不对的应进行道歉，并赔偿业主的损失。

最后，对双方分别进行协调，最后达成初步的处理意见。总之，作为街道处的管理人员，应做好相关小区的管理规定，避免此类冲突的再次发生。

2011年5月16日上午上海市公务员面试题

1.谈谈你的理想。(追问了一句,你的职业规划)

【参考答案】每个人都有自己的理想,它对我们的一生都起着非常重要的作用,理想是人生航程的灯塔,是我们人生奋斗的目标,指引着我们人生前进的方向,只要我们始终不移地向着这个方向前进,我相信,我们终将到达成功的彼岸。古往今来,凡是有作为的人,无不重视理想的作用,他们在青少年时代就确立远大的目标。理想是指路灯,如果一个人没有理想,就没有了确定的奋斗目标、前进的方向,可想而知,我们的前途将会是怎样呢?

我的理想就是做一名基层公务员,选择基层工作也是我深思熟虑后的决定,和我的个人职业理想十分契合,具体来说,就是到基层中能够深入群众中,倾听百姓的心声,切实为百姓做实事是我的梦想,符合我的个人职业规划。我的职业规划是在一到两年内,在基层中快速成长,我也知道基层工作压力大,面对的情况复杂,但这也是对我的挑战,能为我以后的工作积累丰富的基层经验。

高尔基说过:一个人追求的目标越高,他的才能在发挥过程中对社会就越有益。我相信,只有树立远大的理想,我们的人生才能真正有意义。

2.请就食品安全问题,谈谈你的看法和建议。

【参考答案】食品是我们日常生活中必不可少的一部分,食品安全问题涉及人们的生存与健康。但随着经济的发展,食品市场的质量和安全问题令人担忧,从瘦肉精猪肉到苏丹红咸鸭蛋再到婴儿奶粉事件,都折射了我国食品安全问题亟待管理完善。食品安全问题频发的原因主要有以下几点:

一是法规不完善,管理不力。现有法规分散、零乱,且标准过少,打击力度不够,违法成本低,若出现屡禁不止的违法行为,难以起到震慑作用。

二是缺乏统一协调的管理机制,监管能力薄弱。对禁止、限制使用的添加剂监测管理不健全,食品安全涉及农业、环保、质检、工商、卫生等多个部门,各部门各自为战,难以形成合力,成为食品安全监管的一大隐患。

三是部分企业经营者法制意识、道德意识、社会责任意识缺失。在利益的驱动下,违背食品产业发展规律,盲目追求低成本扩张,使食品产业链的各个环节在失控状态下发展,危害极大。

针对以上问题,我有如下完善建议:

一是政府应当建立统一的食品安全管理法规体系,加强监督管理、加强农产品"从农田到餐桌"全过程的安全管理,继续加大对食品安全管理的投入。

二是增强食品安全意识和自我保护能力,企业经营者应当树立起良好的企业诚信意识和社会责任感。

三是要从源头上加强管理,加强食品安全检测。建立农产品产地环境安全监管体系,强化对农业投入品的质量和环境安全管理;建立国家农兽药残留监控制度;建立和规范食品召回监督管理制度。从环境质量标准、农产品卫生标准、食品加工标准综合进行考虑,实行全过程控制。

总之,相信在政府和社会的共同关注和治理下,食品安全问题一定会得到解决,广大人民群众的身体健康将会得到切实保障。

3.有人反映抗生素养殖,领导让你搞一次调查,找出对策,你怎么组织?

【参考答案】目前,在家畜家禽的养殖过程中,使用激素和抗生素的现象极为普遍。做好此次抗生素养殖的调查意义重大,这关系到社区人民的饮食安全问题。作为此次调查活动的负责人,我会从如下几个方面做好调查工作：

首先，明确此次调查的目的和意义，并通过开会传达此次调研的相关精神，做好经费预算工作，并报领导审批。

其次，确定调查方式，采用广泛调查和深度调查相结合的方式，对整个家禽养殖进行全面摸底调查，深入了解大量使用抗生素的原因是什么，以及抗生素供货的源头问题等。可以采用实地走访、问卷调查和摸底调查等多种调查方式相结合，以保证调查数据的真实性和可靠性。在调查人员的分工上，做到专事有专人，专人有专责，同时人员之间做好信息共享和协调工作。

在调查实施过程中，作为负责人对整个调查活动做好相关的监督工作，对突发应急情况和问题及时解决处理，保证调查的顺利进行，同时调查时要不放过每一个细节，力争把工作做到位，彻底查出抗生素大量使用且屡禁不止的源头所在。

调查结束后，对调查的数据进行汇总和总结，根据统计数据，形成相关解决建议和意见，为领导作出有针对性和建设性的决策提供科学的参考依据。

4. 有人向街道反映隔壁在阳台上养鸡，臭味影响到生活，街道办多次调解无效，让你去做，你怎样去调解？

【参考答案】作为街道办的相关负责人，首先我会尽快赶往该户居民家中，了解相关情况是否属实，如果属实的话，要做好引导和说服教育工作，并询问该业主养鸡的原因，是否是因为生活上的困难或者其他原因，在自己权限范围内对其提供帮助。

其次，向该户居民阐明相关的制度和社区的物业管理规定，说明和谐良好的社区环境需要大家共同来营造，养鸡是违反物业管理规定的，如果经过劝解后仍无法得到解决，我们会按照相关的制度规定给予处罚和警告。

最后，在此次事件过后，相关部门尤其是小区居委会和街道办应当做好相关制度和规章的告知和公示工作，以利于以后工作的顺利开展，为居民创造一个良好的社区环境。

2011年5月16日下午上海市公务员面试题

1. 有人说：信念就是力量。请你结合自身经历谈谈对于理想与信念的认识。

【参考答案】信念就是力量，这句哲言是说理想和信念是人生的精神支柱，这些看似不起眼的字眼，往往在人面对困难和挫折陷入困境的时候起着精神支柱的作用，支撑着人们的精神和意志，不被眼前的困难所压倒，使人在困难和挫折当中能够坚强振作起来，来战胜面前的艰难险阻。人如果缺少了理想和信念的精神支柱，那么这时就会被困难和挫折所压倒。

在人生的道路上不仅要克服一切外部的阻碍，还要克服自己的惰性和弱点，不断地战胜自己，超越自我，所谓逆水行舟，不进则退。虽然推动人生自觉活动的力量可能来源于外部或内部许多方面，但其中最根本最持久的还是来自于人生的理想和信念；它能给人生一种推进的力量，为人生实践提供动力和毅力，是人生的力量源泉。有了理想和信念，自然就会有一个坚定的立场，方向明确，意志坚强，热情高涨，精力旺盛。在以后的工作中，我要面对的是基层纷繁复杂的情况，需要自己耐心、细心、用心地去解决，以饱满的工作热情、严谨的工作态度投入到工作中去。

2. 现在人们周末喜欢外出游玩，不少地方开发了古镇游景观。但是由于管理不善等原因，景点总是人满为患，污染严重，违章建筑很多，破坏了原有的历史风貌，降低了旅游观赏的品质。请问你将采取何种措施，来兼顾历史文化保护与经济发展的关系。

【参考答案】当前，很多地方政府为发展经济开发了许多的古镇景观，一定程度上促进了当地经济的发展，丰富了当地居民的精神文化生活，也有利于我国传统文化的传播。但由于管理不善等原因，景点总是人满为患，污染严重，违章建筑很多，破坏了原有的历史风貌，风景名胜区的环境承载力及其景观资源的保护更没有引起人们的足够重视。其产生的原因有政府监管不力，开发商的管理不善，游客自身素质的欠缺等。

因此，我们要高度重视对景区景点原始风貌的保护，我认为应从以下几个方面采取措施：

一是政府应加大对古镇景观开发的监管力度，建立科学的管理机制，比如说可以按古镇的承载能力分时间段，让游客分批进入，以确保观赏的质量。

二是开发商应该从当地原有的历史风貌出发，从自然的角度进行开发，保持当地的历史文化。只有保护和保存好自然文化遗产原本的真实性和完整性，才能体现出它的历史文化价值，才能源源不断地吸引游客，价值越高，吸引力越大，从而带动旅游经济的发展，并促进地方相关产业的发展。

三是游客应加强自身素质的提高，注意对景观地区的环境保护，还小镇一片整洁。

古今中外的实践表明，只有合理地开发利用与保护古镇资源，在开发中保护，在保护中开发，使人与自然和谐发展，才能真正地实现可持续发展。所以不能为了一时的发展而不顾长远利益，我们既要兼顾历史文化保护又要促进经济的发展。

3. 公园里游人拥挤，争抢入园，甚至有的游人攀爬栏杆。工作人员在制止时，与游人发生冲突。作为公园管理人员，你应该怎么做？

【参考答案】作为公园管理人员，出现题目中的情况，首先要维持好现场秩序，避免发生不必要的人身伤亡。我会及时安排相关人员做好人群分散和疏散工作，增派保安防止意外情况发生。

其次，关闭入园窗口，通过广播形式向游客通知，公园会延时开放，平稳大家的情绪，同时增开退票窗口，尽快疏散拥堵人群。工作人员应稳定大家的情绪，保持冷静，同时向游客道歉，平息游客情绪。

最后，将整个过程及时向领导汇报，总结经验，反思我们在公园管理上的不足和疏漏，避免此类事件再次发生，增强面对突发事件的应变能力。同时也要完善我们工作人员的服务意识与工作态度，我相信通过我和同事们的共同努力，一定会为大家创造一个和谐的游玩环境，让大家开心游玩、尽兴而归。

2011年5月17日上午上海市公务员面试题

1. 俗话说，“有志之人立长志，无志之人常立志”，请结合个人实际，讲讲你的志向和对这句话的理解。

【参考答案】“有志之人立长志，无志之人常立志”是指有一种人，当他经过认真深入的思考，确定了一个志向之后，就会坚持不懈地去追求，去为实现自己的志向而努力，而奋斗。而另一种人，虽然受到鼓励，一时冲动，也说要立志，但并不能够坚持多久，一遇到困难，就退缩放弃，把目光转向别的目标。

我的志向就是做一名基层公务员，选择基层工作也是我深思熟虑后的决定，和我的个人职业理想十分契合。具体来说，就是能够深入群众中，倾听百姓的心声，切实为百姓做实事，这是我的梦想，符合我的个人职业规划。我的职业规划是在一到两年内，在基层中快速成长。我也知道基层工作压力大，面对的情况复杂，但这也是对我的挑战，能为我以后的工作积累丰富的基层经验。

立志可以不断地激励我们，尤其是在面对逆境的时候，更需要我们不断地去坚持自己的信念和初衷。这则格言所强调的是一个人要有奋发向上的精神，以及自强不息的毅力。能够这样去做，即便最后未能如愿以偿，但这种精神仍然是社会进步的巨大动力，犹如汇聚在胜利者的浪峰周围的大大小小的浪花，共同构成人生拼搏的恢宏场景。

2. 当前有些"药费偏高"、"医患关系紧张"等问题，结合实例，谈谈自己的看法，如何解决这个问题。

【参考答案】医疗问题关系到亿万群众的健康和幸福，关系到社会的发展和稳定。目前医疗体制中医疗资源总体不足，配置不均衡；财政投入严重不足，药品和医疗器械生产流通秩序混乱，药价虚高；公立医院运行机制不合理，存在逐利倾向；政府对医疗市场的监管不力，医疗乱收费现象严重。面对这些问题，我有如下几条解决措施：

一是加快推进基本医疗保障制度建设，尽快实现医疗保险覆盖全体居民，加大政府财政投入力度，逐步提高医疗保障水平和政府补助标准。

二是建立国家基本药物制度，实行药品生产企业直接配送或委托药品经营企业配送，减少中间流通环节，这样可以大大减轻群众的负担。加快推进公立医院的试点改革，对医院的公共卫生服务提供专项补助，对虚开药价的生产厂家严厉查处治理。

三是依法行政，实施行业监管，加大医疗乱收费的查处力度，规范服务行为，提高管理水平，改善服务质量，保证群众医疗安全。

总之，政府应当大力做好医药卫生体制改革，只有这样才能实现责任型政府和服务型政府的转型。

3. 当前许多知名医院，每天患者很多，医生也很忙碌，病人挂不到号，这种状况要采取何种方式解决？给领导提供参考方案。

【参考答案】医疗问题关系到亿万群众的健康和幸福，针对题目中出现的问题，有如下几种解决方式：

一是建立小病在社区，大病在医院的就诊体系。尤其是加强基层医疗卫生人才培养，使得小区和社区居民小病不出社区，就能快捷便利地享受到社区卫生服务。

二是解决目前大医院患者排队看病挂号的问题，要发挥社区卫生服务机构的功能，让优质医疗资源下社区，为群众提供优质的医疗服务。与此同时，群众也应当转变就医观念，对常见病、多发病，不要去大医院排队就诊，在社区、二级医院都可以治疗。

三是完善各医院的就诊流程，充分发挥排号、预约挂号等服务功能，扩大公共卫生服务范围，保障公立医院基本建设。医疗改革涉及很多领域，其问题和矛盾非常突出，需要统筹全局，循序渐进地进行，希望能建立完整健全的长效机制，解决人民看病难的问题。

4. 有患者投诉医院卖的进口药价格偏高，药效一般，进进口药的人拿回扣，如果你是卫生行政管理人员，领导让你负责处理此事。你如何处理？

【参考答案】药价问题影响着百姓的日常生活，作为卫生行政管理人员，对此事件一定要引起高度的重视：

首先，调取患者的投诉问题和相关证据材料，实地去走访调查取证，以确定药价问题和相关人员是否拿了回扣。如果举报事实与实际情况不符，我会及时向公众澄清流言。

其次，如果事情确如群众所反映，我会在权限范围内进行调查，查找药价虚高的原因，如果确实存在收取回扣的违法行为，我会将此事严厉查办，同时通知上级领导并移交检察机关处理。将此事的处理结果通过媒体向广大群众公示并向公众道歉，作为卫生行政管理人员应当做好自己的职责工作，督查出现的违规违法行为，追查责任，并以此为教训。

2011年5月17日下午上海市公务员面试题

1. 有人说常立志不如立长志，谈谈你的理想。

【参考答案】"有志之人立长志，无志之人常立志"是指有一种人，当他经过认真深入的思考，确定了一个志向之后，就会坚持不懈地去追求，去为实现自己的志向而努力，而奋斗。而另一种人，虽然受到鼓励，一时冲动，也说要立志，但并不能够坚持多久，一遇到困难，就退缩放弃，把目光转向别的目标。

我的志向就是做一名基层公务员，选择基层工作也是我深思熟虑后的决定，和我的个人职业理想十分契合。具体来说，就是能够深入群众中，倾听百姓的心声，切实为百姓做实事，这是我的梦想，符合我的个人职业规划。我的职业规划是在一到两年内，在基层中快速成长；我也知道基层工作压力大，面对的情况复杂，但这也是对我的挑战，能为我以后的工作积累丰富的基层经验。

立志可以不断地激励我们，尤其是在面对逆境的时候，更需要我们不断地去坚持自己的信念和初衷。这则格言所强调的是一个人要有奋发向上的精神，以及自强不息的毅力。能够这样去做，即便最后未能如愿以偿，但这种精神仍然是社会进步的巨大动力，犹如汇聚在胜利者的浪峰周围的大大小小的浪花，共同构成人生拼搏的恢弘场景。

2. 高速公路上一辆卡车装了500只狗，有动物保护人士与同伴将其拦下，买下所有狗，你怎么看？

【参考答案】遇到题目中情况我们应当辩证地来进行分析，动物保护人士高速路上拦狗的行为，是出于爱护小动物的初衷，而卡车运输狗也是维持生活和生计的一种行为，这种冲突我们应当理性客观地来看待：

首先，对于爱狗人士的心情是可以理解的，但是对他们的行为不应当鼓励和支持。在高速路上拦车一方面非常危险，另一方面在高速公路上私自停车拦车本身就是破坏交通秩序，会导致交通拥堵，造成不必要的损失。

其次，该运输车辆的手续证件均合法，其运输狗的行为并不违反相关规定。

总之，我们应该通过合法理性的手段来解决问题，比如可以通过呼吁社会或政府立法的手段，仅仅靠拦一次车辆仅是治标不治本，并不能真正地解决问题。

3. 养犬管理条例颁布，如果让你在小区贯彻新的条例，你怎么做？

【参考答案】随着养犬数量的增多，随之而来的犬伤人、犬扰民、破坏环境卫生等问题日益突出。为了将养犬给社会和他人造成的危害降到最低程度，希望通过对养犬行为进行规范，以达到文明养犬的效果。养犬管理条例的颁布可以规范养犬行为和养犬管理，保障公民健康和人身安全，维护社会公共秩序和市容环境卫生。我作为社区负责人在小区内贯彻新的条例，将从如下几个方面来展开工作：

首先，加强宣传。通过媒体、广告及小区展板的形式向小区居民做好养犬管理条例的宣传工作，使大家能文明养犬。良好的宣传活动有利于养犬条例管理条例的贯彻落实。

其次，协调好相关街、镇等。基层单位应该配合做好相关调查、宣传、信息沟通工作。养犬新规的出台和良好的贯彻实施一定会给社区居民带来健康安全的社区环境。

最后，增强养犬人的自律意识，提高养犬人的觉悟和责任意识。养犬造成的纠纷大部分是邻里纠纷，加强养犬的公众监督，有利于建设和谐的社区环境。

4. 在美食一条街，出售珍稀动物现象屡禁不止，你怎么办？

【参考答案】美食街出售珍稀动物且屡禁不止，这一现象表明不正确的饮食观念、消费观念导致人们对珍稀动物及其制品的强烈需求，形成了一个规模相当大的珍稀动物制品消费市场，这也是违法者铤而走险的直接原因。对这一现象应当引起有关部门的高度重视，并采取有力的措施予以治理：

一是司法机关要严厉有效地打击各类乱捕滥猎和违法经营野生动物行为，对违法经营保护动物的商家追究责任，要做到有效打击。

二是充分发挥社会监督、舆论监督和群众监督的作用，弥补相关部门常规监督的不足。

三是不断提高市民保护动物的意识，自觉拒绝吃食野生动物，堵住走私野生动物犯罪的源头，及时对野生动物乱捕滥猎及违法经营情况进行举报。

总之，在加大打击力度和加强宣传教育双管齐下的治理下，为野生动物谋求一个良好的生存环境。

2011年5月18日上午上海市公务员面试题

1.有人说思路决定路径，思想决定高度，结合经历谈谈你的理想。

【参考答案】思路决定路径是指有什么样的思维就有什么样的解决方式和方法；思想决定高度，就是一个人做事的原则和行为决定了他能成就的高度。我们只有有了好的思路才会有解决问题的路径，有了崇高的思想才会有远大的理想。结合这句话我的理想就是通过自己的努力改善农村的生活条件，为当地群众做实事。

从小我在农村长大，了解农民生活的疾苦，又一直关心三农问题，特别是关心困难群众的生活问题，我觉得去农村，是一种高尚的行为。同时越是艰苦的条件，越能锻炼一个人的意志和综合素质。在农村的基层工作经历，可以极大地丰富一个人的阅历，为将来的工作打下坚实的基础。一个人的思想决定一个人的高度，而行为高度直接影响着前途命运，要做事先做人！温家宝总理也曾说过："仰望星空，脚踏实地。"就是告诫我们，要志存高远，把个人的小我，融入到实现民众福祉的大我之中。只有树立远大的理想，才能激励我们这一代青年去肩负起时代赋予我们的使命，打造脚踏实地、不畏挑战的品格。

2.超市货物标记价格和实际价格不符，价格虚高，有消费者投诉，你怎么展开调查？

【参考答案】商品的价格直接影响着居民的日常生活，如果有消费者投诉超市货物标记价格和实际价格不符，价格虚高，这种情况严重侵犯消费者的价格知情权，且涉嫌价格欺诈。我一定会给予高度重视，通过召开会议明确此次调查活动的重点、调查的目的和重点调查的区域以及人员的分工，制定一个详细的调查方案。调查活动将从如下几个方面来展开工作：

一是确定调查方式，为了保证调查的效果和调查的真实性，全面了解各大卖场的商品标注价格，采取明察暗访和实地走访以及广泛调查等形式展开。同时可以在公共场合发放问卷，征求广大民众的意见。

二是在人员的分配上，分成各个调查小组分区调查，并对整个过程进行监督，遇到问题及时汇报解决。调查人员要了解当前物价部门给出的价格标准及其被投诉货物的实际价格。根据消费者的投诉，对所投诉商品的实际价格和规定价格，作全面详细的了解和备案。

三是针对调查的数据进行汇总，形成调查报告，走访各个超市，如果发现确如题目所说，货物标记价格和实际价格不符，价格虚高的情况，应当及时将情况向上级部门反映，同时协同相关部门如物价局对违法乱涨价的行为予以严厉打击和惩罚。同时要求商场加强内部管理和行业自律意识，诚信交易，明码标价。

通过调查活动，我们应当在以后的工作中，严格依法行政并要求各超市按照法律法规明码标价，杜绝此类问题再次发生，维护消费者的合法权益。

3. 现在电子商务时兴，网上购物有利有弊，好的方面在于方便，不好的方面在于存在标价不实甚至网络欺诈等现象，你怎么看待？

【参考答案】随着互联网的日益深入，电子商务不断兴起，给我们带来了便利，但同时也存在着不少问题，政府应当加以正确的引导，使人们能真正地享受到电子商务的便利与实惠。针对现在网上购物的利弊，我有以下的看法：

第一，电子商务的兴起使我们的购物更加便利，让我们能够通过电子商务足不出户就买到物美价廉的商品，节省了大量的时间和精力。

第二，由于一些商家唯利是图，使电子商务中出现了标价不实，甚至网络欺诈的现象，这严重地影响了电子商务的正常发展，损害了消费者的合法利益。出现这种现象，主要是由于法律法规存在着漏洞，对电子商务监管不力等原因造成的。

第三，我们对电子商务的发展就要加以正确引导。我们要加强对电子商务的消费交易、商品质量、后续服务等方面的监管，同时，要做好电子商务发展制度的建设，使电子商务规范发展。对于商家，我们要加强宣传教育，使其认识到电子商务规范发展与商家自身利益也是息息相关的。对于消费者，要做好维权指导，使其在利益受到侵犯时能够得到维护。

最后，我们相信，随着制度的不断完善，监管的不断加强，意识的不断提高，电子商务能够得到有序健康的发展，同时消费者也能通过电子商务得到应有的便捷和实惠。

4. 有商家投诉，某搜索网站竞价排名，排名过程不公开，排名不透明，收费不合理，派你去调查，你如何处理？

【参考答案】搜索网站竞价排名并收取不合理的费用问题事关消费者和商家的知情权，作为相关负责人，我将从以下几个方面进行调查：

一是确定是否存在排名不公开的问题。针对这个问题，我会联系相关机关配合调查，针对目前影响力较大的公司，如百度、搜狗等公司进行认真排查，发现问题立即整改。排名不公开会造成很多恶劣的影响，很多未达到资质和标准的诈骗公司通过不正当的手段排名靠前，最终将严重损害广大民众的合法权益。

二是确定是否存在收取不合理费用的问题。通过明察暗访的形式进行摸底调查，形成专门的排查小组，对严重的违法行为可移交相关的司法机关予以处理。并对处理的结果及时通过网站进行公示。

三是通过此次调查活动要加强对网站的管理和监督工作，对搜索引擎公司加强监督管理，完善相关制度规定，加强行业的自律管理意识，同时鼓励社会和民众进行监督检举，发现问题及时处理。

总之，对搜索网站的竞价排名问题，一定要按照相关法律程序办理，保障良好的网络运行环境以及商家和消费者的知情权。

2011年5月18日下午上海市公务员面试题

1. 思路决定路径，思想决定高度，结合自己的经历谈一下你的理想。

【参考答案】思路决定路径是指有什么样的思维就有什么样的解决方式和方法；思想决定高度，就是一个人做事的原则和行为决定了他能成就的高度。我们只有有了好的思路才会有解决问题的路径，有了崇高的思想才会有远大的理想。结合这句话我的理想就是通过自己的努力改善当地农村的生活条件，为群众做实事。

我从小在农村长大，了解农民生活的疾苦，也一直关心三农问题，特别是关心困难群众的生活问题，我觉得去农村是一种高尚的行为。越是艰苦的条件，越能锻炼一个人的意志和综合素质。在农村的基层工作经历，可以极大地丰富一个人的阅历，为将来的工作打下坚实的基础。一个人的思想决定一个人的高度，而行为高度直接影响着前途命运，要做事先做人！温家宝总理也曾说过："仰望星空，脚踏实地。"就是告诫我们，要志存高远，把个人的小我，融入到实现民众福祉的大我之中。只有树立远大的理想，才能激励我们这一代青年去肩负起时代赋予我们的使命，打造脚踏实地、不畏挑战的品格。

2. 谈谈对日本海啸、地震、核泄漏事件的思考。

【参考答案】日本发生海啸地震和核泄漏事件给日本带来了巨大的灾难，同时也引起了全世界的反思，对核能源该如何开发和利用，人与自然如何和谐地相处等问题有了更多的关注。我有如下几点看法：

一是认真思考，科学总结经验教训，确定核能源对社会和环境的影响；认真做好安全检查，做好核安全规划，认真分析安全上存在的问题及影响。

二是政府应建立和完善科学的评价体系，并建立和完善有效的应急机制。

三是协调好人与自然之间的关系，促进整体自然生态系统的稳定和平衡。

3. 某企业答应入住某社区之后，帮助社区搬迁，但是搬入后没有帮助搬迁，居民深受污染的困扰，如果让你去促其搬迁，你应当如何组织？

【参考答案】搬迁是最近大家经常谈论的一个问题。因为城市大规模的扩建必然要拆迁重建。如果出现题目中企业答应帮助搬迁，但是搬入后没有帮助搬迁的不诚实、不守信的问题，作为负责人，我会联系该企业的负责人，询问没有助迁的原因，同时做好沟通协调工作。

首先，向该企业负责人说明情况，对该企业来讲诚信是非常重要的，企业的形象是非常重要的。如果不能助迁，将会给企业形象带来不良影响。

其次，政府对一些困难的家庭进行帮扶，及时助迁。相信这一问题在多方的协调下一定会得到圆满的解决。

4. 某小区居民反映，小区内有异味，怀疑是小区附近一食品仓库所致，但是经过环保部门检测之后，没有污染物，如果你是街道工作人员，你将怎样处理这件事情？

【参考答案】小区内有异味，怀疑是小区附近一食品仓库所致，但是经过环保部门检测之后，没有污染物，作为街道工作人员，我会积极沟通了解具体事宜。

首先，为了解决居民的疑惑，我将再次邀请环保部门进行检查，为了保证公开透明，由小区主持，邀请仓库代表、居民代表参加，并保证检查过程公开公正。检查污染物还要针对其他可疑的东西进行详细检查。其次，如果发现是食品仓库所致，向上级部门提交报告，由上级部门进行进一步解决治理。同时与居民进行沟通，如果造成了损失，要对小区居民依法赔偿。同时建立举报电话，对治理后的食品仓库跟踪调查，确保治理后符合要求，不会影响居民生活。再次，如果不是食品仓库所致，及时向居民做好解释工作，说明不是食品仓库的影响，同时向居民做好安抚工作，并且做更为广泛的调查，找出污染源，建立举报电话，欢迎居民提供有效信息。作为一名街道工作人员一定要积极解决此事，多和居民沟通交流 ，迅速将问题解决在萌芽之中，同时要将事情进展情况及时向领导报告，听从领导的指导建议。

2011年4月23日上午浙江省公务员面试题

1. 有人说：警察承诺的是血与火，警察承诺的是爱之歌。你怎么理解？

【参考答案】警察，一份崇高而伟大的职业。正如有些人说的那样"警察承诺的是血与火，警察承诺的是爱之歌"。在危险和困难面前，警察是要冲在前面与邪恶势力作斗争的。他们此刻是正义的化身，不怕苦不怕累不怕牺牲，为了这个社会的正义安宁付出他们的青春和热血。在群众面前，他们无私奉献，坚守职责，为了我们能拥有幸福的家庭、和谐的社会而努力工作。他们此刻是天使的化身，无怨无悔，任劳任怨，只为我们能生活得更加美满。正如那句俗语“有困难找民警”，早已深入每一个公民和警察的心中。

正是因为警察职业的特殊与伟大，我才报考了基层警察这个岗位，以实现我一直以来的愿望。面对血与火，承诺爱之歌，都是警察所要坚守的职责，我愿意用自己的青春和技能换取社会的安宁和家庭的幸福。我愿意坚守自己的岗位为人民服务，无怨无悔。所以，日后在自己的工作岗位上，我会用警察的标准严格要求自己，勤勤恳恳，兢兢业业做好每一份工作。有困难及时帮助群众解决，有危险的时候要努力排除，为群众营造一个正义安定的生活环境，用自己的实际行动践行警察的职责。

2.漫画：一个人拿着讲话稿，上面写着：和谐、安定等，标题各地雷同，纸上写着甲地、乙地。你怎么看？

【参考答案】这幅漫画描述了这样的一个场景：一个领导拿着同样内容的讲话稿到不同的地方部署工作。这反映了我们的相关干部在制定地方政策时不顾地方的特殊情况，不进行深入的调查了解就做出工作安排，一份稿子走天下。这样的情况在部分领导干部身上确实存在，出现这种现象的原因也是多方面的：首先，我们的个别干部自身的政治思想觉悟不高，没有将工作落在实处，应付了事。其次，缺乏相关法律法规来规制这种不负责任的行为，缺少处罚的依据。第三，监督不到位，没有充分有效地发挥群众与媒体对政府行为的监督功能。

这样的不良做法极其不利于地方经济社会的建设和稳定，不利于我们服务型政府的构建和完善。因此要杜绝类似现象的再次发生。我们的领导干部、公职人员，除了要不断提升自己的业务素质外，还要注重加强自己的思想素质，政治修养。将为人民服务贯彻到每一次工作中，戒骄戒躁，实事求是地开展当地工作。绝对不能弄虚作假，本着为人民办实事的态度，完成自己的本职任务。当然，还要严格按照法律的规定依法行政，将法治型政府与服务型政府很好地结合起来，为社会主义法制社会的实现添砖加瓦。虚心接受群众的批评和建议，不断改进工作作风和方式，深入群众，了解群众的实际需求和实际情况，合理安排和部署工作。

我相信，只要我们从自己做起，认真对待身上所肩负的责任，就一定会杜绝漫画上的这种现象的发生。

3.经常发生儿童落水事件，有人在网上发帖散布，说是犯罪分子所为，引起社会恐慌，作为公安部门，怎么处理？

【参考答案】在网络高速发展的今天，人们了解信息的渠道更多更广，我们的政府部门也要利用这些先进科学技术，改进我们工作和服务方式，以便群众能及时、快速、方便地了解相关信息，避免由于消息的误传，造成群众的恐慌，出现像题目中那样不必要的局面。

但若发生这样的事情，也一定要及时认真解决。首先，要对公众进行相关信息的澄清和更正，防止和避免社会恐慌，稳定人民群众的情绪。其次，要认真调查儿童落水事件的情况，看看是真的意外还是由于不法分子所为，及时查明情况，做出相应的工作部署，保障群众的生命财产安全。若是意外事件，要及时澄清，让发帖人及时纠正错误信息。并宣传相应的防护措施，让群众做好预防工作；若是发帖人故意散布错误信息，屡教不改，根据相关法律法规的规定对其网页进行屏蔽，再将相关处理情况向群众说明。但如果真的如帖子所说，是犯罪分子所为，我们要及时部署警力参与破案，及早解除群众的顾虑，维护社会的安定。与此同时，让群众提高警惕，将报警联系方式置于明显位置，有什么可疑情况和可疑人员及时报警。

在社会日益复杂的今天，公安部门除了要破案保护人民群众的人身财产安全外，还要运用信息技术，及时向公众公布相关信息。这是我们政府在转型过程中必须做到的一项，也是构建法治型政府、服务型政府、阳光型政府的必然要求。

2011年4月23日上午浙江省公务员面试题(村干部)

1. 有大学生村官到你村工作,让你负责传帮带,你怎么做?

【参考答案】大学生村官到农村工作,能给农村带来新鲜的血液,新鲜的思想,这是当代大学生的新的选择,也是党和政府建设社会主义新农村政策的一项措施。但是大学生由于长期在校园学习,对社会了解不够,更是缺少对农村的认知,因此在他们到农村开展工作的时候,对他们进行相应的指导和培训,是非常有必要的。有利于他们尽快适应农村的工作和生活,发挥他们的专业知识和技能,及早投身到新农村建设的队伍中来。

我作为负责这项工作的人员,一定会将自己在农村工作和生活的经验教训耐心仔细地向大学生们传输,及时帮助他们解决现有的困难。带他们深入群众,培养为群众服务的意识。同时,也要认真听取大学生们提出的意见和反馈的问题,好的意见要及时实施,有不妥的地方也要及时改正。努力为他们营造一个良好的工作和生活环境,帮助他们保持和调整良好的工作状态。

在工作中出现新的问题新的情况一定要大家讨论解决,不能因为自己是负责人而一意孤行,挫伤大学生的工作积极性。也不能对他们在工作中遇到的难题不管不问,让其无所适从。而是要尽可能地帮助其开展工作,本着热情的工作态度,和大学生村官们友好共事,同心协力把本村的经济文化建设得更好,为基层工作添砖加瓦。

2. 村里有100万元的集体资产,你如何处理?

【参考答案】所谓巧妇难为无米之炊,有了资金,就有了进行经济建设的基础和可能。这100万元是属于集体的资产,一定要好好利用,发展本村的经济,完善本村的基础设施。但是对于这笔资金的使用一定要民主、有规划、科学。

针对这笔资产如何使用的问题,一定要深入调查本村的村情村貌,如地理位置、气候条件、农作物产出情况等,因地制宜,拟定详尽可行的发展计划,保证每一笔资金都能用到实处,最后由村委会表决通过方案。大家群策群力,共同将这笔资金落到实处。同时,还可以将结余的资金用来增建本村的基础设施,如增修公园、加宽马路、新建图书室、医疗室等等,在发展本村经济的同时要做到各方面的协调发展,增加村民的幸福感。

在相应的计划确定后成立集体资金监督小组,代表村民监督整个资金的运作,及时将资金的使用情况向村民公布,保障集体资产的阳光使用。总之,属于集体的资产,一定要为集体谋福利,不管是运用还是保管,都要公正公开,让群众明确了解资金的流向,保证他们的知情权。最后,合理和科学运用现有资源,改善村民生活条件和生产水平,全心全意为村民服务。

3. 村里要发展一个果园,要到邻村征地,邻村群众有意见,你怎么做?

【参考答案】因地制宜地发展当地经济是最有效也是最科学的经济发展模式。我们根据本村的特色,发展果园,有助于增加村民的收入,响应党建设新农村的政策。因此一定要做好果园的工作。

对邻村征地,有助于扩大果园的规模,提升果园的经济效益,也能带动邻村的经济发展,实现共同富裕。但是这样的征地邻村群众有意见,也一定要重视,并予以解决。群众有意见一定要妥善处理,认真深入基层进行调查。看看是否是由于群众对我们的征地政策和果园发展计划不了解而产生了疑问,如果是这样的话就一定要耐心仔细地向群众说明详细的政策措施,让群众了解发展果园所带来的经济效益,争取群众的支持。如果我们的工作方式不对,引起群众的不满,一定要虚心地向群众道歉,及时改正。若是相关的政策措施不合理,且不能立马解决的,要详细记录群众所反映的问题,交由相关部门及时跟进,处理结果更要及时反馈给村民,不能影响到果园的建设工期。

总之,在制定相应的经济政策时,除了正确的措施,还要注意群众的意见和建议,做好群众的工作才是任何经济措施成功执行的重要保障。我们在做群众工作的时候,更要不断改进自身的工作作风和方法,全心全意为人民着想,为人民谋福祉。站在群众的立场想问题,解决问题,履行一个人民公仆应履行的职责。

2011年4月23日下午浙江省公务员面试题

1.谈谈你对慈善事业的看法。

【参考答案】慈善事业是扶弱济贫的正义事业,随着我国市场经济的发展和国民生活水平的提高,慈善事业在我国的发展也是蒸蒸日上,越来越多的人和社会团体都加入到这个队伍中来,为那些需要帮助的人提供了及时有效的救助,为社会的稳定和谐作出了巨大的贡献。但是,近年来也有一些关于慈善事业的负面消息,如某艺人的"诈捐"、"郭美美"事件等,这些都暴露出我们在慈善事业的发展过程中所存在的弊端和不足,要引起我们的重视和调整。

之所以会出现这些不良的现象,有以下几点原因:第一,我国规范慈善事业的相关法律法规相对匮乏,不成体系,容易让不法分子钻法律的漏洞。第二,相关政府部门对慈善机构的监督不够,导致慈善款项不能到达受助人手中。第三,慈善的理念在社会上的传播还不够深入人心,有的艺人、企业家利用慈善之名为自身宣传,动机不纯。要杜绝上述不良现象的发生,要从以下几方面着手予以改正:首先,建立健全慈善相关的法律法规,用法来规制慈善行为,让一切有法可依,有法可循。其次,加强相关部门对慈善机构的监督管理,构建阳光慈善机构。同时加强媒体和民众对慈善机构的监督作用。最后,加大慈善事业的宣传,让更多的人了解慈善的理念和精神,号召更多的人加入到这一伟大的事业中来,帮助那些需要帮助的人。

2.调查捐款活动实施效果。

【参考答案】组织一场捐款活动,目的就在于能获得更多人的关注和捐款,以便能及时将款项交由受助人,帮助他们解决困难。因此,捐款活动的效果十分重要。

首先,在调查前,要根据选取的调查方式准备好相关的调查工具,如调查问卷等。其次,调查捐款活动的实施效果要查清募捐到的款项、实际到受助人手中的数目以及捐款者的情况等几个方面的信息。调查的时候为了确保捐款活动实施效果的有效性,在调查的过程当中我要做到专人有专事、专事有专责,确保此次捐款活动能够顺利地发送到受助方手里。因此我会设置以下几个小组,比如调查组、联络组、后勤保障组等。调查组的工作职责是利用群众访谈法深入群众生活当中进行捐款效果的调查。主要调查捐助款项的用途、捐款到达的时间、受助方现实生活状况等。在调查的过程当中,务必要确保调查数据的真实性、科学性。联络组负责此次调查活动的联系工作,具体工作职责包括负责联系捐款人和受助人。后勤保障组负责此次调查的后勤工作,以确保此次调查能够保质保量地完成。调查结束后,要总结此次调查过程当中的得与失,为下次举行类似的调查活动积累一定的经验。

3.作为某慈善组织为白血病儿童献爱心活动的负责人,对捐款者讲一段话。

【参考答案】大家好!非常感谢大家能踊跃参与我们这次组织的为白血病儿童捐款的献爱心活动。这次活动正是由于得到了大家的热情支持,才会收到这样良好的成果,在此,我再次代表受到捐助的白血病儿童家庭向你们说声:谢谢!

病魔折磨着这些花一样的孩子,但他们都没有放弃过对生的追求。不管是孩子还是患病儿童的家属,他们无论在身体上还是在心理上都遭受着巨大的伤痛。他们是不幸的。但是正是因为社会上有像在座各位一样的爱心人士,无私地为他们奉献出爱心和给予物资支持,帮助这些家庭度过艰难的时光,让这些可爱的儿童重返课堂,继续谱写生命的奇迹,他们又是无比幸运的。

每每听到孩子们康复的好消息,我们的工作人员都会非常地开心,我们的努力让一个个鲜活的生命得以存续,这是我们最值得骄傲的。在今后的工作中我们也会继续保持这样的工作态度和热情,保证捐助者的每一分钟都能及时送到生病儿童手中。继续加强善款的监督,让爱心人士知道善款的用途和去向,以便及时监督。只要人人都献出一份爱,这个世界将变成美好的人间!我们的努力能够改变更多孩子和家庭的命运,也让我们自己获得心灵的愉悦。希望大家在以后能够一如既往地支持我们的工作,我们会在大家的支持和监督下越办越好,越走越远。谢谢!

2011年4月23日下午浙江省公务员面试题(监狱系统)

1. 如何构建警民关系?

【参考答案】警民关系的和谐不仅是警队工作的一个方面,更是构建和谐社会的重要体现。警民关系常常被形象生动地比喻为“浓浓鱼水情”,和谐的警民关系有助于提高警察的办事效率,有利于整个社会的安定团结。因此,我们在平时的工作中就要注意构建和谐的警民关系。

首先,和谐的警民关系需要法治政府的有力支撑。这就要求我们在进行警队建设和平时工作中要严格依照法律办事,崇尚法律的权威,用法律的要求规范自身的工作程序。其次,和谐的警民关系需要服务型政府的基本要求。服务型政府要求人民警察时刻将群众利益放在第一位,一切从群众利益出发,不断提高自己的工作效率,维护社会稳定,保障人民群众的人身财产安全。建设一支高效率高素质的先进警察队伍,为现代社会的各种复杂紧急情况做好十足的准备。最后,和谐的警民关系需要全社会的共同努力。作为市民,要尽量配合和支持警察的工作,只有得到群众的支持,警队工作的开展才能有可靠的保障。

我相信只要警民齐心,相互理解支持,就一定能构建和谐良好的警民关系。

2. 漫画:认识与不认识警察的办事效率不一。

【参考答案】上幅图里描述了这样的一个现象:办理同样的事情,要是与办事的警察熟悉的话,事就办得很快;要是不熟悉,陌生人去办事,就没那么快了。

这样的现象在现实生活中确有存在,个别工作人员在岗位工作的时候,有熟人的就优先办事,没熟人的就慢慢办,生人办事脸色难看,办事难。这反映了我们有些政府部门没有很好地贯彻落实我们构建服务型政府、法治政府的理念。这样的做法不仅严重损害了老百姓的正当权益,最更要的是破坏了我们政府在群众心中的形象和政府公信力。如果不加以改变和制止,后果是十分严重的。

我们作为人民的公仆、政府工作人员,权力是人民依据法律赋予的,因此就要认真严格地按照法律的规定办事,不能有任何的偏差,保证权力为民所用。此外,在严格遵守法律法规的规定外,还要不断提升自己的工作技能和效率,高质量地为人民服务。接待群众热情耐心,坚决杜绝官僚主义作风,不管是为亲朋好友还是普通群众办事,都要本着方便群众、服务群众的理念,为群众办好事、办实事,将自己的青春奉献在为人民服务的岗位上。

3. 你在骑车下班路上碰到一个老人摔倒了,你想去救他,但是怕惹麻烦,你会怎么办?

【参考答案】助人为乐、见义勇为是我们中华民族的传统美德,是五千年历史流传下来的文化精髓。

然而随着社会的变迁，也时常会有因见义勇为、乐于助人而惹上麻烦的例子，如南京彭宇案等。人们在利益的驱使下忘却了感恩，在日常生活中遇见别人有困难出于减少麻烦的考虑，很难挺身相助。这样奇怪的现象是值得我们深思和反省的。我们作为新时代青年，对于优秀的精神传统是不能丢弃的，并且应该将这样的美德继续传承和发扬下去。

若我在下班途中遇见了老人摔倒，我肯定会尽我所能去帮助这位摔倒的老人。但也会在帮助的过程中为自己找到足够的证明，防止不必要的麻烦。如尽量和周围的人一起帮忙将老人搀扶起来，或是让身边的群众为自己做证明，及时联系老人的家人，说明情况。若是情况严重，还可寻求公安部门的帮助，一起将摔伤的老人送往医院。

总之，只有我们人人都献出自己的爱心，才会有一个温馨和谐的社会。我也相信，这个世界还是君子多过小人。我们在助人为乐的同时稍加注意相关证据的留存就能为我们解除困扰，这不会成为我们助人为乐的阻碍，只会促使我们用自己的实际行为去感染和带动身边更多的人去帮助有困难的人，让助人为乐的精神在我们的社会中传承下去。

2011年4月23日下午浙江省公务员面试题

1.浙江将海洋经济上升到国家战略，有什么意义？

【参考答案】浙江省将海洋经济上升到国家战略，是我国大力发展海洋产业棋局的一步重要规划。这不仅是浙江省产业转变的机遇，也是全国探索海洋产业的试点，其重要性毋庸置疑。

首先，大力发展海洋经济有利于缓解现有资源紧缺的状况，为高速的经济发展提供物质保障；大力发展海洋经济，有利于提升我国的科学技术水平，将先进的设备技术投入海洋开发，不断改进提升；发展海洋经济，还有助于减轻陆上环境所承受的负担。发展海洋经济是可持续发展战略和科学发展的一致选择，是我国在经济转型时期的一个重要机会。其次，浙江作为经济大省，有条件也有能力率先发展海洋经济。在市场上有内陆腹地的支持，智力上也有各大高校做有力保障，加上其自身的良好经济基础，这样得天独厚的条件，使得浙江一定能做好海洋经济的开发。最后，我们也要理性客观地看到浙江省的不足，毕竟和其他几个经济大省比起来，浙江省还有很多需要弥补的地方。相信通过这样的海洋经济战略，浙江一定能走出一条绿色环保的可持续性发展之路，为中国经济的辉煌和腾飞作出积极的贡献。

2.准备组织一次海洋经济专家、学者的座谈会，由你具体负责，你怎么组织？

【参考答案】举办一次成功的海洋经济专家、学者的座谈会，能够给致力于研究海洋知识的学术专家提供一个交流和探讨的平台，以便能更好地服务于实践，为我们能更好更快地科学开发海洋资源提供智力支持和技术指导。因此，做好详细的会议安排和后续工作就显得至关重要。

第一，根据领导的指示和安排确定好座谈会要讨论的主要议题，据此联系相关海洋知识方面的专家，并咨询他们的意见，做好会前的信息交流和共享。确定好会议的时间、场地；分配好相关的工作人员：大会主持人、物资采购人员、接待人员、设备协调人员、会议记录人员等，做到专人专责，事先调试好相应的设施设备，采购好大会需要的物品，保障座谈会的顺利进行。根据已经确定好的座谈会时间地点，通知相关单位和个人，做好会前的宣传工作。第二，在会中要注意协调好各个工作小组，维护好现场秩序，保障会议有序进行，并详细记录和录制座谈会内容，便于以后查阅，严格控制座谈会的各个流程，按时完成讨论内容。

最后，将大会的主要内容写成报告，整理归档。还要及时总结在这次座谈会中部署工作的得失，询问相关专家和与会人员的意见建议，及时归纳总结，以便为下次开展类似活动提供经验教训，不断地完善自己的工作能力和提高会议的效率。

3.浙江省海洋区域推介会，你是现场工作人员，请将我们评委视为来宾，你现场模拟介绍情况。

【参考答案】尊敬的各位领导、各位来宾，大家早上好！很荣幸大家能参加我们的推介会，我谨代表推介大会组委，向你们表示热烈的欢迎。

众所周知，我们浙江省作为中国沿海经济大省，一定要做好先锋兵的带头作用，科学探索海洋的经济价值，大力发展蓝色经济。开发海洋资源被人们亲切地称为发展蓝色经济，作为人类母亲的海洋，蕴藏着丰富的资源。在资源紧缺的今天，开发海洋资源不仅能有效弥补陆上资源的不足，还能开发出更多更新的陆上没有的稀有资源为我们人类所用。因此，我们特组织了本次海洋区域推介会，希望能够得到社会各界人士的关注和支持。这次推介会的主题是蓝色经济，我们会有多个展厅为大家展示各种别具特色的海洋产品及相关先进科技，并配备了专业的讲解员为大家做详细的说明。另外，为了方便更多商家参与并支持蓝色经济的开发，我们还在推介会上特设了签约仪式。我们会竭力做好大会的相关后勤工作，如在推介会过程中有什么意见或需要帮助的地方，请及时联系我们，我们会竭尽全力地为各位来宾服务，以保障推介会的顺利进行。

我们浙江作为海洋资源大省，背靠广阔的内陆经济圈，并有着正确的政策导向，良好的交通运输条件，拥有了一个好的投资环境该有的一切，是您投资发展的重要保障。我们期待您的选择，也全心全意地为您的选择服务。最后，提前预祝此次推介会能够圆满成功！再次感谢大家的参与和支持！

2011年4月24日上午浙江省公务员面试题

【背景材料】

材料一：2011年4月7日，油价再次上调，进入8元时代。

材料二：上涨第一天，项目主管对记者表示："一天油钱花800元，单独出行尽量少开车。"

材料三：召开节油节电会议，降低公务车油耗，减少办公用电。

【问题】

1.请谈谈油价上涨对社会产生哪些影响。

【参考答案】油价上涨是个全球问题，油价上涨的原因主要是石油供求矛盾较突出，石油需求增长。油价上涨将对社会产生深远的影响。

首先，油价上涨能够进一步发挥市场配置资源的基础性作用，完善市场经济体制。具体来说，油价上涨有助于推动能源节约，理顺价格关系，充分发挥价格杠杆的调节作用，是促进资源节约和提高资源利用效率的有效手段。

其次，上调油价将加大居民对通货膨胀预期的心理压力，不合理的成品油价上调，无疑会削弱反通胀政策的效力。而民众在成品油上增加支出，并不是扩大消费，而是让更多的财富流向垄断企业，从而进一步增加了经济结构和国民财富分配结构的失衡。因此，国家应当加大调整行业利益关系，维护弱势群体和公益性行业利益。要建立对这些弱势群体和公益性行业适当补贴的机制，减缓油价上涨的影响。

最后，成品油价格提高给农业和交通运输业等带来很大压力。但同时有利于节约型社会的构建和发展，促进经济增长方式的转变。

2.油价上涨给社会生产和人民生活造成影响，你认为应该如何应对？

【参考答案】油价上涨给社会生产和人民生活造成了深远的影响，政府、社会和个人应当积极合理地采取相关的应对措施，具体如下：

首先，政府方面，为减轻成品油价格调整对种粮农户、城市公交、农村客运及出租车等行业的影响，应当按照国家的统一部署，对种粮农户、城市公交及农村客运等行业的用油增支进行补贴。对出租汽车行业的燃油应及时补贴。价格主管部门将加大对成品油价格的监测和检查力度，坚决查处各类违法行为。政府调整居民心理预期，公布油价定价机制，合理充分地解释，适时调整定价机制，采取行政措施稳定物价。

其次，对个人来讲，出行时应多乘坐公共交通设施如公交车、地铁，尽量使用可以替代的清洁型能源。

最后，在整个社会，媒体应当及时对油价的价格进行报道，及时公布消息，同时做好引导工作，说明上调的原因及背景，引导广大民众合理消费。

2011年4月24日下午浙江省公务员面试题

1.请你谈谈“雷锋精神”的意义。

【参考答案】“雷锋精神”是以雷锋的名字命名的、以雷锋的精神为基本内涵的、在实践中不断丰富和发展着的革命精神，其实质和核心是全心全意为人民服务，为了人民的事业无私奉献。雷锋是我们这片古老的土地孕育的一位平民英雄。雷锋精神，曾是一盏不灭的灯，照亮了一代代中华儿女前进的方向。对雷锋精神的意义有如下几点：

一是雷锋精神在新时期被赋予了新的内涵，其为人民服务的实质和核心依然没有改变，我们今天的社会主义各方面的建设依然需要“雷锋精神”。很多人都认为“雷锋精神”落伍了，在新时期不再需要“雷锋精神”，其实这种观点是错误的。雷锋精神的意义主要在于服务意识，在于对人的社会价值的深刻认识和理解，这和当前服务型政府建设背景下政府及公务员的自我定位是完全吻合的。

二是雷锋精神不仅是中国的精神财富，而且是人类的共同财富。雷锋的人格中闪现着耀眼的光芒：雷锋精神就是奉献精神。其核心是为人民服务。雷锋二字，已成为人们心目中热心公益、乐于助人、扶贫济困、见义勇为、善待他人、奉献社会的代名词。

三是雷锋精神就是“钉子”精神。雷锋对待工作总是干一行、爱一行、钻一行，立足本职，尽职尽责。这种精神教育并影响着一代又一代的人，学习“螺丝钉”精神，指导我们要谦虚待人，甘于平凡，从点滴做起，从小事做起，服从革命的需要和组织的安排，立志在平凡中干出不平凡的业绩，乐于做一颗永不生锈的“螺丝钉”。

四是雷锋精神又是艰苦奋斗精神。人生价值的自我实现，它应该蕴含着对真、善、美的不懈追求，对理想的向往，以及对祖国无限的爱和忠诚。雷锋之所以能从平凡生活中脱颖而出，辉映着整个中华民族，就在于雷锋具有伟大的理想和高尚的情操。

总之，国家正在提倡建立社会主流核心的价值体系，倡导我们多奉献，为他人，为社会作出一份贡献。雷锋精神作为一个时代的闪亮音符，它必将成为社会主流价值的灯塔，指引一代代人前行。

2.组织爱心联队，你怎么开展？

【参考答案】当前社会上很多志愿活动组织爱心联队。组织爱心联队前，我会通过一个会议来传达我们此次爱心联队的主题，明确宗旨和目标，并做一个详细的计划方案。我打算从以下几个方面来着手：

首先，事前的宣传，为了让更多人参与爱心联队，奉献一份爱心，我们可以通过广播，电视，媒体等形式广泛地进行宣传，让大家知晓此次活动。

其次，在爱心联队的内容上，可以通过结对帮扶、法律援助，爱心资助等形式来进行帮扶。在活动开展过程中，作为负责人我会协调好各工作人员的关系。

再次，在人员安排上，要落实到人，责任到位，做好志愿者组织和结对帮扶工作，并形成关爱弱势群体的支援服务热潮。同时我们在活动结束后要表彰先进，交流经验心得体会。

爱心联队的建设需要我们这个社会去关注，在以后的工作中要多去发扬献爱心的精神，这也是构建以人为本的和谐社会的需要。

3.爱心联队一队员资助一特困生,两年后突然不资助了,正值新学期开学,怎么办?

【参考答案】资助特困生是联队队员乐于做的事情,也体现了我们中华民族互帮互助的传统美德。正如我们歌曲里唱的一样:"只要人人都献出一点爱,世界将变成美好的人间。"该队员突然不资助了必然有其原因,我们要做的第一步就是查找该队员突然不资助的原因是什么。如果是有正当的理由,而且这个理由是暂时性的,我们可以寻求其他方式来暂时代其资助。

如果该理由是长期性的,我们就必须长期甚至永久性地找人来替代他的资助工作。如果该联队队友自身并没有正当的理由而擅自停止资助的义务,我们首先对其进行劝说,争取其能继续履行该资助义务。如果其态度坚决,拒不履行资助义务,我们在找合适的人暂代他履行资助义务的同时,可以对其进行联队内部的处分。如果我们需要寻求其他人的替代工作,可以通过以下途径进行:(1)通过本联队队员代其完成资助工作;(2)在经过特困生家庭同意的情况下,向社会寻求帮助。当然,无论如何都不能耽误该特困生的正常学习。

2011年4月24日浙江省公务员面试题(监狱警察)

1.你被录用后被派到偏远的基层工作,怎么想?

【参考答案】我会很平和乐观地看待去偏远的基层工作。具体来说,我是这样认识这件事情的:

首先,比起发达的城市,偏远的基层确实条件较差,特别是生活条件包括衣食住行、通讯、学习和工作条件等都比较艰苦,这是毋庸置疑的事实,但是我们应当辩证地来看。

其次,我相信越艰苦的地方越能锻炼出人才,艰苦的基层不但可以磨炼我的斗志和办事能力,而且对我自身的综合素质提升也会非常快。基层工作的复杂性可以极大地丰富我的人生阅历,为将来的工作打下坚实的基础,对以后个人的发展无疑是利大于弊。

再次,我相信随着国家政策的支持和扶持,以及西部大开发战略的推进,区域将一体化发展,对于我们青年人来说机遇难得。

最后,我想说的是冰冻三尺非一日之寒,去基层服务是我经过深思熟虑的选择。我想这也是个无愧于理想,无愧于理性的正确选择。我也坚信,在基层真正把群众最关切的利益作为自己工作的出发点和落脚点,才能不忘初衷,为社会做出一份贡献。

2.漫画,一领导在台上说"公鸡能下蛋",台下的呼应说"我亲眼所见"。你怎么看?

【参考答案】这幅漫画反映的是下级对于领导趋炎附势,盲听盲从的腐败风气。这种行为对于我们党的事业都有着重大的危害。被奉承的领导处在这种"精神按摩"中容易产生"自我感觉良好"的思想幻觉,进而放松了对自己的要求。溜须拍马的下级则察言观色、揣摩领导意图的工作误区,不能专心工作,歪曲了以民为本的工作中心。对此我们要坚决摒弃并予以打击:

一是领导干部要加强自身理论建设和党性培养;我们作为下属,处在工作的第一线,对待实际问题体会更加深切,更能直接客观地了解问题,对于领导的决策有哪些不妥之处,不能任由事态发展,在经过充分调查论证之后,应当及时主动地向领导反映并陈述自己的意见,这也是我们作为下属应该承担的责任和义务。

二是健全领导干部的考核体系,提高考核标准;不断提高自己分析问题解决问题的能力,如果领导的决定确实正确,坚决服从,如果有违法或者失误的决策要及时和领导沟通。

三是对于这样的不正之风加强监督的同时严厉打击。在工作中要保持求真务实的工作作风,在发言和做决策的时候，一定要认真论证，不能草率行事，只有这样，才能把损失降到最低，提高整个团队的工作效率。

3. 你和同事执行公务的时候，有一群村民阻拦，怎么办？

【参考答案】作为政府的工作人员，在工作过程中经常要和群众打交道，对于题目中出现的情况，我会做出如下处理：

第一，我会保持冷静，不能慌乱，保持耐心和温和的态度去和群众进行交流，安抚群众的情绪，认真去倾听群众的利益诉求，有效地控制局势，坚持以人为本的工作精神。

第二，真诚地和群众进行沟通，了解村民对我们工作不予配合的原因，是不是因为对我们的政策和制度不了解。如果是这样，我们应当耐心地予以解释和说明，争取群众的理解和支持。

第三，如果我们的政策确实存在问题，和群众的合理诉求存在冲突，要在权限范围内积极予以解决。

总之，此次事件过后，要积极地进行总结，在工作中要深入群众，及时了解和解决他们的问题，积极合理地引导他们的利益诉求，密切和群众之间的关系。

2011年4月23日上午宁波市公务员面试题

1. 对"赶"字的理解，有人说要不停走，不停干，谈谈你的理解。

【参考答案】"赶"字，一个走加一个干，也就是说我们在人生这条道路上行进的时候，除了要不停地往前走，还要在走的过程中不断地工作学习成长。也只有这样，我们的人生才算得上是充实而有意义的。

若只是不停地走，而学不会归纳提升，不会把已有的知识技能运用到实践中来，那么人生这段旅程我们也只是单一地走完了，这样会忽略很多路途中精彩的风景，最后回想起来也没有什么可以值得留恋和珍藏的。但若只是一味地在原地不停地做，而学不会向前看，向前迈进，那么也很难得到提升，人生的路途也就大大被缩短和限制了，失去了很多可以进步的机会。因此，不管是在我们的工作还是在生活中，都要拥有永不停止的脚步和勤劳肯干的双手。用积极向上的心态对待工作，不断向前，不断提升。在实践中学习、在学习中实践，将工作做到尽善尽美，也将人生过得绚丽精彩。

在公务员的日常工作中也是如此，要将为人民服务的理念贯穿于日常的工作中，在工作中不断学习提高，坚守自己的岗位，才能在为人民服务这条道路上越走越远，越走越宽广。

2. 如何与单位同事相处，得到他们信任？

【参考答案】任何单位的工作开展都离不开同事间的相互配合协助，因此同事间的友谊和团结对于团队工作来说是至关重要的。良好的同事关系能让我们在工作中保持良好的情绪，还能在与同事的默契配合中高效完成工作任务，所以我们要在工作团队中相互支持、相互理解，形成良好的工作氛围。

在与同事相处的过程中，首先，要学会相互尊重、真诚相待，只有这样才能保证同事间的团结，待人热心，同事有困难要主动帮助，分担同事的任务。其次，在工作中要保持谦虚谨慎的工作作风，要多向有经验的同事学习请教，征询同事的意见或建议。有做得不对的地方要勇于承认错误、及时改正；工作中有优秀的地方也不能骄傲自满，要及时总结成功经验，多和同事分享，不断改进，争取大家共同进步。对于荣誉要有正确的心态，时刻保持团队荣誉感，杜绝自私自利。最后，若在工作中与同事产生不同意见，要将工作放在首要位置，选取最优的方案，保证工作按时完成。在平时与同事的交往中要热情，对工作要认真。我相信只要秉持着这样的态度和精神，就能在工作中取得同事和领导的信任，就能形成一个齐心协力的工作团队。

3. **两段材料，在艰苦岗位为人民服务，两个党员，一个去舟曲，一个去植树造林，问你有什么想法？**

【参考答案】工作的优秀与否不在于工种的差别，而取决于我们对待工作的态度。只有正确的工作态度，才会在工作上有所作为，才会在工作中实现自己的人生价值和社会价值。每个人在面临自己工作选择的时候，都会根据自身的特长和需求，选择自己最想要的工作。不管是选择到舟曲还是去山村植树造林，或者是去管理岗位工作，都有一个共同点，那就是为民服务，工作的出发点和落脚点永远都是人民利益至上。而无所谓的“辛苦”与“享福”、“冷部门”与“热部门”之分。

我们作为刚走出校门不久的年轻人，对社会的认知还很浅，需要把在学校学到各种理论知识和技能运用在实践中进行检验，在工作中不断得到发展和提升。因此，到基层为群众工作，更便于我们深入地接触和了解群众，了解社会，扩展我们的视野。同时，这也响应了我们党提出的青年深入基层为群众服务的号召，将最新最好的知识和技能带入基层。

最后，我们在选择具体岗位时也要结合自身的情况，切不可盲目跟风，要将岗位同自己的身体状态、专业特长等客观因素相结合。以便能最好地服务于他人，自己也能在工作中找到成就感和归属感。不怕吃苦，坚守自己的岗位，履行自己的职责，用实际行动去践行为人民服务这一崇高理念。

2011年4月23日下午宁波市公务员面试题

1. **“值”字拆开来就是一个人和一个直，于是有人说做人要直才能体现价值，请谈谈你的看法。**

【参考答案】中国文化博大精深，单单一个价值的值字就能从中看到做人的哲理。一个人只有拥有正直这种高贵的品质，他的价值才能得以体现。否则，哪怕他坐享金山银山，对于这个社会而言，他也没有体现出他的价值。俗话说“君子坦荡荡，小人常戚戚”。正直这种优秀的品质，是每一个社会人应该拥有，也一定要有的做人准则。也只有做到了正直这一基本的要求，才能在这个社会上立足根基，找到自己的价值所在。正直要求我们待人热情真诚、做事认真严谨、勤于克己，用自己的一言一行感染身边的人，在社会上树正义之风，扬清廉之气。

正直对于作为人民公仆的公务员而言，更是至关重要。我们手中掌握着群众赋予的权力，就更要坚守职责，严格律己。严格依照法律法规的规定办事，受得了清贫，耐得住寂寞。运用手中掌握的权力为人民服务，真正做到权为民所用，情为民所系，利为民所谋。将做一名合格优秀的人民公仆作为自己的追求目标，为了这个目标而坚持奋斗，最终在为人民服务这个伟大的事业中实现自己的个人价值和社会价值。

2. **在工作中时常有和同事就某一问题发生分歧的事情，请问你如何处理？**

【参考答案】与同事一起工作，难免会发生分歧，有分歧说明工作还有需要改进的地方。重要的不是杜绝分歧产生，而是产生了分歧怎么化解，如何才能不影响到工作的进展。每个人由于生活经历、专业背景的不同，看待同一问题产生不同的观点也是很正常的事。这时候就需要我们以冷静的心态和敬业的精神来对待工作中产生的分歧。若工作中的意见分歧处理不当或处理不好，很可能会影响到我们团队的协作和同事间的友谊，进而影响到日后工作的开展。所以对待工作中产生的分歧，一定要重视并采取有效方式以予化解。

若是我和同事因为工作产生了不同的意见，相信我们都会秉着工作优先的原则，真诚沟通各自的想法和意见。同事可能想到了我没有考虑到的地方，而我又可能弥补同事方案的缺陷。金无足赤，人无完人，只有集思广益多多采纳有经验的同事和领导的意见，才会使工作完成得更加细致更加完美。若是我的方案有缺陷弊端，同事提出改进建议，我一定会及时修正和改进，避免出现失误，在日后的工作中要多向同事学习请教，防止闭门造车。总之，在工作中的分歧一定要妥善处理，不能因为有分歧就影响到同事间的友谊和工作的进度，要以积极的心态解决争议，将工作做到最好。

3. 两个材料：第一个材料是开会，上面在讲话下面打瞌睡的一大片；第二个材料还是开会，但主讲人讲得生动形象，虽然只用了20分钟，但博得满堂彩。请谈谈你的看法感受。

【参考答案】这样的例子形象生动地说明了内容和形式的微妙关系。同样是开会，同样的开会内容，但由于采取的形式不同，最后收到的效果却有天壤之别：有的瞌睡狂打，有的津津有味。我们个别的领导人在作报告的时候长篇大论、不切实际、内容空洞、陈旧。而我们的与会者不遵守会场的纪律，不认真听取会议精神，敷衍了事。因此，为了克服这种现象，发言人要在发言稿上做足工作，不仅要在内容上精炼充实，还要采取不同的方式，便于其他同事能够快速地领会和掌握，注重开会收到的实际效果。同时我们在相关会议的纪律要求上还有待改进和加强，要严格规范开会的相关纪律，保障会议能够高效率地进行。

这样的漫画也启示我们在对群众做相关宣传时，要注意受众的接受情况，采取不同的方式方法。也就是说我们在工作当中，要争取创新开拓，不断地改进工作方式，争取最快最好地完成工作。尤其是基层公务员在对待群众工作时，更要考虑到群众的利益诉求和特殊需要，热情耐心地服务群众，采取群众喜闻乐见的形式，将我们的工作在群众中开展，以自身的实际行动贯彻为人民服务的理念。当然我们也不能一味地追求形式，在工作形式多变的前提下更要做好实质工作，防止华而不实的会议内容，开会多过作实事，影响了群众正当权利的实现。

总之，对于工作，不管是对内开会还是对外宣传，不管是有趣还是枯燥，都要认真完成，不能因为枯燥就有所懈怠。对于内部工作，要兢兢业业，勤勤恳恳，踏实肯干。对于群众工作，要多在工作方式上花心思，不断改进和提升自己的工作技能，尽心尽力地为群众服务。

2011年5月12日下午广东省公务员面试题

1. 政府实行透明办公，将公务员的名字等个人资料公布出来，对此你怎么看？

【参考答案】政府实行透明办公，是加强政府效能，建立行为规范，公正透明，廉洁高效的行政管理体制的必然要求，拉近了公职人员和群众之间的距离，改善了工作作风，是由管理型政府向服务型政府转变的有效途径，是政府进步的表现。对此我有以下几点看法：

第一，自从《政府信息公开条例》颁布以来，政务公开，信息公开已经成为了我们打造服务型政府、创新型政府的必然趋势。此举措体现了政府打造服务型政府的决心，坚持科学发展观，体现出了以人为本的理念。充分尊重了公民的知情权，是一项得民心，顺民意的措施。

第二，党的十七大提出的“确保权力正确行使，必须让权力在阳光下运行”。服务型政府的重要特征就是透明的、有责任的政府。公布公务员的名字等个人资料，有利于保障群众的知情权、参与权、表达权和监督权，有利于公务员直接聆听来自群众的声音、提高工作效率、快速了解和解决一些突发问题。

但是我们同时也应该看到此举可能造成的一些问题，例如公布公务员的名字等个人资料，实施不当的话会不利于公务员的个人隐私保护。如果被一些别有用心的不法分子利用，会对公职人员的正常工作和生活造成不利的影响。

因此，政府要做好宣传工作，让老百姓认识到此项措施的意义，对被公布个人资料的公职人员也要做好隐私保护，对于一些不法分子的不法手段，一经发现严惩不贷，以保障措施实施的有效性。

同时，我们要继续采取多种方式促进阳光行政，透明办公，比如：完善信访制度，保证民意表达的顺畅；实行政务公开，打造阳光政府，提高政府公信力；完善听证会制度，加强监督的作用；保证市长热线、公务员作风监督电话的畅通；要加大执行力度，切实解决群众反映的问题等。真诚倾听群众呼声，真实反映群众愿望，真心关心群众疾苦，全方位促进阳光行政工作的开展，促进和谐社会的建设。

2. 辛亥革命100周年，单位组织进行遗迹参观，由你负责，你怎么组织？

【参考答案】辛亥革命是中国革命史上的一次伟大革命，这场革命推翻了清朝政府，结束了几千年的封建帝制，传播了民主革命思想，为中国的进步打开了闸门。我在组织这次参观活动的过程中将尽力让本单位参观人员亲身感受到100年前辛亥革命的气息，感受到辛亥革命的伟大，激发大家的民族自豪感和责任感。具体说来，我将分三个阶段做好组织工作：

首先，要做好本次遗迹参观活动的计划和筹备。在这个阶段，我会确定好参观的时间、路线、参观人员、组织人员、所需费用等，报领导审批通过之后将主要信息通知全体参观人员，随后还会落实好往返交通安排、食宿安排等细节。

在计划和筹备阶段，我认为参观路线的确定是重点工作，在辛亥革命的准备、酝酿、发展、推进过程中，广东都是重要地区，广东与辛亥革命、与中国近代史紧密相连，我打算确定的辛亥革命遗迹参观线路是"广州、佛山、肇庆"两日参观路线，行程包括广州的中山纪念堂、孙中山大元帅府，佛山的祖庙、南风古灶，以及肇庆的叶挺独立团团部旧址纪念馆、七星岩风景区等，参观人员可以重温革命先辈们走过的光辉岁月，感受当年革命党人的革命热情。参观人员可以先根据自己手头的工作任务和参观意愿自由报名，然后由各部门负责人根据本部门工作安排需要综合协调，与部分报名人员沟通后做适当调整。

其次，要组织好本次参观活动的实际实施。一方面，负责联络的工作人员要提前跟遗迹的有关部门联系好，要求有经验的导游或解说员陪同参观，把这次参观作为一堂具有革命教育意义的党课，让参观人员充分学习革命先烈们不畏艰难奋勇斗争的品质。另一方面，我将高度重视参观期间的纪律性，参观的时候分组管理，每组组长要维持好参观秩序，每天定时清点人数，要求参观人员不得擅自行动，在参观过程中随时注意每个人的身体和心理变化，确保大家出行的安全。

第三，做好参观结束之后的后续工作。为了增强参观的实效，参观之后将要求每位参观人员在1周之内提交一篇心得体会，写得较好的心得体会、参观期间的经典照片以及辛亥革命的基本常识将汇总成一本"辛亥革命100周年遗迹参观活动纪念册"发给本单位全体人员。

除此之外，我还将在参观结束之后的两周内举办一次座谈会，组织参观人员畅谈参观感受，深切怀念伟大的革命先行者孙中山先生以及无数为了国家解放、民族复兴不懈奋斗英勇牺牲的志士仁人、革命先烈，明确自己为"振兴中华"所肩负的使命和责任，号召本单位全体人员继承和发扬辛亥革命精神，努力营造爱国、统一、团结、奋进的良好气氛，在党的领导下，用智慧和汗水建设有中国特色的社会主义，共同为祖国的和谐发展谱写新的辉煌篇章。

3. 某城市对公路边住房的外墙进行粉刷，对群众有什么影响？你怎么处理？

【参考答案】首先，我认为外墙粉刷对群众的影响主要有以下几点：

第一，部分群众可能会觉得政府有关部门在追求"面子工程"、政绩工程，群众自身没有得到实惠。

第二，施工设施的搭建可能会影响居民的出行。

第三，粉尘、化学物的气味以及施工材料可能会对周边环境造成污染，影响群众健康。

第四，施工噪音可能会影响居民的正常休息。电锯声、振动声以及工人们的说话声都有可能影响到周边居民的正常休息。

第五，施工安全不到位的话可能会影响周边群众的人身安全。例如小孩到施工现场的脚手架上玩耍容易出现安全事故、施工脚手架上不小心掉下的东西可能会砸到行人。

由此可见，对公路边住房的外墙进行粉刷会给群众带来不少影响，如果处理得不好，会造成一些矛盾和磨擦，而解决矛盾的关键在于，政府部门与居民群众能够相互理解、配合和支持。我认为有关部门应该采取以下措施进行处理，避免外墙粉刷给群众带来的不利影响：

第一，加大相关宣传，争取广大群众的理解和支持。外墙如果年代已久，风吹日晒会严重褪色或变色，布满水印和锈迹，与周边环境极不协调，有关部门可以通过张贴宣传广告、发放宣传单等方式将外墙修复后的模拟效果提前向群众展示，让群众了解对外墙实施粉刷是依据规划部门设计好的方案来严格实施的，这么做是提升城市形象、促进城市发展的需要，短暂的"打扰"会带来更为长久的"惠民"。

第二，政府责任部门应该加强施工监管，对施工单位实行严格的审核和把关，要求施工单位文明施工，合理架设设施以避免堵塞附近居民出入口，做好施工设备和材料的选择。在设备和材料的选择上尤其要注意，可以不采用"蜘蛛人"操作，而租用臂展较长的吊车，以确保外墙粉刷工作安全快捷不扰民。此外，外墙粉刷是一项专业性很强的修缮工程，为保证粉刷工程的高质量，合理、科学地使用底漆十分重要，因为建筑用底漆是涂饰工程中的重要环节，它是介于外墙水泥砂浆层与面涂之间或腻子层与面涂之间的一个过渡涂层，起到加固基层、封闭底材、提高面漆附着力等作用，如果底漆等施工材料选择不当，施工完成之后将可能需要返工，再次给周边群众带来不便。

第三，选择好施工时间，与居民休息时间错开。

第四，做好安全防范工作，加盖防护网罩，切实保障居民的人身安全和财产安全，同时引导周边群众配合施工队做好房屋防盗、防火工作，教育小孩出行时注意安全。

第五，从更长远的眼光来看，树立科学的发展观、正确的政绩观，在改善市容市貌的同时把工作重点放在当地社会经济文化、人民生活水平的总体提升上，取信于民，让群众受惠于城市的整体发展。

4. 郊区垃圾处理点，专家已经说明不会有污染，但村民担心，你怎么跟村民说？现场模拟。

【参考答案】乡亲们：

你们好，我是垃圾处理点的负责人小李，今天请大家过来主要是针对大家一直担心的郊区垃圾处理点的问题，和大家沟通一下。大家担心垃圾处理点会污染环境、影响生活，我很理解你们这种心情，换作是我，我也会有同样的担心。

现在我把郊区垃圾处理点的日常工作流程，以及大家担心的问题分别给大家解释下。首先我想说的是政府在实施前就已经想到大家担心的问题，并采取了相关的措施进行解决。政府不会简单地把垃圾随意堆放，根据《××市垃圾处理条例》的规定，我们会进行无公害化处理。我们郊区垃圾处理点，采取的是科学的处理方式，会对垃圾进行有机处理，绝对不会影响饮用水、大气、土壤以及大家的日常生活。我们已经请专家做出了科学的论证，证明通过设备的处理不会对环境造成污染。而且建立垃圾处理点其实就是为了美化环境，所以希望大家能配合我们的工作。

为了让大家放心，乡亲们可以选取代表在适当的时候去参观处理过程。我这里也有专家的论证结论，大家可以选举代表来看一下。总之，各位乡亲们请放心，政府做事最根本的出发点就是为大家服务，大家如果还有什么疑问，可以及时与我联系，也可以到环保监察部门去反映。最后感谢乡亲们一直以来对我们工作的支持和配合，请大家相信政府、相信科学，继续配合我们的工作。

2011年5月13日广东省公务员面试题

1. 城市要划定合法经营区，由你负责选址，前期如何准备？

【参考答案】一个城市良好的面貌需要科学合理的规划，城市要划定合法经营区，不仅有利于对流动摊位进行规范化管理，还能形成良性的商业竞争，为消费者提供放心的消费环境。作为负责人，我会始终贯彻"以人为本"的理念，从以下几方面开展前期的筹备工作。

第一，组织相关工作人员对人员密集区以及周边环境的情况进行调查，初步拟定几个可以选择的地址。

第二，要注意前期的宣传动员工作。组织召开商贩大会，邀请所在区域的流动摊贩参加会议，传达相关的文件精神，让商贩们知道政府设置合法经营区域的目的和意义，让其做好准备工作。同时，利用电视、报纸、网络等新闻媒体发布政府此次有关选址的新闻，希望大家能够提出宝贵意见。之后，进行网络及现场投票，评选标准要充分参考居民、商贩的意愿性及其合理性。

第三，根据评选结果制定初步选址方案，包括经营区域的选定、进入合法经营区域的资格条件、相关的配套设施设置、管理部门的设置等，报领导批示，根据领导的意见，修改和完善方案。

在前期筹备过程中会有新问题不断地出现，要及时请示领导，找出解决措施。我相信，通过以上的努力，一定会为这次筹划工作的圆满完成打下坚实的基础。

2. 某地政府为了使高三学子专心复习，关闭全市所有的网吧，你怎么看？

【参考答案】近几年来，网吧成为未成年人经常光顾的场所，实际上网吧的出现不仅影响他们的学习，还容易滋生犯罪。当地政府为了使高三学生专心复习关闭全市所有网吧，这一做法的初衷是好的：为了给高三学生营造一个良好的复习环境，但关闭所有网吧这种“一刀切”的做法还是欠妥当的，其负面影响非常明显。

首先，给持有网吧营业执照的经营者造成巨大损失，给社会上真正想要通过网吧来获得信息和娱乐的人们带来了不便，破坏了正常的社会秩序。

其次，仅仅以让高三学子们好好复习的理由要求所有网吧停业，违背了依法行政的理念，反而是授人以柄，给人们留下政府做事没有条理、不讲道理的不良印象。

最后，这种突击型的行政处理办法只能起到一时的作用，虽然见效快，但极容易反弹，关闭解决不了根本问题。

真正处理好网吧对高三学子们的影响，让高三学子们能够专心复习，应该采取更有效的解决方式。

第一，组织人员到各个网吧进行巡逻蹲点，监督各个网吧严格执行“未满 18 岁不得进入”的规定，对于不遵守规定的网吧按要求罚款甚至停业整顿，从而让所有网吧经营者自觉遵守规定。

第二，建立网吧管理的长效机制，如定期巡查、定期汇报等，以公正严明的手段，打击所有黑网吧、非法网吧，奖励严格遵守法律制度的网吧，从而达到长期规范本市网吧管理秩序的目的。

总之，我们现在正在建设法治政府、服务型政府，那么政府应该从规范自身的行为做起，严格做到依法行政。

3. 一些机构贩卖他人的个人资料，分析原因及解决对策。

【参考答案】保护个人信息既是宪法保护公民个人隐私的具体表现，也是现代文明社会对社会公德的要求。一些机构贩卖他人个人资料的行为，违反了法律规定，更违背了社会公德，应该受到严厉的打击。但是现实生活中，这种出卖他人隐私的现象时有发生，我觉得其原因主要有三点。

第一，个人信息缺乏有力的法律保护。我国现有涉及个人信息保护的法律规定，不仅缺乏可操作性，而且比较零散、缺乏系统性，同时还存在保护范围狭窄，缺乏统一主管机构等不足，难以起到实际的保护作用。

第二，这些出卖他人信息的机构法律意识淡薄，公德修养不够，唯利是图，完全没有考虑到可能对这些个人资料所有者造成的伤害和影响。

第三，个人维护隐私的意识不够，虽然很多人的信息都被泄露过，也受到一些影响，但还是没有认识到要维护这一基本权利。

要解决个人信息泄漏严重的问题，可以从以下几个方面着手：

首先，加快相关法律的立法进程，尽快做好个人信息的界定、执法机构的责任范围、权力边界、执法限度、执法要求，以及法律责任、制裁标准等，从法律层面上给予强有力的支持。

其次，加强宣传力度，让个人信息受保护作为个人的基本权利深入人心。

最后，加大对贩卖个人资料行为的打击力度，一方面要约束政府行为，让政府相关机构带头遵守相关条例，另一方面就是规范市场主体，让其严格遵守法律法规。

总之，个人信息泄漏现象很多，我们要打击这种将个人信息用于商业目的的行为，保护公民的个人隐私权。

4. 为了建设幸福社区，准备建设健身房、阅览室等基础设施，请群众来开会，提建议。但是群众反映冷淡，发言不积极，你怎么鼓励他们发言？现场模拟。

【参考答案】大家好：

我是咱们这次建设幸福社区组委会的负责人，会议开了这么长时间了，大家有没有发现一个问题啊，我们的会场太安静了，可能是大家还不了解建设幸福社区的重要性吧，我先来说两句。

建设幸福社区，是咱市里提出的一项活动，是想通过社区的建设，来推动咱们全市的发展。我们社区这次很荣幸被选为试点，市政府给了咱们极大的支持，最终咱们建设的成果也是需要接受检阅的，希望大家能够抓住这次机会，让咱们社区赢得这份荣誉。

有句话说得好，"健康生活你我他，幸福社区靠大家"，建设健身房、阅览室，正是为了大家的健康生活，幸福生活。社区是大家的社区，只有合大家之力，才能把咱们的社区建设得更加漂亮。所以，把大家请来，就是希望大家能够为我们这次建设提出好的建议来，只要有想法，就可以提出来好好讨论讨论。我相信，一人计短，百人计长，三个臭皮匠还顶个诸葛亮呢，凭咱们这么多人的智慧，肯定能够讨论出一个好的策略来的。

我就先说到这里，咱们现在开始讨论吧。

2011 年 5 月 13 日下午广东省公务员面试题

1. 你所在县是花卉生产大县，有近 1000 家企业。外省举行一个花卉展览，你们要参加，你们有 20 个企业名额。问前期筹备工作应该怎么做？

【参考答案】花卉展览的前期准备工作对于能否顺利、高效地参加花卉展览是至关重要的，关系着我们参加的效果及能否很好地宣传我县花卉和能否促进我县花卉的销售。

前期筹备工作的第一步就是调查外省花卉展览的情况和他们的优势劣势，作为我们参展花卉的参考，选择具有我们县优势的花卉品种去参加，突出我们的优势所在，达到更好地宣传我们县花卉、促进销售的目的。

接下来要跟我方花卉协会联系，确定大中小档次的不同企业，准备 30 至 40 家备选企业参加花卉展览。同时要和我方领导及花卉协会共同确定名额，让具备明显优势的花卉企业过去参展，相对来说暂时处于劣势的花卉企业过去学习，大中小花卉企业都要兼顾到，约选择 20 家。

确定好名单之后，需要开始筹备行程。因为花卉属于季节性商品，对于气候、土壤等的要求较高，再加上脆弱易损，所以运输工具和路线显得尤为重要。我会选择信誉好的车队，提前沟通好路线，尽量节省路途时间以减少花卉因颠簸而造成的损害，保证花卉的美观和质量。同时与车队沟通，尽量选择夜间行驶，因为夜间车辆人流都较少，能减少运输时间，同时夜间的温度较低能保证花卉处于较为适宜的温度，利于花卉成长，保证到达展览地时花卉能保持较好的状态。

最后要做好参加展览的企业的联系工作，保证沟通渠道的畅通。

2. 留守儿童有哪些问题，如何解决？

【参考答案】留守儿童问题是近年来一个突出的社会问题。随着中国社会政治经济的快速发展，越来越多的青壮年农民走入城市，在广大农村也随之产生了一个特殊的未成年人群体——农村留守儿童。留守的少年儿童正处于成长发育的关键时期，他们无法享受到父母在思想认识及价值观念上的引导和帮助，成长中缺少了父母情感上的关注和呵护，极易产生认识、价值上的偏离和个性、心理发展的异常，一些人甚至会因此而走上犯罪道路。现在留守儿童问题引起了社会的广泛关注：

第一，心理问题。长期的单亲监护或隔代监护，甚至是他人监护、无人监护，使留守儿童无法像其他孩子那样得到父母的关爱，家长也不能随时了解、把握孩子的心理、思想变化。这种亲情的缺失使孩子变得孤僻、抑郁，甚至有一种被遗弃的感觉，严重地影响到了孩子心理的健康发展，从而直接影响到孩子的行为，使他们不论是在家里，还是在学校、社会都经常出现一些与其他孩子不一样的行为，这些行为常常超越道德、法律底线。

第二，学习问题。由于父母双方或一方不在身边，对留守儿童学习方面的帮助和监督大大减少，甚至完全减除了，使孩子在学习方面处于一种无人过问的状况，渐渐使孩子对学习产生一种无所谓的态度。孩子的精力不放在学习上，于是其行为开始出现偏差，各种超越道德、规则的行为开始在孩子身上出现。缺乏管教引发留守儿童行为偏差甚至越轨，在留守儿童身上体现极为普遍。

第三，生活问题。生活困难是留守儿童家庭的普遍特征。虽然出去打工可以挣到一些钱，但其付出与收入相比依然是极不平衡的，所以留守儿童家庭在生活方面是极其节俭的。父母离开后，留守儿童及其监护人在节俭方面表现得更为突出，表现在饮食方面，只能在极度节俭的状态下过着维持温饱的生活。这些儿童在生病的时候，也往往没有能力和条件去医院救治，只能采取一些简单的、传统的方法治疗，或者干脆硬"扛"。

留守儿童问题是伴随工业化、城镇化进程和劳动力转移产生，并将长时期存在的社会问题，解决好这个问题，关系到未来人口素质和劳动力的培育，关系到农村经济和社会的协调发展，也关系到社会稳定和可持续发展。

第一，政府引导企业升级换代，发展经济，向内地转移工业企业，大力发展内地经济，这将使大量农民工在内地工作，这才是解决留守儿童问题的根本，只有内地发展起来了，留守儿童才会越来越少。

第二，调整人口管理制度，逐步取消户籍差别，并将解决留守儿童问题与城市民工子女入学问题有机地结合起来，实行农民工"市民待遇"，从根本上解决留守儿童问题。

第三，各地政府和教育部门应根据本地实际情况，合理调整学校布局，加大寄宿制中心学校建设，让留守儿童尽量住在学校。各级政府特别是教育部门应该给予一定的扶持和帮助，政府应合理分担留守儿童的教育成本，取消所谓的借读费和择校费。

第四，建立多种形式的留守儿童的保护网络。比如建立以父母、亲属为主体的家庭监护网络，以基层组织为主体的管理网络，以学校老师为主体的学校帮护网络等，对留守儿童给予对口的帮助。

3.有些青年人在网络上有很多朋友，但是在现实中没有朋友，性格很孤僻。分析这一现象。

【参考答案】交友是我们日常生活中时常会遇到的问题，有的人朋友很多但知心者少，有的人朋友不多但是能够交心，因此朋友多与少无所谓，重要的是志同道合能够愉快地沟通和交流。但是，现在出现了一种现象即有些青年人在网络上有很多朋友，但是在现实中没有，性格很孤僻。这一现象的出现是值得我们深思的。

在网络有很多朋友其实是件好事。现今网络日益发达，网络交友能够使我们更为便捷地与人沟通交流，向更多地域遥远无法在现实中见面的知识丰富、经验充足的人学习，学习新的知识、开拓新的视野，对于我们自身的发展是有益的。

但是，如果光是在网上朋友多而现实中朋友少、个性孤僻则是应该反思的。这些人能够在网络上交友说明是有与人沟通的欲望的，但是在现实生活中却不愿与人接触，这反映了一种"现实交友障碍"问题。这些人无法在现实生活中与人交流，只能通过虚幻的网络在双方无法面对面的情况下相处，这是不符合个性发展且不利于身心健康的。

这种情况的出现，一方面是这些人自身性格较为内向，不习惯主动与人交流；另一方面也是现今社会压力过大，人们工作繁忙导致没有时间在现实生活中交友与朋友交流；再者是我们现在的楼房结构已经人为地从空间上将人与人隔离开来，不像以前的住房那样利于邻里之间走动交流，交友的方便性大大降低。

要解决这一问题方法是多样的，应该综合运用：首先应该破除心理障碍，主动走出家门多与他人沟通，可以约熟悉的朋友聊天，经由已有的朋友认识新朋友，拓宽自己的交友圈。其次在网上交友要谨慎，多学习，避免上当受骗。

我们要两者结合，网上交友值得鼓励，但在现实更要深入交朋友，发展自身。

4. 你是监考人员，一个人没有拿身份证你不让他进考场，他拿驾驶证说也能证明身份，你如何劝解？请模拟。

【参考答案】这位考生，你好。你先冷静一下，先不要着急，急是解决不了问题的。作为考场负责人，我必须告诉你，没有身份证是不能参加面试的，而且驾驶证是不可以代替身份证的，这是制度上的规定，我们没有办法随意更改，请你谅解。

这样，咱们一起来找找你的身份证，一定能够找到的。面试之前你肯定已经收到了面试通知，我相信你也看了面试通知，知道面试要带身份证，也一定带了身份证过来。但是现在没有看到身份证，试回想一下是不是中途不见了呢？你是不是不小心留在了昨晚住的酒店？酒店前台登记后有没有拿回？今天过来的出租车上，会不会落在那里？过来这边面试，在大堂寄存包裹的时候，是不是放在里面了？仔细回想一下，不用着急，往前一点一点地回想，争取想起来落在了哪里，我相信你找得到的。我派个同事，和你一起去，帮你打电话找一下，好吗？

如果真的是没有带而忘在家里了的话，你可以赶紧打电话联系家里人，请他们立刻给你送过来，走最近的路赶过来，现在还有一点时间，如果家不是太远的话肯定来得及的。快点去吧！

这里今天下午有200名考生，剩下的199名考生都在等着你，找到身份证和他们一起面试，相信你一定行的！

2011年5月14日上午广东省公务员面试题

1. 一位老人不顾自己安危，跳水舍身救落水者，落水者及家人准备感谢老人，老人讲：要感谢我，请你们让电视台报道这件事。你怎么看？

【参考答案】老人救人后不要物质奖励而要求媒体报道表扬，这是发生在杭州西湖的真实事例，也引起了社会各界的广泛关注和讨论。人们对这位老人的做法褒贬不一，在我看来应该全面客观地看待这件事情，而不是一味地支持或反对。

救人老人“求表扬”是对社会正义的呼唤，这个表扬不是为自己而“求”的，只有高调传播好人好事，才能感染更多的人，改变整个社会“好人难做”的氛围。事情的本质其实就是救人的人见义勇为，值得称颂和学习。同时，老人义举应该让世人汗颜。相比那些站在湖边看热闹的人，老人的做法要高尚得多。这个社会需要理解，需要爱心，需要正义，但愿我们的社会多一些舍身救人的人，少一些冷漠和误解，别再使见义勇为者流血又流泪。

救人的老人出人意料地要求电视台报道，其动机是唤醒麻木者的良知，因为出事时旁边还有年轻人，但无人参与救人。其实经老人这一要求，引起了世人的关注，也使一些人逐步从冷漠、麻木中苏醒，值得整个社会反思、反省。虽然最初不是以表扬的方式呈现，但老人救人事件还是引发了社会关注。他“求表扬”所引发的争论更令人思考，“无名英雄”的传统道德准则是否有利于见义勇为成为社会风尚。在救人成为“风险之事”的当下，如何有效地褒善贬恶是我们当前应该考虑的问题。我们曾对声音、观点一元化的社会如此恐惧，我们呼唤自由，呼唤多元化。有一天，我们终于进入了一个多元化的社会和时代，我们突然发现，我们没有价值观了——因为价值观太多了，我们不知道应该依附于哪一种。现在正是我们重塑社会正义价值观的时候，如果整个社会能够行动起来，结果一定是大家所乐见的。

2.在社区对幸福指数进行调查，群众反应冷淡，分析原因及解决对策。

【参考答案】在社区对幸福指数进行调查是为了更好地开展社区工作，与社区居民的生活息息相关，理应受到居民重视。但是现在群众反应冷淡，在我看来是受以下几个因素的影响：

第一，群众认为幸福指数调查是国家宏观层面的事情，跟自己没有什么关系，与己无关故而反应冷淡不予配合。

第二，群众觉得幸福感只是虚拟的感受，并没有客观的事实根据，因此不相信幸福指数调查，更不相信这次调查对于他们自身有任何影响，改变不了他们的生活现状，甚至可能引发某些人的不满情绪。

第三，调查问卷的设置不够科学合理，不能使群众便利地作答，影响了调查效果。可能是在调查的过程中选取的时间不对，选在了群众较为繁忙的时间，使得他们无暇配合调查。还有可能是调查人员在调查的方式或态度上给群众造成误解，以为调查人员只是例行公事地完成任务，因此没有从心理上重视，从而没有在行动上配合。

针对以上问题，要更好地完成幸福指数调查，可以分步骤来解决：

首先，在调查前在社区内以海报、横幅或讲座的形式做一次宣传，使得群众对于幸福指数调查有一个初步了解，使他们明白幸福指数调查的意义和重要性，体会到这次调查对社区的发展和社区工作的开展的必要性，这是与群众自身息息相关的。这样，群众才能在思想上重视并在行动上配合，并提高参与调查的热情。甚至还可以邀请部分有号召力的群众加入调查小组，更好地协助此次调查工作。

其次，请教相关专家设计合理的调查问卷，方便群众们接受调查。还可以在群众较为空闲的时间如周末或晚上采用多种调查方式进行，如电话访问、走访等。

最后，调查结束之后要感谢予以协助的群众，并将调查结果在一定时间内公布。我相信，对幸福的关注我们一直在努力，也一定会做得越来越好。

3.针对垃圾分类，组织宣传活动，你怎样开展前期工作？

【参考答案】垃圾分类主要是指对城市中产生的生活垃圾进行分类，将垃圾按可回收和不可回收的分类法为垃圾分类。目的在于减少垃圾占地，减少对环境的污染，变废为宝综合利用资源。到目前为止中国普遍对垃圾分类工作做得不足，因此组织一次针对垃圾分类的宣传活动意义重大，首先要做好前期准备工作，才能使活动有条不紊地进行。

为了使更多的群众了解垃圾分类，这次宣传活动应选在大多数群众较为空闲的时间，可以是周末或者节假日群众愿意出行的时候。因为宣传的方式为室外宣传，因此要提前与气象部门联系，确定在天气晴朗的时候开展宣传。

垃圾分类的宣传需要较为大型、空旷的场地，利于空气流通，避免造成踩踏等事故，因此可选在广场、公园等地。在组织宣传活动前要实地考察场地，确保当天活动能够顺利进行。

为了增强宣传的可信度，我们应该在宣传人员的选择上尽量做到专业细致。对于本单位的宣传人员，应该选择有经验的年轻的同志，适合进行室外宣传，同时还应对垃圾分类的知识有一定了解。如果条件允许的话还可以在宣传活动前举行一次小型的培训活动，使宣传人员在活动前都能对垃圾分类有基本的认识和了解。除了本单位的工作人员，还可以邀请环卫处的相关工作人员来现场进行讲解，增强宣传的效果以及可信度。因为是公益活动，我们还应当在活动前与媒体做好联系工作，争取能够得到媒体的正面报道，使得更多的人能够切实了解垃圾分类，促进垃圾分类工作的进行。

最后，在宣传活动的物资准备上要以活动的形式为依据。此次宣传活动主要以现场讲解和图片展示为主要方式，因此要准备好宣传单以及展板，方便市民了解垃圾分类知识。

通过以上前期准备工作的有序进行，垃圾分类的宣传活动一定能够顺利完成。

4. 核辐射，群众担心海产品受污染，政府请相关专家检验后证明没有受污染，群众还是担心，你是某报社记者，如何和群众解释？现场模拟。

【参考答案】大家好，我是××报社的记者小王。前段时间日本核辐射的事情大家都有所了解，并且也担心我国的海产品因此而受污染，这是可以理解的。身体健康是我们最关心的问题，因此都害怕会买到受核辐射污染的海产品，这是无可厚非的。我们的政府也看到了大家的顾忌，立即聘请了专家来对海产品进行了检验，检验结果是可喜的，我国的海产品确实没有受到核辐射的污染，是绝对安全可食用的。

可是据我了解，还是有一些同志有所担心，这也是能够理解的。但是我想跟大家强调一点，那就是要相信咱们的政府，相信鉴定结论的专业性和科学性。检验报告是绝对真实的，大家可以放心。同时，大家想一想，我们的这种担心是否真的有必要。这种不必要的担心不仅可能影响到我们的日常生活，还使得我们处于惴惴不安之中，也不利于我们身心健康的发展。

有问题，我们可以共同来解决，大家的疑问也可以尽情地提出来。我能回答的一定知无不言言无不尽，尽我最大的能力为大家解答以消除大家的疑虑。如果是我不能解答的，我也会详细地记录下来并帮大家呈交给相关单位，相信他们一定会重视起来，及时给大家作出回复。

2011年7月13日广州市公务员面试题

1. 你是某大楼的负责人，楼前面有座天桥要拆了，你要怎么处理？

【参考答案】作为大楼的负责人，有责任也有义务负责楼内楼外的一系列涉及安全问题的处理工作，确保大楼里的人都能出入平安，保证经常出入大楼人员都能得到便利。

一方面，首先咨询相关动工部门，仔细了解一下天桥即将被拆的原因和有可能给大楼里的人员出行所带来的不便，以及会不会存在安全隐患，以便有针对性地采取措施，保证进出大楼人员的便利与安全。另外一方面，也要和本楼的领导取得联系，将了解到的详细情况，如实地向领导汇报，听从领导的安排，采取必要的措施。

首先，可以先做一个可预见性的判断，整体规划一下，一旦天桥被拆除，分析影响，做好相关的规划。其次，针对出入大楼人员可能会存在的交通安全隐患问题，可以找到相关的交通管理部门，说明缘由，协商沟通，在天桥被拆除的地方，设置简易的交通灯，指挥交通，保证出入人员的安全。交管部门一定会考虑实际情况，以人为本，将此事解决好。再次，针对可能会给出入大楼人员带来不便的问题，一方面可以找到领导协商，对于一些重要的人员，可以安排专车接送，以解燃眉之急。另外一方面，从根本解决，还得找到动工方，相信拆除天桥一定有其必要的原因，或者是原建筑过于老化，需要重建，亦或者是改建其他更便利的替代建筑，相信问题都可以得到妥善的解决。

2. 你是科室负责人，你下属工作很多，忙不完，心里有意见，你怎么说？请你现场模拟下，把考官当作对方。

【参考答案】各位同仁，大家好。前段时间由于工作的原因，大家都比较辛苦，在这里首先还是要肯定大家的付出，并且还要代表单位的领导对大家的努力表示感谢，感谢大家为单位作出这些不可磨灭的贡献，你们的倾心付出和流过的汗水，我和领导都看在眼中，记在心里。

同志们，当我看到我们的老同志为我们的单位一年又一年地奉献着，不辞劳苦，不畏艰难，我确实感觉到了我们应该加倍地珍惜和爱护这样的老同志，真心地道一声，老同志，你们辛苦了；当我看到我们的新同志也是争先恐后、发奋刻苦地不断学习和工作，我确实也感到加倍的欣慰，这段时间，我看到了大家的成长，同时也看到了未来的希望。

同志们，我们的工作是辛苦的，我们的使命是神圣的，我们的责任是重大的，在这样的关头，在这样的岗位，在这样的身份定位上，我们不得不把我们自己历练得异常强大，就在此时、此地、此身，我一如既往地希望大家保持这样的作风，不动摇，不懈怠！这才对得起人民赋予我们的神圣职责，在其位，不仅要谋其政，还要谋好政。这才是我们应该做的。

同志们，其实，我更加相信，即便今天我不说这些，大家依然也会一如既往地努力工作，因为我能看得出大家的脸上都写满了真诚，如此真诚地为群众付出，那换来的就一定是群众对我们如亲人一般的信任，有这样的动力支撑着我们，我们的干劲就会更足，不是么？

3. 有人说：不成功的人有两种，一种谁的话都听，一种谁的话都不听，你怎么看？

【参考答案】在我看来，第一种是只集百家之言而缺乏主见，第二种是只搞个人英雄主义而不广开言路，显然这两种都过于极端，而真正成功的人则会将这两者结合起来，运用得恰到好处：既能听得进去别人的忠告，并且还善于从中筛选出适合自己的建议，发挥主观能动性，而取得最后的成功。

所谓“谁的话都听”的人，必然不会成功，因为再多再好的建议可能只是适合别人的，而到了自己身上，如果只是一味照搬，可能就不那么可行。并且对于同样一个问题，不同的人可能会有不同的看法，大家众说纷纭，可能最终也没有一个统一的说法，久而久之就会影响我们判断是非的主观能力，在犹豫取舍间丧失了成功的时机，结果可想而知。另外一方面，在现代社会中，如果一个人只是凭自己的想法，想什么就干什么，这也是很不成熟的做法，真正的成功者都会广开言路，所谓忠言逆耳利于行，说的就是这个道理。很可能大家的建议不中听，但是确实对自己是一方良剂，听不进别人的话，任由自己的性格行事，注定也不会成功。真正的强者会将这两者结合起来，并且应用于实际，着眼于大局，既不能只顾自己不听建议，也不能一味地按别人所说的去做，不联系实际，没有主见。

4. 对本单位的满意度进行网上调查，到目前为止，群众参与度不高，你如何处理？

【参考答案】单位搞政务公开，做网上调查这是一件便民利民的好事，此举符合打造服务型政府和阳光政府的理念，符合群众的呼声，顺应历史的潮流，但是目前群众参与度不高，对此，我将会高度重视，认真地调查研究，找出解决方案，并最终将此举落到实处，取得实效。

首先要找到部分群众了解相关情况，详细咨询一下群众到底是出于什么原因没能参与到我们的调查当中来，是由于大家都不知道，不清楚有这样一个网上调查；还是由于大家对于网络调查这一方式都还比较陌生，不晓得如何操作；或是大家对这样的活动存在顾虑，觉得可靠性不大，因而丧失了参与的兴趣。

找到真正的原因后，就要有针对性地采取措施解决问题：一方面，如果是大家对于我们单位的这一活动了解得不多，那说明我们的宣传手段还不到位，以至于很多群众都不知道，我们需要加大宣传力度，多走街串巷，通过各种方式，哪怕是挨家挨户地通知都要想方设法让更多的群众参与进来。另外一方面，如果是大家对于这样网络操作投票的方式还不是特别熟悉，以至于参与量特别少，那我们会在全市普及一次网络操作的免费培训，目的是让大家都能熟练掌握这样的技能，以方便以后更多工作的开展。

最后，如果是大家怕此举会流于形式，参与的人积极性不高，那么就应该请示相关领导，请求政府辟谣，并且在今后的工作中改进工作方式方法，以缓和干群关系，重新获得群众的信任，这样我们的工作就会越来越好做，也更有利于为群众提供更多更好的公共服务。

2011年7月15日上午广州市公务员面试题

1.老干部活动场开放,人流很多,作为负责人你如何处理?模拟对话。

【参考答案】各位老干部大家好,我是老干部活动场的负责人小张。非常高兴能跟大家在这里进行一次交流,希望我们都能够敞开胸怀各抒己见,充分表达自己的意见,这对我们活动场的建设和发展是必不可少的。

那我首先来谈谈我的看法吧。咱们老干部活动场从开放以来,受到了广大老干部的热烈欢迎,大家的参与度非常高,这是值得我们高兴的事情,说明我们的工作得到了大家的认可与支持。我在此代表活动场的工作人员谢谢各位!但是我们的工作人员也收到了部分老干部反映的问题,那就是人流量太大,造成了活动场的一些不便。经过我们的实际调查,问题确实存在,主要是因为老干部们多喜欢在晚饭后来活动场进行活动。这跟老年人的生活习惯有关,我们可以理解。可这确实也造成了活动场过于拥挤的问题,不利于老人年的身体健康。为了确保老干部们的安全和身体健康,我们活动场做出了一些规章制度的调整,主要内容如下:

第一,按照社区划分,不同时间段活动场接纳不同社区的老干部,采取轮流制,保证各个社区的老干部都能轮流在不同时间段来活动场进行活动。第二,实行一年后会打破社区限制,重新分配。

这就是我们活动场的初步解决方案,可能还有一些值得商榷的地方,欢迎大家提出宝贵意见,我们一定虚心接受。谢谢大家!

2.社区招聘义工,你作为负责人应该如何组织?你觉得重点和难点分别是什么?

【参考答案】义工其实就是志愿者,为民众进行志愿服务。社区招募义工是以群众的社会责任感为依托,能够更好地为社区服务,是一件服务社会的非常有意义的工作。我作为负责人,一定会尽最大的努力招聘义工,为社区作贡献。

首先在招聘之前一定要做好宣传工作,使社区居民切实了解义工的工作,可以通过贴海报和讲座的形式进行宣传。

因为社区义工的主要组成人员一般为无工作人员,因此可以在上班的时间进行招聘,吸引家庭主妇等人员来报名参加。在社区的入口处和休闲区接受现场报名,能够最大限度地吸引人群。进行招聘的人员最好是正在从事义工的人,由他们来现身讲解,社区居民能够切实了解义工的工作,增加他们的兴趣和报名的热情。同时还可以在社区里的固定地点接受报名,并时常做宣传,以免社区居民遗忘。

此次招聘义工的重点在于长时间地接受报名,需要一定量的工作人员进行轮岗,还要对招聘的义工进行培训,切实做到服务于社区居民,而不是流于形式。难点则在于怎样能够招聘到义工。毕竟是无报酬的工作,需要以社会责任感为依托,因此要加大这方面的宣传。

3.现在很多80后农民工,在城市难就业,在农村不好发展,你如何看待这个问题?

【参考答案】改革开放30多年,我国的经济发展突飞猛进,城市化进程不断提高,在城市的建设中,有一类人的功劳不可忽视,那就是农民工。他们为城市的发展作出了巨大贡献,没有他们就没有城市的高楼大厦,没有他们也不会有发达的地铁。但是新一代的农民工即80后农民工,他们遇到了比父辈更为严峻的问题,在城市难就业,在农村也不好发展,这是一定的社会因素造成的。

80后农民工最大的问题就是囿于身份的限制,不能完全成为市民,无法享有各种市民的基本权利。大部分城市对外来工还没有具体的接纳制度,这也导致了农民工对于城市的归属感不强,因此金融危机之后,导致农民工大量离开。没有住房公积金、不能享受经济适用房等政策,农民工就很难在城市定居;

不能参与社区选举,不能参与公共事务的管理,农民工就不认为自己是本地人。诸如此类的市民待遇的缺乏会慢慢给城市的管理带来很大的问题,譬如治安、环境的恶化等。

针对以上问题,有关部门应该从以下方面进行改进:

第一,提高80后农民工的社会地位。上述不公正待遇的根源就是农民工社会地位较低,因此要建立针对农民工的社会保障制度和保险等,让他们享受和市民一样的待遇,如退休金、养老金等。

第二,立法保障农民工工资不被拖欠。政府应面向农民工普及法律教育,提高他们的维权意识与能力,鼓励他们运用法律武器保护自己。另外,政府应更加严厉地处理拖欠农民工工资的企业老板,从而杜绝该情况的频繁发生。

第三,改善80后农民工的生活条件。包括他们的住房难以及子女上学难问题,同时还应改善农民工与城市居民间的关系。

80后农民工为城市的发展发挥着无法替代的作用,农民工堪称是城市和农村发展的纽带,城市离不开他们,农村更离不开他们,他们是推动城市和农村经济发展的强大动力。我相信,在政府和社会的共同努力下,新生代农民工的未来会越来越好。

4.你是团支书,在一次培训上,到的人很少,而领导要来讲课,如何应对?

【参考答案】培训课上到的人很少,而领导要来讲课,这确实是一件十分紧迫的事情,处理不好不仅会影响领导的形象,还会给我们团支部造成不良影响。因此我会立即分析情况,争取尽快解决。

首先我会尽快了解到场人少的原因,是不是路上遇到什么问题导致没能按时赶来,还是通知没有做到位,以致于参加培训的人员不知道确切的时间和地点。

接下来我会根据具体的原因解决问题。我会立刻联系负责接送参加培训人员的同志,如果是在路途上出现了问题导致没能按时到达的话,要立刻派遣车辆尽快将他们接到培训地点。如果是路况有问题,那么就要及时向领导汇报,争取稍微延后时间培训。如果是通知不到位的问题,就应当立刻通过电话或短信等方式通知参加培训人员,要求他们尽快赶过来。如果是确实没有办法在短时间内赶到,就跟领导协商能否变更培训时间,并请领导谅解。

培训完成之后,要追究相关责任人的责任,避免以后的工作再出现类似失误。同时,我也会反省自身的工作不足,为今后的工作提供借鉴和参考。

第四篇　热点篇

第十三章　理论热点汇编

胡锦涛在庆祝中国共产党成立 90 周年大会上的讲话(节选)

在新的历史条件下提高党的建设科学化水平,必须坚持五湖四海、任人唯贤,坚持德才兼备、以德为先用人标准,把各方面优秀人才集聚到党和国家事业中来。

90 年来党的发展历程告诉我们,政治路线确定之后干部就是决定因素。坚持五湖四海、任人唯贤,是我们党性质和宗旨的必然要求。我们党除了人民利益,没有自己的特殊利益。我们党坚持这个崇高原则,为一切忠于人民、扎根人民、奉献人民的人们提供了施展才华的宽广舞台。中国特色社会主义道路能不能越走越宽广,中华民族能不能实现伟大复兴,要看能不能不断培养造就大批优秀人才,更要看能不能让各方面优秀人才脱颖而出、施展才华。

我们要以更宽的视野、更高的境界、更大的气魄,广开进贤之路,把各方面优秀干部及时发现出来、合理使用起来。要坚持把干部的德放在首要位置,选拔任用那些政治坚定、有真才实学、实绩突出、群众公认的干部,形成以德修身、以德服众、以德领才、以德润才、德才兼备的用人导向。要坚持凭实绩使用干部,让能干事者有机会、干成事者有舞台,不让老实人吃亏,不让投机钻营者得利,让所有优秀干部都能为党和人民贡献力量。

源源不断培养造就大批优秀年轻干部,是关系党和人民事业继往开来、薪火相传的根本大计。年轻干部要承担起事业重任,必须牢固树立正确的世界观、权力观、事业观,做到忠诚党的事业、心系人民群众、专心做好工作、不断完善自己。广大年轻干部要自觉到艰苦地区、复杂环境、关键岗位砥砺品质、锤炼作风、增长才干。经过艰苦复杂环境磨炼、重大斗争考验、实践证明优秀、有培养前途的大批年轻干部能够不断涌现出来,党和人民事业就大有希望。

人才是第一资源,是国家发展的战略资源。全党同志和全社会都要坚持尊重劳动、尊重知识、尊重人才、尊重创造的重大方针,牢固树立人人皆可成才的观念,敢为事业用人才,让各类人才都拥有广阔的创业平台、发展空间,使每个人都成为对祖国、对人民、对民族的有用之才,特别是要抓紧培养造就青年英才,形成人才辈出、人尽其才、才尽其用的生动局面。

在新的历史条件下提高党的建设科学化水平,必须坚持以人为本、执政为民理念,牢固树立马克思主义群众观点、自觉贯彻党的群众路线,始终保持党同人民群众的血肉联系。

90 年来党的发展历程告诉我们,来自人民、植根人民、服务人民,是我们党永远立于不败之地的根本。以人为本、执政为民是我们党的性质和全心全意为人民服务根本宗旨的集中体现,是指引、评价、检验我们党一切执政活动的最高标准。全党同志必须牢记,密切联系群众是我们党的最大政治优势,脱离群众是我们党执政后的最大危险。我们必须始终把人民利益放在第一位,把实现好、维护好、发展好最广大人民根本利益作为一切工作的出发点和落脚点,做到权为民所用、情为民所系、利为民所谋,使我们的工作获得最广泛最可靠最牢固的群众基础和力量源泉。

每一个共产党员都要把人民放在心中最高位置，尊重人民主体地位，尊重人民首创精神，拜人民为师，把政治智慧的增长、执政本领的增强深深扎根于人民的创造性实践之中。要高度重视并切实做好新形势下群众工作，坚持问政于民、问需于民、问计于民，真诚倾听群众呼声，真实反映群众愿望，真情关心群众疾苦，依法保障人民群众经济、政治、文化、社会等各项权益。只有我们把群众放在心上，群众才会把我们放在心上；只有我们把群众当亲人，群众才会把我们当亲人。各级党政机关和干部要坚持工作重心下移，经常深入实际、深入基层、深入群众，做到知民情、解民忧、暖民心。要把基层一线作为培养锻炼干部的基础阵地，引导干部在同群众朝夕相处中增进对群众的思想感情、增强服务群众本领。要把服务群众、做群众工作作为基层党组织的核心任务和基层干部的基本职责，使基层党组织成为推动发展、服务群众、凝聚人心、促进和谐的坚强战斗堡垒。

在新的历史条件下提高党的建设科学化水平，必须坚持标本兼治、综合治理、惩防并举、注重预防的方针，深入开展党风廉政建设和反腐败斗争，始终保持马克思主义政党的先进性和纯洁性。

90 年来党的发展历程告诉我们，坚决惩治和有效预防腐败，关系人心向背和党的生死存亡，是党必须始终抓好的重大政治任务。我们党对长期执政条件下滋生腐败的严重性和危险性，对改革开放和社会主义现代化建设全过程都要反对腐败，认识是清醒的。我们党旗帜鲜明、一以贯之反对腐败，反腐倡廉建设不断取得新的明显进展，为推进改革开放和社会主义现代化建设提供了重要保障。同时，反腐败斗争形势依然严峻、任务依然艰巨。如果腐败得不到有效惩治，党就会丧失人民信任和支持。全党必须警钟长鸣，充分认识反腐败斗争的长期性、复杂性、艰巨性，把反腐倡廉建设摆在更加突出的位置，以更加坚定的信心、更加坚决的态度、更加有力的举措推进惩治和预防腐败体系建设，坚定不移把反腐败斗争进行到底。

各级领导干部都要牢记，我们手中的权力是人民赋予的，只能用来为人民谋利益。行使权力就必须为人民服务、对人民负责并自觉接受人民监督，决不能把权力变成牟取个人或少数人私利的工具。各级干部都要自重、自省、自警、自励，讲党性、重品行、作表率，做到立身不忘做人之本、为政不移公仆之心、用权不谋一己之私，永葆共产党人政治本色。

在新的历史条件下提高党的建设科学化水平，必须坚持用制度管权管事管人，健全民主集中制，不断推进党的建设制度化、规范化、程序化。

90 年来党的发展历程告诉我们，建设好、管理好一个有几千万党员的大党，制度更带有根本性、全局性、稳定性、长期性。必须始终把制度建设贯穿党的思想建设、组织建设、作风建设和反腐倡廉建设之中，坚持突出重点、整体推进，继承传统、大胆创新，构建内容协调、程序严密、配套完备、有效管用的制度体系。

推进党的制度建设，要坚持以党章为根本、以民主集中制为核心，坚持和完善党的领导制度，改革和完善党的领导方式和执政方式，发展党内民主，积极稳妥推进党务公开，保障党员主体地位和民主权利，完善党代表大会制度和党内选举制度，完善党内民主决策机制，保障党的团结统一，增强党的创造活力，坚决克服违反民主集中制原则的个人独断专行和软弱涣散现象。全党同志都要牢固树立法律面前人人平等、制度面前没有特权、制度约束没有例外的观念，认真学习制度，严格执行制度，自觉维护制度。

总之，只要全党同志常怀忧党之心、恪尽兴党之责，以更加奋发有为的精神状态推进党的建设，我们党就一定能够更好把握历史大势、勇立时代潮头、引领社会进步。

同志们、朋友们！

中国共产党自诞生之日起就勇敢担当起团结带领人民实现中华民族伟大复兴的历史使命。继续推动中华民族伟大复兴进程，必须始终坚持党的基本路线不动摇，继续解放思想，坚持改革开放，推动科学发展，促进社会和谐，在新的历史起点上把中国特色社会主义伟大事业全面推向前进。

面向未来，全党同志必须牢记，我国过去 30 多年的快速发展靠的是改革开放，我国未来发展也必须坚定不移依靠改革开放。新时期最鲜明的特点是改革开放。改革开放是党在新的历史条件下领导人民进行的新的伟大革命，是决定当代中国命运的关键抉择，是坚持和发展中国特色社会主义、实现中华民族伟大复兴的必由之路。只有改革开放才能发展中国、发展社会主义、发展马克思主义。当前，世情、国情、党情继续发生深刻变化，我国发展中不平衡、不协调、不可持续问题突出，制约科学发展的体制机制障碍躲不开、绕不过，必须通过深化改革加以解决。我们一定要坚定不移坚持党的十一届三中全会以来的路线方针政策，坚定信心、砥砺勇气，坚持不懈把改革创新精神贯彻到治国理政各个环节，奋力把改革开放推向前进。要坚持社会主义市场经济的改革方向，提高改革决策的科学性，增强改革措施的协调性，找准深化改革开放的突破口，明确深化改革开放的重点，不失时机地推进重要领域和关键环节改革，继续推进经济体制、政治体制、文化体制、社会体制改革创新，继续解放和发展社会生产力，继续推动我国社会主义制度自我完善和发展，坚决破除一切妨碍科学发展的思想观念和体制机制弊端，为推进中国特色社会主义事业注入强大动力。

在前进道路上，我们要继续牢牢扭住经济建设这个中心不动摇，坚定不移走科学发展道路。

以经济建设为中心是兴国之要，是我们党、我们国家兴旺发达、长治久安的根本要求。只有推动经济又好又快发展，才能筑牢国家发展繁荣的强大物质基础，才能筑牢全国各族人民幸福安康的强大物质基础，才能筑牢中华民族伟大复兴的强大物质基础。改革开放 30 多年来，我们坚持以经济建设为中心，推动社会生产力以前所未有的速度发展起来，这是我国综合国力、人民生活水平、国际地位大幅度提升的根本原因。今后，我们必须继续牢牢坚持发展是硬道理的战略思想，牢牢扭住经济建设这个中心，决不能有丝毫动摇。

生产力是人类社会发展的根本动力。我们党是以中国先进生产力的代表登上历史舞台的。党的一切奋斗，归根到底都是为了解放和发展社会生产力，不断改善人民生活。我们已经取得了举世瞩目的伟大成就，但我国仍处于并将长期处于社会主义初级阶段的基本国情没有变，人民日益增长的物质文化需要同落后的社会生产之间的矛盾这一社会主要矛盾没有变，我国是世界上最大的发展中国家的国际地位没有变。发展仍然是解决我国所有问题的关键。牢牢抓住和用好我国发展的重要战略机遇期，是我们赢得主动、赢得优势、赢得未来的关键所在，是对我们党执政能力的重大考验，也是对我们民族自强能力的重大考验。我们必须继续聚精会神搞建设、一心一意谋发展，不断夯实坚持和发展中国特色社会主义的物质基础。

在当代中国，坚持发展是硬道理的本质要求就是坚持科学发展。我们要以科学发展为主题，以加快转变经济发展方式为主线，更加注重以人为本，更加注重全面协调可持续发展，更加注重统筹兼顾，更加注重改革开放，更加注重保障和改善民生，加快经济结构战略性调整，加快科技进步和创新，加快建设资源节约型、环境友好型社会，促进社会公平正义，促进经济长期平稳较快发展和社会和谐稳定，不断在生产发展、生活富裕、生态良好的文明发展道路上取得新的更大的成绩，不断为全面建成小康社会、实现中华民族伟大复兴打下更为坚实的基础。

在前进道路上，我们要继续大力推进社会主义民主政治建设，坚定不移走中国特色社会主义政治发展道路。

人民民主是中国共产党始终高扬的光辉旗帜。改革开放以来，我们党总结发展社会主义民主的正反两方面经验，明确提出没有民主就没有社会主义，就没有社会主义现代化，人民当家作主是社会主义民主政治的本质和核心。我们坚持推进政治体制改革，在发展社会主义民主政治方面取得了重大进展。我们废除了实际上存在的领导干部职务终身制，确保了国家政权机关和领导人员有序更替。我们不断扩大人民有序政治参与，人民实现了内容广泛的当家作主。我们坚持和完善中国共产党领导的多党合作，深入开展政治协商、民主监督、参政议政，发展最广泛的爱国统一战线。我们建立健全深入了解民情、充分反映民意、广泛集中民智、切实珍惜民力的决策机制，保证决策符合人民利益和愿望。我们建立健全广纳群贤、人尽其才、能上能下、充满活力的用人机制，为各方面优秀人才建功立业开辟了广阔渠道。我们形成了中国特色社会主义法律体系，我们党自觉在宪法和法律范围内活动，支持人大、政府、政协、司法机关等依照法律和各自章程独立负责、协调一致开展工作。我们建立健全权力运行制约和监督体系,保证党和国家机关按照法定权限和程序行使权力。事实充分证明,我国社会主义民主政治具有强大生命力,中国特色社会主义政治发展道路是保证人民当家作主的正确道路。

同时,我们也要看到,我国社会主义民主法制建设与扩大人民民主和促进经济社会发展的要求还不完全适应,社会主义民主政治的具体制度方面还存在不完善的地方,在保障人民民主权利、发挥人民创造精神方面还存在不足。随着中国特色社会主义事业持续推进,我国社会主义民主政治建设需要也必然会继续向前推进。

发展社会主义民主政治,必须坚持中国特色社会主义政治发展道路,关键是要坚持党的领导、人民当家作主、依法治国有机统一。我们要积极稳妥推进政治体制改革,以保证人民当家作主为根本,以增强党和国家活力、调动人民积极性为目标,扩大社会主义民主,建设社会主义法治国家,发展社会主义政治文明。要坚持发挥党总揽全局、协调各方的领导核心作用,提高党科学执政、民主执政、依法执政水平,保证党领导人民有效治理国家。要坚持国家一切权力属于人民,健全民主制度,丰富民主形式,拓宽民主渠道,保证人民依法实行民主选举、民主决策、民主管理、民主监督。要全面落实依法治国基本方略,在全社会大力弘扬社会主义法治精神,不断推进科学立法、严格执法、公正司法、全民守法进程,实现国家各项工作法治化。总之,我们要不断推进社会主义民主政治制度化、规范化、程序化,进一步把我国社会主义政治制度的优越性发挥出来,为党和国家兴旺发达、长治久安提供更加完善的制度保障。

在前进道路上,我们要继续大力推动社会主义文化大发展大繁荣,坚定不移发展社会主义先进文化。

社会主义先进文化是马克思主义政党思想精神上的旗帜。面对当今文化越来越成为综合国力竞争重要因素的新形势,我们必须以高度的文化自觉和文化自信,着眼于提高民族素质和塑造高尚人格,以更大力度推进文化改革发展,在中国特色社会主义伟大实践中进行文化创造,让人民共享文化发展成果。

要坚持发展面向现代化、面向世界、面向未来的,民族的科学的大众的社会主义文化,推动社会主义先进文化更加深入人心,推动社会主义精神文明和物质文明全面发展,不断开创全民族文化创造活力持续迸发、社会文化生活更加丰富多彩、人民基本文化权益得到更好保障、人民思想道德素质和科学文化素质全面提高的新局面,建设中华民族共有精神家园。

发展社会主义先进文化,必须把社会主义核心价值体系建设融入国民教育、精神文明建设和党的建设全过程。要坚持用马克思主义中国化最新成果武装全党、教育人民,引导广大干部群众深刻领会党的理论创新成果,坚定理想信念。要在全体人民中大力弘扬以爱国主义为核心的民族精神和以改革创新为核心的时代精神,增强民族自尊心、自信心、自豪感,激励全党全国各族人民为实现中华民族伟大复兴而团结奋斗。要坚持用社会主义荣辱观引领社会风尚,深入推进社会公德、职业道德、家庭美德、个人品德建设,加强对青少年的德育培养,在全社会形成积极向上的精神追求和健康文明的生活方式。要加快文化体制改革,加快构建公共文化服务体系,加快发展文化事业和文化产业。要着眼于推动中华文化走向世界,形成与我国国际地位相对称的文化软实力,提高中华文化国际影响力。中华民族创造了源远流长、博大精深的中华文化,中华民族也一定能够在弘扬中华优秀传统文化的基础上创造出中华文化新的辉煌。

在前进道路上,我们要继续大力保障和改善民生,坚定不移推进社会主义和谐社会建设。

保障和改善民生,促进社会和谐,是实现全面建设小康社会宏伟目标的必然要求。我们必须从维护最广大人民根本利益和实现国家长治久安的战略高度抓好社会建设,推动社会建设与经济建设、政治建设、文化建设协调发展。

推进社会建设,要以保障和改善民生为重点,着力解决好人民最关心最直接最现实的利益问题。要坚持发展为了人民、发展依靠人民、发展成果由人民共享,完善保障和改善民生的制度安排,把促进就业放在经济社会发展优先位置,加快发展教育、社会保障、医药卫生、保障性住房等各项社会事业,推进基本公共服务均等化,加大收入分配调节力度,坚定不移走共同富裕道路,努力使全体人民学有所教、劳有所得、病有所医、老有所养、住有所居。

正确处理改革发展稳定关系，实现改革发展稳定的统一，是关系我国社会主义现代化建设全局的重要指导方针。发展是硬道理，稳定是硬任务；没有稳定，什么事情也办不成，已经取得的成果也会失去。这个道理，不仅全党同志要牢记在心，还要引导全体人民牢记在心。

当代中国正经历着空前广泛的社会变革。这种变革在给我国发展进步带来巨大活力的同时，也必然带来这样那样的矛盾和问题。社会矛盾运动是推动社会发展的基本力量。我们要遵循社会发展规律，主动正视矛盾，妥善处理人民内部矛盾和其他社会矛盾，不断为减少和化解矛盾培植物质基础、增强精神力量、完善政策措施、强化制度保障，最大限度激发社会活力，最大限度增加和谐因素，最大限度减少不和谐因素。要加强和创新社会管理，完善党委领导、政府负责、社会协同、公众参与的社会管理格局，建设中国特色社会主义社会管理体系，全面提高社会管理科学化水平，确保人民安居乐业、社会和谐稳定。

巩固的国防和强大的军队，是国家主权、安全、领土完整的坚强后盾。我们必须统筹经济建设和国防建设，走中国特色军民融合式发展路子，在全面建设小康社会进程中实现富国和强军的统一。要着眼全面履行新世纪新阶段军队历史使命，以推动国防和军队科学发展为主题，以加快转变战斗力生成模式为主线，全面加强军队革命化、现代化、正规化建设，坚持党对军队绝对领导的根本原则和人民军队的根本宗旨，培育当代革命军人核心价值观，拓展和深化军事斗争准备，积极开展信息化条件下军事训练，提高国防科技和武器装备自主创新能力，加快全面建设现代后勤步伐，抓紧培养高素质新型军事人才，积极稳妥推进国防和军队改革，坚持依法治军、从严治军，全面提高以打赢信息化条件下局部战争能力为核心的完成多样化军事任务能力。要加快建设现代化武装警察力量。要深化全民国防教育，加强国防动员和后备力量建设，巩固和发展军政军民团结。

我们要一如既往坚持"一国两制"、"港人治港"、"澳人治澳"、高度自治的方针，全力支持香港特别行政区政府、澳门特别行政区政府依法施政、发展经济、改善民生，推进香港、澳门同内地的交流合作，团结一切爱国爱港、爱国爱澳力量，保持香港、澳门长期繁荣稳定。我们要牢牢把握两岸关系和平发展主题，全面深化两岸交流合作，扩大两岸各界往来，共同反对和遏制"台独"分裂活动，为两岸同胞谋幸福，为中华民族创未来。

同志们、朋友们！

环顾全球，和平、发展、合作的时代潮流没有变，但世界和平与发展面临诸多挑战。共同分享发展机遇，共同应对各种风险，推动建设持久和平、共同繁荣的和谐世界，是各国人民的共同愿望。

中国共产党和中国人民历来是促进世界和平与发展的积极力量。为人类作出应有贡献，是中国共产党和中国人民早就作出的庄严承诺。我们将坚持不懈为人类和平与发展的崇高事业作出自己的努力，争取对人类作出新的更大的贡献。

中国外交政策的宗旨是维护世界和平、促进共同发展。我们将继续坚持独立自主的和平外交政策，始终不渝走和平发展道路，始终不渝奉行互利共赢的开放战略，在和平共处五项原则的基础上同所有国家发展友好合作，维护发展中国家正当要求和共同利益，积极参与多边事务，推动国际政治经济秩序朝着更加公正合理的方向发展。我们将坚定不移实行对外开放的基本国策，完善开放型经济体系，全面提高开放型经济水平，加强同世界各国的互利合作，继续以自己的和平发展促进各国共同发展。

中国共产党将在独立自主、完全平等、相互尊重、互不干涉内部事务原则的基础上，同各国各地区政党和政治组织发展交流合作，相互学习借鉴治国理政经验，促进国家关系发展。

同志们、朋友们！

回顾我们党 90 年的发展历程，我们有一个共同的感觉，这就是，我们党从成立之日起，就始终代表广大青年、赢得广大青年、依靠广大青年。我们党的创始人之一李大钊说过，为世界进文明，为人类造幸福，以青春之我，创建青春之人类。我们党的创始人，一代又一代中国共产党人，大多数都是从青年时代就满腔热血参加了党，决心为党和人民奋斗终身。我们党的队伍里始终活跃着怀抱崇高理想、充满奋斗激情的青年人，这是我们党历经 90 年风雨而依然保持蓬勃生机的一个重要保证。青年是祖国的未来、民族的希望，也是我们党的未来和希望。全党都要关注青年、关心青年、关爱青年，倾听青年心声，鼓励青年成长，支持青年创业。党对青年寄予厚望，人民对青年寄予厚望。全国广大青年一定要深刻了解近代以来中国人民和中华民族不懈奋斗的光荣历史和伟大历程，永远热爱我们伟大的祖国，永远热爱我们伟大的人民，永远热爱我们伟大的中华民族，坚定理想信念，增长知识本领，锤炼品德意志，矢志奋斗拼搏，在人生的广阔舞台上充分发挥聪明才智、尽情展现人生价值，让青春在为党和人民建功立业中焕发出绚丽光彩。

同志们、朋友们！

90 年前，中国共产党只有几十个成员，国家贫穷落后，人民苦不聊生。今天，中国共产党已经拥有 8000 多万党员，国家繁荣昌盛，人民幸福安康。90 年来，我们党取得的所有成就都是依靠人民共同奋斗的结果，人民是真正的英雄，这一点我们永远不能忘记。

我们完全有理由为党和人民取得的一切成就而自豪，但我们没有丝毫理由因此而自满，我们决不能也决不会躺在过去的功劳簿上。

在本世纪上半叶，我们党要团结带领人民完成两个宏伟目标，这就是到中国共产党成立 100 年时建成惠及十几亿人口的更高水平的小康社会，到新中国成立 100 年时建成富强民主文明和谐的社会主义现代化国家。我们肩膀上的担子重、责任大。全党同志要牢记历史使命，永远保持谦虚、谨慎、不骄、不躁的作风，永远保持艰苦奋斗的作风，勇于变革、勇于创新，永不僵化、永不停滞，不动摇、不懈怠、不折腾，不为任何风险所惧，不被任何干扰所惑，坚定不移沿着中国特色社会主义道路奋勇前进，更加奋发有为地团结带领全国各族人民创造自己的幸福生活和中华民族的美好未来！

胡锦涛再提“不折腾”强调勇于变革勇于创新

曾引发舆论热议的“不折腾”一词，在 7 月 1 日举行的庆祝中国共产党成立 90 周年大会上再次被中共中央总书记胡锦涛提及。

胡锦涛在当日讲话结尾时强调：“全党要永远保持谦虚、谨慎、不骄、不躁的作风，永远保持艰苦奋斗的作风，勇于变革、勇于创新，永不僵化、永不停滞，不动摇、不懈怠、不折腾，不为任何风险所惧，不被任何干扰所惑，坚定不移沿着中国特色社会主义道路奋勇前进”，这段讲话赢得全场长时间掌声。

2008 年 12 月，胡锦涛在纪念中共十一届三中全会召开 30 周年大会上首次提出“三不”：“不动摇、不懈怠、不折腾，坚定不移地推进改革开放，坚定不移地走中国特色社会主义道路”，其中“不折腾”一词成为海内外舆论关注热点。

时隔两年半，胡锦涛今次再提“不折腾”，强调“肩膀上的担子重、责任大”。胡锦涛表示，在本世纪上半叶，中国共产党要团结带领人民完成两个宏伟目标，这就是到中国共产党成立 100 年时建成惠及十几亿人口的更高水平的小康社会，到新中国成立 100 年时建成富强民主文明和谐的社会主义现代化国家。

胡锦涛：发展是硬道理稳定是硬任务

7 月 1 日上午，中国共产党成立 90 周年庆祝大会在北京人民大会堂举行，中共中央总书记胡锦涛发表重要讲话。

中共中央总书记胡锦涛 1 日在北京表示，发展是硬道理，稳定是硬任务；没有稳定，什么事情也办不成，已经取得的成果也会失去。这个道理，不仅全党同志要牢记在心，还要引导全体人民牢记在心。

胡锦涛强调，要遵循社会发展规律，主动正视矛盾，妥善处理人民内部矛盾和其他社会矛盾，不断为减少和化解矛盾培植物质基础、增强精神力量、完善政策措施、强化制度保障，最大限度激发社会活力，最大限度增加和谐因素，最大限度减少不和谐因素。

在北京举行的庆祝中国共产党成立 90 周年大会上，胡锦涛说，当代中国正经历着空前广泛的社会变革。这种变革在给中国发展进步带来巨大活力的同时，也必然带来这样那样的矛盾和问题。社会矛盾运动是推动社会发展的基本力量。

胡锦涛指出，要加强和创新社会管理，完善中共党委领导、政府负责、社会协同、公众参与的社会管理格局，建设中国特色社会主义社会管理体系，全面提高社会管理科学化水平，确保人民安居乐业、社会和谐稳定。

胡锦涛说，在前进道路上，要继续大力保障和改善民生，坚定不移推进社会主义和谐社会建设。

胡锦涛称，保障和改善民生，促进社会和谐，是实现全面建设小康社会宏伟目标的必然要求。必须从维护最广大人民根本利益和实现国家长治久安的战略高度抓好社会建设，推动社会建设与经济建设、政治建设、文化建设协调发展。

胡锦涛说，推进社会建设，要以保障和改善民生为重点，着力解决好人民最关心最直接最现实的利益问题。要坚持发展为了人民、发展依靠人民、发展成果由人民共享，完善保障和改善民生的制度安排，把促进就业放在经济社会发展优先位置，加快发展教育、社会保障、医药卫生、保障性住房等各项社会事业，推进基本公共服务均等化，加大收入分配调节力度，坚定不移走共同富裕道路，努力使全体人民学有所教、劳有所得、病有所医、老有所养、住有所居。

胡锦涛表示，在前进道路上，要继续大力推进社会主义民主政治建设，坚定不移走中国特色社会主义政治发展道路。

胡锦涛还说，“我们完全有理由为党和人民取得的一切成就而自豪，但我们没有丝毫理由因此而自满，我们决不能也决不会躺在过去的功劳簿上。”

胡锦涛：推动中华文化走向世界 提高国际影响力

7 月 1 日上午，中国共产党成立 90 周年庆祝大会在北京人民大会堂举行，中共中央总书记胡锦涛发表重要讲话。

胡锦涛说，社会主义先进文化是马克思主义政党思想精神上的旗帜。面对当今文化越来越成为综合国力竞争重要因素的新形势，我们必须以高度的文化自觉和文化自信，着眼于提高民族素质和塑造高尚人格，以更大力度推进文化改革发展，在中国特色社会主义伟大实践中进行文化创造，让人民共享文化发展成果。

胡锦涛表示，要坚持发展面向现代化、面向世界、面向未来的，民族的科学的大众的社会主义文化，推动社会主义先进文化更加深入人心，推动社会主义精神文明和物质文明全面发展，不断开创全民族文化创造活力持续迸发、社会文化生活更加丰富多彩、人民基本文化权益得到更好保障、人民思想道德素质和科学文化素质全面提高的新局面，建设中华民族共有精神家园。

胡锦涛说，发展社会主义先进文化，必须把社会主义核心价值体系建设融入国民教育、精神文明建设和党的建设全过程。要坚持用马克思主义中国化最新成果武装全党、教育人民，引导广大干部群众深刻领会党的理论创新成果，坚定理想信念。要在全体人民中大力弘扬以爱国主义为核心的民族精神和以改革创新为核心的时代精神，增强民族自尊心、自信心、自豪感，激励全党全国各族人民为实现中华民族伟大复兴而团结奋斗。要坚持用社会主义荣辱观引领社会风尚，深入推进社会公德、职业道德、家庭美德、个人品德建设，加强对青少年的德育培养，在全社会形成积极向上的精神追求和健康文明的生活方式。

胡锦涛强调，要加快文化体制改革，加快构建公共文化服务体系，加快发展文化事业和文化产业。要着眼于推动中华文化走向世界，形成与中国国际地位相对称的文化软实力，提高中华文化国际影响力。胡锦涛相信，中华民族创造了源远流长、博大精深的中华文化，中华民族也一定能够在弘扬中华优秀传统文化的基础上创造出中华文化新的辉煌。

领导干部的“三要”和“三不”

要常修为政之德，不滥用权。权力是一把“双刃剑”，它可以使人高尚，也可以使人堕落。正确使用权力，可以为民造福；滥用职权，则会误国殃民。现实生活中，少数领导干部因不能正确对待和行使权力而害人害己的事例并不鲜见。因此，领导干部面对人民赋予的权力，切不可把公权变私权、把职权变特权，更不可忘乎所以、为所欲为。应敬权慎权，牢记宗旨，克己修身，为民谋利，真正为人民掌好权、用好权。

要常怀律己之心，不徇私情。讲感情是人之常情，领导干部也不例外。讲感情不能不讲原则，要做到谨慎用情，不循私情，秉公办事，这样才能凝聚人心、鼓舞斗志，形成促进事业发展强大合力。然而，现实中有些领导干部，讲的是个人利益的“私情”，用感情代替党性，要公心让路于私情，大肆利用职权为个人、家庭或小团体谋私利。领导干部必须牢固树立正确的权力观、利益观和亲情观，始终把人民利益放在首位，严于律己，率先垂范，自觉远离“私情圈”，不为亲眷左右，不为亲情谋私，真正做到思想上坦荡、行为上磊落。

要常思贪欲之害，不慕钱财。金钱是人们生存的物质基础，现代社会不谈金钱不现实，但要学会如何正确对待金钱，切不可做金钱的奴隶。党员领导干部目光不能只盯着金钱，要有更远大的追求。如果领导干部见钱眼开、嗜财如命，就难免贪欲萌生、在金钱的诱惑面前不能把握自己。因此，领导干部学会慎欲就显得尤为重要。自重、自省、自警、自励，少一些金钱欲，多一份事业心，这是对领导干部的要求。

温家宝：推进两项社会养老保险试点让群众满意

在全国城镇居民社会养老保险试点工作部署暨新型农村社会养老保险试点经验交流会议上的讲话

这次会议非常重要，有两个议题：一是总结交流新型农村社会养老保险试点工作经验；二是研究部署城镇居民社会养老保险试点工作。2009年8月，国务院召开会议部署新农保试点工作，当时考虑到新农保制度建设的创新性和复杂性，曾设想先行试点，再稳妥推进，逐步实现全覆盖。试点工作开始后，效果和各方面反映非常好，各级党委政府高度重视，农民参保积极性很高，没有试点的地方也迫切要求试点，工作进展超出了我们的预期。截至今年5月底，全国27个省、自治区838个县(市、区、旗)和4个直辖市的大部分区县纳入试点范围，其中有9个省区市实现了制度全覆盖。全国已有1.9亿人参保，领取基础养老金的60岁以上老年人达到了5170万人。在这种情况下，国务院决定加快新农保试点进度，并决定从今年7月1日起在全国范围内启动城镇居民养老保险试点。从现在开始，两项工作同步推进，今年内覆盖面都达到60%，在本届政府任期内基本实现制度全覆盖。这是党和政府的又一重大惠民政策，也是促进社会公平正义、逐步实现基本公共服务均等化的一个重大步骤。下面，我讲几点意见。

一、充分认识建立城镇居民社会养老保险制度的重大意义

党的十七大提出加快建立覆盖城乡居民的社会保障体系。建立城镇居民社会养老保险制度，逐步解决城镇非从业居民养老保障问题，与两年前我们建立新农保逐步解决农村居民养老保障问题一样，都是健全我国社会保障体系的重大制度建设。

首先，建立城镇居民社会养老保险制度，是全面建设小康社会的重要内容。没有覆盖城乡居民的社会保障体系，就很难说建成了小康社会。近年来我们不断加大工作力度，重点是建立覆盖不同人群的社会保障制度，解决制度从无到有的问题，同时对已有制度进行完善、提高保障水平。一是新建立了几项重大制度，如城镇居民医保、城乡医疗救助、新农合、新农保等。二是解决了一批历史遗留问题，如关闭破产国有企业退休人员参加医保问题、老工伤待遇问题、集体企业退休人员参加养老保险问题等。三是不断提高社会保障水平，连续七年增加企业退休人员养老金、在新医改中大幅提高基本医疗保障标准等。

在覆盖城乡居民的社会保障体系中，城乡居民低保、基本医疗、基本养老是最重要的三项制度，前两项都实现了全覆盖，现在我们就要着手解决养老保障全覆盖问题。改革开放后，我国社会养老保障制度是从建立企业职工养老保险开始的，经过一段时间探索，在 90 年代后期随着国有企业改革而全面推开，近年来又进行了一些重要调整和改革。2009 年建立了新农保制度并在全国部署试点，现在开始建立城镇居民养老保险制度并进行试点，加上已有的城镇职工基本养老保险，构成了我国养老保障制度的基本框架。新农保和城镇居民养老保险是开创性的。有了这两项制度，可以说，几千年来中国人“老有所养”的愿望，在可预见的未来几年里就能初步实现。建立这两项制度，标志着我国覆盖城乡居民社会保障体系的主要制度都建立起来了，朝着党的十七大提出的目标迈进了一大步，这是全面建设小康社会取得的重大进展。

第二，建立城镇居民社会养老保险制度，是促进社会公平正义的重大举措。公平正义是中国特色社会主义的本质属性。今年是建党 90 周年。无论是过去艰苦卓绝的武装斗争和流血牺牲，还是对社会主义建设的艰辛探索，开辟改革开放的新时代，走上中国特色社会主义道路。我们党所做的一切，归根到底都是为了实现社会公平正义，为了让人民平等地过上富裕幸福的美好生活。《礼记·大同》中讲：“故人不独亲其亲，不独子其子，使老有所终，壮有所用，幼有所长，鳏寡孤独废疾者皆有所养”，描绘的就是一幅社会化保障人们生活的图景。建立社会化的养老保障制度，是社会文明进步的重要标志，也是现代社会的重要特征。我们要坚持以人为本、推动科学发展，实现社会公平正义，就必须建立和完善社会保障体系。两年前我们部署新农保试点，主要目标就是要构建一个逐步消除城乡差别、人人平等享有的养老保障制度，这次部署城镇居民养老保险试点，并提出两项制度试点同步推进，也是为实现这一目标作出的努力。

社会保障制度是社会公平的基础性制度。不仅可以为人民生活一视同仁地公平提供基本保障，同时也是调节社会收入分配的重要手段。城镇居民养老保险和新农保覆盖的人群大都是低收入群体，通过这两项制度建设，可以把公共资源更多地向他们倾斜，更好地促进发展成果全民共享，缩小收入分配差距，促进社会公平正义。

第三，建立城镇居民社会养老保险制度，是维护社会稳定、促进社会和谐的迫切要求。建立健全社会保障体系，是保障和改善民生、建设和谐社会的基础工程。要建设和谐社会、保持社会安定，最根本的就是使人民生活有基本保障、无后顾之忧。城镇非从业居民和农村居民，收入低而且很不稳定，有的甚至没有收入，靠个人积累养老十分困难，政府有责任建立一套社会养老保障制度，分担他们养老的经济风险。这一方面可以增强老年人经济自立能力，提高他们的生活质量，增强他们生活的自信心和对社会的认同感；另一方面可以减轻子女赡养的经济负担，在相当程度上避免因经济利益引发的家庭矛盾，有利于形成尊老爱幼的风气和更为和谐的家庭关系。当前我国工业化、城市化快速发展，社会正处于转型期，农村劳动力大规模转移，社会成员就业不稳定、流动性大，客观上要求我们尽快建立起覆盖城乡的社会保障制度，只有这样，才能保证工业化、城市化顺利推进，降低现代化进程中的各种风险。

应当看到，我们已经具备了开展城镇居民社会养老保险试点工作的良好基础。近些年来，我国经济社会快速发展，各级财政能力大大增强，各方面承受能力普遍提高，广大人民群众对社会公平正义有了更高要求。可以说，开展城镇居民社会养老保险试点，中央有决心、群众有期盼、财政有基础、社会有共识、实践有经验。我们一定要从经济社会发展全局和战略高度，充分认识开展这项试点的重大意义，以强烈的责任感和使命感，坚定信心，扎实做好试点工作。

二、试点工作需要把握好的几个要点

城镇居民养老保险和新农保，都是由政府主导建立的社会养老保险制度。从社会保险制度的性质、政府责任和基本国情考虑，我们提出了12字的基本原则，即保基本、广覆盖、有弹性、可持续。这既是建立健全这两项制度的基本思路，也是工作要求。这里我强调四个方面：

第一，坚持低水平起步、广覆盖，重在制度建设。这是这些年建设中国特色社会保障制度的一条基本经验。社会养老保险必须与国情和发展阶段相适应，与国家和城乡居民的承受能力相适应，这样才能做到可持续，人民群众才能真正得实惠。我国仍然是一个发展中国家，人均收入水平还比较低，而且地区间发展很不平衡，国家和绝大多数居民并不富裕，随着户籍制度放宽，每年都有上千万人进入城市，如果把保障标准定得过高，不仅财政压力大，城乡居民缴费也有困难，保障面就难以扩大。因此，当前重点是先把全民养老保障制度建起来，解决制度全覆盖的问题，为全体人民提供公平的制度环境和选择空间，随着经济社会发展，再逐步完善制度和提高保障水平。

特别要强调一点：就是要坚持群众自愿参保，不搞强迫命令。要认真总结新农保的经验，运用好财政补贴这个政策引导措施，搞好经办服务，吸引更多居民参保，努力扩大覆盖面。

第二，坚持政府和个人共担责任，政府要确保责任到位。新农保和城镇居民社会养老保险都是政府和个人及家庭共同承担责任的制度。现代社会养老保障制度有不同模式，主要是两大类：一类是政府包办的福利型养老保障；一类是分担责任的社会养老保险。这两类制度最大的区别是筹资方式不同，即资金来源不同。我国明确要实行的是社会养老保险制度，基本特征就是个人及家庭、政府、企业分担责任，而且要明确划分各自责任。城镇居民养老保险和新农保覆盖的城乡居民没有用人单位，责任就由个人及家庭、政府两方分担。个人获得保障的基本前提是承担缴费义务，因此首先要调动个人及家庭缴费的积极性。每个人从年轻时起就要为养老积累资金，承担起应负的责任。政府的职责主要是建制度、保基本、扶贫弱。

保基本，就是保证向所有参保的老年人提供基础养老金，保障他们晚年的基本生活。同时，政府要承担基金“兜底”责任，缺口部分由财政补贴。现在两项制度初建，对达到60岁的老年人，由政府发放基础养老金，对将要达到60岁的人也提出了解决办法。扶贫弱，就是对无力承担个人责任的困难群体，由政府代他们缴纳应由个人承担的费用，帮助他们参加保险，确保他们晚年养老的权益。即使将来国家更加富裕了，政府的责任也只能是保基本、扶贫弱，这是政府义不容辞的责任。当然保障标准要随着经济发展不断提高。现在中央规定的新农保和城镇居民养老保险基础养老金都是每月55元，地方可根据实际适当上调标准，但不能低于这个水平。对于个人缴费部分，地方政府要给予适当补助。一些经济比较困难的地区压力会比较大，要调整财政支出结构，宁肯少上几个项目，也要确保这方面的支出。在两项新制度初建阶段，政府责任必须首先到位，否则制度就建立不起来，建立了也无法正常运行。个人要享受高于基础养老金的养老保障待遇，必须依靠本人及家庭早缴费、多缴费、多积累。现行制度已为不同人群搭建了制度平台，鼓励有条件的个人及家庭多积累。

第三，坚持城乡统筹，搞好制度和政策衔接。城镇居民养老保险是在新农保取得经验基础上实施的，基本制度和主要政策与新农保基本一致。这样做的考虑：一是与当前推进城乡基本公共服务均等化的要求相统一，逐步缩小城乡差别；二是顺应城市化发展趋势，有利于城乡居民身份转换、参保衔接。

城镇居民养老保险制度实施后，与新农保、城镇职工基本养老保险制度一道，共同构成了我国养老保障体系的主体框架。这三项制度之间如何衔接转换，特别是两项新制度与城镇职工基本养老保险之间如何衔接转换，要深入研究、总结经验，积极稳妥地探索提出具体办法。此外，还有一些涉及养老的制度和政策，例如城乡居民低保、农村“五保”、社会优抚、农村计划生育家庭奖励扶助、被征地农民社会保障、水库移民后期扶持等，也要在新农保和城镇居民养老保险推进过程中做好衔接工作，以提高社会养老资源利用效率，更好地保障人民群众权益。

第四，坚持多层次、多渠道解决养老问题，继续发挥好家庭和社会各方面积极作用。我国人口老龄化快速发展，现在60岁以上老年人已达1.78亿，预计“十二五”期间将超过2亿人。为老年人提供更好保障，不能完全靠政府，个人、家庭和社会各方面都应当发挥积极作用。在社会养老保险之外，还要鼓励有条件的居民建立个人和家庭养老计划，购买商业养老保险。要弘扬中华民族的优良传统，发挥好家庭在经济供养和情感慰藉等方面的作用。还要充分发挥社会慈善在养老保障方面的重要作用。总之，要通过多层次、多渠道、多种方式的保障措施，让老年人更加幸福地安度晚年。

三、加强组织领导，扎实推进工作

两项制度试点覆盖面今年都要达到60%，在本届政府任期内基本实现制度全覆盖，任务十分艰巨。我们一定要认真贯彻落实中央的部署和要求，精心组织，把好事办好，让群众满意。

一要切实加强组织领导。国务院已经建立新农保和城镇居民养老保险试点工作领导小组，统一领导和组织实施这两项试点工作，各地也要抓紧建立和完善相应的组织领导体系。各级党委、政府要把试点工作摆上重要位置，按照中央部署，制定具体试点计划，排出工作进度，协调解决工作中遇到的问题，保证按时完成试点任务。各部门要认真履行职责，加强协调配合，确保试点工作顺利推进。

二要确保财政补助资金按时足额拨付到位。试点工作能否顺利进行，关键要看政府补助能否及时到位。资金不落实，其他工作就难以落到实处。中央财政对两项试点的补助资金已经作出了安排。地方政府也要根据试点工作进度要求作出相应的财政安排，保证资金及时拨付到位，不打折扣。两项新制度都没有历史包袱，一开始就要把个人账户做实，财政补助要到位，同时要加强基金监管，决不允许借支、挪用，还要研究基金的保值增值问题，为制度长期健康运行夯实基础。

三要加强经办管理服务能力建设。社会保险经办管理服务是一项长期的日常工作，量大面广，涉及参保群众的切身利益，也会直接影响群众参保积极性。要大力推行社保卡，方便参保人缴费、领取养老金和查询本人参保信息。城镇居民养老保险要建立全国统一的信息管理系统，纳入“金保工程”建设，对参保人要记录一生、保障一生、服务一生。试点地区要合理整合现有社保管理服务资源，加强工作力量，但不能盲目扩张机构和增加人员。充分发挥商业金融机构作用，提供优质高效便捷的服务。经办工作经费要纳入同级财政预算，不得从保险基金中开支。

四要注意总结工作经验。城镇居民养老保险试点实行属地管理，中央确定基本原则和政策，地方因地制宜地制定实施办法。在试点过程中会发现许多新情况、新问题，也会涌现不少好做法、好经验，各地各部门要加强调查研究，及时发现和解决问题，及时总结和推广经验。广大城镇居民对养老保险可能有一个认识、认可的过程，要采取多种形式进行宣传引导，特别要让群众看到实惠，引导他们积极参保。

同志们，任务已经明确，关键在于落实。我们要在以胡锦涛同志为总书记的党中央领导下，高举中国特色社会主义伟大旗帜，以邓小平理论和“三个代表”重要思想为指导，深入贯彻落实科学发展观，勇于创新，扎实工作，确保两项试点工作顺利进行，不断完善我国的社会保障制度，为全面建设小康社会努力奋斗，以优异的成绩为中国共产党建党90周年献礼。

温家宝：一定要把农村教育办得更好

在新学期和第27个教师节即将来临之际，我提前向各位教师致以节日祝贺，向长期从事农村教育的广大老师们表示崇高敬意。这里，我就农村教育发展问题讲几点意见。

一、深刻认识办好农村教育的重要意义

农村是社会的基础，改造社会必须从改造农村着手，而改造广大农村，必须从发展农村教育入手。任何一个国家要实现现代化，农村教育都具有基础性、全局性的重要作用。农村人口众多，他们受教育的程度决定着一个国家教育的整体水平。要提高一个国家的教育水平，必须先从农民抓起。如果不懂得这一点，就不懂得农民的教育学，也就不可能树立农民的教育观。无论是美国的“教育平权运动”，还是印度的“民众科学运动”，以及南美、非洲、东南亚一些国家推行的“平民教育运动”，都是为了在广大农村和社区普及文化、卫生、科学知识，保障社会底层民众平等接受教育的权利。上世纪70年代韩国开展“新村运动”，首要任务也是教育农民，即加强农民的启蒙教育与文化技术教育。发达国家早已普及了义务教育，但仍然十分重视在农村进行扫盲和普及教育。美国至今还认为，乡村教育对美国未来的繁荣至关重要，要加大力度促进美国乡村教育发展。

中国有13亿多人口，超过半数生活在农村，一半以上的学龄儿童在农村。农村教育是农村的希望。农村教育发展了，农民素质提高了，就会形成巨大的人力资源优势；相反，如果农村教育跟不上，众多的人口就会成为发展的巨大压力。今天广大农村的亿万在校生，正是明天国家建设的主力军。如果不把农村教育办好，不努力提高农村人口的文化素质，要实现经济社会协调发展、城乡之间协调发展，改变“一条腿长、一条腿短”的问题，就是一句空话。从这个意义上说，农村教育直接关系全面建设小康社会和现代化目标的实现。

我国农村教育源远流长，历来就有“耕读传家”的传统。中华文明起源于农耕社会，中华文化的根脉在农村，教育是传承文化的主要途径。历史上许多私塾、书院曾盛极一时，但都不是在大城市，而是在山野乡村。那里不但是教育子弟、培养人才的学校，而且是一个地区的文化中心，甚至是学术中心，其薪火相传、生生不息，成为中国人的精神家园。人们常说：“自古寒门出俊才。”中国历史上的许多伟大人物都是出自农村的寒家子弟，靠勤学苦读奋斗成才。中国农村的每一个家庭都懂得，物质上的贫穷只是暂时的，只要孩子有文化、有知识，就能改变人生和命运，生活就会有奔头。

近代以来，我国许多有识之士都认识到农村教育对启迪民智必不可少。民主革命先行者孙中山先生说：“吾国虽自号文物之邦，男子教育，不及十分之六，女子教育，不及十分之三，其中有志无力者，颇不乏人。其故在何？国家教育不能普及也。”著名教育家陶行知先生亲自创办了南京晓庄师范学校，他指出：“乡村教育是立国之大本”，“人民贫，非教育莫与富之；人民愚，非教育莫与智之”。上世纪二三十年代，晏阳初、陶行知、梁漱溟等一批教育界人士在河北、江苏、四川等地发起乡村教育运动，倡导“教育救国”。晏阳初先生提出“除文盲，作新民”，在河北推出“定县模式”，在四川建立乡村建设学院。这些教育先辈为我国农村教育事业躬身实践、终身投入、无私奉献的精神，值得我们学习。

新中国成立以来，党和政府大力发展各级各类教育事业，农村教育面貌焕然一新。建国初期的全国扫盲运动，堪称世界教育史上的奇迹。1949年全国文盲数量占总人口的80%以上，农村文盲率更是高达95%。经过几次大规模扫盲，至1964年，先后有一亿多人摘掉了文盲的帽子。到本世纪初，国家实施西部地区“两基”攻坚计划，我国终于基本扫除青壮年文盲。2003年以来，中央提出加强社会建设的战略方针，大大加快了科技、教育等社会事业发展步伐。国务院从政策上、投入上和制度建设上，着力促进农村教育改革和发展，实现了义务教育全部免费，义务教育经费保障机制日益完善，学龄儿童入学率达到99%以上，基本杜绝农村新生文盲。特别是《国家中长期教育改革和发展规划纲要》实施以来，各级政府把教育事业摆在更加优先发展的位置，包括农村教育在内的整个教育事业呈现出蓬勃发展的新局面。同时我们也清醒地认识到，我国农村教育发展基础还比较薄弱，广大农村学前教育发展严重滞后，部分义务教育学校还未达标，学校之间、城乡之间、区域之间发展不均衡，高中阶段教育结构有待优化，质量有待提高，农村劳动年龄人口受教育程度总体还很低，青壮年文盲仍然存在，农村教育依然是我国教育的“短板”，农村教育改革和发展任重道远。

“求木之长，必固其根；欲流之远，必浚其源。”我们必须认识到农村教育发展是关系国家经济发展和社会进步的重大问题；必须高度重视农村教育发展中面临的新情况、新问题，采取切实可行的措施认真加以解决；必须增强加快发展农村教育的责任感和使命感，抢抓机遇，克服困难，一定要把农村教育办得更好。

二、推进农村各类教育协调发展

我国农村教育发展的最大问题依然是总量问题，也就是教育资源供给不足，特别是优质教育资源不足，与城市形成很大反差。要在巩固已有成果的基础上，促进农村各级各类教育协调健康发展。

第一，深入推进农村义务教育发展。当前，我国农村义务教育已经站在新的历史起点上，初步解决了农村孩子"有学上"的问题，但也面临一些新情况、新问题，比较突出的是留守儿童和农民工随迁子女教育问题，以及学校撤并引起的少量孩子辍学问题等。这是我国工业化、城镇化进程加快和农村富余劳动力向外转移的阶段性产物，也是今后一个较长时期我们面对的突出问题，必须引起高度重视。

一是农村留守儿童教育问题。农村留守儿童数量超过 2000 万人，他们的最大问题是亲情缺失。各地搞的"寄宿制"、"代管家长制"、"亲情沟通平台"等都是有效措施。但目前以政府为主导的关爱服务体系尚不健全，各地工作开展也不平衡；留守儿童对老人"逆向监护"、留守女童更需特殊关注等新问题不断产生。今后的工作重点，是要以政府为主导，加大对农村留守儿童的关爱和服务工作力度。农村寄宿制学校要配齐、配好生活和心理教师以及必要的管理人员，满足农村留守儿童的需要。鼓励开展"代理家长"、"爱心妈妈"、"托管中心"等关爱活动。加强留守儿童心理健康教育，丰富农村留守儿童的课外、校外生活。总之，要努力为留守儿童的健康成长创造良好环境。

二是农民工随迁子女教育问题。为了解决农民工随迁子女就学难的问题，国家出台了一系列政策，明确提出了以输入地政府管理为主、以全日制公办中小学为主，即"两为主"的政策，并要求在收费、受资助等方面与当地学生一视同仁，保障他们平等接受义务教育的权利。近两年，中央财政每年投入 50 亿元左右专项经费，用于补充接受农民工随迁子女的学校公用经费和改善办学条件等。但应该看到，保障农民工随迁子女"上好学"的任务依然十分艰巨，社会各界对此高度关注。下一步工作重点，是对农民工随迁子女义务教育做到"两为主"加"全覆盖"。要逐步健全农民工随迁子女义务教育公共财政保障机制，由输入地政府负责。规范、扶持以接收农民工随迁子女为主的民办学校。抓紧研究制订农民工随迁子女接受义务教育后在输入地参加升学考试的办法。加强对农民工随迁子女心理、文化、习俗等方面的引导和教育，使他们更好地融入输入地的学习和生活中。

三是办好寄宿制学校和村教学点。我们抓寄宿制学校已经有些年头，从实践看效果很好，有利于集中使用教育资源，也有利于保证教学质量。这项工作既要常抓不懈，又要因地制宜。总的看，投入要逐步加大，规模要适当扩大，水平要尽快提高。关于村教学点的问题，也要有正确的认识，我们的目标是要让每一个孩子都有学上。如果因为学校撤并、上学路途遥远而使孩子们辍学，那与我们的政策方针是背道而驰的。世界各国都有一些规模很小的学校，有的甚至只有几个学生。如果广大农村群众和农村孩子确有需求，有的村教学点还是要坚持办，而且要办好。这件事在山区、边远地区、牧区尤为重要。

第二，继续大力发展农村普通高中教育和中等职业教育。当前，我国农村普通高中教育与城市相比差距明显，面临着许多困难和问题：不少农村高中办学条件不足，教学资源比较匮乏，大班额、超大班额现象还比较普遍，实验设备、图书资料、信息化设施等明显赶不上城市；办学经费紧张，"吃饭靠财政、运转靠收费、建设靠举债"的现象还普遍存在，尚未建立起完善的经费投入机制；办学模式趋同，应试教育倾向比较严重，"千校一面"和片面追求升学率的问题突出，学生的负担和学习压力大。必须大力加强农村普通高中教育。一要支持农村地区，特别是"普九"较晚的中西部农村地区、民族地区进一步扩大普通高中办学规模，提高普及水平，满足初中毕业生接受高中教育的需求。同时，全面改善农村普通高中学校办学条件，使其全面达到国家规定的基本办学条件标准，缩小与城市学校的差距。二要完善以财政投入为主、其他渠道筹措经费为辅的投入机制，制定普通高中学校生均经费基本标准和生均财政拨款基本标准，逐步提高财政预算拨款占农村普通高中教育经费的比例。要将普通高中学校债务纳入地方政府性债务范围，统筹研究解决。三要推动农村普通高中教育多样化、特色化发展，改变以往过于注重升学的倾向，提高课程的多样性和选择性，满足不同潜质学生的发展需要。

职业教育是面向人人、面向就业的教育。学一门技能、增加就业能力对许多农村孩子来说，既是迫切要求，也是现实选择，大力发展农村职业教育就显得尤为重要。当前，农村职业教育办学条件薄弱、资源不足，农村职业教育和涉农专业教师数量严重短缺，国家中等职业学校资助和免学费政策有待完善，许多民族地区学生和家庭困难学生接受中等职业教育仍有困难。这方面要做好五件事：一是尽快将中等职业教育免学费范围扩大到所有农村学生，鼓励和引导更多的初中毕业生接受中等及以上职业教育。二是建设好一批农村职业学校和涉农专业。国家将利用国债资金，支持各地根据需要改扩建符合标准的农村职业学校。三是健全现代职业教育体系，使职业教育办学规模、专业设置、课程体系、评价考核与经济社会发展相适应。四是大力推广"工学结合"、"校企合作"办学模式，加大政策扶持力度，吸引更多的毕业生投身现代农业和新农村建设。五是加大农村职业教育和涉农专业新教师培养力度，采取多种有效措施，吸引和保证更多的优秀毕业生到农村职业学校和涉农专业任教。

第三，加快发展农村学前教育。学龄前阶段是人生最重要的启蒙时期。国际经验表明：公平的学前教育机会意味着人生起点的公平，有利于消除贫困、减少社会差距、促进社会公平。因此，大力发展学前教育特别是农村学前教育，为每个儿童提供良好的人生开端，是关乎教育公平、社会稳定和民生改善的重大工程，也是影响未来国民素质和综合国力的重大问题。但目前我国农村学前教育资源严重短缺，财政投入不足，办园条件较差，师资队伍不健全，农村地区"入园难"比城市更加突出。农村学前教育是我国整个教育发展的最薄弱环节。不久前，国务院下发了《关于当前发展学前教育的若干意见》，明确了支持学前教育发展的相关政策，启动实施农村学前教育推进工程。国家将设立学前教育发展专项资金，"十二五"期间中央财政将大规模增加资金投入，并带动地方加大投入，大力发展农村学前教育。关键要坚持公益性和普惠性原则，财政增加投入、家庭合理分担，加快构建一个广覆盖、保基本、有质量的农村学前教育公共服务体系，建设一支符合农村学前教育事业发展需要的幼儿教师队伍，使广大农村儿童，特别是留守儿童有机会接受良好的学前教育，健康快乐地成长。

三、着力提高农村教育质量

提高教育质量是各级各类教育普遍面临的重大课题，也是个难题。农村教育的质量不仅直接决定着我国基础教育的整体质量，也是实现全民教育公平的重要方面。当前，农村教育事业改革与发展总体滞后，教育质量整体不高。主要表现在：教育观念相对落后，以素质教育为目标的课程改革推进困难；教育资源配置总体上短缺，难以支撑课程教学改革的需求，国家规定的课程难以全面落实；教学改革滞后，教师的教学观念和教学方式比较陈旧，应试教育倾向很严重。这些都影响了学生全面发展和综合素质的提升，影响了学生的创新精神和实践能力的培养。农村教育质量的提高尤为迫切。

提高农村教育质量，既要靠改善办学条件，又要靠推进教育教学改革。相比而言，教育教学改革任务更加艰巨。我们现有人才培养模式、办学模式和学校制度等由来已久，有其复杂的主客观原因，改变起来绝非易事，也没有现成的路子可走。但要想提高教育质量，不改革肯定是不行的。我提出三个问题与大家探讨：一是大力推进学校课程教学改革。这方面，无论是在城市学校还是农村学校，都大有文章可做。怎么改？要树立"全面发展"、"人人成才"和"多样化人才"的教育理念，坚持育人为本的根本要求，坚持德育为先、能力为重、全面发展的基本方向，做到因材施教、有教无类，尊重并鼓励学生的个性发展和特长培养，也就是要搞"素质教育"而不是"应试教育"，要搞"全民教育"而不是"精英教育"。在激烈的升学竞争的背景下，当务之急是在全社会树立多样化人才观。社会需要各种各样的人才，人人都应成为有用之才。要创新教学方法，注重启发式教育，把学、思、知、行结合起来，引导学生学会做人，学会学习，学会做事。二是改革教育评价制度和考试制度。教育评价制度和考试制度的影响力无处不在，它像"指挥棒"一样引导着教育的发展方向。要想有效推进素质教育，必须建立一套与素质教育相适应的教育评价制度和考试制度。三是倡导教育家办学。中小学校的校长，是办学的"领头羊"。过去像张伯苓等都是教育家当中小学校长。现在，一些人把"校长"当作"官"来当，讲究级别待遇，这种倾向必须改变。只有把中小学校长们都培养成为真正的教育家，我们的教育事业才大有希望。

四、加大农村教育投入

投入问题是制约当前农村教育发展的关键问题。今后一个时期，国家要继续加大社会事业投入，重点向农村社会事业倾斜，而农村教育更是重中之重。在农村教育投入方面，需要处理好三个问题：一是较大幅度增加投入总量。要按照《国家中长期教育改革和发展规划纲要》提出的要求，到 2012 年实现国家财政性教育经费支出占国内生产总值比例达到 4%的目标，保证有更多的资金支持教育发展。同时，要优化投入结构，重点向农村教育、职业教育、学前教育、特殊教育等薄弱环节倾斜。要逐步缩小城乡办学条件差距，逐步缩小城乡之间义务教育学生人均经费的差距，逐步缩小城乡教师收入待遇的差距。要继续完善国家助学制度。对于家庭困难的孩子，要通过多种途径进行帮扶，不让一名儿童因贫困而失学。国家将安排资金，在中西部贫困地区为农村中小学生提供营养补助，让孩子们吃饱吃好。有条件的地方，要把校车制度建立起来，配备最好的车辆和最好的司机，实施最好的管理，为孩子们建起安全的“绿色通道”。二是完善投入机制，优化资源配置，提高投入绩效。办教育尤其是办农村教育，既要舍得花钱，又要想办法把钱花好。不把投入机制问题解决好，再多的钱也是不够的。近些年来，我们搞了不少教育方面的工程，效果是明显的，但也出现了一些重复建设、资源浪费的问题。有的地方漂亮的中小学新校舍刚建成，但生源却没有了或不够了。完善教育投入体制，大的方向是中央政府要逐步减少各类专项性教育转移支付，增加一般性教育转移支付，给地方政府特别是基层政府支配教育经费更大的自主权。当然，教育投入仍然放在教育的大盘子里，而不能挪作他用。对现有的一些专项资金要加以整合，统筹使用，提高资金利用效率。三是加强城乡统筹。要充分考虑城市化快速发展和农民工子女进城就读等新形势、新变化，优化教育资源配置和学校布局，提高资源利用效率。学校的布局和班级规模要根据各地经济发展、城镇化进程和地域分布等因素，因地制宜，实事求是，合理设置，不搞“一刀切”。既不能出现农村孩子每天跑十几里地上学的情况，也要防止县城、中心镇学校“生满为患”，出现上百人的“大班”。总之，城乡之间的教育资源要整合，学校布局要调整，逐步缩小城乡学校在资源配置上的差异，促进城乡教育资源合理流动。尤其是在义务教育阶段，要积极推进城乡一体化和均衡发展。

五、创新农村教育管理体制

农村教育要有大的发展，首先要解决体制性、机制性的深层次问题。要以转变政府职能和简政放权为重点，深化教育管理体制改革，提高公共教育服务水平。一是进一步完善农村义务教育“以县为主”的管理体制。应该看到，农村义务教育从过去的“分级办学、分级管理”转向“在国务院领导下，由地方政府负责、分级管理、以县为主”的管理体制，这是一个重大进步。但由于各地经济发展不平衡，一些地方县财政比较困难，预算内教育经费不能及时拨付到位，造成农村学校正常运转困难。对于完善教育管理体制，《国家中长期教育改革和发展规划纲要》指出了一个重要方向，就是加强省级政府教育统筹。对于义务教育达不到省级统一标准的财政困难县，省级财政要负责资金补助和统筹平衡。中央财政对中西部欠发达地区给予适当支持。有条件的地方，可以先行一步，加快探索建立“以省为主”的农村义务教育管理新体制。二是切实增加学校办学活力。要逐步改变教育行政部门管理学校的单一方式，综合运用立法、政策指导、规划、拨款、信息服务等措施，减少不必要的直接干预。三是改进教育编制管理。教育编制管理是保证教育质量、合理配置教师资源的基本管理制度。现在，一些地方农村小学反映教师缺乏，一些文体类、科学类、信息技术类课程往往因为没有教师而开不了，这些问题其实就是编制管理问题。长期以来，教育编制是按照“生师比”来确定的，在当前一些地方农村生源下降较快、成班率较低的背景下，编制管理也要解放思想、实事求是、改革创新，按照“总量控制、统筹城乡、结构调整、有增有减”的原则，探索更加科学合理的编制管理办法，可以将“生师比”与“班师比”结合起来统筹安排。总之，编制管理要保证农村学校正常的教学活动，不能因缺教师而使教学内容出现偷工减料的情况。四是支持农村民办教育发展。这不仅可以增加农村教育资源供给，减轻政府压力，也有利于引入竞争机制，促进办学质量提高。目前我国农村民办教育发展尤为滞后，存在一些体制性障碍。从世界各国实践来看，办教育不可能是政府大包大揽。像在农村学前教育、高中教育、中等职业教育等领域，民办教育其实是大有可为的，甚至有自身优势。各级政府要为城乡民办教育发展创造一个良好的宽松环境，贯彻执行国家有关法律法规，使民办教育在设立、招生、证书发放、财政补助、办学自主权等方面的权益得到保障，使民办学校与公办学校在法律和政策面前一视同仁，形成公办、民办教育共同发展的新局面。民办教育也应该是教育家办学，真正致力于教育事业，不能以营利为目的。

六、造就高素质的农村教师队伍

教师是教育之本。有好的教师，才会有好的教育。我国有900多万农村教师，他们长期以来工作在艰苦清贫的环境中，恪尽职守，不计名利，默默耕耘，为我国农村教育事业发展做出了不可磨灭的贡献。在一些较为偏僻的乡村，教师不仅是教育事业的支柱，还承担着传播先进文化和科学技术、提高农民劳动技能和创业能力的重要任务。正如陶行知先生所说，学校是乡村的中心，教师是学校和乡村的灵魂，小而言之，全村之兴衰，大而言之，全民族的命运都掌握在小学教员的手里。

党中央、国务院始终高度关注农村教师的成长。近年来，我们以推进教育公平为重点，在加强农村教师队伍建设方面办了几件大事：一是在6所教育部直属师范大学推出了师范生免费教育政策，4年累计招收免费师范生4.6万人，首届1万余名毕业生全部落实到中小学任教，90%以上到中西部中小学任教。二是启动实施了"中小学教师国家级培训计划"，2010年中央财政安排专项资金5.5亿元，培训中小学教师115万人，其中农村教师占95.6%。三是实施鼓励高校毕业生到农村任教的"特岗计划"，2006年以来招聘近30万名特岗教师，赴中西部22个省区3万多所农村学校任教，服务期满特岗教师的留任比例连续两年达到87%。四是在义务教育学校率先实施绩效工资制度。据调查，绩效工资实施后，农村教师工资增长34%，明显高于城镇教师工资增速。五是实施边远艰苦地区农村学校教师周转宿舍建设。2010年以来，中央投入20亿元，建设周转宿舍4万套。通过实施这些重大举措，农村教师队伍状况有了较大改善。

我们也要看到，农村教师队伍建设依然是影响农村教育发展的突出问题，教师的整体素质仍然有待提高，教师的收入和待遇还有待改善，教师管理机制还有待完善。为此，需要进一步研究和完善相关政策措施：一要完善师范生免费教育，进一步明确政策导向，重点为农村学校培养大批骨干教师，支持到农村学校任教免费师范毕业生的专业成长和长远发展。二要加大农村中小学教师培训力度，"国培计划"经费主要用于农村教师培训，特别要加强音乐、体育、美术等紧缺薄弱学科教师的培训。三要健全农村教师正常补充机制，在完善"特岗计划"的同时，采取多种措施，为农村学校补充大批高校毕业生。四要建立教师定期轮岗交流制度，推动县域内义务教育学校教师、校长定期轮岗交流。五要鼓励各地建立健全城镇教师支援农村教育制度，并将其作为职称、职务晋升的重要依据，抓好师范生到农村学校实习支教和农村教师置换脱产培训。六要完善教师准入退出制度，严格按照编制正常补充合格的新教师，在试点基础上逐步推进教师资格考试改革和定期注册制度，健全农村教师正常退出机制，解决既超编又缺人的突出矛盾。七要完善激励机制。国务院很快将作出部署，在全国部分地区开展中小学教师职称改革试点，将中小学教师的最高职称从副高级和中级提高到正高级。这是对广大中小学教师价值的承认，是鼓励更多高学历、高素质人才从事中小学教育的重要举措。

建设一支高素质的农村教师队伍，关键在各级党委和政府。各级政府务必把农村教师队伍建设当作一件紧迫的大事来抓，千方百计改善农村教师的工作、学习和生活条件，让广大农村教师留得住、有发展、受尊重。必须依法保障教师平均工资水平不低于国家公务员的平均工资水平，并逐步提高。要关心农村教师身心健康，落实和完善农村教师的医疗、养老等社会保障制度，加快农村教师周转宿舍建设，有条件的地方可以开发专门面向农村中小学教师的经济适用房。对长期在农村基层和艰苦边远地区工作的教师，要在工资、职称等方面实行必要的倾斜，完善津补贴标准。要大力宣传教育战线的先进事迹，让尊师重教蔚然成风。

农村教育事业发展，归根结底还要依靠广大农村教师的工作热情和奉献精神。乡村教师的工作岗位既平凡又崇高，献身这种事业的人是具有高尚道德情操的人，是有益于社会的人。我希望各位老师一定要珍惜这个太阳底下最光辉的职业。这里我想给大家提几点希望：

第一，要无私奉献。农村教育事业是为农民群众谋利益的善举，不仅神圣而光荣，而且是大有可为的。人民教师应该把塑造人的灵魂、献身教育事业作为自己的终身信仰，作为终生奋斗的事业，干一辈子而不是干一阵子。每一位农村教师都应发扬“捧着一颗心来，不带半根草去”的精神，把自己看成是一盏明灯，心甘情愿将知识的种子播撒在不为人知的角落里，在平凡的岗位上成就一番不平凡的事业。

第二，要满怀爱心。教育是爱的共鸣，是心与心的呼应。“爱为师之魂”，教师只有热爱学生，才能教育好学生。在教育这片沃野上，是老师的爱点燃了前行的灯盏，照亮了学生的心。当好一名农村教师，首先要热爱农村、热爱农民、热爱农村教育事业、热爱农村孩子。要“以爱育爱”，从小培养孩子有一颗纯洁、正直、善良的心，这比灌输具体的知识更重要。每一位教师都应把学生当朋友、当亲人，一切为了学生，关注每一个学生的成长，把博大无私的爱与宽容献给学生。农村教师要特别注意关心、爱护、帮助家庭有困难、学习有困难、身体有疾病的学生，不放弃每一个学生，不让农村的孩子输在人生的起跑线上。

第三，要提高素质。“师者，人之模范也。”教师的一言一行，都是学生学习的模范。教师的素质直接决定了教育的最终效果。特别是在农村地区，孩子们的教育资源相对有限，知识和信息来源不如城里那么丰富多样，教师更是“孩子心中最完美的偶像”，对年轻心灵的影响是任何教科书、任何道德箴言、任何奖励和处罚制度都不能替代的。这就要求各位农村教师坚持终身学习，不断更新自己的知识，从书本中、群众中、生活中吸收一切优良的东西，贡献给祖国的花朵。不仅要注重言教，还要注重身教，做到德艺双馨，为人师表，“既美其道，又慎其行”，以自己的模范品行来教育影响学生的品行，熏陶净化学生的心灵，赢得全社会的尊重。

第四，要教书育人。教师任何时候都不能忘记，自己是人类灵魂的工程师。教师既要教会学生求知，又要教会学生做人。对于农村孩子而言，考上大学、跳出农门往往是自己的梦想和全家的期望，但不应该是教育的唯一目的。教育的目的是要培养德智体美全面发展的人、对社会有用的人。农村教育中尤其应该鼓励学生贴近自然、贴近群众、贴近生活，激励学生热爱家乡、热爱农民、热爱亲人，有志于承担起建设社会主义新农村的重任。

办好农村教育事业是一项民生工程和民心工程，是农村的希望之路和光明之路。我们一定要肩负起这项重大而光荣的历史责任，通过坚持不懈的努力，让农村所有孩子都能够有学上、上好学，都能接受现代文明的洗礼，为中华民族伟大复兴做出新的贡献！

（本文系温家宝总理 2011 年 8 月 28 日在河北省张北县农村教师大会上的讲话，发表时略有删节。）

温家宝向中央国家机关党员干部提出四点要求

中央国家机关先进基层党组织、优秀共产党员和优秀党务工作者表彰大会举行　温家宝会见与会代表并讲话

中央国家机关先进基层党组织、优秀共产党员和优秀党务工作者表彰大会 22 日在人民大会堂举行。会前，中共中央政治局常委、国务院总理温家宝会见与会代表并讲话。温家宝首先向受到表彰的中央国家机关先进基层党组织、优秀共产党员和优秀党务工作者表示祝贺和敬意，向中央国家机关全体共产党员致以节日的问候。

温家宝说，我们党已经走过 90 年的光辉历程。作为执政党，人民信任我们、选择了我们，我们应该无愧于人民，始终把实现好、维护好、发展好人民的利益作为一切工作的出发点和落脚点。中央国家机关基层党组织要加强自身建设，提高凝聚力，团结带领广大党员干部和公务员，牢固树立以人为本的施政理念，把我们的政府建成服务型政府。

温家宝向中央国家机关党员干部提出几点要求：第一，当好人民公仆。公，就是要出以公心。古人说：“处天下事，当以天下之心出之。”对于手中的权力要心存敬畏，始终铭记我们的权力是人民赋予的，必

须用来为人民谋利益。仆，就是要增强服务意识，勤勤恳恳为人民办事。每一名党员、每一名公务员，无论在什么岗位、从事什么工作，都要把全心全意为人民服务作为根本宗旨。第二，做到清正廉洁。要加强反腐倡廉制度建设，从制度上保证权力不被滥用，让人民监督政府。政府工作人员不管权力大小、职务高低，都必须严格遵纪守法、戒慎恐惧、廉洁从政，做到一身正气、两袖清风。党员、干部更要以身作则，树立清正廉洁的良好形象。第三，努力改进作风。要大力弘扬党的实事求是、艰苦奋斗、密切联系群众的优良传统和作风。中央国家机关要带头改进作风，提倡少开会、开短会，少讲话、讲短话，少发文、发短文。接待、会议要一切从简，反对形式主义和铺张浪费。机关干部要多深入实际、深入群众调查研究，解决实际问题。第四，自觉勤奋学习。我们党和国家的各项事业要取得成功，必须有一支受过良好教育、善于学习的干部队伍。现在国内外形势复杂多变，我国经济社会发展中的新情况新问题层出不穷，更要不断加强学习。不仅要向书本学习，更要注重在实践中学习和锻炼，提高思想水平和政策水平，提高驾驭全局、克服困难、解决问题的能力。

国务委员兼国务院秘书长、中央国家机关工委书记马凯在表彰大会上讲话。他指出，中央国家机关担负着从宏观上管理国家政治、经济、文化和社会事务的职能，直接参与党和国家重要方针政策的制定和实施，在贯彻落实科学发展观、推动党和国家事业发展中发挥着全局性的重要作用。要结合新的形势任务和中央国家机关实际，把创先争优活动进一步抓实抓好、引向深入，努力通过创先争优开创科学发展新局面、形成服务群众新气象、塑造干部队伍新形象、激发基层组织新活力，使中央国家机关党的组织率先成为贯彻落实科学发展观和中央各项决策部署的坚强战斗堡垒。

会议表彰了中央国家机关 100 个先进基层党组织、100 名优秀共产党员和 80 名优秀党务工作者。先进基层党组织代表、优秀共产党员和优秀党务工作者代表在会上先后发言。

中央国家机关各部门党组（党委）书记、机关党委书记和常务副书记，中央组织部负责人，先进基层党组织代表、优秀共产党员、优秀党务工作者等约 500 人出席会议。

第十四章　社会热点问题[①]

一、关键词：神木模式

解读陕西神木免费医疗模式

西安晚报　周瑞

“没有什么发展指标能比老百姓的幸福更重要，老百姓的幸福感才应该是我们决策者决策的目标。”这是神木县领导班子所达成共识的终极目标。2009年，神木县推出了“全民免费医疗”，成为全国第一个吃螃蟹的市县。仅这一项惠民政策，就让我们看到了神木县的经济实力和政府决策的决心。

神木人的幸福盘点

神木县贺家川村村民贺老汉经过手术后康复回家，以往的满面愁容一扫而光，满脸的笑容流露出内心深处的幸福感：“我得前列腺增生20多年了，以前没钱看，好几万块钱呢，现在政府全给掏了，娃娃们上学也不用花钱了，这样的好日子咋能不高兴！”和贺老汉一样，大多数神木人或许还不清楚“幸福指数”是什么，但他们能真切地感受到幸福。

2008年，在新医改方案争论不休时，神木县委、县政府提出了一个大胆的设想：在县域内推行“全民免费医疗”制度。把医疗服务作为一个“免费”的公共产品提供给百姓，这种医疗模式也被公共政策问题专家称为“神木模式”。神木县率先推行的“全民免费医疗”引发外界争议的同时，更多的是赞许和羡慕。外地网民这样赞叹：“读书有人管，看病有人包，还有哪里的人能比神木人更幸福？”就连经济强县肇庆要做“幸福城市”的老大，也是以神木县这样独具特色的惠民措施作为标准。

今年，神木县新确定的“十大惠民工程”，12年免费教育、全民免费医疗制度、新型城乡居民养老保险等与神木人的生活息息相关的件件在列。扶持多少救助对象、修多少公里公路，每项工程的实施办法都细致入微，神木县决策层对老百姓的生活关心细致入微由此可见一斑。

民营经济成为源头活水

2009年，神木因为“全民免费医疗”成为媒体关注的焦点。这项民生工程之所以引起热议，除了“第一个吃螃蟹”的首创效应外，还有就是各界对“钱从哪里来”的担忧。

对此，神木县委书记郭宝成曾在接受中央媒体采访时坦诚地表示：“我们的底气，来自于蒸蒸日上的民营经济和广大民营企业创造的税收和财富。”

民营经济成为神木县域经济的主体，据统计，2009年，全县民营企业实现产值247亿元（占全县GDP的55%），增长30%；实现税费收入30.9亿元，增长16%，对县本级财政的贡献率达到70%。政府大力扶持民营企业发展，最终让民营经济成为民生建设的源头活水。

巨资投向惠民工程

实际上，不仅仅是在医疗方面，神木县已经在教育、文化、社保、住房等10个领域，初步构建起了具有神木特色的现代民生体系。

2009年，全县“十大惠民工程”投入财政资金13.5亿元，其中财政直补资金7.09亿元，人均1688元。

① 本章社会热点摘选了众多报纸、新闻网站的时评文章，作者风格各异，一些作者的观点不适宜直接用在面试答题上面，考生答题时要注意转化表达方式，多一些建设性的意见，少一些抨击和责难。尽管如此，本章所摘选的文章仍然可以帮助考生开拓思维，转换视角，拓展知识面。

12 年免费教育、全民免费医疗和城乡居民养老保险三大项，财政投入达 4.5 亿元。免费教育投入财政资金 1.8 亿元，惠及 8 万名城乡学生；2009 年 3 月在国内率先实施的全民免费医疗运行 10 个月的统计数字显示，累计救治住院患者 29586 人，报销医药费 1.16 亿元，月均 1167 万元；13 万城乡居民参加养老保险，收缴保费约 1.2 亿元，3.2 万人开始领取养老保险金，被列入全国首批新型农村养老保险试点县。其他各项社会事业全面发展，安全生产四项指标全面下降，没有发生重特大安全生产事故，人口自然增长率为 5.88‰，社会治安公众满意率达 90.2%。而据了解，今年，该县民生资金总量接近 20 亿元。

木秀于林，风必摧之，神木之路令人忧

新华网　邓海建

关于免费医疗的“神木模式”，原县委书记郭宝成说：过去我当书记时不好说，现在我可以坦白地说，钱不是问题，前提是要不要搞。这位因推行“全民免费医疗”而名扬全国的陕西省神木原县委书记，在“全民免费医疗”推行一年零三个月后，调任榆林市人大常委会副主任。他说：“说得好听点是正常调动，实际上是‘退居二线’。”

郭宝成“退”了，从一线退到二线；但级别没变，谁也不能妄断其被贬。这是一次“正常调动”，但让人觉察出“正常”当中的“不正常”，足以警醒那些准备如郭宝成般有所作为的官员，谨言慎行，“少折腾”、“多安分”，不然，下场略可参见。

有人说，“神木模式”绝不会因郭宝成人走政息，甚至有乐观者基于神木的探索，而推及各地的远景。遗憾的是，郭宝成的境遇，其实基本可以为地方版的“全民免费医疗”画上句点。

据说 2009 年 5 月中旬，榆林市紧急召开常委会议，提出 5 个问题，认为神木在这个事情上“捅了娄子”，“抹了黑”。即便后来舆论转入正面，显然也给相关部门带来两种“压力”：一是对先试先干的“神木模式”心有余悸，唯恐一着不慎而影响了自己的官位或政绩，上级容易措手不及，某种意义上说，神木显然带了个“坏头”；二是随着“神木模式”的深入解析，公众发现这免费的公共医疗福祉其实与神木的经济地位关联度并不高，这就给很多地方、尤其是发达地区的地方政府带来不小的舆论压力，因此，郭宝成即便没有压力，其主管或上司的压力也可以想见。

那么，这是些什么样的“压力”呢？2000 年前的李康就说得很明白：“木秀于林，风必摧之；堆出于岸，流必湍之；行高于人，众必非之。”你做得太好，就显得人家做得不好；宁可一起差，不能一人好。这就是某些官场逆淘汰的最大特色。“特色”就是要你记住：这是一个利益共同体，可以大家一起出问题，断不能一人独自出风头。

在中国的干部队伍中，真正能干事、想干事、会干事的公职人员并不在少数。但是，为什么在现实生活中，庸碌者、贪腐者又层出不穷？这里固然有监管与权力方面的问题，但更多的，恐怕还在于类似于斯德哥尔摩症候群的“逆淘汰环境”。换言之，郭宝成如果不是为免费医疗而“折腾”，谁敢说他一定会在此时此刻必然遭遇“正常调动”的命运？面对郭宝成，也许只能感叹一声“天凉好个秋”！

面试题目预测：

1. 经过有关专家调研论证，对神木县全民免费医疗模式给予了大力肯定，并建议在全国有区别地推广，有人认为国家财政能力无法维持，你怎么看待这个问题？

2. 因推行“全民免费医疗”而名扬全国的陕西省神木原县委书记，在“全民免费医疗”推行一年零三个月后，退居二线，你对此事有什么看法？

二、关键词：救命药全国性缺货

心脏手术面临“停摆”　“救命药全国性缺货”应反思

华声在线

类似救命药断货的事件，近年来不断发生，但对此，却未能纳入重大公共卫生事件，进行统一的应急管理。

近几个月来，一种心脏外科手术的必需药——硫酸鱼精蛋白注射液出现了全国性的缺货，导致许多医院的心脏手术面临“停摆”。调查发现，该注射液目前全国只有三家企业生产，其中两家企业早已不生产，另外一家药企于近期突然停产。由于媒体连续关注，有关部门已介入，北京一家药企近日恢复生产，并开仓放了20余万支货，但仅限于北京地区（据9月11日《齐鲁晚报》）。

“救命药全国性缺货”，着实让人捏了一把汗。更让人后怕的是，事关患者生命安全，可政府相关部门对此类重大公共卫生事件，竟无有效的防范和应对之策。

两家企业长期停产，实际上只有一家企业在负责该药的供应，换句话说，这家企业掌握着全国所有心脏病患者的生死大权，但是，监管部门却放任这家企业随意停产，此其一。其二，一种无法替代的救命药，却没有充裕的药物储备，导致药物供给的保障异常脆弱。其三，救命药的全国性缺货并非短短几日，而是持续了很长时间，其间，患者命悬一线，医院纷纷告急，但相关部门却反应迟钝，迟迟不出面解决。

可以说，一场“救命药全国性缺货”，暴露出公共卫生事件应急的重大疏漏。而这，与相关部门的责任心和敏感意识匮乏有关，但同时更源于体制性的弊端，例如，根据相关法规，一个取得药品批准文号的药品生产企业是否继续生产这一药品，没有相关约束性规定；药品的多头管理，必需的药品储备是由工信部负责，食药监管局只是负责药品生产的审批、质量安全等方面，卫生部门则负责药物的使用，如此一来，很容易导致互相扯皮。类似救命药断货的事件，近年来不断发生，但对此，却未能纳入重大公共卫生事件，进行统一的应急管理。

“救命药全国性缺货”，这是一堂生动的应急教育课，值得相关政府部门反思。同时，更需反思的是，一种如此受患者和医院欢迎的药品，为什么药厂就不愿意生产？

业内人士分析，原因在于药价太低。一支硫酸鱼精蛋白注射液卖十几元，这一售价维持了几十年，这期间，物价不知翻了多少倍，原材料价格、人工成本、经销成本等无一不暴涨，低薄利润之下，药企自然缺少生产积极性。

对于药品价格，我们采取了行政管制政策，许多基本的常用药物，价格不仅被严格地控制，而且还不断下调。价格管制意在抑制药价上涨、初衷当然很好。不过，从近些年来情况看，价格管制固然能惠及于民，但也出现了一些“负面效应”，就是有些廉价药没有企业愿意生产。

药价调低，固然是好事，但也要分情况区别对待，兼顾企业的利益。此外，国家新医改方案明确提出，让市场机制正常地发挥作用，是，只有这一原则尽快变为现实，才能使“救命药全国性缺货”避免重演。

面试题目预测：

我国许多基本常用药物的价格被严格地管制，而且还不断下调，由于价格过低导致企业不愿意生产，救命药断货的事件近年来不断发生，你对这一事件有什么看法？

三、关键词:11岁神童入读人大

人们为什么要质疑11岁神童?

东方网　孟木二梓

网络流传11岁的中国人民大学新生许恒瑞,“涉嫌被其父亲暗箱操作入读人大”。对此,人大驳斥称该生的录取工作符合自主招生的程序和规定,并通过了评委会考核以及云南高考一本分数线,不存在违规问题。(9月11日《新京报》)

一个11岁的孩子能被中国人民大学自招录取,想必有什么过人之处,否则人民大学也不会冒着被国人唾骂的风险录取这个生活还要人照顾的娃娃,家长也不会让没这个能力上大学的孩子去受罪。

然而,这个稍微理性一点的人都能明白的道理,却偏偏被人忽略掉了,人们把目光更多地聚焦在是不是暗箱操作,是不是富二代上。

从人民大学的回应来看,所谓暗箱操作根本不存在,而从大学录取程序看,即使每个环节都能做假,但高考成绩无论如何是很难篡改的,如果这个也可以做假的话,那高考的诚信将荡然无存,高考也真的没有存在的意义和必要了。

近些年来,随着高考制度改革的呼声日趋强烈,教育部门相继推出了大学自主招生、北大校长实名推荐制和自招联盟等改革。这些新的招生方法刚刚出台的时候,都标榜要不拘一格选人才,但在具体招生过程中却遭遇到难以推进的尴尬。最典型的是去年复旦大学准备破格录取“国学小天才”孙见坤,却被陕西省招办以未达规定录取分数线、有失公平为由严词拒绝,结果引发了舆论的热议,认为这些所谓的自主招生等改革,根本不是为了选拔包括偏才、怪才、神童在内的人才,而只是提前掐尖罢了,所以完全没有存在的必要。

现在,人民大学打破坚冰,通过自主招生录取了一个11岁的神童,人们理应为这一吃螃蟹之举叫好,可为何还是遭到质疑呢?这说明自主招生(包括校长推荐制)存在制度缺陷,即没有公示考生信息和公众监督等重要环节,人们当然有理由怀疑其中是不是有暗箱操作的地方。如果当初人民大学把这个神童的成绩、专家评价及“神奇”之处等所有相关信息在网上公示让公众横挑鼻子竖挑眼的话,有什么问题当时就可以发现和澄清,也用不着现在去“灭火”了。

俗话说,真金不怕火炼。既然自主招生选拔的是人才,各个大学把自招考生的情况公示出来又有什么关系呢?如果真正能做到自招考生信息公开,即使选拔的是没有达到录取分数线的偏才、怪才和年龄更小的神童,公众也不会反对的,因为自招考生信息公示首先考验的就是大学的公信力,这一关过了,什么样的自主招生大家都可以接受的。

所以,当务之急是在当前社会普遍存在焦虑和诚信缺失的情况下,教育部门应尽快建立公示制度,把考生情况、考试成绩摊在阳光下,并成立由家长、学生和媒体组成的监督委员会,对自主招生的每个环节进行监督,同时负责对公众的举报进行调查和公布真相,这样才能提高自主招生的公信度,也才能真正打消人们对自主招生制度的狐疑。

面试题目预测:

1.11岁小神童通过正规渠道自主招生被人大录取,却被网友怀疑被其父亲暗箱操作入读人大,你对这个事件有什么看法?

2.11岁小神童通过正规渠道自主招生被某著名高校录取,却被网友怀疑被其父亲暗箱操作,假若你是该高校的新闻发言人,面对记者的追问,你应当如何阐释清楚问题,请现场模拟一下。

四、关键词:老年人跌倒干预技术指南

扶起跌倒的老人还缺什么指南?

新华网 舒圣祥

跌倒是我国65岁以上老年人伤害死亡的首位原因。发现老年人跌倒时应该怎么办?卫生部日前公布的《老年人跌倒干预技术指南》提出:不要急于扶起,要分情况进行处理。据悉,《老年人跌倒干预技术指南》是卫生部疾病预防控制局组织编写的伤害干预系列技术指南之一。

老人跌倒最近几年始终受到舆论的特殊关注,倒不是因为它是65岁以上老年人伤害死亡的首位原因,而是关乎"老人跌倒该不该扶"这样一个道德伦理话题的追问。虽然,面对卫生部这样一个指南,很多人感到不以为然。但卫生部从自身职责和专业的角度,对老人跌倒后的救助发布专门的干预技术指南,这也是尽职尽责的表现——至少,对于频繁发生的老人跌倒事件,卫生部没有坐视不管而是积极介入。

在充分肯定卫生部发布老人跌倒干预技术指南的同时,我们当然更要问:针对老人跌倒无人敢扶的特殊社会现象,有关部门是否也该通过发布类似技术指南的方式从法律角度来实施对救助跌倒老人的干预呢?某种意义上,如何既将跌倒老人扶起,又不至于给自己惹麻烦,未尝不是需要"干预技术"的。

扶起跌倒老人被诬赖,有可能是因为跌倒的老人本身意识不清晰,也有可能确实是不怀好意地敲诈。关键是,我们不能总是抱着"我是好人,但别人肯定不是好人"的偏执心态去冷眼旁观,因为将跌倒的老人扶起,说到底其实是一个社会道德底线问题。八十多岁的老大爷在菜场门口跌倒窒息而死,众多围观者甚至连个120都不打,真的是怕事后被诬赖吗?不,那只是我们给自己找的一个冷漠的借口。

事实告诉我们,如何扶起跌倒老人,不仅要从医疗救助的角度出发来防止帮倒忙,还要从法律上来规避惹祸上身。倘若有关部门也能仿效卫生部门,给扶起跌倒的老人开出一个干预技术指南,告诉人们该怎样做才能既做了好事又不至于惹麻烦,惹祸的担忧和冷漠的借口就将不复存在。对于少数那些确属"为老不尊"的人来说,这事实上也是一个有力的警告:扶起跌倒老人的干预技术越多,敲诈诬赖的成功可能性就越小,而且还要为此承担法律的责任和名誉的损失。

用法律武器拯救道德

新华网 许博渊

自彭宇案起,道德被绑架的事件时有所闻。近日又发生两起,一起已经查实,另一起一时难以查明。查实的一起,是江苏如皋司机救助倒地老人反被诬撞人,幸有车内监控录像提供证明其清白的证据。在铁证面前,该老人表示道歉,并送"见义勇为好司机"锦旗一面。事情就到此为止了。

鉴于道德被绑架的事件在我们这个有着五千年文明史,礼义廉耻也讲了几千年的国度里已经一再发生,为了拯救道德,事情似乎不该到此为止。

必须有一种机制,使绑架者付出代价,至少使其实施绑架时要冒一点风险而有所顾虑。为此,法律应该主持公道,让道德绑架者付出相当的代价。

也许有人会觉得这样对待一个老人是否过于严厉。

我们应该把恻隐之心更多地给予已经伤痕累累的社会道德,而不应给予道德绑架者和戕害者。如果把恻隐之心给了诬陷者和戕害者,这对社会道德不公平。如果说老人是弱者,那么,当今社会的道德更是弱者。而且,与一个没有良心的个体相比,社会道德更重要。一个社会,道德水平的高低对于国脉和国运关系重大。很难想象,一个不讲道德、没有道德的群体能够在国际上拥有什么软实力,能够博得其他民族的尊重,能够以一个强者的姿态立于世界民族之林。为了国家的昌盛、民族的复兴,我们没有任何理由把恻隐之心给予道德绑架者和戕害者。

或者说,人家已经道歉了,也就不必揪住不放了吧。固然,道歉总比不道歉好。但我们有理由怀疑该

老人道歉和送锦旗是否真诚。须知，能够以怨报德而诬陷帮助自己的人，没有一点“功夫”是很难做到的。这个功夫就是铁石心肠，有足够的力量抑制住自己的良心，或者已经修炼到彻底打灭内心里残存的良知和良心，使其不得抬头以干扰自己的牟利计划和牟利行动。具备如此功夫的人，如果不是铁证如山，会作出道歉和送旗一类举动吗？因此，这样的道歉充其量只能在量刑时作为一种从宽处理的因素，而不能作为免予刑事责任的条件。

扶一把跌倒的老人有多难？

凤凰网评论

彭宇案之后便有人痛心疾首，称道德一夜之间倒退 30 年。自此之后，屡屡遇及此事总有彭宇案的身影。但道德真的因为一个法院判决就彻底沦丧了？

社会道德在彭宇案之前没多好，也无法证明之后更差

若你足够细心，记性足够好，也许有所意识，其实在彭宇案以前，有老人街头摔倒，哭天抢地，亦是冷眼旁观者居多，孩子欲扶助，家长却横加劝阻的情形居多。公众的道德水准本来就已经斯文扫地，并未因彭宇案的出现而发生惊人的质变，更不是由于法律判定了彭宇必须作为一个冤大头，才导致道德大滑坡——什么时候，我们走在了道德的上坡路呢？

不必低估彭宇案的意义，然而更不能高估。“彭宇案”之后，也没有数据显示此类案子多了起来——不过，倒有不少案子的当事人，努力给自己戴上“彭宇第二”的帽子。

媒体报道为追求耸动性，有故意放大人心败坏之嫌

但如果只看新闻的话，给人的印象确实是道德到了最危险的时候。舆论将这种人人自危，责怪到当年的“彭宇案”判决上。但这种“因果关系”，未免有些宏大叙事。按信息学的原理，越是小概率事件，包含的信息量越大，这类事件就会得到媒体更多关注。所以我们在报纸上看到的都是“小概率”事件，大家不能以偏概全，认为世风就像某些新闻曝光的那么冷漠。我们社会中发生的更多事儿，是老人受伤、走失，就有人报警、施以援手。只因这些事太普遍，媒体不可能一一报道。这样报道的结果就是媒体放大了社会冷漠。

类似事件总能引发关注和争议，正说明人心没变得多坏

实际上，面临这些事情的时候，每一个人应该怎么做，相信大家都很清楚——要做符合道德规范的事。果真的道德退化了，是什么情况？媒体再去报道老太太跌倒没人扶的事时，根本没人再去关心这个新闻。而现在的情况是，只要是这样的新闻，尽管一而再、再而三地出现，每次都能受到大量关注和评论，这正说明人心并没有变得多坏。

尽管人心没有多坏，现实却是一次又一次的道德悲剧。理想很丰满，现实很骨感，为何人们的善心无法付诸实践？

人与人缺乏最基本的信任，扶老人怕被讹诈

类似事件的再三出现，从根本上说，恐怕是社会诚信系统出了问题。在市场经济迅速发展的过程中，由于相关法律法规尚不完备，一个公平的、透明的市场竞争机制尚未完全建立，在商业领域出现了不公平竞争，甚至商业欺诈。而这种经济现象的不良影响，也会逐渐渗透入社会生活中。在国家治理和政府管理领域也存在着类似的情况。

伴随着城市化进程，人与人之间再也不是熟人社会，而现代化的契约型社会仍然很不成熟。再加上助人没有好报等事情的出现，加深了人们对于陌生人的不信任感和恐惧，被讹诈的担忧也就自然而然了。

公民意识不成熟，不愿在公共事务中承担责任

老人跌倒，没人出手，都成了围观者，这与当下很多人的公民意识不够成熟有关。因此，一旦出现信任危机，社会又呈现原子化的个体状态，自利、自保成为本能的第一选择。

社会信任危机，一方面也是公民责任危机。大家如果都不肯承担责任，肯定没有好结果。越是信任缺失，其实就越需要公民履行自己的责任。也许，你不能确定帮助倒地的老人是否会遭到讹诈，但是，你可以确定，不帮助他，肯定就没有尽到公民的责任，就会遭受良知的惩罚。走出信任匮乏的恶性循环，除了从确定无疑地去履行公民责任开始，并无其他更好的办法。

缺乏最起码的急救常识，遇到问题不知如何处理

除了不敢出手帮忙、不愿出手之外，还有不知道怎么帮忙。比如在武汉老人摔倒之后无人扶起导致窒息死亡一事中，除了害怕担责之外，还担心自己是不是缺乏相关的急救知识。媒体报道中，当时在场的街坊称，看到李大爷当时没有明显外伤，不知该怎么去施救，生怕贸然扶起之后会加重病情。

这样的担忧完全有道理。事实上，急救是一门非常专业的技术，如果一个人完全不懂这方面的知识便贸然上去施救，反而会好心办坏事。同时，也正由于这方面知识的缺乏，围观人群往往无法判断事情的轻重缓急，所表现出的冷漠可能只是源于无知。

跌倒是中国 65 岁以上老年人伤害死亡的首位原因。救助跌倒老人是一个技术性很强的活。卫生部 6 日公布的《老年人跌倒干预技术指南》提出要分情况处理。

如老人意识不清，在场者应立即拨打急救电话。有外伤、出血，应立即止血、包扎；有呕吐，应将其头部偏向一侧，并清理口、鼻腔呕吐物，保证呼吸通畅；有抽搐，应移至平整软地面或身体下垫软物，防止碰、擦伤，必要时牙间垫较硬物，防止舌咬伤，不要硬掰抽搐肢体，防止肌肉、骨骼损伤；如呼吸、心跳停止，应立即进行胸外心脏按压、口对口人工呼吸等急救措施；如需搬动，应保证平稳，尽量平卧。

看到老人扶不扶？当然要扶，但怎么扶是一个问题。

彭宇案，多少懦弱者假汝之名以行

面对一个匍匐于地的老者，那么多人拒绝伸出援助之手，同时却言之凿凿以彭宇案的教训为理由，一面确如惊弓之鸟，害怕一伸手就要赔偿上万元；另一面，何尝不是为自己的道德贫血症编织一块遮羞布？

有时，我们需要告别对别人的高分贝声讨，倾听自己心里的实话：我们不愿救人，真是因为“彭宇案”吗？真是害怕传说中的法律风险吗？或许，只是因为我们的懦弱、胆怯，甚至是看客心态；或许，“彭宇案”成了最好的麻醉剂，让我们良心得以安宁，不致愧疚。

扶还是不扶？这不是一个问题

犬儒主义总是能找到借口，但真正强大的人并不会就此屈服。作家罗永浩在一次演讲中便举了扶老太太的例子来说明理想主义和犬儒主义的区别。

如果马路边一个老太太躺在地上求救，正常的人会怎么样？把她送医院。这本是不需要讨论的，正常人都会这么做。但送到医院去的结果是自己反被诬陷。下次再遇到这样的情况，怎么办？

理想主义者怎么做？会停下来，看看是不是上次的老太太。如果不是再把她拉到医院去，可能又被诬陷一遍。下次再碰到一个老太太求救，怎么办？老被敲诈当然会怕，会有顾虑，但如果有老太太求救，还是会停下来，看是不是前两次的老太太。如果不是再拉上，送到医院。

做正确的事，不是为了被帮助的那个人，而是为了自己认为是正确的原则。看到老人跌倒去扶、去救人，这并不需要讨论。

帮助别人的同时保护自己，二者可兼顾

老人跌倒，扶还是不扶，在技术上却有很大的讨论空间。首先你有没有看到事发全过程，如果看到了，分析老人是绊倒还是突发疾病。这些是能一眼看出的。如果是突发疾病，懂急救的可以上前救助并拨打 120。不懂急救的立即拨打 120。如果当时周围还有人，找个人做帮手是最好的。如果不是突发疾病而是绊倒，可询问是否需要帮助，然后视情况拨打 120。

如果没有看到事件发生全过程，那直接拨打 120 或 110。不要轻易去触碰伤者，以免造成二次伤害。如果当时有路人最好，留下电话，以便日后事情有变。如果还是觉得不放心的话，现在手机都有录音设备，也可以现场录音以防万一。

面试题目预测：

1. 卫生部日前公布的《老年人跌倒干预技术指南》提出：不要急于扶起，要分情况进行处理。有人认为《技术指南》解决不了"老人跌倒该不该扶"这样一个道德伦理话题，你有什么看法？

2. 如果你在马路上见到有老人跌倒了，周围群众都在围观，但没有人上前帮助老人，你会怎么办？

五、关键词：哈药六宫

"哈药六宫"事件是一面镜子

东方网 杨宝裕

一则关于哈药六厂豪华赛皇宫的报道及照片，引起网上热议，据说两天时间，网评1.8万条，网民们已经把哈药六厂升格为哈药六宫，提到这家国企用9300万搞豪华装饰，却自称因"缺钱"无力治污。8月30日，国家质检总局网站公布了瓶（桶）装饮用水产品质量监督抽查结果，其中哈药集团制药六厂3月11日生产的"纯中纯"弱碱性饮用水被检出潜在致癌物溴酸盐超标。当这些事实串起来，作为公开募股的上市公司，哈药六厂有钱装饰无钱治污，说明这种大型国企缺乏监管已经到了如此严重的地步。

一个企业有钱了，怎么花钱是他们的事情。公众之所以在"疑似奢华办公楼"上如此纠结，恐怕离不开几个现实的背景：今年6月，媒体曝光了哈药集团制药总厂废水、废气、废渣违规排放现象，但哈药自称"搬迁是解决气味问题的根本办法"，因"缺钱"无法短期内异地建厂。而据年报显示，2010年该公司的环保投入约1960万元，仅是其广告投入的二十七分之一，与建博物馆投入又是小巫见大巫。现在应该查明当时建博物馆的资金，投入9300万，是上级另行列项拨专款的，还是从厂方积余利润中划出来的，一个国有企业动辄动用上亿资金，谁来监管？

国企如此缺乏监管，"哈药六宫"该是一个典型，也是一面镜子

事实上据《新华社——中国网事》记者实地调查，该药厂主楼建于2004年，为欧式风格，一共6层，当时建楼加上装修投入9300多万元。其中，1—3层为办公区，4—6层则作为版画博物馆。在3楼很多技术人员在工作，办公环境比较普通，纯白色的墙体和水磨石地面。可见哈药六厂的办公楼并不豪华。

3楼以上，风格开始转为欧式，走廊内挂着欧式复古风格的大吊灯，两侧挂满了油画，墙体上突出的木制花纹以铜粉漆刷，整个装修以金黄色调为主。因为哈药六厂是黑龙江省美术家协会理事单位，2006年版画博物馆在这里建成并逐步对外开放。在5楼主展厅，记者看到"哈尔滨艺术宫版画博物馆"简介："哈尔滨艺术宫版画博物馆是由哈尔滨市委宣传部和哈尔滨市文学艺术联合会负责组织、联络、协调，由哈药集团制药六厂出资建设和管理的专门性艺术类文化机构。"可见这个博物馆是哈药六厂出资建的。这些情况哈药六厂完全应该也可以讲清楚的。问题又回到为什么要建哈药六宫，谁批准的，关键是缺乏监管，该认真总结经验教训。其他国企也应从这面镜子中照照自己。

面试题目预测：

某国有企业花费巨资修建豪华博物馆，但却因无钱投入治理废水、废气、废渣违规排放导致的环境污染，你对这个事件有什么看法？

六、关键词：征税软件

征税软件没更新还是不愿更新？

邓子清

新的个人所得税法在9月1号开始施行，起征点从2000元提高到3500元。不过，最近，不断有群众反映在河北唐山、厦门等地，某些地方税务局以软件没有更新为由或者干脆不说明理由按照2000元起征个人所得税。

关于9月份纳税起征点问题国家税务总局早已明确回答："单位在9月份发放工资、薪金并代扣税款，不管发放的是哪个月份的工资、薪金，均应适用新税法规定的减除费用标准(3500元)和税率表。"基于此，唐山、厦门等地继续按照2000元起征点征税，明显是违背政令乃至法制的，此做法不仅破坏国家政策的统一性、严肃性，更是直接伤害了政府在人们心目中的权威和公信力。

当然，有些地方搬出了"软件没有更新"之理由。此理由很值得解读："没有更新"是因为来不及更新，还是可以更新却故意任之呢？

先假设是来不及更新。事实上，个税起征点动议去年就已开始且呼声甚高，各地方理当有所准备。退一步，就算税务部门对起征点不敏感，但在今年6月底，全国人大常委会通过修改个人所得税法的决定时，面对3500元起征点的铁板钉钉的局面，也该立即行动起来了吧？难道更新一个税收软件需要三个月以上？再退一步，就算是要三个月以上，那人大和税务部门为何在决议通过前充分考虑软件更新这一重要因素，如此盲目决议岂不是自我贬损公信力？

更何况，推翻来不及更新之理由或许并不需要那么复杂。笔者一税务部门朋友就说，从技术上更新软件并不难，不需要将旧软件推倒重来，因为征税软件原理是一样的，仅仅是起征点、税率等几个数据的变动而已，别说更新需要三个月，三天恐怕也不需要。应该说，朋友的话是可信的。要知道，有很多地方已经按照新税法征税了，它们为何软件更新快？就算唐山、厦门等地自我更新技术不行，但从这些地方拷贝或购买一个新的税收软件来也不是难事吧？

推断至此，"软件没有更新"更该被理解为"可以更新却不愿更新"。至于原因，或许并不复杂。在月饼税、加名税闹得满城风雨时，我们就已充分见识过一些地方在税收上见缝插针之本领。新税法与旧税法最大的区别在于减少广大工薪阶层纳税任务，与此相对应，新税法意味着税收部门的"创收"难度加大。此语境下，在新旧税法交替之际，一些地方继续发挥见缝插针之本领，以软件没更新等理由继续对旧税法依依不舍，多敛一个月就多创收一点。笔者甚至质疑有些地方是否会打这样一个如意算盘：面对群众用旧税法，面对上级则用新税法，如此自己还能光明正大地落得一个利益差，何其美哉！

不管怎样，税收具有刚性和法性，不该由各地方随意解读或执行。针对一些地方"软件没有更新"，上级部门甚至司法部门有必要介入调查，究竟是什么原因没有及时更新，为何这些地方的软件不能与我国的税收政策相匹配，到底什么时候才能更新完毕……当搞清这些，并对相关不作为乱作为的责任人予以严厉问责；唯有如此，才能狠刹一些地方盯住普通百姓口袋中的"蝇头小利"不放的丑陋作风，才能让我国的税收政策被严格落实下去，才能规避百姓的合法利益被继续挤占、侵害，也才能唤回被伤害的政府权威和公信。

错征个税，该更新的不是软件

凤凰网评论

一个寓言故事：农夫捡了个鸡蛋大的宝石想交给国王，于是把它交给县长，县长一看，换成金蛋交给了市里；市里一看，换成银蛋交给省里。最后变成了货真价实的鸡蛋到了国王那。国王一看，毕竟是子民的一番心意，于是奖励农民100万，然后100万变10万，10万变1万，农民从县里拿来1元钱奖励时高兴得哭了。在税收这个问题上，有些税务部门就像"县长"、"市长"一样"雁过拔毛"，并成为习惯。

个税起征点上调本是国家让利于民

从1993年到2006年，中国个人所得税起征点一直是800元；从2006年1月1日起，起征点上调至1600元；2008年3月1日，又调至2000元。而从2011年9月开始，个人所得税正式按照3500元起征。

由于低收入者本身就不在纳税范围内，因此本次个税调高并不能减轻低收入者的纳税负担。但对于中高收入者而言，确实起到减轻纳税负担的作用。之前财政部、国税总局还决定房产证加名不征税，再到“十二五”规划提出进一步简化税制，特别是对增值税和个人所得税进行减税改革，都体现了政府减轻税负、还利于民的理念。

地方执行依然“雁过拔毛”

但是这样的理念，下面的某些税务部门却不执行。比如一些税务部门辩称，由于软件没有升级更新，只能先按2000元起征个税。将原有的软件升级更新，切换到新个税法的网上报税系统，需要做一些必要的准备，也需要一些时间。从今年6月30日全国人大常委会通过修改个税法的决定，到9月1日新个税法正式施行，足足有两个月时间。软件升级更新的工作再怎么复杂，一个月、两个月的时间也绰绰有余了，为何至今仍然没有完成？

其实软件没有升级更新不过是一个借口。新个税法提高了个税起征点，按新起征点征个税，税务部门征收的税款将比以往少出一截，而将按新起征点征个税的时间推迟一两个月，税务部门就能多收一些税款，从而减少一些“损失”。这才是按旧法征税的真正原因所在。

有条件要拔，没有条件创造条件也要拔

除了拖延、甚至拒绝减征之外，在能多征税的地方不遗余力多征税，甚至创造一切可能的条件多征税，也是某些税务部门的做法。比如前段时间，一些地方仅凭上级领导的一个电话，就决定对房产证加名征收契税。“月饼税”也属于同样的范畴。

于是在公众眼里，中国的税务机关具备相当的奇异性。它非常高效，高效到就没有它想收而收不上来的税，高效到它可以采取诸如直接从工资划扣这样几乎没有成本的征税办法，使任何一个工薪收入者都失去逃税的可能。

面对纳税人的质疑，更有不解释不回应者，俨然一副“我就是这样收了”的架势，这种理所当然的“拔毛”习惯是怎样养成的？

税收是专业领域，税务部门解释大权在握

有关税收的知识显然可以辟为一个极为专业的领域，在这个领域里，税务机构自然轻车熟路，对于各种政策、法规的解释都可以做到游刃有余，鉴于普通民众对此专业领域几乎处于一无所知的状态，他们甚至可以做到“信口开河”，在一些富有争议的问题上也能通过各种专业术语做到振振有词。

例如，在解释为何要开征房产加名税时，南京市地税局回应称：根据《中华人民共和国契税暂行条例》第一条：“在中华人民共和国境内转移土地、房屋权属，承受的单位和个人为契税的纳税人，应当依照本条例的规定缴纳契税。”这一解释以契税法律为后盾，征收似乎已是板上钉钉之事。

征税依据不透明，税收工作自然“游刃有余”

拿房产加名税而言，税务部门之所以看上去“有理有据”，因为他们对“加名”的含义有解释权。正如有些法律人士所表示的那样，“加名”只是夫妻对有关财产的约定，不是交易行为，不应当征收契税。但税收部门却可以将它解释为一种交易。那这就是纯粹的经济行为，国家税务机构介入当然无可厚非。

严格意义上的税法，是指通过立法程序制定的税收法律，包括《税收征管法》、《个人所得税法》等。而在实际税收征收工作中，所依据的往往是那些大量存在的具体解释。具体指导税收征管工作的规定不够严谨，给执法人员的“灵活”解释留下了较大余地。

由于中国至今没有《税收基本法》，各级政府及税务部门在税收管理中的权力与义务缺乏具体的法律规定，尤其是治税权力边界不清，超越权力和滥用权力的行为频频发生。税负不均，评税标准控制在少数人手中，导致一些地方的税收部门屡屡控制不了在民众碗中分一杯羹的冲动。

监督机制不完善，民众博弈必然效果不彰

在近来的“税”风波中，尽管公众一直在坚持发出自己的声音，但在发声的过程中，底气有多足，恐怕注定是个让人汗颜的问题。一句西方名言说，“在这个世界上，任何人都逃不掉死亡和税”，但就像死亡有正常和不正常之分一样，人们与“税”的关系也有正常和畸形之异。

在正常的关系中，公民纳税实际是一个权利义务综合的过程，在不正常的关系中，强调的则是公民的单方义务。而一旦征税机关“想收就收”，纳税人全无博弈能力，只能乖乖就范，注定将人和税的不正常关系推至顶峰。比如房产加名税，有的地方税务机关已经征收了，后来国税总局表示“免征”，专家因此认为已收的应该退回，可惜再也没有下文。

税务机构不为纳税人着想，却以征收更多税款为目标行事逻辑，初看是征税政策缺乏透明导致税务部门权力太大，但更深层地去看，还在于税收的意义被扭曲。

当前制度设计更关注怎样多收税

就中国的立法原则而言，对税法漏洞补充应该更多强调从有利于纳税人的角度解释。也就是说，在可收可不收时，当不收这类税。对照各地税务机构努力将“加名”解释为一种交易的行为，我们看到的不是税务机构让利于民，而是赤裸裸地与民争利，甚至是千方百计地试图“制造”新税。也就是说，当前的政府更关注怎样才能收更多的税，却对是否该收、收多少、收完了怎么办等问题加以忽视。

尊重纳税人的主人地位才能呵护纳税人的每一分钱

现代国家必然是一个税收国家，纳税人的纳税行为体现的是一个公民的责任与义务。公民纳税，是为了让政府能有效运作。同时，公民将自己的部分收入无偿交给政府，让政府重新进行分配，调节社会的财富不均。作为政府，同样有义务回答纳税人有关自己为何被纳税、纳多少税以及税款的去向等问题。

此次按旧法征税、加名税征收、月饼税等税收风波，直接显示了纳税人在与国家税收机构打交道时的弱势地位。这种弱势一方面源自双方专业知识的不对称，另一方面，也与整个税收制度的宏观设计偏向有关：政府的精力主要放在如何增加税收，以便提升国家能力，而对纳税人的基本权益还是关注太少。

面试题目预测：

新的个人所得税法在2011年9月1日实施之后，某些地方税务局以软件没有更新为由或者干脆不说明理由按照2000元起征个人所得税，你对这个事情有什么看法？

七、关键词：地铁超载禁令

地铁的确不该超载，有要求更要有配套

新华每日电讯　蒋曙辉

2011年7月23日晚在浙江温州境内发生动车追尾事故后，昨天北京市安监局召开紧急会议，以迅速贯彻落实国务院安委会关于加强安全生产工作的有关通知精神。副市长苟仲文强调，本市地铁要严格落实地铁车厢不超载等“四不”要求。

北京市副市长亲自主持召开安全生产紧急会议，要求北京地铁要按照首都标准，严格落实地铁车厢不超载、站台不超员、通道不拥挤、电梯不满荷的“四不”要求，抓好重点环节管控。真若如此，应该说公众出行的安全系数又将提高了不少。然而，根据北京的交通现状，实际效果将会如何，不少网友充满疑问。

恕我直言，北京地铁拥挤是司空见惯的。即使单位有公车，每天公路的拥堵迫使笔者出门办事不得不靠挤地铁，以图方便快捷，也感受到北京地铁每天几乎没有不超载的。人特别多的时候，地铁上能挤上去一人就尽量挤上去，其实乘客并非没有安全意识，并非不怕死，而是如果自觉“循规蹈矩”的话，后面铺天盖地而来的“人潮”势必会造成更大的拥挤。公众拼命挤地铁，赶时间图快捷的同时也更是为了“挪空间”。为了“疏导”乘客，地铁管理方对于严重超载几乎也是睁一只眼闭一只眼。事实上他们也可能理解公众的苦衷，自驾车常常遇堵，公交车乘客爆满，地铁如果不准超载的话，真是叫人“上天无路，入地无门”啦！

公众固然该为北京地铁将“规范”运行感到欣喜，但也为没有听到解决目前的拥堵有什么新举措而感到隐忧。试想，假若从明天起，公交不准“挤”，地铁不准“超”，将会有多少人滞留？只怕北京城会因此而“乱”。笔者的意思并非指责有关部门严格落实地铁不超载，确保运行安全，但是也不能不综合考虑民众

的生活方便。考虑问题，应该不是单一的“锯箭疗伤”。要解决地铁超载，除了限员之外，其实有很多办法值得探索。比如通过技术改造，适当增加车厢数量；比如根据特殊时期的旅客流量，延长地铁的运行时间；又比如可以通过错开上下班时间的办法分流上下班的人流高峰；还有加快地面公交线路的布局等。总之，如果不辅以配套新举措，纯粹靠“卡”乘客时间，牺牲民众方便，这样的地铁安保，也难以让人接受。

面试题目预测：

北京地铁要按照首都标准，严格落实地铁车厢不超载、站台不超员、通道不拥挤、电梯不满荷的“四不”要求，不少市民认为以北京的交通现状来看，可能牺牲民众方便，让人难以接受，你怎么看？

八、关键词：打工子弟学校

打工子弟学校不能一关了之

光明日报　周继坚

据报道，北京的海淀、朝阳和大兴三个区今年将有24所打工子弟学校面临拆迁。北京市教委相关人士表示，将要求相关区县全力做好分流学生的方案，把保证每个孩子有学上作为工作底线，保证不让一个就读的学生失学。对于外来务工人员随迁子女的上学问题，北京市教委这样的表态令人欣慰。

随着城市快速发展，外来务工人员不断增加，外来务工人员随迁子女的教育问题在一些大城市日益突出。近年来，上海等一些大城市就曾采取关停打工子弟学校，将外来务工人员随迁子女分流到公办学校上学的措施，在一定程度上打破了打工子弟“墙外就读”的差别。然而，在这一过程中，一些“急病”也引发了不少问题，如个别打工子弟学校未安置先拆迁，让学校和家长措手不及。同时，入读公立学校是否面临高昂的借读费，能不能在截止日期前办好入读手续等问题，成为打工人员及其子女新的担忧。

如果说，由于城市发展需要，不得不拆迁这些打工子弟学校，那么如何确保这些打工子弟合理分流，实现按时、就近入学，还需地方政府统筹考虑。北京、上海等城市关停打工子弟学校，将打工子弟转移到公办学校，确实有助于打工子弟享受更好的教育资源，但对教育主管部门来说，要把好事办好，首先要做到以学生为本。外来务工人员的收入普遍较低，社会资源匮乏，要消除他们的顾虑，就应当在入学资格审查、就近入学等方面给家长和孩子打开方便之门，确保这些孩子有学上、上好学。如果在这一过程中提高入学门槛，无疑违背了政策初衷，外来务工人员及其子女的负担将会更重。

此外，应当看到打工子弟学校事实上发挥着特定作用。受城乡教育资源分布不均、农村孩子到城市异地就学受户籍限制等因素影响，打工子弟长期无法共享城市公办教育资源。打工子弟学校在城市“外围”担负起教育打工子弟的任务，为教育事业作出了贡献。对非公办打工子弟学校不能一关了之，相关部门在关停打工子弟学校之时，还应切实处理好善后问题，比如学校教师的再就业等。这样做既保障了打工子弟学校就业人员的权利，也有助于赢得他们对关停工作的理解和支持。对于那些不在关停之列的非公办打工子弟学校，则应切实加大扶持力度，加强监督管理，帮助他们提升教学质量，继续发挥作用。

在权利平等与流动自由的意义上，只要“教育均衡”的政府承诺尚难很好兑现时，那么外来工子女在城市就读不仅无可指责，而且必须得到政策的支持。即使打工子弟学校在办学硬件上不达标，教育部门也应更多予以帮助支持，为打工子弟学校争取必要的经费；更重要的是，评价一所学校有无存在的资格和必要，应该侧重倾听学生和家长的心声，让每个打工子弟都能在城市里找到义务教育的课桌。

除非政府承诺公立学校对打工子弟平等敞开大门，否则就不应粗暴地取缔打工子弟学校，将打工子弟不负责任地赶回老家。

面试题目预测：

1.个别地方政府打工子弟学校未安置先拆迁，造成外来工子女在城市入学的新困难，你对这个问题有什么看法？有什么好的解决措施？

2.北京市政府在拆迁打工子弟学校的同时，要求相关区县全力做好分流学生的方案，把保证每个孩子有学上作为工作底线，承诺不让一个就读的学生失学，你对这个事件有什么看法？

九、关键词：高铁降速

适当降速将让“中国速度”更令人信服

北京日报 毛颖颖

为了充分安全、为了更高质量，适当降速是必要的，也是值得的。高铁降速并非什么坏事，中国大力发展现代化铁路的方向不会因此改变。这样的“刮骨疗伤”，不但不会带累“中国速度”，还会让“中国速度”更加令人信服。

为进一步提高铁路特别是高铁的安全系数，8月16日起，中国铁路开始实施新的列车运行图，在新图中，部分高铁不同程度降速。同日，已投入京沪高铁运营的54列动车组被召回进行全面整修。而此前召开的国务院会议还宣布：暂停审批所有新的铁路建设项目，对已获批项目重新安全评估；开展高铁及其在建项目安全大检查，有重大隐患的项目立即停止运营或建设。

“7·23”动车事故之后，中国铁路不得不“刮骨疗伤”。经历了十余年“跨越式大发展”、以不断提速为标志的中国铁路第一次降速。对此，有人评论说“中国的高铁神话破灭了”，有人说“曾经雄心勃勃的高铁计划面临夭折”，还有人说“代表‘中国速度’的高铁降速了，中国也将降速”。

质疑中国进步的“成色”，对中国的挫折幸灾乐祸，这种态度我们并不陌生。现在，因为高铁慢了一点、谨慎了一点就断言高铁“不搞了”或“搞不下去了”，一笔抹杀中国人为自主发展高铁所做的种种努力，更无异于从一个极端跳到另一个极端。如果说，过去中国铁路在一路飞奔中犯过错，错就错在患上了“技术第一”、“速度第一”、“规模第一”强迫症，“萝卜快了不洗泥”，忽视了安全性和经济性，那么现在牺牲一些效率去换取更多安全冗余、为提升管理水平争取时间，正是一个纠错的过程。适当降速不等于退步，更不意味着要开倒车，相反，放下面子和虚荣，史无前例地降速、召回，甚至坦承“管理薄弱”、“施工中存在赶工期、违章蛮干”等等，都证明了直面矛盾、知错改错的决心和勇气，这既是回应民意、提升政府公信力，也是帮中国高铁真正迈过这道坎，未来更安全、更有质量地前行。高铁为安全升格而降速，不但不会带累“中国速度”，还会让“中国速度”更加令人信服。

高铁降速并非什么坏事，只是理性回归。而动车事故，以及随之暴露出的“铁老大”内部存在的诸多问题，都无法动摇一个基本事实：中国依然有充分的理由去建设一个最先进的铁路运输网络。

落后的交通与贫穷在中国大地上长期共生。近代以来，几乎使用所有交通工具，从脚踏车到飞机，中国人都比欧美国家晚很多。对于迟迟起步，而又幅员辽阔、人口众多、资源能源相对短缺、地区差异城乡差异巨大的中国来说，不可能照搬他国经验成为一个汽车轮子上的国家或者飞机翅膀上的国家，在相当长的时间内也很难成为相关行业的领跑者，这时，更多、更快地跑在现代化的火车轮子上就成为必然选择。这些年，随着中国高铁项目陆续上马，国内外不乏质疑之声，如认为高铁投资过大，短期回报却很微薄等等，但我们必须要看到，即便今天，中国铁路仍是在以占世界铁路6%的里程，完成世界铁路25%的工作量，中国仍是在以只及一支香烟长度的人均铁路里程，支撑着春运暑运，支撑着电煤等大宗物资输送，“运力”仍然牢牢卡住中国经济社会发展的咽喉，“一票难求、一车难求”的现象仍然没有从根本上扭转。

力所能及发展高铁，不是一两个人拍脑门子的决定，而是中国国情的选择、市场的选择。说高铁改变了中国，不只是因为高铁为世界在“鞋子、袜子、玩具”之外提供了一个新的角度认识中国，不只是因为高铁对中国经济的巨大拉动作用，而是因为高铁真实地改变了普通中国人的生活。无论是大城市圈观念的形成，还是在京沪等“黄金线路”上“朝夕往返”的便利，这些都是前所未有的。也正因为如此，我们才可以肯定地说：痛定思痛、“刮骨疗伤”，特别是更多地从“人”而非机器身上找差距、补漏洞，都是为了拥有更可靠的系统、更安全的高铁，中国大力发展现代化铁路的方向不会因此改变，更不会如某些经济学家所言，重回绿皮车时代。而无论是批评还是抱怨，公众对高铁的高度关注，恰恰是中国铁路宝贵的社会资源，是其加速改革、不断改进的动力所在。

代表“中国速度”的高铁是中国发展的缩影，高铁所遭遇的挫折也再次证明：发展是一个复杂的系统工程，速度要以安全和质量为前提，急功近利赶出来的东西，经不起时间的检验，也不符合国人的期待。当下，高速奔跑的中国能否提供更安全体面的生活，正成为许多社会问题的交汇点。为了充分安全、为了更高质量，适当降速是必要的，也是值得的。而以高铁降速为标志，中国经济增长也将以更稳健的姿态把国人带向未来，那种“10天学会高铁驾驶技术”的要求，那种“大干快上多少天迎接某某某竣工”的口号，只会越来越少了。

面试题目预测：

为进一步提高铁路特别是高铁的安全系数，今年8月16日起，中国铁路开始实施新的列车运行图，部分高铁不同程度降速，对此你有什么看法？

十、关键词：名校农村生源比例下降

农村学生难入名校的忧思

太原晚报　孙维国

“出身越底层，上的学校越差”，这一趋势正在被加剧和固化。“我国高等教育公平问题研究”表明，中国重点大学农村学生比例自上世纪90年代起不断滑落。北大农村学生所占比例从三成落至一成。清华2010级农村生源仅占17%。三十年来，国家的转型在继续，但底层个体命运的转型，却在逐渐陷入停顿。

作为一个农民，对这则新闻我一点不感到吃惊，因为我亲见的现实，比这一数据更严重。我所在的村有7000多人，从我出生至今，没有一个人考取北大、清华，即使整个县里，每年考上重点大学的学生也不过一两个。

农村学生上重点大学难，并不是他们不努力，归根结底是城乡教育资源分配严重不均所致。我8岁上学，今年43岁，35年，我国经济发展较快，可我上学的乡村小学，除了校舍由瓦房变成楼房外，教学条件几乎未变。因地处偏远地区，好教师留不住，留下的还是以前的代课老师，最高学历只有初中。

与此同时，城市的教育可谓今非昔比。不仅有许多重点中学，而且有超级中学，这些超级中学都是各省重点中学的升级版，什么人能够进入这些超级中学读书不言而喻。它们大多位于省会城市，拥有丰厚的教育经费与政策支持，每年几乎垄断了其所在省份北大清华的名额，普通高中与县城高中，被远远甩在了后面。城乡教育资源的差距如此之大，让农村孩子从生下来那一刻，就注定输在起跑线上，几乎没有与“超级中学”竞争的机会。至于名目繁多的加分，跟农村孩子更加无缘。

现在农村的现实是，因为学习不好或家庭困难，许多孩子只能辍学打工，因其所占比例较大，造成农村“读书无用论”的假象，背后隐藏的深层原因往往被人们忽视。考上大学的孩子显然能够获得更多改变命运的机会。没有教育机会的均等，就谈不上社会公平。农村学生难入名牌大学，不是农村孩子的错，但却影响他们的一生。这个冰冷的现实还要继续多久？难道农村人的命运就永远是农村人？

面试题目预测：

研究表明，中国重点大学农村学生比例自上世纪90年代起不断滑落，北大农村学生所占比例从三成落至一成。清华2010级农村生源仅占17%。你怎么看待这个现象？

十一、关键词:城市看海

治涝先治官,才能告别“城市看海”

新京报社论

近日,中共武汉市纪委21日发出通报,对造成武汉城区严重渍水的主要责任人进行问责处理。相关责任人分别因为对防汛排渍工作重视不够、领导不力,对东湖排渍不力等原因,被给予行政警告、记大过、撤职、降级等处分。据统计,今年因为大雨而发生内涝的城市将近20座,武汉是唯一展开问责行动的城市(央视《新闻1+1》)。

问责城市内涝,武汉不仅是今年第一,恐怕也是近几十年的唯一。现在许多政府部门,一说到城市内涝,往往双手一摊,摆出无可奈何的架势,理由无非是雨量太大,排水系统太旧等等,总而言之,城市内涝再怎么一塌糊涂,都与责任部门及其官员无关,一切都归咎于无法克服的“客观因素”。

然而事实真的如此吗?要知道,一场暴雨的应急,涉及气象、水利、交通等多个部门,雨涝的灾害或许无法避免,但暴雨所造成灾害的严重程度,却是可以通过人力去控制的,当城市在暴雨之下显得不堪一击时,相关政府部门是否工作得力,善尽职责,这理当是无法回避的问题。尤其是,由于城市内涝连年,许多地方的财政动辄投入几十上百亿用于排水系统改善,而这么多钱砸下去,城市内涝却依旧如初,不见起色,难道不需要追究吗?

年年下雨年年涝,这是城市治理的失败,而失败之所以没成为成功之母,与责任承担机制的缺失有莫大的关系。君不见,每次城市内涝之后,都是城市相关管理部门在自说自话,暴雨预警不力,气象部门会归咎于技术手段的局限;几十亿排水系统的改造经费被指打水漂,水利部门会辩护说改造成效很显著……民众自然怀疑这些都是托词,但没有第三方介入调查,追查责任,这样的怀疑只有不了了之,无法对城市内涝的治理进行任何的反思、改进。

不仅如此,缺乏问责的城市内涝治理,不仅总在原地打圈,更保障了相关部门的既得利益。城市每涝一次,相关的财政资金就滚滚而来,流入相关部门的口袋,城市内涝越严重,财政投入就越大,如此,几乎成了一个无底洞。

所以,和食品安全、矿难等诸多治理难题类似,城市内涝的症结不是老天爷存心作对,而在于低效、无能的官僚体制。一个城市的抗灾能力是由其管理者的水平决定的,治理城市内涝,首先得从澄清吏治,改善行政效能入手,也即“治涝先治官”。并且,“治官”不只是针对水利部门,在暴雨应急机制的长长链条上,有着众多政府部门,它们的作为都应受外界监督,接受行政和法律责任的拷问。

可以相信,如果哪一天,一条失准的天气预报,一条漫水的马路,一座积水的立交桥,一个失踪的窨井盖……都有人为之负责,那么,告别“城市看海”,也就为时不远了。

面试题目预测:

今年武汉市对造成武汉城区暴雨后严重渍水的主要责任人进行问责处理,你怎么看待这一事件?

十二、关键词:状元笔记

高考状元笔记受追捧,网上卖家上千

东南早报 傅蓉蓉

开学不到一周,但新一轮的高考冲刺却早已开始。为了能在高考中有个好成绩,不少高三学子暑假里买了不少各科的复习资料,而状元笔记更是成为“抢手货”,甚至网上的“高考状元笔记”销售也很火爆。

记者在淘宝网上搜索“高考状元笔记”,共显示出44个页面,相关商品有1728件。在学科分类上,不

仅有单科，也有各科汇总；既有纠错笔记，又有状元学习心得，各式各样的参考资料一应俱全。按销量排列搜索排名，一份今年的高考各科复习资料状元笔记精华组合售价198元，成交量已有70笔，达到了销量榜首。买家中，不仅有准高三学生，也有不少家长和准高三生的亲戚朋友，以及打算提前复习的高二学生。

为了吸引买家，不少淘宝商家纷纷打出了“状元亲笔”、“精华组合”等宣传标语，笔记的售价从4.1元到560元不等。一套售价116元的福建永安某中学2006年高考单科英语状元笔记甚至打出了“状元亲售”的字样。而一位卖家也称，“状元笔记”被很多买家认可，尤其是全国重点中学的“状元笔记”，甚为抢手，价格自然也是水涨船高。

但对于高考状元笔记的质量，不同买家评价却是大相径庭。买家“白歌”在收到货后，大呼上当，“我是跟同学合买的，大家都很不满意！这笔记水印太大了，内容很模糊，真实产品与描述中的图像严重不一致。”而买家“玉龙”则似乎比较满意，“内容很详细，知识点比想象中的多，还有学长语重心长的考试经验介绍。”

记者仔细观察发现，所谓的“高考状元笔记”大部分都是披着高考状元笔记外衣的高考辅导书。据了解，部分高考培训机构和出版机构为扩大网上销售，在出版形式、名称上玩噱头，有些甚至“明目张胆”地打出了自家培训机构的名号，希望借此博得更多关注。

今年以708分的高分被北京大学录取的泉州市理科状元黄宇健一考完，各科笔记便被亲戚朋友“疯抢”一空，“都是免费送人的。”对于网上热卖“状元笔记”，黄宇健并没有太多的了解。黄宇健升入高三前，也曾借来学长学姐的笔记作为参考，提前进行复习。“别人的笔记拿来看看，参考一下其他人的学习方法，还是会有帮助的。”进入高三后，黄宇健也会和同学分享笔记和心得，“和同学多交流，可以完善自己薄弱的科目和知识。”

来自泉州五中的黄剑铭今年被北京航空航天大学录取。高三复习进行还不到一半，便有学弟学妹提前“预订”他的复习笔记。高考结束后，他也如约地把自己的笔记全部免费送人了。而被北京大学录取的周晔考完后，很多亲戚朋友便纷纷上门借笔记，甚至连书本都被借走了，“笔记都是送给亲戚朋友或是学弟学妹，不会拿来卖。”而从初中就习惯自学的周晔并不赞同参考别人的笔记，“我觉得作用不大，笔记要自己记的比较有用。”周晔认为，笔记主要是记录自己不明白或还未理解透彻的知识或错题，别人的笔记对自己而言，缺乏针对性，“别人的学习方法不一定适合自己。”

“状元笔记”受捧，只怪家长有误区？

华西都市报 胡印斌

每年高考分数公布后，哈尔滨市一些重点中学门前就会摆起长长的摊位，很多高三毕业生开始出售笔记，高考状元和状元班学生的笔记尤为好卖，价钱从几十到数百元不等。有的学生十多天能卖出上万元，购买者以学生家长居多。

那些学生家长为什么热衷于购买此类“状元笔记”？仅仅是所谓的“误区”、乃至“迷信”吗？我想，不能简单归咎于家长斤斤计较的“高分诉求”，更不在于有没有主动破除意识误区，关键还在于时下以高考为指挥棒、过于单一的人才遴选机制。严格的规定之下，学生也好、家长也罢，除了义无反顾地投入高分追逐，其实并无太多选择余地。

当前的人才遴选机制，依然过度依赖于“一考定终身”的高考。所有学生和家长都必须将步调统一到高考旗下，不能有任何旁逸斜出，更不可能寻觅到“规范”的高考制度之外其他可供选择的路径。这些年来虽不乏打破这种格局的努力，比如自主招生、校长推荐等等，然而，这些努力和尝试却一直踯躅不前。非但没有能够打破旧有格局、开拓崭新局面，反而很可能又成为强化高考独木桥的一个口实。

也就是说，对“状元笔记”的追捧，是与对高考的追捧一脉相承的。先有高考的强势、高考的唯我独尊，然后才有形形色色、花样繁多的乱象丛生。需要打破的并不仅仅是家长的意识误区，而应是时下依然坚挺的单一人才遴选机制。多一些选择，多一些渠道，既能不拘一格地选拔人才，也能为高考、为学生和家长减压。

面试题目预测：

近年来高考过后，各地状元的学习笔记受到高考学生和家长追捧，成为抢手货，甚至网上的“高考状元笔记”销售也很火爆，你怎么看待这个现象？

十三、关键词：港大内地招生

不惯孩子的“港大”，为何受孩子追捧

新华每日电讯　尹于世

今年香港大学内地招生堪称“收获丰硕”。截至目前，港大已确定录取内地省级高考头名 11 人，包括北京 3 名文科头名、上海和湖南文理头名等。

高考已经结束了，围绕状元展开的招生竞赛激战方酣。人们注意到，香港大学今年又成为热门学校，目前已确定录取各地状元 11 名。而去年香港大学也录取了 10 名内地“高考状元”，约占内地状元总数的 1/7。

人们粗一看，以为港大也特意来挖高考状元，事实恰恰相反——港大并不稀罕状元。早在 2005 年，就有 11 名各省市高考状元申请入读港大时被拒绝。理由是：港大对高考分数跟面试表现同等重视，港大不会收录“书呆子”。

港大此举当时颇让人感到意外。因为内地多年来，凡是各地的高考状元，完全可以任意挑选名牌大学，各高校也为吸引“状元”进校，招数迭出。

并不稀罕状元的港大却没有令考生望而却步，反而有更多的考生希望到港大就读，这是为何？

内地的学子最有发言权。北京的李氟钠 2002 年作为清华新生参加了赴香港大学学习的选拔，虽然他高考分数不高，但凭着出色的英语表达能力，通过笔试和面试，进入香港大学化学系。李氟钠说：“在国内读书可以两耳不闻窗外事，但在港大许多事情都逼着你去做。”

人大毕业后来到香港大学任助理教授的刘俏认为，港大的优势首先在于国际化。港大 50% 的教师都是来自海外，包括美国、欧洲等等，教授的能力都是得到国际认可的，达到美国顶尖学校水平。反观国内的一些名校，教材老化，信息封闭，教师视野狭窄，质量当然有差距。今年北京三名女生并列文科高考第一名，但这三名女生全部放弃北京大学选择去港大就读。其中一名学生的家长就向记者披露，孩子选择港大是想尝试不同的教育体制和教育方式。

事实上，港大和国内高校对待高考状元的不同态度，反映了两种不同的取向：港大更注重以国际化的视野进行“学生全面素质培养”，并不在乎有多少状元就读；而国内学校比较看重学校的名气，就读状元的多少似乎被当作教育质量、学校影响力的一个标尺。

眼下，尽管内地名校地位没有因为部分优质生源流向香港高校而被“撼动”，但香港高校参与招生竞争带来的“鲇鱼效应”，也不应忽视。虽然能到香港大学就读的考生还很少，但内地高校不应对许多优秀考生首选香港大学透露出的信息“麻木”。尤其是部分内地高校，过分注重经济效益轻视教学质量，过分重视科研而忽视教学。有的学校专业设置比较陈旧，教学方式比较僵化，学生学习动力不足。这些现象不改变，内地高校在考生心目中的竞争力、影响力恐怕就难以得到根本改观。

面试题目预测：

香港大学今年已确定录取内地高考状元 11 名，与此同时香港大学并不稀罕状元，之前已有多名各省市高考状元申请入读港大时因面试表现不佳被拒绝。你如何看待港大受内地高考学子追捧的现象？

十四、关键词：清华“真维斯楼”

高校募捐应向国外取真经

羊城晚报　廖保平

清华大学多了一个“真维斯楼”！这条消息忽然在网上传开。不少清华学生发现他们的第四教学楼被更名为了“真维斯楼”，纷纷拍照上传到网上。清华大学和服装品牌忽然有了这样的联系，让很多网友表示“不能接受”。

虽然很多网友“不能接受”，但是，国内高校以冠名换募捐已蔚然成风，现在不光楼堂馆所，桌椅板凳都可以冠名，比如复旦大学不管教学楼还是宿舍楼，甚至连礼堂的椅子也可以掏钱就给冠名。这不见得就是一些网友所说的，反映了高校“有奶便是娘”的丑陋与低劣，也可能是在向国际学习，只是显得很拙笨罢了。

在发达国家，尤其是美国，无论是公立大学，还是私立大学，资金来源可能有差别，但在经营管理上非常相似，都像是一种公司化的经营。校长与其说是一个行政长官，不如说是一个公司的总经理，他的一个重要任务，就是筹募资金以支持学校的正常运转。这些资金来源既有学费，也有政府支持或政府协议的收入，还有与社会合作的合同性收入，研究基金的收入，以及社会捐赠的收入等等，其中社会捐赠占不小的比例。

有文章说：虽然美国经济每年只以百分之三的速度在增长，但是美国各著名大学的捐助基金都是年复一年地以两位数的高速在增长。美国著名大学越来越富正是因为获得了大量的社会捐赠，大学投桃报李，以捐赠人的名义进行各种冠名。不光是开通渠道，在美国，学校不是坐等收成，而是主动出击，不仅将网络伸展到校友，还伸展到社会各界的名流以及各行各业的企业家和基金组织，并且大学还定期搞大型募捐活动，有时候简直就是“逼”人捐赠。

有了这些源源不断的收入之后，大学就有能力加强硬件建设，招揽和留住优秀教授，也才有能力资助经济困难的优秀学生，而这些优秀的教授和优秀的学生就是大学的最大财富。尤其是那些优秀的学生往往成为各界的精英，许多人成功之后又慷慨地回馈母校。这样，学校就有更大的财力来提升教学质量，在竞争中立于不败之地，成为常青藤。

所以，中国大学拓展收入来源，形成多元化的筹资渠道，应该是一件好事。光靠财政补贴，只会加重纳税人负担，光靠学费收入，只会加重学生负担，开辟社会捐赠渠道，是解决大学收入来源的有效办法，美国大学的实践也证明了这一点。

但是，正如任何慈善捐赠一样，大学的社会捐赠必须纳入规范的管理，才能赢得社会信任，公众才敢慷慨解囊。美国著名大学之所以越来越富，就因为他们的募捐资金的管理非常规范，有严格的规则，捐助资金的用途、去向一清二楚，接受社会监督，也接受捐赠者后人的监督，如果捐赠者后人发现大学没有按照他们先人的意愿来管理和使用捐助基金，他们有权起诉大学获取赔偿。大学对林林总总的捐款也不是来者不拒，见利就收，为了确保捐款不是来自非法收入，大学还要就捐赠款向政府相关部门进行查证。

中国大学社会捐赠起步较晚，五花八门的以冠名换募捐表明，一方面高校急需拓展收入来源解决资金问题，一方面社会确实有捐赠意愿。但无规矩不成方圆，我们学国外就要学真经，而不是拣点皮毛，现在要紧的是在建立规矩上要下工夫，规范捐赠资金（基金）管理，这不仅关系到捐赠者的信心，更关系高校自身形象和学校的未来，千万不能拿学校前途来开玩笑。

面试题目预测：

国内高校以冠名换募捐已蔚然成风，现在不光楼堂馆所，桌椅板凳都可以冠名，有网友批评这些高校“有奶便是娘”，你怎么看待这一现象？

十五、关键词：医疗诚信

10 万元为什么败给了 8 毛钱？

人民日报　符晓波

蔡华伟绘

出生刚两天的宝宝便秘，在照了十几次 X 光、做了 100 多项检查后，深圳儿童医院作出诊断：要动大手术，花费约 10 万元。

幸运的是，家长略懂医学，感觉事有蹊跷，换了一家医院，开了 8 毛钱药，宝宝的症状居然消失了。

"10 万元才能治好"的病，8 毛钱就搞定了，这恐怕是医学界的一个奇闻。人们纷纷质疑：同一个患者、同一个病，换了不同医院，治疗费用为何如此悬殊？

患儿家长陈刚介绍，儿子今年 8 月 19 日在深圳市人民医院出生，当时医生发现，孩子的肚子有点鼓，建议家长把孩子转至深圳市儿童医院做进一步检查。8 月 21 日，孩子转入深圳市儿童医院，院方对患儿进行了多次 X 光检查，并注射抗生素，最终作出了先天性巨结肠的诊断结果，并于 8 月 24 日下发"病情告知书"，建议对降生 6 天的婴儿进行造瘘手术。

据陈刚介绍，8 月 25 日晚，他连夜将患儿转至广州市儿童医院，医生开了价值 8 毛钱的石蜡油用来给孩子通便，建议 2 个月后复诊。患儿回家后进行正常喂养，没有用任何药物，仅用了一次石蜡油就可以排便。之后孩子能吃能拉，身体一天天成长。陈刚因此对深圳市儿童医院进行质疑和投诉，提出 10 万元的赔偿要求。

深圳儿童医院承诺，5 个工作日内，对此作出答复。人们期待此事能有合理的解释。

事情虽然没有最后定性，但治疗费用的天价差距，让人很自然地联想到了过度医疗。

看小病、花大钱，不少患者都有类似遭遇。一些医生违背医学规范和伦理准则，脱离病情实际需求，给病人过度检查、过度治疗、过度用药。在这些医生眼里，患者成为牟利对象，百姓健康沦为其发财的牺牲品。

过度医疗猛于虎。它虽然肥了医生、肥了医院，却浪费了医疗资源，加重了患者负担，也败坏了医生形象。最终，加剧了医患矛盾，使患者对医生失去了信任。

改变过度医疗的现状，需要提高医术医德，更需要深化医疗改革，破除以药养医。新医改已进入第三个年头，随着基本药物制度的建立，随着公立医院公益性质的确立，随着政府公共卫生支出的增加，以药养医的顽疾正在好转，百姓看病难、看病贵的矛盾正在缓解。

肯定成绩的同时，我们也应看到，改革越深入，利益的冲突或许更复杂，改革的难度或许会更大。人们经常说，今年是新医改的攻坚年。所谓攻坚，说明任务重，说明难度大。无论任务多重，难度多大，中央推行医改的决心从未动摇。

让百姓看得上病、看得起病、看得好病，是新医改的重要目标。新医改方案多年酝酿，几经修改，得到了各方认可。这项改革要真正惠及民生，关键还在落实。

愿以药养医的现象越来越少，愿天价医疗的个案越来越少，愿10万元PK0.8元的事情不再发生。

医生为何总被质疑？

京华时报 白剑峰

9月5日，一位患儿父亲称，自己用8毛钱的药治好了10万块的病，并指责医院进行过度医疗。这一事件经媒体报道之后发酵成“八毛门”。如今它已影响了患儿家长的就医理念。在深圳市儿童医院，8天内就出现了3例患儿家长拒绝手术的情形。8毛钱真的治好了10万块的病吗？为何公众总不相信医生？

作家六六创作了关于医患纠纷的小说《心术》，她认为，“大部分人的心理感受是现在的医生医德与医风极差，草菅人命，金钱挂帅，不放过任何榨取的可能。”

8毛钱的药只是缓解症状，并未治愈

根据深圳市儿童医院外二科李苏伊主任的判断，孩子仍应尽快接受检查，他说：“今天我看了孩子，现在孩子的肚子还是圆鼓鼓的，腹胀严重，腹壁发红，腹部静脉曲张，情况仍不容乐观，这种情况绝对不能称为‘已经好了’，所谓8毛钱治好了这个孩子的病绝对是夸张的说法。为孩子的健康考虑，希望家长能尽快带孩子去医院检查。”

广州的李成昌医生也说现在还不能下痊愈的结论。“巨结肠有间歇期，当下用药缓解了症状，但可能几天之后或者几周、甚至几个月之后又会出现症状。”

但事实存疑的“八毛门”已引发民众激烈回应。

正如新闻所说，“媒体关注这件事，10万元手术和8毛钱治愈的反差是关键”。但当事者却说，“从没说过广州儿童医院8毛钱治愈孩子”。厘清困惑是必要的，但更值得重视的是，“八毛门”事件的后遗症——深圳儿童医院陷信任危机，多名患儿家长明确表示拒绝手术。

手术恐慌症的出现，有非理性情绪在内，但更有不信任危机加重的因素。可以说，手术恐慌症和“八毛门”有一定的对应惯性。从一定程度上说，这类似于“蝴蝶效应”：一只南美洲的蝴蝶，偶尔扇动几下翅膀，可以在两周以后引起美国的一场龙卷风。引申开来，是指微小的变化能引发连锁反应。就笔者的理解，“八毛门”事件就是这样一只蝴蝶，是诱因而非根源。

并不存在的“缝肛门”事件也曾引发舆论质疑狂潮

“缝肛门”事件，起自陈先生向媒体报料，称妻子在医院生产，因助产士嫌红包少被报复，肛门被缝。此事经卫生部门调查，确认为不存在肛门被缝而是生产过程中处理痔疮。后来，警方认定未发现故意伤害行为。

但在“缝肛门”被媒体报道之后，人们将此当成事实，据此产生了诸多评论。基于医疗作为社会问题的普遍现状，人们容易倾向于认为“缝肛”行为存在。这是“缝肛门”爆出之后，没有被作为一个疑问，而是被相当多的人不假思索地当成事实的社会基础。

作家六六称，这世界大多数人是善良的，恶性只有一小部分。而因为这一小部分的影响，大多数人都将心底的善念包裹起来。为什么一小部分的恶性却让大部分人对彼此都失去了信任？

医生：少数医德败坏现象被曝光，造成情况很普遍的错觉

医务人员从事的是高技术、高风险的职业，但长期以来由于政府对医疗卫生行业经费补偿不足，使医务人员的技术性、劳务性价值得不到很好的体现，待遇与投入不成比例。加之目前医疗市场的不规范竞争，个别医务人员受拜金主义影响，经不起金钱的诱惑，出现了收受“红包”、药品回扣等违纪违规行为，加重了患者的负担。

同时，在媒体报道中，一开始就采用轰动性的标题和带有倾向性的内容吸引眼球并不在少数，甚至已经形成了一种对医院疑罪从有的倾向。重患者自诉轻医院自辨。重事前渲染，轻事后析责。似乎只要医方与患方达成调解协议就坐实了医方为医患纠纷负全责的事前认定。至于院方在其中到底有没有责任，有多大责任鲜有人关心。

民众：对医生职业缺乏了解，有天然的抵触和畏惧

现代医学的发展日新月异，使许多以前难以治愈的疑难杂症得以根治。但随着疾病谱的不断改变，医生面对错综复杂、千变万化的疾病，有时依然会显得无能为力。同时，由于医学发展水平的限制和其本身的高风险性以及个别医疗意外的不可预见性，有时可能导致实际治疗效果与患者期望值之间出现偏差。

如现行的冠状动脉搭桥术，其术中死亡率是1%，尽管这种不幸的发生率不高，但对于某一患者而言，一旦遇上就是100%。医学损害的一个重要特点就是不可逆性，一旦患者或家属对此种情况不能理解，不能以科学的、理智的态度看待疾病的发展和治疗进程，无疑会迁怒于医生，引发医患矛盾。这也是直接导致患方对医务人员信任度下降的重要原因。

医院：医疗收费不透明，信息不对称，民众自然疑虑重重

医疗收费不透明问题也是加剧医患信任危机的“导火索”。由于医患双方掌握医疗信息的不对称，患者对具体的医疗收费项目的内涵不清楚，而且技术性、劳务性投入量很难准确量化。加上受硬件限制，有相当一部分病人无法自主查询医疗费用，从而心存疑惑。至于个别医院或医务人员自立项目收费、分解收费、超标准收费，则更是败坏了医院和医务人员的诚信形象，导致患者的信任度降低。

法律：多轨制导致两套鉴定程序并行，让法院无所适从

“医疗双轨制”具体表现为两方面：一是处理医疗纠纷的法律依据二元化；二是损害鉴定制度二元化。在处理程序上，依照条例，处理医疗纠纷首先需要进行医疗事故技术鉴定；而依照《民法通则》及其司法解释，则需要进行司法鉴定。长期代理医疗纠纷案件的北京律师祝永根说，在具体诉讼案例中，两套鉴定程序往往会成为医患双方博弈的焦点，一定程度上也造成法院系统采信鉴定结论的无所适从。而由医疗鉴定委员会鉴定医疗事故，曾被认作近年来医患纠纷剧增的重要原因。

医疗事故鉴定机构：不独立、无权威，无法赢得患者信任

在医闹事件中，患者和医院的冲突在于，医院要通过医疗事故鉴定来解决问题，而患者并不相信这个。医疗单位坚持做医疗鉴定，并不仅仅出自对专业的信仰，也是因为对裁判机制有利于己的信心；患者家属拒绝医疗鉴定，也不仅仅出自对医学的无知，而更多的是对裁判机制的深深不信任。换言之，双方的分歧是体制性的，而不是技术性的。也因此很难有调和的余地，在这种情形下，自觉处于弱势地位的患者一方，往往会以激烈的方式来表达自己的主张。

说到底是社会诚信出了问题

六六认为，要改变对立紧张的“中国式医患关系”，只有通过政府的投入和医疗体制的改善，医患之间相互的信任，医生的仁心加仁术。但摧毁信任容易，要重建却难得多。

人总会生病，生病了总得看医生。所以，不管你信还不信，都无法避免跟医生打交道。而医患之间的信任，既非建立在熟人社会的基础上，也不仅仅是利益交换。患者是将自己的身体和健康交给医生，医生所决定的是一个人的生命。因此，医患之间的信任是医疗过程中最重要最基本的东西，它是医疗工作能够顺利进行的前提。

但现实却是，患者对医生提心吊胆，总担心自己被骗，这对于治病肯定没好处。医生本来就工作强度大，有很多专业问题需要应付，还得应对患者的质问和怀疑，更加不利于治病救人。可以说，医患之间缺乏信任，双方都受损，没有人是赢家。

对什么都不信却是如今的社会通病

何止医患之间信任缺失,对什么都不信已经成了如今社会的通病。在“钱云会”事件中,不管怎么解释,老百姓就是相信村长是轧死并非交通事故。而像“郭美美”这样的事件,一次又一次地冲击社会的信任基础。尽管红十字会声称与“郭美美”毫无关系,媒体报道也没有调查出结果,但人们还是始终认为郭美美的事没搞清楚,背后一定有隐情。

食品业有“毒奶粉”、“染色馒头”,医疗业有“过度医疗”、“乱收费”,扶个人可能面临被起诉赔偿的法律风险,连慈善业都有欺骗的嫌疑,在这样的社会环境下,民众自然会产生警觉。

尽管很多时候这种“就是不相信”有很多不理性的成分在,但背后的缘由却不可忽视。中国人民大学法律社会学研究所所长周孝正教授便认为,当前中国社会诚信缺失的主要原因,还是政务诚信出了问题。他说,有些地方政府诚信缺失现象严重,对社会风气起到不好的示范作用。

正如六六所言,“这确实是个信仰缺失的时代,因为物质的诱惑太大。我想说的并且我一直努力做的,是让自己的精神世界变得更强大一些。”重建信任,总有一方得先伸出手来。

面试题目预测:

某地新生儿父亲称,孩子便秘,经医院检查后认为“10万元才能治好”,换一家医院检查之后,医生开具8毛钱的药就治愈了疾病,本事件在真相没有得到权威论证前就引起了广大网友对医生诚信的怀疑,你对这一事件有什么看法?

十六、关键词:医跑跑

追责“医跑跑”不能止于免职

新华网　侯金亮

备受社会关注的上海“医跑跑”事件终于有了官方调查结果和处理意见。病人死因为“吸入大量一氧化碳中毒”,记者昨日从上海市卫生局获悉,经公安、消防、卫生部门认真查核,事故原因已基本查明,相关责任人已得到处理。目前,事发医院上海交大医学院附属第三人民医院副院长陈爱东已被免去相关职务。

“用爱支撑起你的爱,用心来倾听你的心,圣洁的双手,点燃生命的火焰,慈祥的笑靥,抚慰受伤的心灵。”以此为院歌的上海交大医学院附属第三人民医院,却“诞生”了一位“医跑跑”,关键时刻,正在抢救病人的医生扔下病人,逃离手术室,导致病人死亡。事故原因查明之后,医院副院长被免职,院长被警告,在笔者看来,这是一个在较为惯常的处理方式。

如此处理方式,未免让人担心医院方面反思不足。事件发生以来,舆论的焦点集中在医生的医德和医院的责任方面,就像当年的“范跑跑”一样。笔者以为,其实这没有什么可争议的地方,不论教师、警察还是医生,这些特殊职业者本身就意味着责任。教师不能因为危险而抛下学生,警察不能因为歹徒手中有利刃而逃跑,医生的手术台也是另一种意义上的战场,“医跑跑”无疑是战场上的逃兵,理应受到谴责。

当然,将关注的重心集中在医生的责任与道德上,忽视了问题的另一面:不管是医院还是其他公共场所和机构,必须具备最基本的应急机制。事件发生后,医院方面辩解称:当时病人并不适合移动;贸然解除止血带、拔掉呼吸机可能会危及生命。在当时情形下,也许确实不应移动病人,但医院缺乏相应的预案也是不争的事实。这不仅是医生和护士的职责问题,也暴露出医院方面的管理短板,这才是值得深究的问题。

偶然的事件背后往往蕴含着必然,一个突发性事件的发生,其背后往往经历了一个长期的隐患积累过程。海恩法则指出:每一起严重事故的背后,必然有29次轻微事故和300起未遂先兆以及1000起事故隐患。法则强调两点:一是事故的发生是量的积累的结果;二是再好的技术,再完美的规章,在实际操作层面，也无法取代人自身的素质和责任心。显然，医院管理中存在的不足，不是一天两天了，连最基本的应急预案都没有，可见其漏洞之大。

对此问题的追责只限于副院长免职，并不能从根本上解决问题，真正需要的是，对整个医院的管理体制进行深刻的反思并进行“大手术”，对相关责任人也应严惩。对此问题必须进行深度追责，而不是蜻蜓点水式的敷衍，否则悲剧很可能重演。

上海“医跑跑”涉嫌犯罪？

原载新京报

8 月 24 日深夜发生在上海交通大学附属第三人民医院手术室的那场大火，医生在危急时刻留下正处于全麻状态中的病人自行离开，导致病人最终窒息死亡，有人认为当事医生“或许该负刑事责任”。记者 26 日再次采访了事发医院，该院宣传负责人表示，“医生当时也无能为力”。

不作为的故意杀人罪？

医护遗弃病人致死，已经涉嫌犯罪：不作为的故意杀人罪。一般的犯罪都是“做了什么”，但有些犯罪是“没做什么”：刑法要求必须履行的义务而没履行，是谓“不作为的犯罪”。

这个“必须作为的义务”分为三种：一是未履行法定义务。第二，是先行行为致他人于危险之中，就产生了补救的义务。医护将病人全身麻醉，病人连爬走、喊救命的能力都没有，医护当然有义务把他带离火场。第三，是基于职务上的要求，教科书所举的典型例子正是：当班医护拒绝抢救病人，因为医护的职务就是救人，反过来说，送到医院的病人的安全，也正是系于他们的职务行为上。他们有义务救而不救，那就是“不作为”，刑法将之推定为：放任别人死亡的结果发生，这就是“不作为的故意杀人罪”。

当时手术室只有 4 人

当时在手术室的总共有 6 名医护人员，“这 6 人中，真正与病人同处一室的其实只有 4 人，另外一名护士和一名麻醉师当时正在进行手术信息的录入。”

该负责人说，手术室隔壁房间里刚有烟雾冒出来，就有一名护士出去查看，“她用灭火器灭掉部分明火，但大量浓烟却同时产生。她不得不去手术区域内的办公室打电话求援”。火灾发生不久，手术室便发生了停电。因此之后出去呼救的两名麻醉师和一名护士曾试图寻找电筒和灭火器，但烟雾太大让他们不得不撤离。

强行撤离有危险

被问及为何在离开时没有将病人一起带走，这名负责人大致描述了最后两名医生离开时的情形，“手术室浓烟弥漫，2 名骨科医生听到呼吸机还处于工作状态。考虑患者为全麻病人，完全由呼吸机辅助呼吸，病人身上又有多根导管。医生认为如果拔出呼吸套管和相关导管，很可能导致患者吸入性窒息或出血加重。”

该负责人称，电动手术床不同于普通病床，不通电时光靠这两人根本无法移动。他称，“医生当时也无能为力。”

如果做全麻手术，病人的体腔已经被切开，出现火灾等紧急情况，经过训练的医生可以在 2—5 分钟之内把病人从手术台上转移走。——广州市红十字会医院麻醉科主任曹阳

面试题目预测：

上海某医院发生火灾时，医护人员丢下全身麻醉躺在手术台上的病人先行撤离，导致麻醉病人窒息身亡，事件中几名医护人员被网友戏称为“医跑跑”，你如何看待该事件？

十七、关键词：最美白衣天使

“最美白衣天使”给医德做“人工呼吸”

新华网　张西流

8月17日，苏州市金门路上发生一起车祸，一名伤者倒在血泊之中。这时，一名乘车路过的女医生上来，跪在滚烫的柏油路面上，对嘴中还在冒血的伤员进行人工呼吸。这一幕被路面监控记录了下来，网友亲切地称她为“苏城最美白衣天使”。23日，记者联系上了苏州大学附属儿童医院新生儿科的这位丁欣医生。

面对口鼻流血、生命垂危的车祸伤者，毅然抛开了世俗观念，置伤者口中的淤血、异味、细菌传染等诸多因素于不顾，在无任何防护措施的情况下，嘴对嘴地给其做人工呼吸，这需要多大的勇气？女医生丁欣选择了挺身而出，选择了救死扶伤，而这些又是如今许多医生难以做到的。丁欣被称为“苏城最美白衣天使”，她是当之无愧的。

虽然丁欣是一名医生，但事发时并非她当班时间，而且她是一名儿科医生，她即使在现场充当一名看客，也无可指责；即便是她受“救死扶伤”的神圣职责所驱使，她可以挺身而出，选择做一些力所能及的事情，比如，指导人们如何正确施救，帮助急救人员紧急抢救。但如果不是她选择亲自给伤者做人工呼吸，伤者将失去第一时间得到救治的机会。

在医务人员职业规范中，没有哪一条规定要求要对昏迷的伤者做人工呼吸。如果是在医院当班，就更无需医生去给伤者做人工呼吸了，因为医院里有氧气，有呼吸机，有高效药物，先进的设备和技术，总比人工施救更科学、更安全。丁欣给伤者做人工呼吸，已经超越了医生职业规范本身，可以说是医德的一次升华。

由此，笔者的脑海中，浮现出了几年前非典肆虐的那段刻骨铭心的记忆，在防护条件有限的情况下，广大医务工作者将生命安全置之度外，奋不顾身地去抢救非典患者，一些医务人员因感染病毒，献出了自己宝贵的生命。也由此，让人们感受到了医德的珍贵，体验到了白衣天使的崇高和伟大。

然而，近年来，频频见诸报端的大都是医院及医务人员的负面报道：有的大收红包，有的狂敛回扣，有的小病大医；有的见钱忘义，将手术患者缝合的伤口拆开；有的见死不救，将因车祸受伤的智障女扔在荒郊野外。至于因医务人员工作失职，造成的医疗事故，更是时有发生。可见，一些医务人员的医德，似乎已经到了奄奄一息的边缘。

如今，被誉为“苏城最美白衣天使”的女医生丁欣，用爱心行动温暖了整个社会，在给伤者做人工呼吸的同时，也给医德做了一次“人工呼吸”。愿医德的生命之花，被更多的“丁欣”拯救过来；愿更多的医务人员，成为人们心中的“最美白衣天使”，去践行救死扶伤的神圣使命。

面试题目预测：

苏州市某医院新生儿科医生丁欣下班时间乘车路过车祸现场时，为救车祸伤者，对口吐鲜血的伤者进行嘴对嘴人工呼吸，被网友称赞为“最美白衣天使”，你对这件事有什么看法？

十八、关键词：南科大学生拒绝高考

南科大学生发公开信拒绝参加高考

大洋网　陈红艳

教育部新闻发言人续梅公开表示，教育部支持南方科技大学的教改探索，但任何学校改革都须依法办学。此语一出，引得各界猜测纷纷。著名教育学者熊丙奇分析，这实际上就是要求南科大学生参加高考。前日，南科大学生网上发表公开信，为自己“被高考”而求助，集体表示不参加高考。

记者致电南科大校长朱清时，他表示自己已获悉此消息并说：“参不参加高考，由学生和家长自己决定，我不表态。”

校长朱清时：学生前途由他们自定

此前，有网友爆出，已通过南科大自主招生的首届教改班45名学生，还需参加今年高考。5月27日，在教育部联合有关部委召开的新闻发布会上，教育部新闻发言人续梅表示，教育部支持南科大的教改探索，但任何改革首先要坚持依法办学，要遵循国家基本的教育制度，以制度来保障学生的合法权益。著名教育学者、21世纪教育研究院副院长熊丙奇分析，从依法办学这个角度上来讲，教育部实际上默认了要让这些学生参加统一的考试。

离高考仅剩几天了，这个消息无异于“重磅炸弹”，网上关于南科大首届45名学生还要重新高考的消息传得满天飞。记者昨日电话连线了南科大校长朱清时。他说：“我也听说了（这个消息），我不表态。参不参加高考，由学生和家长自己决定。我们负责改革，但是学生前途要由他们自己决定。”而据公开资料显示，5月28日在合肥参与第十一届全国量子化学会议的朱清时曾回应此事说，纳入高考轨道这一举动将颠覆南科大树立的“自主招生、自授学位”的改革核心。

此外，对于教育部是否已批准南科大通过高考招生、拿到“招生证”，朱清时表示自己“暂时没收到消息”。

学生和家长：不会去参加高考

今年3月入学的南科大教改班首批45名学生，已经历了9周的大学生涯。记者昨日采访了其中多名学生，他们都说“不参加高考”。“我们只是南科大的普通学生，我们的力量或许很小，但我们怀有对南科大的希望与热爱，希望支持南科大的人能持续关注她的成长，也少给她一些条条框框。”有学生在回复记者的短信中如是说。

许多家长也力挺自己的孩子。“即便重新高考的消息属实，我的孩子也不可能参加！”家长程女士（化名）来自山东，她的儿子放弃保送浙江大学的资格，选择了南科大。即便南科大发展的路途一直曲折不断，但她一直力挺孩子的选择。“我不后悔孩子报读南科大。在客观条件允许的条件下，我也希望他绕过高考，继续在南科大学习。”

另据湖北媒体的报道，与程女士立场相同的学生家长不在少数。“本来就不是冲着文凭去的，所以孩子肯定不会回来参加高考。南科大是改革试点高校，对于她将遭遇的困难我们有充分思想准备。”来自湖北的学生家长魏女士称，学校没有正面通知，孩子仍在照常上课。

专家：南科大走在被收编的路上

“如果这一消息属实，加之此前深圳为南科大公选局级副校长，南科大的所有去行政化改革，事实上已全部结束。”接连几日，熊丙奇连发数篇博文，阐析南科大改革。

从南科大推出“自主招生，自授学位”的改革以来，熊丙奇始终担心这一改革的走向会是政府部门逐渐把南科大的招生纳入统一招生并授予南科大学位授予权，如此一来，南科大就会被收编为体制内的一所普通学校，而难以突破现有体制对办学的局限。

“毫无疑问，目前这种操作传递的信息是，招生权还是掌控在政府部门手中，南科大正走在被收编的路上。政府部门虽有积极支持的表态，却迟迟不见相关行动。而与此同时，南科大的‘去官化、去行政化’也已被举办者深圳所否定。这所承载改革希望的新大学，在改革的路上还没走几步，就被拉回了过去大学发展的轨道。”熊丙奇在博文中写道。

南科大学生公开信说：“我们学校遇到了前所未有的困难”

昨日，南科大多名学生向记者证实，目前网上流传的《致所有关心南科大发展的人们的一封公开信》，确为他们通过集体商议方式所写。以下是这份公开信的节选：

致所有关心南科大发展的人们的一封公开信（节选）

所有关心我们学校发展的人们，最近的事情让大家纠结了。现在，我们学校遇到了前所未有的困难。最紧迫的(是)高考问题。

南科大从呱呱坠地就打出了自主招生、自授学位的响亮口号，这是我们学校的特色和努力方向，也是我们引领文化、强调个人自主发展的最重要的保障。可以说，这是我们45名同学共同的价值观念，是把我们团结在一起的共同信念。在现在的情况下，我们为中国的教育改革做出了最大的牺牲，放弃了一切，甘愿成为一些人眼中的小白鼠。

但是，现在教育部提出我们必须要高考，回到高考的体制下去。

南科大之所以为南科大，也正是图其大者不顾小节，我们学校的建校本意即是此，既为教改探路，也为培养创新型人才寻求经验。在这里的同学绝大多数都怀着这样的心态：即抛下铁文凭，捡起真本事。在现在无数毕业生疯狂报考公务员的情况下，我们从未担心过自己的职业和未来。因为我们都怀着一颗“实验”的心态，我们想在培养自己的创新思维和独立思考精神上作出努力。我们的老师，也在积极地向我们传达着这样的信号。有同学梦想成为中国的爱因斯坦……

总而言之，我们想重复我们朱校长的话：“其实南科大做的事情并没有别出心裁的地方，南科大做的事情是全世界一流大学都在做的，比如自主招生、自授学位，成功的一流大学都在做这个事情，是办好大学的必由之路。”

我们对自己的选择坚定不移，对南科大的未来充满希望。但是我们同时也是无助的，我们仅仅是学生，我们需要大家对我们学校有一个既不过度悲观也不过度乐观的看法……

——来自南科大的学子

杀君马者道旁儿?

高考前的端午假期，许多学生都回家了，他们大多是去为自己即将参加高考的高中同学们加油。留在学校的学生不过十几名，他们也并未准备高考，而是利用假期在深圳游玩。还有部分学生由于反感老师的“骚扰”，搬去了校外的宾馆暂住。

6月3日，依然留在校园中的部分南科大学生收到了一封信，写信的是学校的一名老师。信中有这样的句子：“考与不考，不可一概而论，我们倡导因人而异，鼓励大家要根据自己的情况做出选择……今天，大家的分歧在于‘改革中是否要尽量减少风险’，而不是‘改革’与‘反改革’的二元对立。”

这名老师认为，这样的二元对立很大程度上是社会舆论渲染的：“目前社会舆论似乎是说：‘不考’就是支持改革，‘考’就是背离改革。”

舆论的热烈关注令一些人想起了蔡元培先生的话——“杀君马者道旁儿”。这句话出自蔡元培辞去北京大学校长一职时留下的条子，意思是：杀你马的人，就是在道路两边给你的马鼓掌的人；正是旁人过分的期待与厚爱，才让骏马奔到超出极限而死亡。

基于这种担心，有网民建议：“现南科大一举一动，媒体盯得紧，有动辄得咎之惑。若为改革计，不妨能降降温，给多些空间。”

实际上，社会舆论对“反高考”的情绪化渲染，的确令不少局内人感到困扰。一名南科大行政人员对南方周末记者说：“有人说拒绝高考的南科大学生‘有种’，这种激发对立情绪的评论是把我们往火坑里推。万一我们真的被迫关张，评论者当然不必为此埋单，但谁来为孩子们的利益负责？谁来为教改失败的社会代价负责?”

这名校内人士认为，比起称赞学生“有种”，眼下更紧迫的事情是保留火种，在必要的限度内作出妥协。“深圳市的改革也是在体制内进行的，我们的教改并不一定非得突破高考的底线啊!”

香港科技大学创校校长吴家玮也认为，高考并非不可妥协的原则问题。“美国也有标准化考试，香港学生进大学要经过两次类似高考的标准化考试，但这并不影响我们自主办学。”吴在接受南方周末记者采访时说，“招生不是一切的判断，不应把所有高教改革都悬在这一点。”

另一方面，坚持认为学生不应高考的人同样有他们的理由，教育学者熊丙奇就提出：“在我国内地大学，国际惯例是行不通的，试着用国际惯例解读，只会离题万里。而如果用另一种思路解读，则更贴切，这就是权力的思路。行政机构怎样能做到自己的权力和利益最大化，就会采取怎样的方式，即便这种方式有美丽的包装，但剥开之后，本质还是权力思想和利益思想。"

显然，妥协和不妥协是两条截然不同的道路。身处其中的政府、老师、学生和家长，可能出于完全相同的目的——让教改坚持走下去——而做出完全不同的选择。各方都有许多理由可以支撑，也都认为自己充满了无奈，但谁也都无法确定：自己所做出的选择，是否能让这所学校顺利走下去。

在南科大的学生们没有翻开的高考语文试卷中，作文题正是"回到原点"。现在，深圳市政府和校方已经各尽其力，学生们也做出了各自的选择。舆论的狂欢中，南科大能否回到它改革的原点？

面试题目预测：

南方科技大学成为国内自主招生、自授学位第一所实验性的大学，其自主招录的学生在高考前拒绝参加高考，对此事你有什么看法？

十九、关键词：外来务工人员子女教育

异地高考须与高考改革统一推进

新京报社论

针对有媒体报道称，外地人员子女有望试行异地高考。教育部回应称，异地高考试点工作，由各地"自行提出"，经审批后实行。据悉，今年有望正式启动相关办法的调研。

自今年2月《国家中长期教育改革和发展规划纲要》征求意见稿发布之后，"研究制定进城务工人员随迁子女接受义务教育后在当地参加升学考试的办法"，一度引起社会广泛关注。尤其是异地参加高考的办法，社会各界期待能早日出台，以切实推进教育公平，保障公民平等受教育权，避免进城务工人员子女为参加高考、不得不与父母分离、回到老家就读高中，成为"留守学生"。

此外，今年三月份的新闻发布会后接受采访时，中央教育科研所所长袁振国透露，这一办法出台后，不会立即在大城市推开，而是选择随迁子女流入规模较少的二线城市进行先期试点。

然而，因为教育资源存在严重的不均衡，一些教育不发达地区和升学率高的地区，还在努力治理"高考移民"之际，推行异地高考的困难可想而知。

在按计划集中录取的高考体系中，异地高考的空间十分狭窄。可行的思路，都是以不影响城市学生的升学机会为前提，包括"异地参加高考，考户籍所在地高考卷，将成绩送回户籍所在地参加高考录取"、"异地参加高考，考学籍所在地高考卷，将成绩折合为户籍所在地高考分，参加户籍所在地高考录取"、"异地参加高考，考学籍所在地高考卷，在学籍所在地参加录取，但录取指标由户籍所在地划拨，单独录取"等几种。

客观上说，要让进城务工人员子女异地参加高考，并就地参加录取，难度极大，这涉及十分复杂的指标划拨和录取流程问题；在城市求学，却考户籍所在地的高考卷，也几乎不可行，在高考激烈的竞争中，考生怎可怠慢；而如果把学籍所在地高考分数折合为当地分数，家长和学生无疑会担忧是否吃亏。如此一来，即使是有异地高考，但对考生的吸引力有限，不见得受学生欢迎。

在我们看来，探索异地高考，必须与推进高考制度改革统一起来，应跳开集中高考统一录取的思路，在"分类考试，综合评价，多元录取"的高考改革中寻求突破。可行的方式有二。一是推行"高水平大学的联考＋自主招生"，全国所有考生可以不分户籍，自主报考高水平大学的联考，高水平大学依据联考成绩，结合考生的中学成绩、学校面试，以及地区因素（教育薄弱地区加分，优势地区减分），自主录取考生，这就实现了进城务工人员子女在任何地区报考全国重点大学。二是高职院校实行"申请入学、注册入学"，不论是进城务工人员，还是其子女，只要具有高中学历（学力），都可申请进入高职院校求学。如此"两头放

开”，再向一般本科推进，公平就将稳步扩大。相较而言，在生源压力之下，高职院校更有可能率先向进城务工人员及子女开放，实行宽进严出的教育。

除此之外，依据教育部门的部署，探索异地高考，是此次教改试点的重要内容之一，愿意先行先试的地区和学校，可以申报改革试点。可是，从异地高考的复杂程度看，远非一个地方的试点可能完成，它几乎涉及所有参加高考录取的高校（如果进行指标划拨的话），也必须协调全国所有省市地区的关系（进行异地组考、或者进行分数折合）。如果采取与高考改革相统一的新思路，更需要全局推进高校自主招生改革，这样涉及范围广泛的改革，更应该由国家牵头，统一推进。但愿在进行调研时，应将其作为全国性“课题”，而非地方试点的“课题”。

《一虎一席谈》两会特别节目：外来务工人员异地高考可行吗？

现场嘉宾：张建党 张千帆 贺优琳 劳凯声 王玉凤 严诚忠

正方观点：异地高考这样的人群很大，已经等不起也拖不起了，应尽快解决。与同城孩子同享考试录取权利是基本人权。可通过教育改革尽快推行异地高考，而不必等户籍改革。高考移民是由不平等的大学录取标准造成的，实行统考统招就可以消除高考移民。对待异地高考不能“一刀切”，不同的地区要有不同的解决办法。放开异地高考应该从京沪等流动人口最多，最急需解决的地区开始。

反方观点：这是一个很复杂的问题，近期很难解决。同城同待遇是为了促进教育公平，完全放开的话，会出现问题。取决于许多因素，非教育制度本身的问题。异地高考会造成高考移民，全面放开学生适应不了。从教育规律上说，各地因地制宜选择适合的教材与考试科目是一种进步，千校一面并不是一件好事。中央财政保证的大学应该向全国开放。反对试点，应彻底解决，解决方案是招考分开。

面试题目预测：

教育部发言人提出，对于外来务工人员子女异地高考事宜，有望今年正式启动相关办法的调研，这意味着外来务工人员子女有望不用回到原籍参加高考，你对这个问题怎么看？

二十、关键词：二胎政策

多名政协委员提议逐步放开二胎政策

于泽远

中国全国政协委员、人口资源环境委员会副主任王玉庆前天透露，目前计生部门正在考虑在城市放开二胎政策，他个人认为二胎政策到“十二五（2011 年至 2015 年）”末期可能会放开。

迫于人口激增带来的吃饭和就业压力，中国自 1970 年代末期以来实施计划生育政策，每个汉族家庭只能生育一个孩子，也就是外界所描述的“一胎政策（one-child policy）”或独生子女政策。近些年来，由于大量农村育龄人口外出打工，成为政府难以进行节育限制的流动人口，以及农村普遍存在以罚款取代计划生育政策的现象，一胎政策在多数农村地区已名存实亡。但在城镇的党政机关、事业单位、国企以及军队等官方机构，一胎政策仍在普遍执行。

王玉庆说，他赞成逐步放开二胎政策。现在农村和少数民族地区，如果第一个是女孩儿，政策允许生第二胎。王玉庆认为，这一政策可以在城市逐步放开。因为中国的老龄化问题比较突出，人口红利也到了一定阶段。

他认为，放开二胎政策不会导致人口暴涨，现在北京、上海这样的大城市人口出生率都在下降，特别是本地常住人口，因为现在养一个孩子的成本高了许多，且年轻人的观念也在发生变化。

王玉庆说，这种现象符合国际规律，生活水平达到一定程度后，不需要政府控制，人口自然会下降。

陕西省国土资源厅副厅长、全国政协委员李冬玉前天提出“单独二胎”概念，即在全国已普遍实行“双独二胎”(夫妻双方均为独生子女的,可按规定申请生育第二胎)的基础上,在部分城市先行试点“夫妻一方为独生子女的家庭可以生育第二个孩子”的“单独二胎”政策。

李冬玉说,中国人口控制政策的风险和代价正在显现和增大:30 年来中国已积累了上亿个独生子女家庭,这些家庭面临独生子女的成人风险、成才风险、婚姻风险和养老风险,还有独生子女家庭的儿女养老风险、结构缺损风险,同时也有社会的发展风险、国防风险和责任风险等。

中国 1980 年提出到 2000 年人口控制在 12 亿、2000 年提出到 2010 年人口控制在 14 亿的目标都已完成,学者预测中国人口在 2030 年前后将达到峰值 14 亿左右。李冬玉指出,中国自上世纪 90 年代进入稳定低生育期,综合生育率和生育意愿子女数在最近 10 多年内都相对较低,具备适度放开二胎的现实基础。

中科院武汉分院岩土所研究员、全国政协委员白世伟呼吁尽早放开独生子女政策。他说,30 年来独生子女政策为遏制中国人口过快增长发挥了重要作用,但人口总量愈来愈少会伴生一系列新问题,比如“一个孩子、两个父母、四个祖父母”的人口倒三角结构和老龄化、男女性别比例失调、社会青壮年劳动力短缺等诸多问题。

中国八个“民主党派”之一的农工民主党(简称农工党)中央近日在一份议案中说,目前计划生育这一基本国策只对在职公务员、国有企事业单位人员有约束力,但对除此以外的违法生育行为只能征收社会抚养费,约束力有限,“有钱人不怕交、贫困者交不起。”

农工党中央的调查发现,目前官方多项普惠政策都以“人均”形式落实,按人头进行补偿,不仅没能体现对计划生育家庭的优先优惠,反而在客观上助长了“多生多受益、少生少受益”的风气。

农工党中央建议,计划生育政策不仅要继续坚持实施,还应该加大法外生育的处罚力度。

二胎政策逐步放开可行吗?

凤凰网

正方观点:我国应尽快恢复原先的“一个不少,两个正好”的方针。中国人口生育水平在下降,和周边国家对比,计划生育政策没用。老龄化问题现在越来越严重。独生子女政策会使人口控制走向极端,弊大于利。计划生育政策对独生子女精神健康的正常成长有负面影响。生育权不是最重要的,是亚层次问题。

反方观点:城乡一胎、特殊二胎、严禁三胎、奖励无胎。中国人口基数继续不适当地增大,不利于很多问题的解决。人口老龄化和人口老龄化危机有区别。允许生二胎,会造成性别比例失衡。“一胎化”生育政策和性格变化没有必然联系,这些都是可以正确认识和科学解释的。中国人口必须强制,国家肯定有权力,生育不是天赋人权。

计划生育:放开不是无限制

凤凰网评论

独生子女政策则从上世纪 80 年代初开始实施,在控制大陆人口数量的快速增长问题上确实起到了很大的作用;但是 30 年过去了,这项政策带来的负面作用也逐步显露出来。

人口性别比严重偏离正常值,20 年后 1/6 男生难娶媳妇

中国大陆出生人口性别比在今天严重偏离正常值。这个问题在 1982 年就已经初露端倪,达到 108.5,2000 年是 117,现在更是达到了 120.56。这个比例意味着每生 120 个男孩,只对应 100 个女孩。

中国国家统计局在《中国社会中的女人和男人》的报告中提到,国际上出生性别比一般稳定在 103—107 之间,超出这个范围,属于不正常状态。而中国目前的出生性别比已经大幅度偏离正常值,目前只是一种表象,严重的后果会在将来的数十年显现出来,将会带来一系列的社会问题、伦理问题。20 年左右的时间，这些孩子到了适婚年龄，理想状态下，每120个男孩中就会有20个难娶妻，而一旦真的出现大量的婚姻挤压，后面的千军万马又跟着上来，其后果将不堪设想。

人口老龄化日趋严重，"倒金字塔"型家庭结构徒增养老压力

截至2009年底，中国60岁以上老人有1.67亿。到2050年，中国老龄人口将达到峰值4.37亿。由于中国低生育政策的加速作用，发达国家一两百年才步入老龄化社会，中国只用了三十年，未富已经先老，很多制度包括社会保障都跟不上。长此下去，中国很多家庭的结构会呈现为"四二一"的"倒金字塔"型，即一对独生子女夫妇赡养四位老人，抚养一个孩子，这种家庭结构给独生子女夫妇带来很大的经济压力，长久下来会带来很复杂的社会、经济问题。

像日本这样的发达国家，20年来经济处于低迷状态，早先认为是上世纪80年代末经济泡沫没有处理好造成的，现在大家的共识就是还由于人口老龄化，在日本甚至可以因为养老金的问题让执政党下台。

"独子难教"已成教育界共识，孤独环境不利于健康人格养成

"独子难教"，这是教育界的共识，很多独生子女都是被宠大的，他们的生活环境中一直只有一个小孩，这样的环境很难让他们形成协作精神、竞争意识，不利于孩子良好性格的养成。

政策实施的30年来，中国已积累了1.4亿户独生子女家庭，而且每年还在以平均五百万的速度增加。2008年汶川大地震的发生使很多家庭成为了丁克家庭，折射出独生子女家庭承担社会风险的能力是非常脆弱的。这些家庭面临独生子女的成人风险、成才风险、婚姻风险和养老风险。试想，独生子女家庭的孩子一旦遭遇伤残、意外身亡等其他问题，已经过了生育年龄的父母应该如何承担起这种痛苦？

人口红利期走向终结，提高人口素质成为重中之重

"人口红利"指人口结构呈现"两头小中间大"的时间段。有人口红利的时候，我们要利用；人口红利消失后，反而倒逼经济发展方式的转变，倒逼产业升级的换代、劳动生产率的提高，倒逼维护工人合法权益，使社会更加和谐。

拼人口数量的时代已经远去了。美国人口才3亿，但却是超级大国。西方发达国家总共7.7亿劳动人口一年创造36万亿美元的社会财富，而中国9.3亿劳动人口2010年GDP为6万亿美元。我们不能靠"多生孩子"来发展经济、支撑经济增长，而是要在现有人口数量基础上，要靠大力提高人口素质，提高科学文化水平，为中国未来的发展提供新的比较优势。

"到三十年以后，目前特别紧张的人口增长问题就可以缓和，也就可以采取不同的人口政策了。因此，劳动力不足的问题可以不必担心。"——中共中央关于计划生育的公开信

规避计划生育，内地掀起"翻墙"生子潮

调查显示，夫妇双方都是内地人的家庭选择跨境生育的都是第二或第三胎，而第一个孩子都持内地户籍，显然，跨境生育的主要动机是规避大陆的计划生育规制，此外，超生的总成本会比较高。当前跨境生育家庭当中，选择香港为孩子出生地的家庭最多，去年有4.1万内地孕妇赴港生子，2002年以后该数字每年增长70%以上。

以香港一般私立医院接生收费计算，赴港产子的总费用约6万至8万元港币，大约相当于东莞、佛山等地的城镇人口超生罚款的四五成，这还没有加入其他惩罚项目。同时，孩子能够获得可靠、合法、社会声望较高的身份，将来前往国外更容易、能够享有相关公共福利。

"十二五"规划写明调整人口政策，应当未雨绸缪

人口政策这样大的政策调整，事先的准备、讨论、研究要特别充分。在"十二五"规划纲要中，写明"坚持计划生育基本国策，逐步完善政策"，应该说调整的意向和方向已经明确了。

对计生政策作出调整，应主要考虑以下几个因素。一是，现行政策实行30年来，中国的人口数量得到了有效控制，因此有了调整空间，如果现在中国人口增长得还很凶猛，那么政策完善和调整的基础就不存在了。二是，随着中国人口结构矛盾逐步突出，应该未雨绸缪地进行前瞻性的调整。三是，计生政策调整要稳妥、有过渡，避免人口的突升突降。这些问题都要全面考量。

韩国经验:放宽生育未必会引起“补偿性生育高峰”

人口学家们担心停止计划生育之后会出现补偿性出生高峰。其实就像季节有春夏秋冬之分一样(农民春耕很忙,甚至需要请季节工,但忙碌也意味着好收成),人口也从来就不是平稳的(出生高峰能够动态性地给各行业的“季节工”提供就业机会)。纵观人类数千年文明史,人口出生高峰往往导致此后国力的提升。无论是文景之治、贞观之治还是康乾盛世,都出现较大的出生高峰。

韩国在1962年开始提倡一对夫妇生2个孩子,计划生育加上经济发展,生育率不断下降,1995年降到1.65,引起人口老化与新增劳动力减少等问题。1996年取消生育控制,随后出台鼓励生育的政策。照理说,应该出现出生高峰,但是生育率却不升反降,降低到1996年的1.58、1997年的1.54、1998年的1.47,2005年降低到1.08的极度危险水平。韩国的政策调整并没有出现“补偿性生育高峰”。

中国应该从现在开始完善计划生育政策。但是,政策完善和调整决不能是大开大合式的,而是要分步骤、有过渡。

以史为鉴尽早抉择,人口问题拖不起

早在上世纪50年代初,马寅初先生就注意并开始研究中国人口增长过快的实际问题。在1957年全国人大的一个会议上,他以《新人口论》为题,系统地论述了中国的人口问题,提出“我国人口增长过快”的观点。在当时特定的历史条件下,中共中央没有采纳马寅初的这些观点,反被当作“新马尔萨斯人口论”而受到批判。

然而,人口灾难在50年代的后20年愈演愈烈,尽显无遗。从1949年的16‰快速增加到50年代中期的23‰—24‰,人口总规模也从1950年的5.5亿迅速增加到1959年的6.7亿。1962年,出生率迅速达到37‰,1963年更是陡增到建国以来的最高水平43.37‰。1962年以后每年出生人数高达2700万左右,最高时1963年甚至达到2954万,年净增人口数也平均高达2000万以上。20世纪60年代成为1949年后人口增长最迅猛的时期。沿着快速增长的轨道,中国人口总量在1973年已经达到8.9亿的巨大规模。

生育政策几十年才看得出好坏,预防胜于亡羊补牢

人口问题具有长期性和滞后性的特点,现时的人口政策产生的后果可能会在20年以后甚至是30年以后才会让人们感受到它的可怕。印度国家人口委员会承认:截至2010年,印度的国家人口控制计划已经接近于失败。这也就是承认,印度人口膨胀,泛滥生育,已经失去控制了。官方在口头上推行呼吁、提倡实施人口控制计划,但实际上,却是放任自流,最终及至严重的人口灾难接踵而来。

对中国这样一个大国,人口政策的调整,应该着眼于“预防”二字,绝对不能贻误时机。要针对现在的国情,预想20年、30年以后的情形,进而对人口政策作出合理的调整。时过境迁,今非昔比,相同的是同样是中国的人口政策问题,不同的是这一政策走向又走到了新的十字路口上,面临重大的历史性抉择。

生育政策应逐步放开,须实现软着陆

计划生育政策向“二胎化”转变将是一个相对漫长和循序渐进的过程。一胎化导致的问题早已引起了重视,但由于人口突然波动对社会生产安排、社会保障制度和福利制度安排,都会造成很多不可预测的状况,因此人口政策的调整是一件非常慎重的事情。而国情专家胡鞍钢撰文表示,当前应适时、灵活、稳健地调整人口生育政策,再花上一代人的时间,从“一对夫妇生育一个孩子”向“一对夫妇生育两个孩子”进行“软着陆”和转变。

从20世纪80年代初以来一直实行二孩加间隔政策的甘肃酒泉市、山西翼城县、河北承德市与湖北恩施土家族苗族自治州等四个试点地区(总人口合计840万)也已经积累了成功经验,20多年来,这些地区生育水平比其周边实行一孩半政策地区低,出生性别比大大低于其周边一孩半政策地区。而厉以宁也强调说,放开不是无限制放开,应该是逐步地放开。究竟什么时候放,需要政府全面考虑。

实行计划生育政策以来,中国正面临人口增长缓慢和老龄化危机,但人口政策的调整承诺却一直没有兑现。而在“十二五”规划纲要中,写明“坚持计划生育基本国策,逐步完善政策”,调整的意向和方向已经明确了。接下来人口政策的转变更需要慎重，实现“二胎化”的软着陆。

面试题目预测：

多名政协委员提议我国逐步放开二胎政策，你对这个问题有什么看法？

二十一、关键词：保障房

保障房“形象”渐清晰：五年3600万套

经济参考报

两条消息使保障房的“形象”清晰起来。一是李克强副总理出席全国保障性安居工程工作会议并讲话，一是温家宝总理在新华网和网友在线交流时谈及房地产市场。

这两条消息至少向我们提供了关于保障房的这样的信息：

数字上，2011年，计划建设保障性住房1000万套；今后五年，新建保障性住房3600万套。

概念上，明确以公租房和廉租房为主，再加上棚户区改造。温总理说到这个问题的时候，特别强调“不要走偏方向”。

资金保证上，具体地说，中央财政加大对地方的补助力度，省级财政加大投入，市县加大对保障房建设的预算安排，确保住房公积金增值净收益和土地出让净收益按规定用于保障房建设。李克强副总理在谈到这个问题时特别强调“保证资金不留缺口”。

土地供应上，按规定实行划拨方式。质量监督和落实上，住建部也做了比较清晰的表态，比如，对完不成任务的地区，将进行报告、约谈和问责。

至此，原本碎片式的关于保障房的凌乱的说法，变得具体、清晰、系统起来，原本稍显模糊的数字、措施和决心变得清晰和肯定起来。正所谓宏图绘就，静观落实。

笔者之所以觉得这两条消息重要，不仅仅因为看到了这届政府的决心，也不仅仅因为保障房建设的宏图更加立体，更是因为这1000万套保障房其实是一座路标，它标志着我国住房制度的改革，或者说房地产市场的调控，进入了一个新阶段。这个新阶段的主要目标应该是，市场的归市场，政府的归政府。从这个意义上来看，这几年的房地产市场调控终于结出了制度的果实。

我国关于住房制度的改革，起源于上世纪八十年代中期在烟台、蚌埠等四地的改革试点，那时候改革的方向基本上是取消福利分房，让住房走向市场，实现城市居民住房私有化和房地产市场化，这项改革促成了我国房地产市场的兴起和勃发，放出了拉动中国经济增长的一匹快马。但是，市场不是万能的，当大部分城市居民的住房面积不断增长的同时，那些无力在市场上竞价的低收入者面对不断上涨的房价只能望洋兴叹。我们这时终于发现，当政策把大家都推进市场大潮中的时候，总有一些家庭需要上船，需要上政府打造的那条“保障之船”，那条房地产市场中的“诺亚方舟”。

无疑，房地产市场调控艰难，是本届政府的深切体会。难就难在，由于历史的原因，该政府做的和该市场做的事情搅在了一起，使得房地产市场调控中，全靠市场不行，干预过多也不行。其间夹杂着商人和百姓、中央和地方、穷人和富人、当地人和外地人、自用者和炒房者之间的矛盾，千头万绪，利益多元，调控起来，左右为难。如果把保障房大规模地建起来，把市场中的弱势群体保护起来，那么，市场中的利益纠葛就减少很多，相应地就会减弱调控的难度。可以说，没有保障房及其制度的建立和健全，中国房地产市场将永无宁日。因为房地产市场的问题从来不是单纯的市场问题。

如果进展顺利的话，这1000万套保障房作为一个地标，将见证中国房地产市场中，市场与保障的分野。笔者希望，市场的归市场，政府的归政府，从1000万套保障房的第一块砖开始。

保障房三大乱象

逯寒青、沈汝发、曹志恒

保障房建设目前已成为网民关注的焦点问题。在新浪微博上，有关保障房的话题超过 12.6 万多条，在腾讯微博上则有 29.7 万多条相关微博。在百度上输入"保障房建设"，跳出 620 多万条相关信息。

而随着近期大规模保障房建设全面推开，网络上反映保障房问题的网帖也越来越多，这些网帖集中揭露了目前保障房存在的被"骗购"、"福利房"和质量差三大乱象。

乱象一：被"骗购"

网事：网贴曝光多地保障房"骗购"事件

日前，深圳市住房和建设局在其网站上公布了深圳市第二次保障性住房终审公示二榜名单，并对保障房虚假信息申报者下发了第三批 290 份《行政处罚预告知书》。与前两次共查处 45 名涉嫌申报虚假信息骗购者相比，本次查处行动不仅人数大幅上涨，而且因处罚名单中再次出现了身家百万的"富豪"申请者，再度引发网民关注。

在杭州，有网帖爆料经济适用房骗购现象严重。而杭州经济适用房主管部门只在 2009 年查实 14 套经济适用房系虚假资料骗购而被收回。

此外，在北京、武汉等地，不断有网帖曝光当地保障房被"富翁"等不符合条件人群骗购的情况发生。

记者观察：加大骗购者的惩处力度

针对不断发生的骗购现象，深圳目前已初步制定了对骗购保障房者最高处罚 20 万元的新政策。舆论普遍认为，目前我国已出台地方性保障房违规惩处标准的城市中，大多只是对违规者处以几千元的罚款和几年之内不得再次申请。这样的处罚力度相对于申请到保障房的巨大利益来说，只是"九牛一毛"。只有不断加大违规者的处罚力度，才可能真正起到震慑作用。

在网民曝光保障房"骗购"事件后，有关政府部门大多表示，公示名单经过初步核实且符合条件。但网民担心的是，信息虽然公示了，审核程序却流于形式，公示信息也遮遮掩掩。"为何名单筛选、公开摇号等事情不在网上公开接受群众监督？"网民"获寒"抱怨说，"很多在街道办事处就被卡了，就随便找个理由，连到房管局参加摇号的机会都没有。"

网民建议，有关部门在确定保障房名单的所有环节和操作程序中，都应该公开、透明，在资格审查中坚持客观公正的原则，保障普通民众与公职人员等享有均等的机会。同时，加强对保障房的监管，建立严厉的问责机制，严肃处理骗购人员和相关责任人。

乱象二："福利房"

网事：保障房被公职人员"团购"

福建龙岩市经济适用房建设近日被一名叫"福建龙岩人"的网友在天涯、大旗等多家网络论坛发帖质疑。网帖称：龙岩市经济适用房被某些公职人员"团购"，机关事业单位的工作人员占了申购者的近 20%。

此外，陕西省山阳县被网民曝出，在 900 多名经济适用房申请人公示名单中带职务者多达 100 多人，其中不乏"乡长、镇长、执法队长、所长"，还有的直接标注有"科员、副科、科长"等字样。山西省忻州市首例限价房项目被网民爆料称，已经成为当地干部福利房，而且这些限价房被大肆高价倒卖牟利。海口市一个社会公共福利项目限价房被仅仅针对部分特定人群销售也被网民曝光……

记者观察：保障房从建设到分配引入"阳光机制"

不少网民质疑，为何有那么多有钱有权的人敢冒着违规风险，与普通老百姓争福利？有关部门是否对购房者经过了严格审查？网民"刘洪波"说，"网民就怕：无权的，市场化；有权的，福利化。"网民"LKK443"说："没有公开，就没有真相；没有真相，就存在暗箱操作；存在暗箱操作，就不会有公平；没有公平，就没有说服力。”

有评论指出，当前要防止出现借保障房之名行福利房之实的回潮。从保障房建设的主体来看，如果地方政府是绝对主力，那么其行为的界定和规范还相对容易。但此次为了弥补政府建设保障房力量的不足，有条件的企事业单位再次被鼓励自建保障房。这就很难排除一些财力雄厚的大企业趁机大兴土木，将保障房悄悄变性为内部职工的福利房。而一些财力薄弱的企业职工只能“望房兴叹”。这无疑会加剧分配和社会保障领域的不公平。

乱象三：质量差

网事：保障房质量问题屡遭网民“围观”

除了保障房分配的公平公正，网民对保障房建设质量也始终高度关注。网民“齐晋”在天涯论坛发帖说：“由于保障房建设利润较低，甚至可能亏本运营，则需严防偷工减料的问题，百姓要住房，更要安全住房。”

内蒙古包头市最大的棚户区改造项目“民馨家园”大部分新楼房成“墙脆脆”被网民曝光，让原本好端端的“民心工程”，变成了“闹心工程”。这成为继去年10月北京“明悦湾”8栋保障房被责令拆除以来，又一起因质量问题而影响波及全国的典型事件。

此外，经网络曝光，南京、武汉、杭州、广州、深圳等多城市也都出现过保障房质量问题。这些事件，无疑加重了社会各界对保障房质量的不信任感。

记者观察：保障房必须保质量

新浪网民“夫子66”说，“墙面脱落、墙体开裂，满心欢喜的新房却不能住，民生房成了窝囊房。为什么保障房、经适房总是屡屡出现质量问题？为什么民生在一些建筑商眼里总是敷衍了事？民生不是施舍，不是怜悯，而是政府的职责。”

网民们认为，保障房大规模建设时期已经开始，提高保障房质量水平，关系群众切身利益，关系群众对“保障”的感受，关系党和政府的形象，容不得半点马虎。

针对网民对保障性住房质量的担忧，福建省住房和城乡建设厅日前下发文件，要求在保障房建筑物设置永久性标牌，载明工程质量各方责任主体名称及主要责任人姓名，以此接受社会监督。福建省住建厅还要求建立和完善回访保修制度，强化督导检查，发现转包、违法分包、挂靠等严重违法违规行为的，一律清出保障房市场。福建省的做法在新浪和腾讯的微博上引发了一片叫好声。

福州大学房地产研究所所长王阿忠教授认为，在诸多网民的聚焦下，能否完成中央提出的1000万套保障房建设计划与时间表的双重指标，成为考验各地政府执行力的重要标尺，而保障房的“含金量”足不足，则不仅考验着各地政府的管理能力，也考验着各地政府的公信力。

公配公平是保障房的生命线

人民日报 王炜

今年我国将开工建设各类保障房1000万套，整个“十二五”期间共将建成3600万套。当人们把目光聚焦在保障房建设规模和进度上时，关于保障房分配不公的消息却不断传出，引起社会各界高度关注。

分配公平是保障房的生命线，如果守不住这条生命线，建保障房就失去了意义。如果不能把保障房分配给最需要的人，建设的量越大，浪费反而就越大，还会进一步加剧社会不公平。

在大规模建设起步之年，如何守住分配公平这条生命线，变得比以往任何时候都重要。

“限价房咋专门保障在职干部”

——分配乱象层出不穷，严重损害政府公信力

分配不公一直是保障房面临的老难题，从最初的“开豪华车申请经济适用房”，到近几年的“六连号”等事件。随着保障房建设规模越来越大，分配不公的现象层出不穷，花样繁多，大有愈演愈烈之势。

6月27日，全国人大常委会第21次会议审议2010年度审计工作报告。其中，工作报告中反映了8省区16个城市政府投资保障性住房情况。这些城市2010年开工建设公共租赁住房8.11万套，出租2.97万套，有4407套廉租住房被违规租售或另做他用，有4247套廉租住房分给了不符合条件的家庭。

尽管审计署事后回应称，出现分配问题的廉租房只占3%左右，并非媒体解读的“一半廉租房分配不公”。但可以确定的是，审计报告所揭露的，只是保障房分配问题的冰山一角。

在审计署公布报告之前，今年已有多地爆出保障房分配的“丑闻”。

在陕西省山阳县，在900多名经济适用房申请人公示名单中带职务者多达100多人，其中不乏“乡长、镇长、执法队长、所长”，还有的直接标注了“科员、副科、科长”等字样。

在浙江苍南县，850套限价房，成了当地县乡一些领导干部的“保障房”。更荒唐的是，苍南县专门出台规定：限价房销售对象主要为苍南县党政机关和其他全额拨款事业单位的在职干部、职工。

此外，一些大企业、大单位利用自身的特权，建设低价保障房，定向供应给本单位职工的事件也屡屡出现。

和前几年小规模的、靠钻政策或系统漏洞，将保障房分配给不符合条件的人有所不同的是，今年以来曝光的违规分配事件，逐渐演变为公开的、甚至有政策支持的行为。违规分配的对象，越来越向政府、大企业等权力部门、单位倾斜。被违规分配的保障房类型，也由过去的经济适用房、限价房等可以通过上市交易获利的房源，扩大到廉租房、公共租赁房等出租房源。

更腐败的分配不公现象也依然存在。据记者了解，在一些审核制度执行不严格、监督不到位的小城市、县城，即便符合条件的家庭要申请一套廉租房，也要托关系送礼。申请廉租房的大多是低收入家庭，很多因为送不起礼，硬生生被挡在门外。而送礼的数额，足以支付多年房租。

有特权、有资源、有钱的单位和个人能得到保障房，并从中获利。许多真正需要保障房的收入低、住房困难的家庭，只是在制度层面被保障，实际上却长期在保障房的门口排队。这种现象令人担忧。

保障房分配不公，还引发了人们对保障房制度本身的质疑。有专家指出，大量保障房被有权有钱的人获得，带来的最恶劣影响是给有些人指了一条不劳而获的路，这些人不需要努力工作解决住房问题，只想着设法弄到保障房资格。对政府而言，大量建设保障房却没有分配给最需要的人，政府因此投入的财力、物力，以及因保障房建设而承担的债务风险就失去了价值。长此以往，保障房政策在一些地方就将失去保障的意义。

更令人担心的是将来。到“十二五”期末，保障房将占到全社会住房总量的20%左右，随着这些房子建成并进入分配环节，违规现象也有可能随之大幅增加。许多困难家庭的希望可能因此落空，这将加剧社会不公平，严重损害政府的公信力和形象。

“买得起部分产权的都不是最穷的家庭”

——“共有产权”可能加剧分配不公，要探索须先规范

在制度设计层面，不同类型保障房应该怎么分，在根本上决定着保障房实际分配过程中会不会出现不公平。如果制度设计科学合理，能在最大限度避免不公，如果设计不合理，只要留下寻租的空间，实际

操作中就难免出现不公平。

这其中，最特殊的、争议最大的莫过于“共有产权”。

随着保障房建设数量激增，各地面临的资金压力空前。为了筹措资金加快建设，一些地方开始尝试“半租半售”或“先租后售”的分配模式，即允许符合保障条件的家庭在支付租金的同时，可以花钱分期购买部分产权，与政府根据出资比例共同拥有保障房的产权。一段时间后，家庭可以买下政府手中的部分产权，拥有完全产权。这样，政府可以尽快回收建设资金。

探索最早从廉租房开始。一些地方探索实施廉租房共有产权分配模式已经有两三年的时间。还有一些企业和地方也在建议，对公共租赁房实行共有产权，以吸引民间资本进入。

从部分地方宣称的实践效果看，共有产权模式既缓解了政府的建设资金压力，也让低收入家庭可以获得“恒产”，受到老百姓欢迎。

但争议的声音也一直未断。专家和部分地方住房保障主管部门官员指出，租赁型的保障房，多数应该由政府掌握产权，否则寅吃卯粮，将来有一天将“无房可保”。

更关键的是，一旦可以低价买下全部产权，就意味着将来可以通过上市交易获得高额利差，巨大的寻租空间将带来巨大的腐败，保障房分配不公的现象会更严重。

“最简单的道理，能购买部分产权的家庭，还是有一定支付能力的。而现行的政策下，廉租房应当优先供应孤、老、病、残等支付能力差的低收入家庭，根据这个条件，他们连部分产权也买不起。”某地房管局长向记者表示，“那么，这种共有产权的保障房，究竟应该优先分配给谁？是最困难的家庭，还是能买得起部分产权的家庭？这本身就有可能造成腐败和不公平。”

尽管共有产权至今没有一张合格的“准生证”，但住房和城乡建设部等主管部门，近年来屡次在各种场合表示，支持部分地方进行“共有产权”探索，多渠道筹集保障房建设资金。

当前，加快建设仍然是保障房发展的第一任务。在建设资金捉襟见肘的情况下，共有产权的尝试还将继续。当务之急是通过制度设计，尽可能减少其寻租空间，避免共有产权变味。因此，现行的《廉租住房管理办法》和正在制定中的公共租赁房管理办法，应该对此作出明确规定。

住房和城乡建设部有关负责人也表示，共有产权只能作为一种筹集资金的渠道，不应该成为地方政府推卸保障责任的工具，必须明确共有产权政策的实施范围。如果财政确实困难，可以采取这种形式筹集资金。同时，通过共有产权形式筹集的资金应该专项用于保障房建设、维护和管理，不能挪作他用。

“共有产权房的购买对象应该进一步规范。”这位负责人指出，购买对象应该严格限定在符合当地政府规定的保障对象，并优先保证困难家庭的租住需要。绝不能因为实施共有产权管理，而强制保障对象购买或优先向“购买”的家庭提供保障房。

“大爷大妈都上阵监督，怎么还堵不住分配漏洞”

——如果规则制定者自身行为不当，群众监督无异于以卵击石

自从开始建设保障房以来，分配不公的现象就一直是顽疾。过去，造成分配不公的原因主要是审核制度不完善、管理机构不健全以及人员不足等。随着国家对住房保障的重视程度不断提高，已经制定了相对严格的审核制度。机构方面，各地都成立了专门的住房保障部门，相关人员、设施也有了较大强化。随着各部门之间信息联网、共享也越来越完善。

从各地实践看，目前普遍形成了“社区、区、市”三级审核、三级公示的准入制度。一般来说，从提出申请到获批保障资格，最短时间也需要两个月左右。在审核过程中，往往能挡住一批不符合条件的家庭。

制度和机构之外，在实际操作中要堵住漏洞，引入社会监督被认为是比较有效的手段。以江苏省为例，目前江苏对住房保障分配、运营的全过程和各个环节的管理进行规范，完善和应用住房保障信息管理系统，规范和落实住房保障申请、审核、公示、轮候保障、分配管理等制度，做到保障房源、分配过程和分配结果“三公开”。

据江苏省住房和城乡建设厅副巡视员王如三介绍，“我们审核保障对象时，还请了乡镇、街道、社区基

层的大爷大妈来把关，他们最熟悉周边住户的情况，他们说谁家收入低，住房困难，也多半错不了。”

然而，在制度看似天衣无缝、机构健全、连大爷大妈们都上阵的情况下，保障房分配不公的问题却仍然在上演，问题究竟出在哪？

“最关键的问题是违法成本低。”中国房地产协会副会长朱中一表示，现行的保障房管理规定，对违规分配、违规获得保障房的处罚仅仅是退还或几年内不再享有分配资格，缺乏更严厉的处罚措施，这就给了违规者铤而走险的机会。另一方面，一旦分配不公成为地方政府的官方行为，作为规则制定者，不仅制度无法限制他们，群众的监督更显得以卵击石。

当务之急，是要通过法律形式，对政府、企业或个人违规分配、获得保障房予以重罚，以此震慑违规者。同时，必须扩大监督渠道，将保障房分配置于群众和中央政府的监督之下，并通过设立特殊的投诉渠道来监督地方政府的不当行为。

经过多年的准备，我国首部《住房保障法》已进入立法程序的最后阶段，不久就会正式出台。据几位参与起草的专家介绍，提高骗购保障房违法成本、保障公平合理分配，是《住房保障法》的重要内容。

分配管理的公开公平公正，是主管部门每次进行保障房督查的重点之一。今年 9 月，住房和城乡建设部会同监察部开展保障性安居工程建设政策落实情况的监督检查。其中，保障房准入审核、分配、使用和监管情况也是督查的六项重点之一。对于督查中出现的问题，有关部门将约谈地方政府负责人，直至问责。

延伸阅读——保障房知多少

新浪网

保障房是什么

保障性住房是指政府对中低收入住房困难家庭所提供的限定供应对象、建设标准、销售价格或租金标准，具有社会保障性质的住房。

当前我国大力建设的保障房类型主要包括城市廉租住房、公共租赁住房、经济适用住房、限价商品房，也包括城市棚户区改造住房和一些林区、垦区、国有工矿的棚户区改造住房。此外，游牧民定居工程、农村危房改造也纳入保障性安居工程范围。

保障房建多少

2007 年全国住房工作会议召开，提出要大规模建设保障性住房，解决城镇低收入住房困难家庭的基本住房问题，拉开了大规模保障房建设的序幕。2009 年初，为应对国际金融危机冲击，在国家 4 万亿元的投资计划中，保障性安居工程位列首位，建设规模进一步加大。

2011 年，我国将开工建设各类保障性住房 1000 万套，整个“十二五”期间共将建设 3600 万套。届时，保障房的供应量将占整体住房供应量的 20%。

根据新的人口普查数据，我国城市常住人口 6.66 亿人，约 2.22 亿多个家庭，未来 5 年增加 3600 万套保障房，约占城市家庭数的 16%。

保障房钱从哪儿来

据估算，今年开工 1000 万套保障房，共需投资约 1.4 万亿元。今年中央财政共安排 1030 亿元用于保障性安居工程建设，同比增长 34.7%。根据要求，省级财政应按照不低于 1∶1 的比例提供配套资金。地方财政仍然是建设资金的主要来源。

国家采取了允许发行地方债券，鼓励社保和保险资金进入等措施解决保障房的资金问题。地方政府可以通过支持发行债券和担保贷款，帮助企业和居民进行直接和间接融资，也可以通过注入财政资金或者将土地作价为资金注入，支持保障性安居工程建设和运营。

面试题目预测：

1. 今年年初国家提出，我国将在今年内开工建设各类保障性住房1000万套，整个“十二五”期间共将建设3600万套，你对这个问题有什么看法？

2. 国家提出大量建设各类保障性住房以解决百姓的安居问题，有人认为保障性住房成为了有关单位变相的福利房，反而加剧了社会分配不公，你对这个问题怎么看待？

3. 在北京、武汉等地，不断有网友曝光当地保障房被“富翁”等不符合条件人群骗购的情况发生，你对这个现象有什么看法？

二十二、关键词：裸捐

背景回放

裸捐(all-out donation)：把特定范围的个人资产全部捐出。

美国关于慈善基金的法律规定，每年只需花出5%的钱，剩下的95%可以用来投资，使慈善本金不断放大，从而滚动增值，继续做慈善。这就是洛克菲勒等基金能持续百年的原因。

而目前中国对公募基金的规定是，基金会用于公益事业的支出，不得低于当年收入(接受募捐、资本运营收入)的70%。如果一个人把自己的资产全捐出来，那当年花掉70%，这钱大约三年就不见了。

全球首富比尔·盖茨在宣布退休时，将580亿美元的个人资产全部捐给自己和妻子名下的基金会，创造了“裸捐”之最。盖茨基金会，2003年以268亿美元的资本获得了高达39亿美元的投资报酬，利润率高达15%左右，每年只要将总资产的5%用于捐赠，就可以使整个基金会获得减免税收好处，是资本主义的一种“赚钱方式”。

总之，美国有一些健全清晰的法律法规，构成了可持续发展的基金的游戏规则，而中国目前不具备这样的规则。

盖茨“裸捐”的三重启示

王石川

微软创办人盖茨接受英国BBC访问时表示，将把自己580亿美元财产全数捐给名下慈善基金比尔及梅琳达盖茨基金会，一分一毫也不会留给自己的子女。“以最能够产生正面影响的方法回馈社会”，盖茨的这句话值得回味。

其一，该如何拥有正确的财富观？盖茨还曾说过一句话，名下的巨额财富“不仅是巨大的权利，也是巨大的义务”。钢铁巨头卡内基说，在巨富中死去是一种耻辱。如果能理解这种价值趋向，就会明白盖茨裸捐实在是再正常不过的逻辑。

其二，该如何对待财富代际转移？曾有学者对江浙富豪做过调查发现：家产越多，越希望孩子接班。应该说，民间财富代际转移，谁也不宜置喙。但借用盖茨的话说，将财富全部留给子女，肯定不是“最能够产生正面影响的方法回馈社会”。

其三，该如何保证善款得到善用？盖茨裸捐，表明了他对基金会的高度信任。我们知道，盖茨夫妇为基金会制定了“15条军规”，为保证善款能用得其所，该基金会明确表示欢迎外部监督，甚至鼓励举报者直接向司法机关检举。这种近乎苛刻的规定，值得我们借鉴。

也许囿于国情及心理传统，让富豪悉数放弃财富投身于慈善事业，是一种道德苛责。但在中国慈善家的年龄逐渐老龄化的当下，如何引领包括富豪在内的国人“以最能够产生正面影响的方法回馈社会”，如何形成“穷则独善其身，达则兼济天下”的情怀，应是每个人都该思索的命题。

中国首善陈光标宣布死后将捐出全部财产

中国新闻网

有着"中国首善"之称的江苏黄埔再生资源利用有限公司董事长陈光标在其公司网站上刊出一封致比尔·盖茨和巴菲特的一封信，信中说："我在此郑重宣布：将做第一个响应并支持你们行动的中国企业家。在我离开这个世界的时候，将不是捐出一半财富，而是'裸捐'——向慈善机构捐出自己的全部财产。这也是我给你们两位先生中国之行的见面礼。"

"我作为一个富人，绝不做财富的守财奴。目前我每年都在把公司一半以上的利润拿出来做慈善。2009 年我们公司净利润 4.1 亿，我捐出去了 3.13 亿，捐出净利润的 77.6%。财富是什么？我认为，财富是水，是身外之物。如果有一杯水可以一个人喝，有一桶水可以存放在家里，要是有一条河就该与大家分享。"

精神富裕才是真正的财富。"我一直认为，人的一生是短暂的，当我们活着的时候，能够轰轰烈烈地为自己的国家干一番事业，创造财富，创造就业，创造文明和进步，无疑是幸福和快乐的，同样，当我们即将离开这个世界的时候，能够把财富归还世界，让更多遭遇不幸和贫困的兄弟姐妹共享，自己清清白白地离开这个世界，更是一种高尚和伟大。"陈光标如是说。

"穷则独善其身，达则兼济天下"。对于慈善，每个人都有自己的一杆标尺，因此有了形形色色的"慈善面孔"。"老吾老以及人之老，幼吾幼以及人之幼"是慈善；对个人，对家庭，对社会负责是慈善；在贫困时不怨天尤人，在富裕时不忘父老乡亲是慈善。

懂得回报是一个人的终极美德。在我们身边，有一些人，他们用自己的行动诠释了道义，让我们看到，懂得回报是一个人的终极美德。

面对慈善事业，每个人都应是陈光标

红网　周欢

不得不承认，中国从来就不缺少身家显赫的富豪，也不缺少好善乐施的好人，缺的是恰恰是既有钱又懂善之士。从为富不仁的烧钱游戏，到用钱砸人式炫富斗富，富人圈子里的种种行为总是让人感到沉重和心寒。尤其随着"富二代"群体的登台以及"富二代"现象的涌现，普罗大众对富人的认同感与接纳度降至前所未有的低谷。无论是"富裕沦为蔑视公平的丑陋标签"，还是"有钱异化成吝啬抠门的专属名词"，都道出社会对于富而不仁现象的群体性焦虑。

幸好还有一个陈光标，不然公众对"中国式富豪"会更加绝望。从规定员工"捐款以 10 元为限"，到频频曝出的"诈捐门"，再到担心"劝捐"而拒绝参加慈善晚宴，富人们的"伪慈善"与"假爱心"面目一次次被戳穿，留下的是"吝啬鬼"和"守财奴"的负面性公共形象。陈光标的出现，有着标本意义，至少让社会大众略微感觉到，比尔·盖茨与巴菲特不仅仅存在于外国，中国也有乐于慈善事业的富豪。

回顾陈光标的慈善历程，虽然赞誉之中不乏争议之声，但并不影响他成为公众心目中的"中国首善"。从亲率救援队千里驰援汶川并向地震灾区捐赠款物过亿元，到将三千多万现金垒成"钱墙"捐赠给西部贫困家庭，陈光标的慈善举动显得高调又惹眼。而其 10 年来向慈善事业捐款捐物累计突破 8.1 亿，更像是对那些为富不仁或慈而不善的富豪们的一种刺激和羞辱。慈善事业不是"一个人的战役"，虽然"中国首善"陈光标只有一个，但社会需要更多自愿投身于慈善的王光标、刘光标、李光标……

裸捐名人录

百度百科

承诺在辞世时向慈善机构捐出全部财产，“陈光标式裸捐”恰似一剂清醒药，注射在患有“慈善变异症”的社会肌体上，时刻给公众以启迪。企业家不应只是冷漠的赚钱机器，富豪也不能止于炫耀式烧钱游戏，其真正价值不仅体现在能够为社会创造多少 GDP，更体现在能够承担多少公民责任、履行多少社会义务。应该说，慈善与爱心，不是出于勉强和敷衍，而是一种发诸内心、见之行动的全民性自知自觉，无论是坐拥亿万财产的富翁，还是日子过得平平的普通人，都概莫能外。

让我们一起来看看哪些名人参与到裸捐的队伍之中。

牛根生

牛根生先前的形象一直是朴实、厚道的商业领袖，并因“裸捐”了全部个人持有的上市公司股份而为人瞩目。

牛群

说相声的叫牛群，兴冲冲地出任山东某县副县长而且哭着喊着要求“裸捐”，后不了了之。

陈光标

2010 年 9 月 5 日，有“中国首善”之称的江苏黄埔再生资源利用有限公司董事长陈光标，在其公司网站上刊出了致比尔·盖茨和巴菲特的一封信，陈光标在信中指出：“在我离开这个世界的时候，将不是捐出一半财富，而是向慈善机构捐出自己的全部财产。”

冯军

2010 年 9 月 9 日 9 点 09 分，爱国者总裁冯军在其实名认证的微博上公开表示，“自愿在活着的时候，将个人全部财产逐步捐献给社会，用于公益和慈善事业。”

周润发

继“中国首善”陈光标和爱国者总裁冯军表示将捐出全部个人财产后，周润发也加入了“裸捐”的行列。他们的善心和勇气令人感动。周润发传出看透生死，声称死后将捐出 99%财产回馈社会，他说：“我什么都不想带走。”据传他的妻子陈荟莲也支持发哥做法，一旦周润发实现他的诺言，以他现在的资产来估算，他将会捐出超过 34 亿元的财产。

面试题目预测：

1. 中国首善陈光标宣布死后将捐出全部财产，被网友称之为“裸捐”，你对这一事件有什么看法？

2. 继续美国的比尔·盖茨、中国陈光标之后，中国许多富翁都宣布死后将个人财产全部捐赠给慈善事业，你对这一现象有什么看法？

二十三、关键词：食品安全

珠海绝育黄瓜

凤凰网评论

“市场卖的蔬菜我都不敢买了。”刘姨一边松土一边说：“又是催长激素，又是农药，又是化肥，还有保鲜剂，这种蔬菜会损害人的健康。”

5 月 15 日，记者在珠海市南屏镇看到，一些居民在未开发的荒地里开荒耕种，南屏桥下，濂泉山边，还有排洪沟里，只要有荒地，就有挥锄耕种的居民。

刘姨来自梅州，退休后搬到珠海跟儿子一起居住。她说，在这里耕种的居民有来自湖北、湖南、江西一带的，有来自省内各地的居民，大家都是怕吃到施放农药、施放催长激素的蔬菜，所以就买来锄头、扁担、水桶开荒种菜，一个四口或五口之家，开一片50平方米的菜地就能解决蔬菜供应。“我种的韭菜要三个礼拜才能长成筷子长，而一些菜农三天两头喷激素，四五天左右就能收割，这样种出的韭菜敢吃吗?”

刘姨菜地旁边是钟先生的地，他也是退休后从内地迁到珠海来的老人。他说：“最可怕的还是头顶鲜花的青瓜。”他从菜地里摘了一条弯曲的青瓜，把瓜端举给记者看：“我们自家吃的青瓜结果时花就谢了，而市场上卖的头顶鲜花的青瓜都是用避孕药、雌激素涂抹的瓜，人吃了就会出现不孕不育甚至绝育等可怕的后果。”

与老年人开荒种地不同，在珠海某企业工作的白领陈先生采取的阳台种菜的方式，用花盆盛上土，在阳台上种植红薯叶、西红柿、豆角等蔬果。

毒豆芽、“绝育”青瓜、毒豇豆……国内农产品问题层出不穷。珠海市盛宝自然博物馆馆长李盛炳认为：“现在监管技术也存在问题，就拿避孕药涂抹的青瓜来说，农产品检测不一定能查到，农产品激素是否超标还处于监管盲区。”(注：青瓜，正名黄瓜，属葫芦科植物。广泛分布于中国各地，并且为主要的温室产品之一)

上海“染色”馒头

央视报道称，上海盛禄食品有限公司分公司在生产过程中添加色素、防腐剂等，将白面染色制成玉米面馒头、黑米馒头等，工人还随意更改馒头的生产日期。“染色”馒头进入了上海部分超市销售。

据新华社电部分超市销售“染色”馒头引起上海市高度关注。上海市委副书记、市长韩正表示，将彻查此案、依法严惩，彻查过程将向社会公开，查到哪里公布到哪里。

12日，上海成立了由市政府领导为组长，质量技术监督、工商、公安等相关部门及部分上海市人大代表、政协委员组成的联合调查组。韩正表示，联合调查组要彻查此案，每个环节都必须查实，依法严惩，严肃问责。

联合调查组当天公布的调查结果显示，上海盛禄食品有限公司分公司在馒头生产过程中存在虚假标注生产日期、将过期馒头产品重新用于原料再生产、违法添加色素等行为。

目前，上海盛禄食品有限公司分公司已被责令停产整顿，企业责任人被公安部门采取临时控制措施。上海质量技监部门对可疑原料和产品进行了封存扣押，对企业账册进行了登记保存，并责令其召回问题产品。上海工商部门也展开紧急清查，截至12日16时，共下架、封存上海盛禄食品有限公司分公司生产的馒头1.6万只，涉及华联、联华、迪亚天天等多家超市。

联华超市召回“问题馒头”

晨报讯(记者肖丹)深陷“染色馒头”风波的上海联华超市昨日表示，11日晚间已经对旗下门店下发了紧急通知，对在售的问题馒头进行下架处理。在联华、华联门店购买了问题馒头的消费者，可以凭收银条或商品标签在联华和华联门店按照有关规定退赔。

联华超市表示，公司在央视曝光“染色馒头”当晚就启动了下架、封存、召回程序，同时要求门店在显要位置张贴“问题馒头召回”公告。

联华超市方面称，12日早上，超市营运、商品、信息、财务、质量监督的负责人召开了紧急会议，决定对在联华、华联门店购买了“染色馒头”的消费者进行退赔，赔偿额度为1至10倍。联华超市同时表示，保留对上海盛禄食品公司的法律追索权。

瘦肉精

瘦肉精(Clenbuterol)，一类动物用药的统称。任何能够促进瘦肉生长、抑制动物脂肪生长的物质都可以叫做“瘦肉精”，是一种非常廉价的药品，对于减少脂肪增加瘦肉(Lean Mass)作用非常好。瘦肉精让猪的单位经济价值提升不少，但它有很危险的副作用，轻则导致心律不整，严重一点就会导致心脏病。

它作为一类化学用品，而不是一种特定的物质，是指能够促进瘦肉生长的药物添加剂。任何能够促进瘦肉生长、抑制肥肉生长的物质都可以叫做“瘦肉精”。

瘦肉精在上海曾经引发了几百人的中毒事件。而在台湾，由于从美国进口的猪肉里含有瘦肉精，几乎挑起一场政治争端。由于西方国家一般不消费动物内脏（内脏特别是肝脏则会残留瘦肉精），因而，在美国、加拿大、新西兰等国，瘦肉精这类物质的使用是合法的。

在中国，通常所说的“瘦肉精”则是指克伦特罗。它曾经作为药物用于治疗支气管哮喘，后由于其副作用太大而遭禁用。

其他这样类似药物还有沙丁胺醇（Salbutamol）和特布他林（Terbutaline）等，同样能起到“瘦肉”作用、却对人体健康危害过大，因而造成安全隐患。它们也因而在全球遭到禁用。

南京牛肉膏

牛肉膏（Beef Extract）又称牛肉浸膏，是采用新鲜牛肉经过剔除脂肪、消化、过滤、浓缩而得到的一种棕黄色至棕褐色的膏状物。有牛肉自然香味，易溶于水，水溶液呈淡黄色。现在，市场上出现了一些熟食店、面馆为牟利而用牛肉膏将猪肉“变”牛肉的现象。2011 年 4 月有报道称南京市场“牛肉膏”疯卖。

购买人群

购买这种添加剂的主要是面馆、大排档以及熟食店。“像这种‘牛肉膏’，一般路边的牛肉面馆、做牛肉加工的厂家用的比较多，羊肉膏卖往烧烤店。”一位受访的调料店女店主称，“另外还有一些其他的商家也是我家的老主顾，”女店主称，一些熟食店和早点摊也是这些添加剂的大客户。“熟食店买添加剂可以让卤菜更加好看，而一些早点摊因为采购的肉质不好，也会采用这些东西增加肉的香味。”

通常而言，一瓶（500g）可以腌制 50 斤左右的猪肉。以猪肉为例，目前合肥市场上，新鲜猪肉的价格为 11 元/斤，牛肉的价格达到 20 元/斤。一次腌制 50 斤猪肉就可以节省接近 500 元。市场上熟牛肉的价格达到了 35 元/斤以上，即腌制 50 斤牛肉就可以省下超过 1000 元的成本。

相关危害

省质监局质检院食品化学部孟鹏博士说，食用香精、I＋G 等添加剂都是国家允许的食品添加剂品种，但有限量使用要求。如 I＋G 的用量约为 2%—5%，水解蛋白每日限量为 50 至 l00g。

但记者发现，这些具体含量在牛肉膏罐身上并没有体现，而且上面还强调可根据当地口味，用量不限，这或会导致添加剂过量使用。专家指出，食品添加剂在一定安全剂量内食用，并无危害，但若违规超量和长期食用，则对人体有危害，甚至可能致癌。

江苏“爆炸”西瓜

连日来，瓜农刘明锁承包的江苏镇江丹徒区延陵镇大吕村 40 多亩西瓜大棚，就像布下了“地雷阵”，从 5 月 8 日开始，已结满瓜藤的大小西瓜，还没有成熟就一个个炸裂开来，有的炸得四分五裂，有的炸得像一朵花。就在记者采访时，其他瓜农的数十亩西瓜同样开始满地“开花”。连日来的大棚西瓜爆炸还在当地继续和蔓延，多家承包户出现惶恐。

有瓜农和专家指出，瓜农施用的“膨大增甜剂”是造成爆瓜的原因。

26 万血本砸进 40 亩瓜棚

今年 51 岁的刘明锁本是个养殖户，听说种瓜能赚钱，便将几十年积攒的 18 万元血汗钱加上 8 万元贷款，一次性投入种植大棚西瓜。今年春节前夕，刘明锁租用大吕村 40 多亩土地，开始了种瓜之路。

刘明锁全家在技术员的指导下，翻地、松土、施肥、育苗，每天都非常辛苦，好不容易才将日本“全能西瓜”苗培育出来。

西瓜一个接一个爆炸

4 月份，当瓜棚内结出西瓜时，全家人欣喜地发现，自家的西瓜不仅比别人家长得大，而且长得特别密。随着气温逐步上升，西瓜像是变戏法一样，一天一个样，从鸡蛋般大小变成了“气球”“篮球”。老刘一家开始坐等瓜棚里的第一桶金。

5月6日，技术员兴冲冲前来告知，他从山东购买的“西甜瓜膨大增甜剂”和“速溶钙”两种药已托运到镇江，让老刘使用这两种药，以保证西瓜有更大更好的收成。因为老刘第一年种瓜，技术员的话对他来说就等于是“圣旨”。7日上午，技术员告诉老刘，这两种药必须分开使用。于是老刘赶紧按照技术员的要求，配好药水，在大棚内喷施。

第二天，当老刘一家喜滋滋来到大棚里时，惊奇地发现，翠绿茂盛的西瓜叶像是注了兴奋剂一样，一片片竖了起来，煞是好看。老刘喜上眉梢，不料定睛一看又发现，不少西瓜居然张着大嘴，分成了两半，有的更是炸得像开了花一样。就在这时，老刘的耳边响起了“噼噗、噼噗”低沉的闷响声，西瓜一个接着一个在眼前炸开了！

瓜农说用错“膨大剂”

老刘一家赶紧找技术员求解。技术员来到现场看了满地爆裂的西瓜，眉头紧皱，一脸茫然。半天说了句话，让老刘一家差点没晕过去：“我也不知道这是为什么，反正我的农药没有问题。”

11日，老刘电话求助安徽农科所的一位熟人，对方就说了一句话：“这种药要在西瓜鸡蛋大时用，这个时候用这种药不合适。”老刘告诉记者，他也咨询了一些种瓜能手，一位种了10多年瓜的老农解释说，这种膨大剂是在西瓜长不大的时候用的，而老刘的西瓜长势很好，且生长速度很快，再使用膨大剂，西瓜肯定爆裂。

这5天，老刘的瓜田里每天都爆炸1000多斤西瓜，到现在已炸了6000多斤。而且其他瓜农也发现，他们的瓜棚内也陆续出现了炸瓜现象，一位张姓瓜农一天就炸了200多个。

膨大剂危害神经系统

膨大剂，化学名称叫细胞集动素，属于激素类化学物质，对植物可产生助长、速长作用，对人体的危害主要是神经系统的危险，能造成儿童脑炎，发育不良，痴呆等。此外，使用膨大剂后的果蔬味道变淡，吃起来口感不好，也不利于长时间储藏。

膨大剂和天气都可能是原因

河南农业职业学院园艺系教授杨红丽说，根据瓜农描述的情况，很可能和膨大剂使用不当有关。过量的膨大剂会导致西瓜的细胞分裂加快，进而炸裂。

杨红丽说，一些市民常能买到“带尖儿”的畸形番茄，就是膨大剂等激素残留过多造成的，最好别吃。

南京农业大学园艺学院教授汪良驹则认为，天气因素可能是当时西瓜突然爆炸的重要原因。

到底是何原因，目前尚无定论。

食品安全“一把手”如何负责

人民日报　富子梅

只有监管责任落实了，才谈得上责任的追究与惩处。

面对此起彼伏的食品安全事件，在反思道德滑坡、制度缺失的同时，一些地方也把视线转向政府监管。最近，北京、上海、浙江、广东等地相继明确要把食品安全工作纳入领导干部政绩考核，推行食品安全整治区（县）长负责制，统筹推进市县两级食品安全监管职能调整，实现各环节紧密衔接，形成全链条监管。

在一些地方监管不力甚至你推我搡的背景下，将食品安全纳入政绩考核，实行“一把手”负责制，这不仅是对食品安全政府责任的宣誓，也抓住了落实食品安全监管责任的关键。

然而，制度的生命在于执行力。许多食品安全事件的发生，其实并非制度缺失，而是因为制度被架空、被消解。这也意味着，让领导干部的“帽子”与百姓餐桌挂钩，通过政绩考核保障食品安全能否实现初衷，同样面临不小的考验。

我们不曾忘记，同样是政绩考核重要内容的安全生产，在一些地方却曝出了这样的令人尴尬的新闻："多省现矿难瞒报现象，部分矿工家属因利益纵容"；同样是政绩考核重要内容的节能减排，一些地方对普通居民的拉闸限电，也曾引发"节能减排"异化的担忧。我们也还记得，即使是在食品安全问题上，国务院食品安全办也曾建立过相应考核评价制度，监察部门也一直在加大行政监察和行政问责力度，但食品安全的形势依然严峻。那么，对于这一次食品安全的考核，我们能否杜绝这种变形和异化，能否真正"考核"见效？

政绩考核的有力抓手是问责，问责的前提则是明确责任。当前，食品安全监管面临不少难题，往往是由于体制机制不畅、监管责任不明所致。这就难怪，每当食品安全事件发生，人们常会听到"标准不明确"的遁词，看到"这个不归我管"的推卸。正如国务院食品安全办有关负责人所言，"实际工作中确实存在一些监管边界不清、监管重复和空白并存等问题"。因此，在强调"一把手"负总责的背景下，只有进一步明确细化责任，才能让工作有抓手，使权责能一致。

由于我国食品安全采用的是分段监管加综合协调的模式，客观上会形成缝隙，这就使得综合协调的兜底、补充作用非常重要。然而，眼下由于认识水平不同、监管资源不同、产业基础不同、饮食习惯不同，各地食品安全综合协调差异化很大，甚至不少地方机构、职能、人员不落实的情况较为普遍，为食品安全监管埋下隐患。当务之急，各地要从实际出发，落实监管人员、资金、技术，让监管职能与监管力量相匹配。监管责任落实了，才谈得上责任的追究与惩处。

构建周密明晰的权责制度，才可能避免只纳入、不考核，或者只考核、不问责的尴尬。而以往的实践更提醒各地，要确保政绩考核有实效，还要不断加大公众的知情权、监督权的保障，以公开透明避免弄虚作假，以阳光问责防止"高起轻落"，进而发挥好考核问责的威力和效用。

六成食品添加剂无法检测，不能还是不为？

光明网评论员

今年6月16日不少媒体都刊载了一条消息，说是我国目前2200种食品添加剂中，有检验标准的添加剂只占总数的近四成，有六成多的食品添加剂无法检测。

这消息如果属实的话，那就等于说有关部门忙于打击食品非法添加和滥用食品添加剂的工作，即使百分之百到位，效果百分之百好，食品非法添加和滥用食品添加剂的现象也仍有可能大面积存在，只不过是"眼不见为净"罢了。

恰在昨天，国家食品药品监督管理局召开了新闻发布会，说是餐饮服务环节打击食品非法添加和滥用食品添加剂的工作，已基本完成第一阶段各项任务，进入到第二阶段。第二阶段的任务，据说是"加大抽检力度和处罚力度"，"强化不定期抽检和随机性抽检"。这里所谓"抽检"，实际上是对2200多种添加剂中不足40%的那部分进行抽样检查，这意味着可以检测的上述近4成添加剂，也无法被全部检测到。

看来，打击食品非法添加和滥用食品添加剂的工作，还必须有第三阶段、第四阶段，乃至更多阶段。有消息称，全国人大常委会食品安全法执法检查组最近刚刚完成了对各地的检查，正在分析问题，研究对策。全国人大及其常务委员会，是对政府工作进行问责的最高权力机构。有道是"民以食为天"。在食品安全这个"天大"的问题上，全国人大发挥其职能，当是民心所向。

这2200种添加剂，当然不可能是普通百姓发明的，更不可能是在记者指点下被添加到食品中去的。但是，这2200种食品添加剂，却不失为食品安全领域乱象一个最好的脚注。治理乱象，需要有责部门负起责任来。

由此，所谓"技术的限制，食品添加剂中有六成无法检测"，能否构成有责部门可以脱责的理由呢？当然不能。无论从科学原理还是从技术手段的角度看，一种化学品，既被添加，就意味着其化学性质以及作用已被认识到。从经济的角度看，没有人会花费成本添加其作用不明的东西。任何添加剂，一定是增加卖点、减少成本或使其危害性(如果存在的话)在短期内难以显现的化学品。既然有专家发明了添加剂,既然连添加者都明白添加剂的功用,要说这样的化学品还检测不出来的话,那么,结论大体上只有一个:非不能也,是不为也。

在食品安全状况比较正常的国家,一些食品安全检测机构只是半官方性质;有些国家的食品安全检测机构即使是官方机构,但具体的检测工作仍委托民间专业机构来做。中国的食品检测机构,是完完全全的政府机构,可以说是集中了全国的“优势兵力”,完全应该体现“集中力量办大事”的特色,完全应该把食品安全这个“天大”好事办下来。同样是“集中力量办大事”,中国的飞船上天了,宇航员漫步宇宙了,中国人踏月也指日可待了,此时,食品安全有责部门却说“技术的限制,食品添加剂中有六成无法检测”,这多少有点低估了中国现有的技术实力了吧? 把食品安全的责任推给了“技术”,那么,2200 种添加剂中的60%——1300 多种添加剂,就等于是可以随意进入普通百姓的消化系统了。总之,从道理上讲,如果没有检测某种添加剂的手段,那么,就没有人知道其功用几何。既不知道其功用,没有人傻到会花钱添加之。既有人添加,必有专家清楚其检测的方法。有责部门需要做的,就是在推广这些添加剂的专家以外,找到清楚如何检测这些添加剂的专家。

地沟油上餐桌,谁在心安理得

凤凰网评论

近日,公安部统一指挥浙江、山东、河南等地公安机关历时 4 个月,成功破获了一起特大利用“地沟油”制售食用油案件。由此,“地沟油”流向餐桌的传闻得到证实,人们再一次“谈油色变”。从小作坊到大工厂,地沟油的“产业升级”折射出了哪些问题? 根治地沟油又该怎么做?

2010 年 3 月 17 日,武汉工业学院何东平教授在接受《中国青年报》采访时表示,目前中国每年返回餐桌的地沟油有 200 万—300 万吨,吃 10 顿饭,可能有 1 顿碰上的就是地沟油。也许正是因为地沟油太过常见,人们内心反感之余,却没有做得更多。

令人恶心还只是表面问题

一般来讲,地沟油的原料主要有以下三种来源:一是下水道中的油腻漂浮物或者宾馆、酒楼的剩饭、剩菜(通称泔水);二是劣质猪肉、猪内脏、猪皮加工以及提炼后产出的油;三是用于油炸食品的油使用次数超过一定次数后,再被重复使用或往其中添加一些新油后重新使用的油。更让人难以接受的是,地沟油里还能捞出很多乱七八糟的杂物,诸如新闻报道中提过的避孕套和卫生巾等。

同时,几乎所有报道地沟油生产现场的报道中,恶臭扑鼻,令人作呕是少不了的词汇。大量事实充分证明,用地沟油炼制食用油的工艺流程仅是简单的物理分离,只需完成脱臭、脱色、脱酸等环节即可。此前一些专家称“用地沟油炼制食用油技术工艺复杂,一般人难以掌握,且炼制费用昂贵、得不偿失”,是不符合事实的误导。尽管原材料和生产过程都令人作呕,但地沟油的致命之处还不在它的肮脏。

对健康的威胁是现实而紧迫的

“地沟油虽然可能危害健康,但吃了又不会致死,它只不过是众多食品安全问题中的一种普通现象。”在我们身边,这样的说法不绝于耳,并且为人们食用地沟油提供了心理依据。但实际情况绝非如此,地沟油的危害绝对不可小视,尤其是对人们的肠胃健康,有着不可估量的破坏力。

据了解,炼制过的地沟油,其动植物油经污染后会发生酸败、氧化和分解等,从而产生重毒性物质,砷就是其中一种。人一旦食用,就会引起消化不良、头痛、头晕、失眠、乏力、肝区不适等症状。会出现腹泻、腹胀等即时反应。

如果常食呢? 由于地沟油中含有黄曲霉素、苯丙芘,这两种毒素都是致癌物质,可以导致胃癌、肠癌、肾癌及乳腺、卵巢、小肠等部位的癌肿。此外,如果食用的是含铅量超标的地沟油,就可能引起剧烈腹绞痛、贫血、中毒性肝病等症状。

经济性更是美妙的谎言

在地沟油问题上，消费者之所以没有做到“零容忍”的另一个原因在于它某种程度上的“经济适用”。甚至可以说，主要就是消费者对“利”的追求，推动了这整个链条的运转：像水煮鱼这样的菜品制作，需要大量用油。餐馆为了吸引食客而尽可能压低价格，一盆水煮鱼只卖十几二十元。当然，对如此喜欢价廉物美的顾客，餐馆会毫不犹豫地使用地沟油。

但从另一层面来说，地沟油已经成为高效率相互伤害体系中的一个组成部分。生活在这个体系中的所有人，在收获超常规欲望满足的同时，又会成为被伤害者。每个人一旦作为消费者，立刻会发现自己处于防不胜防的可怕位置。从衣、食、住、行，到医疗教育、公共服务，几乎到处都是陷阱，不定什么时候就会让自己撞上。因此，这个社会中的每个成员，也许不会经常愤怒，但肯定经常处于惶恐、焦虑、不安的感觉中。这种负面感觉每时每刻在抵消着他从价格低廉的物质供应体系中获得的幸福感、满足感和骄傲感。经济学上说，“经济”的本质就是高效率地生产增加满足感的手段，则如此一个高效率地产生不满足感的体系，当然就是负经济体系。从这个层面来讲，食用地沟油的经济性是表面现象，它的实质还是一种“负经济”。

地沟油的生产、销售是一个有着20多年历史的行业，尽管近些年来严厉打击的声音和措施不断见诸于媒体，然而屡禁不止却早已为人们所习惯。直至今天，一条具备了掏捞、粗炼、倒卖、深加工、批发、零售等各个环节的地沟油生产产业链正式形成。

生产链条节节皆有暴利可图

地沟油之所以禁而不绝，甚至如今还出现正规企业参与其中，呈现高度产业化的趋势，就在于其产业链上的每一个环节都有暴利可图。此前曾有数据佐证，市场上食用油的价格是1吨6000块，而地沟油的成本大概也就300块钱，提炼出来的地沟油可以卖到1吨3000块，而这次案件中的地沟油甚至卖到了5000块，这种暴利怎能不让不法商人趋之若鹜。

以此次案件中的“格林公司”为例，案发时该公司日生产能力已达50多吨，年利润可高达1000万元以上，如此一个高额利润的地沟油市场，怎么可能不令这些黑心商家吃黑油挣黑钱无视公众的利益与健康呢？据案件当事人柳某交待，这种成品油只要质量差不多，基本是不会有库存的。地沟油到河南郑州之后，再卖到周边县城。然而该地沟油明摆着比正牌成品食用油每吨低一两千元，买家和卖家都心知肚明，这就不存在无知或被欺骗的问题，而是整个地沟油的买家下家链条也发生了法律道德的崩塌。

监管问责缺位致违法成本低

“地沟油”制售从小作坊到大工厂的“产业升级”，反衬出监管机制和措施的缺失。在警方侦破的这起“地沟油”案件中，掏捞、粗炼、倒卖、深加工、批发、零售等各个环节，都没有看到监管部门的身影。这样的监管缺失，加大了社会关于食用油安全的忧虑。

同时，“地沟油”猖獗也暴露出属地监管的弊端。目前我国的食品安全按属地监管，跨地区监管在不少地方基本变成谁都不管。一旦“地沟油”产业链把不同环节放到不同区域，如从四川、浙江等地收购粗炼油，到山东等地进行深加工，销售到河南等地，“自扫门前雪”的监管就失去作用。

具体来说，地沟油的监管不力表现在以下几个方面：一是对地沟油的监管涉及卫生监督、食品安全、工商管理、质量监督、环保、公安和建设等多个部门，在现实中分工变成了分家，谁都有责变成了谁都无责。二是像地沟油问题及其解决，在很多地方没有进入政府部门考核指标体系和政府官员的奖惩体制，因此缺乏积极治理的自觉性。三是由国家有关部门共同下发的《食品生产经营单位废弃食用油脂管理的规定》，虽然明确了从事加工废弃油脂活动的单位，不得将废弃油脂加工以后再作为食用油脂使用或者销售，但对违反者怎么处罚、处罚程度等，均未做具体规定，从而缺少可操作性。

检测标准落后精确评估难度大

检测标准的缺失也是商家生产地沟油肆无忌惮的原因之一。据北京市科学技术研究院副院长刘清珺介绍，地沟油经过滤提纯后的酸价等有可能通过检测，就像过去的三聚氰胺一样，此前国家只检蛋白质含量，而不检是否添加有非法物质。所有检测标准都是对照正常食品制定的，按照标准化的指标去检测，不能区分出“地沟油”。

地沟油屡屡被检测合格在现实中并不少见，以此次破获的案件为例，浙江省宁海县公安局此前曾找当地相关部门检测格林公司生产的地沟油，但以目前食用油检测的色度、含水量、酸价指数等常用指标，格林公司的地沟油均合格。后来将样品送到北京市食品安全监控中心，才测出多种有毒有害物质，其中有相当部分具有高致癌性。

地沟油产业链不仅形成，而且逐渐成熟，这从其生产过程中严格的分工和诡秘的行动即可窥见一二。但就算“魔高一尺”，也要“道高一丈”。

强化监管将人性之恶关进笼子

“权力必须关进笼子”，否则无法驯服；同样，人性之恶也必须关进笼子，用持之以恒的制度问责与执行去管制人性的劣质，让想犯错的人不敢犯错，才能最终在法治框架下形成一种避免互害的良善文化。从此意义来说，此次公安部破获的这起地沟油制售食用油案件，当是作为制度执行的笼子关住人性劣质的开始，但要将这种执行坚持下去，最终管控住食品安全事件的泛滥，尚需一种覆盖整个食品生产产业链的制度监管环环相扣、贯穿始终。

为什么等到事实发生了，才呼吁要修补漏洞？人人都知道，预防更重要。我们不能说国家各相关部门机关没有努力过，一次一次的食品卫生安全检查就呈现在人们面前。但是还不够，这起特大地沟油案件的告破就是例子。超级犯罪网络已经形成，并且已经获利良久，之后才被发现，被查处。防患于未然不能仅仅停留在口头上。如何让教训真正成为教训，如何在受到教训之后有所改变，才是食品卫生监管部门接下来的工作。因为只有完善了监管之剑，才能斩断地沟油生产的利益链。

善用市场引导地沟油变废为宝

监管之外，解决地沟油问题还需要依靠市场的力量。按照现有的科学技术，“地沟油”完全可以变废为宝。其中，最有发展前途的是用它来生产生物柴油，不仅提炼的工艺简单，而且产业化后的市场前景广阔。就目前而言，收购一吨“地沟油”需要 2300 元，提炼加工成生物柴油直接成本为每吨 3600 元，产品市场售价为每吨 4400 元，每吨售价比化石柴油便宜 1000 多元，经济效益非常可观。这意味着，按照市场规律来对“地沟油”进行正常运作，以形成一条规范有序的产业链条，不但能使“地沟油”理直气壮地上台面，而且也能大大节省监管成本，减轻国家公共治理的难度。

具体到“地沟油”市场化操作，一方面，用公共资金补贴回收和生产企业。我们不妨核算一下市（县）长负责制的监管成本，将这些成本作为补贴，在财政上单独列支出来，补偿给回收“地沟油”的企业和生产提炼企业，以规范回收企业，激励生产企业。

他国经验：地沟油远离餐桌各有高招

日本：政府高价回收当燃料

今天，走在日本街头，经常可以看到标志鲜明的垃圾车从居民区进出。这些垃圾车使用的燃料，就是地沟油。日本的地沟油现在都由专业公司进行回收，并以较高价格卖给日本政府。日本政府则将这些地沟油提炼后用作垃圾车的燃料。

此外，回收来的废油还会被加入蓖麻油，以防重新被食用。因为蓖麻油是完全无法食用的，这样，不仅方便了日后提纯时使用，还从根本上防止了地沟油重新流向餐桌。

德国：每桶泔水都有“身份证”

上个世纪 70 年代，德国有不法商贩从餐饮企业收购富含油脂的泔水，然后加工成“地沟油”再悄悄卖给餐馆。为此，德国政府推出以餐饮企业为重点管理对象的泔水回收法律。根据规定，德国餐馆开业前必须与政府签署“泔水回收合同”。德国餐饮企业产出的每一桶泔水都必须有“身份证”，从产出、回收到利用都严格记录在案。

英美:监管严格惩处严厉

在美国,餐饮企业如果私自将厨余废油卖给非法机构或个人,一经发现将被停业。而且,政府会用环保的办法来处理烹调废油,烹调废油不允许倒入水槽或是厕所,因为油脂会阻塞管道、污染水源和破坏生态环境。在英国,如果餐饮企业将厨余废油倒入下水管道,无论数量多少,都将被处以高额罚款。同时,英国政府还为食用油制定了严格的标准。

趋利避害是人的本性,在处理地沟油问题上,只有将"利"限制在法律容许的范围内,才能杜绝"害"的出现,而这不仅需要制度建设,而且关乎人心的救赎。

面试题目预测:

1.上海的染色馒头、河南瘦肉精、珠海绝育黄瓜等食品安全事件不断地打击人们对食品安全的信心,你对解决目前的食品安全问题,有什么好的建议?

2.最近,北京、上海、浙江、广东等地相继明确要把食品安全工作纳入领导干部政绩考核,实行"一把手"负责制,你对这一做法有什么看法?

3.今年6月不少媒体都刊载了一条消息,称我国目前2200种食品添加剂中,有检验标准的添加剂只占总数的近四成,有六成多的食品添加剂无法检测,你对这个问题有什么看法?

4.公安部统一指挥浙江、山东、河南等地公安机关历时4个月,成功破获了一起特大利用"地沟油"制售食用油案件,"地沟油"流向餐桌的传闻得到证实,人们再一次"谈油色变",你对地沟油事件有什么看法?

二十四、关键词:禁烟令

禁烟令出台效果令人关注

三秦都市报 赵争耀

自2011年1月起,中国内地将在所有室内公共场所、室内工作场所、公共交通工具和其他可能的室外工作场所完全禁止吸烟。国家卫生部妇社司司长杨青5月10日在卫生部例行新闻发布会上透露这一信息时称,这是根据世界卫生组织《烟草控制框架公约》的要求提出的目标。

为做好控烟履约工作,发挥示范带头作用,卫生部、国家中医药管理局、总后勤卫生部和武警部队卫生部2009年5月联合发出《关于2011年起全国医疗卫生系统全面禁烟的决定》,要求今年在军地所有卫生行政部门和至少50%的医疗卫生机构应建成无烟单位,确保2011年实现全国医疗卫生系统全面禁烟目标。

质疑:全民禁烟可操作性不强

禁烟法规出台后,除了在一定层面上向香烟产业链的各利益方发出挑战,也是对政府部门执法实践的一种考验。我国一些城市早已有了"在公共场所禁止吸烟"的相关控烟法规,但是这些法规存在执法主体不明确、惩罚措施不适当、禁烟场所涵盖范围有限等诸多"软肋",可操作性并不强,使得禁烟令成为纸上谈兵。

许多人会赞同这一政策,特别是饱受"二手烟"之害的公民们。但赞成之外,我们也忍不住要想,法规不会是"一纸空文"吧?发现有人在公共场所吸烟,执法部门如何取证?原有惩罚力度太小,加大力度是不是会激化矛盾?"公共场所"如何界定?何时能在所有公共场所全面禁烟?我们将依靠什么样的具体措施,来实施这一禁烟令?弄到最后,禁烟令会不会和限塑令一样,只是在某些场合管用,另外一些场合涛声依旧……禁烟令实施起来,比起限塑令,似乎还要有点难度。在大商场、候车室这类大型的公共场所,可能还要好一点。但要是到了办公室这类相对私人些的室内公共场所,禁烟令还能禁下去吗?同事们都挺熟悉,又缺少有效的监管……想想,这都是一个问题。所以禁烟令要彻底实施,就不能不提前考虑这方面该怎么办。

从另外一方面考虑，禁烟令的意义，也可能只是一种导向，通过这种导向，来达到一种文明生活习惯的最终养成，让人自觉地在公共场所禁烟。在公共场所“全面禁烟”是一个全民的工程。这不仅需要处理好卫生部门和烟草部门之间的利益关系，制定一系列规章制度来全面护航，而且更需要广大民众，特别是广大吸烟民众从潜意识里与相关部门积极配合。

禁烟须有立法支持

一些地方虽然出台了禁烟条例，但存在执法主体不明确、惩罚措施不适当、禁烟场所涵盖范围有限等诸多“软肋”，可操作性并不强，使公共场所和工作场所内的吸烟行为不能得到有效约束。禁烟令要想真正起作用，必须要有有效的法律制裁手段支持才行。在这个问题上，我们可以借鉴香港或国外的禁烟经验。

香港自2007年1月1日起，包括所有用餐地点在内的绝大部分公共场合的室内部分均被列为禁烟区域，对于在这些地方吸烟或携带燃着的香烟、雪茄、烟斗的市民或游客，最高可被处以5000港币的高额罚款。遇到客人在餐馆等公共场所吸烟的情况，餐馆的服务人员会上前劝阻，劝阻无效的话，将会采用报警的方式解决。面对如此严格的禁烟规定，香港控烟行动已经取得了较好的效果。同样，新加坡也采取了相当严厉的手段禁烟。在禁烟的公共场所吸烟，最高将被处以1000新元(相当于5000元人民币)的罚款，也有可能被判入狱6个月，甚至两者并罚。面对如此严厉的处罚，烟民们不禁要考虑手中的烟要不要点燃，在哪里点燃才不会受罚。良好的控烟效果使得新加坡被誉为“无烟城”。

如今，国际社会已经形成了在公共场所禁烟的共识。许多发达国家都制定了严厉的规章，禁止在公共交通工具上吸烟。像车站、餐厅、机场、酒店等场所都严格划分了吸烟区与非吸烟区，有的国家甚至完全禁烟。所以我认为：全民禁烟，不能只靠下文件，得有措施，必要的法律制裁措施。唯有此，禁烟才能落到实处。

网友反馈：全民禁烟实施难度大

连日来，关于禁烟令的话题成为网络热点。记者调查发现，多数网友认为不能做到完全禁烟，主要是因为没有相关的法律法规和实施细则，监管难度大。对于如何才能让政策不流于形式，超过半数的网友认为增加罚款数额不失为可行之计。网友评价的最难实施禁烟场所排名依次是：饭店、餐馆、办公室、火车站、学校、商场、机场等地。

网友思静：我国有3.5亿烟民，很多人积习难改，禁烟不可能一步到位。除了法律手段外，禁烟最终有赖于国民素质和社会文明程度的提高。因此，在工作场所设立吸烟区，可能更符合实际，也更人性化。

网友正义：可以先在中等以上城市公共场所进行控烟，也不要以罚代治，先通过改变人的观念和意识，再逐步扩大范围进行控制，不可也不能一蹴而就。

网友海波YY：呵呵……文章我不看了，不过只看标题，我想说现阶段根本没可能实现，最主要是内地执法能力根本跟不上，法律意识也不高，我们还是先加强一下自己的法治建设吧！

网友墨脱：这些问题不是一项或者几项法规条文所能解决的，需要执法部门在社会生活层面给出答案。禁烟刚刚开始，离2011年我国承诺在所有公共场所全面禁烟路途尚远，除了决心，政府在法规出台之后如何保证其顺利有效实施，更是人们拭目以待的。

需从制烟吸烟源头治起

近几年来，全社会控烟、禁烟、戒烟的呼声越来越高。为此，北京、上海、广州、杭州、重庆等地相继出台地方禁烟法规。然而，我们不得不承认收效甚微的现实情况！究其原因，更多来自于当前的控烟体制。“全民禁烟”要取得实效，就要从制烟吸烟源头治起。首先，国家从烟草为主要经济支柱的省份或地区入手，一边督促进行经济结构调整，一边从财政给予相应扶持，让这些地区逐渐摆脱以烟草为主要经济支柱的观念，从而消灭烟草经济为主导地位的区域发展格局，引导其开发和拓展利国利民的其他经济产业；其次，国家立即出台相关制烟、吸烟税法规章，如每包烟另加一元或甚至更高的吸烟税等，同时，对吸烟者购买香烟实行“实名吸烟制度”，即相应法规对吸烟者每月或每年所吸烟数量和吸烟场所均予以相应规定与限制，对于超量或越场所吸烟者给予相关的处罚，情节过分者予以终生强制禁烟处罚，情节严重者适当地处以行政或民事拘留。以此从源头和用重典来推动和维护“全民禁烟”，“全民禁烟”才会从根本上有所成效。也只有这样，“全民禁烟”也才得以全面推进和加速提升。

全民禁烟我们别无选择

香烟，它本身的意义已经不仅仅是消费品那么简单，社会生活已经赋予它更丰富的内容，在很多正式或非正式场合，陌生人之间往往是通过递上一支烟，作为社交活动的开始。逢年过节，给长辈买烟送礼是孝顺的表现，甚至于婚礼酒席上，都设置了新郎新娘给来宾点烟的环节。小小一支烟，包含了很多内容。在所谓“烟文化”中，交际文化、面子文化占了相当的比重。

当我们沉浸在所谓的“烟文化”中时，请再重申一遍香烟触目惊心的危害吧——香烟燃烧时能产生40多种致癌物质，90%的肺癌、53%的膀胱癌、54%的胃癌和33%的胰腺癌与吸烟有明显关系。世界卫生组织指出，烟草是造成人类死亡的第二大原因，严重危害公民的身体健康，全球每年死于和吸烟有关的疾病人数达500多万人，平均每分钟有9人死亡。这还不包括“二手烟”给周围人带来的巨大危害，而数量庞大的烟民们身边有老人，有儿童，有病人……

今天我们推动的“全民禁烟”无疑是一场声势浩大的惠民国策，虽然有这样那样的困难，虽然“全民禁烟”这个目标能否如期实现，仍留悬念……但我们深知“全民禁烟”不仅是一场持久战，更是一场13亿人民保卫健康的战争。

公共场所禁烟人人有责

京华时报　刘志权

公共场所不抽烟，与爱护环境、遵守交通规则等良好习惯一样，也是公民素质的一面镜子。对着这面镜子，我们唯有惭愧。

中国有句俗语：烟酒不分家。5月1日起，卫生部的《公共场所卫生管理条例实施细则》关于室内公共场所取消吸烟区的规定生效。根据媒体的调查，目前，包括首都机场在内，许多网吧、饭店等并未践行《细则》要求。一个委婉的说法是，“没有接到有关通知”。

这似乎是一个欲推还就的温情游戏。耐人寻味的是，在《细则》第四章《法律责任》的诸多处罚条款中，并未包括对室内公共场所不落实禁烟责任的处罚。《细则》所透露出来的信息是：我希望禁烟。与之相应，室内公共场所所表达的意思也就是：我们尽量吧。

在此之前，卫生部就曾经决心在卫生系统率先垂范。但是，相对于其推行之初宏大的决心，目前的效果不能算差强人意。这一意料之中的失败，显然给公共场所禁烟的前景蒙上了阴影。出师不利，效果自然成疑。

在禁烟方面，禁而不止不是新闻，令行禁止才算新闻。大众对烟的“屡禁不止”，似乎已经审美疲劳，甚至连谴责的兴趣都很小。公共场所抽烟的痼疾，挟持其强大的习惯力量，宣告了它对卫生主管部门的不战而胜。据称，北京在奥运会后，曾有对违规吸烟者重罚的动议，但被指不符合实际。

这个“实际”，应该是基于中国庞大的烟民人口，以及国民文明素质的现状。现代文明的标志应该是什么？简单地说，应该体现为公民意识，包括自由权、尊重他人、恪守法规、爱护环境等。

宣传戒烟久矣。吸烟有害健康，而且危害他人健康，已是常识。但是，在中国的绝大多数地方，人来客往，烟酒招待，敬烟依旧是热情待客的重要部分。无论在饭店、会议室、酒席、车站，甚至在电梯，或者“禁止吸烟”的标牌前，我们都会不期而遇不分高低贵贱、吞云吐雾的瘾君子。

今年是我国《烟草控制框架公约》履约的最后时限，现在看来，几乎是不可能完成的任务。要想尽快实现这一目标，固然需要加强执法，但同时，在加大宣传力度，营造全社会遵守社会公德、谴责公共场所抽烟陋习的舆论也必不可少。目前，我们在这方面明显还有许多工作要做。

政府部门当做禁烟表率

人民日报 孙瑞灼

5月1日是《公共场所卫生管理条例实施细则》实施的第一天，该细则明确规定"室内公共场所禁烟"。不少地方在公共场所的醒目位置张贴了禁烟标识，一些服务机构还进行了有针对性的宣传活动。但据媒体报道，该新规在北京、广州等大城市的执行现状却令人堪忧，不少公共场所仍然"烟雾袅袅"，禁烟新规出现"雷声大雨点小"的执法尴尬。

烟草每年夺去100万国人的生命，危害可想而知。在室内公共场所吸烟，二手烟对人体的危害更大。国家出台《细则》规定，禁止在室内公共场所吸烟，十分必要。这一方面是为了保证室内公共场所环境健康，另一方面也是为了控制烟草消费，对于整个社会具有积极的意义。然而，由于我国烟民数量众多，同时吸烟关系公民权利，公共场所禁烟在我国一直十分艰难。之前我国部分地方也实行在公共场所禁烟政策，但大都收效甚微。在笔者看来，要想让室内公共场所禁烟的举措落到实处，一方面除了要加强政策执行力度，加重室内场所经营者的责任，加大对室内场所吸烟行为的处罚外，政府部门在禁烟、控烟上做出表率非常重要。

政府部门是最重要的公共场所，政府部门本应当是打造无烟环境的表率，但事实上多年来公务人员在单位抽烟现象十分普遍。一些政府部门的办公室里"乌烟瘴气"，充满烟味，群众进来办事不得不忍受刺鼻的烟味。与此同时，公款消费烟草制品现象也十分严重。以已经曝光的湖北洪湖、监利两县(市)为例，一年的"公务用烟"就达1.5万—2万余条，每条规定的标准是300元—600元，总计所耗约在500万元—1000万元之间。这还是两个贫困县，以此估算，全国的"公务用烟"花费之巨可谓惊人。

政府部门"烟味迷漫"和公款消费烟草的泛滥，一方面与我国控烟的政策与决心相违，另一方面也引起公众和社会的反感。据中国控制吸烟协会对3630人做的关于对公款买烟的看法的调查显示：98.76%的网友认为政府机关不应用纳税人的钱购买卷烟，98.24%的网友认为卷烟不是政府进行公务的必需品，96.86%的网友认为公款买烟是一种腐败行为，93.22%的网友支持政府制定禁止公款买烟的相关政策法规。可见，禁止在政府部门吸烟和公款消费烟草制品是民心所向，也是大势所趋。

事实上，关于禁止公款消费烟草制品，财政部、国务院机关事务管理局早在1993年就有明确规定。然而，多年来，这一规定流于形式，不仅会议期间公款大量消费香烟，在平时的公务接待中，香烟也几成必备品。显然，关键之处还在有关制度的完善和落实，让政府和公职人员真正成为减少烟草消费的模范。

面试题目预测：

1. 公共场所禁烟令出台后，不少地方在公共场所的醒目位置张贴了禁烟标识，不少公共场所仍然"烟雾袅袅"，禁烟新规出现"雷声大雨点小"的执法尴尬，你怎么看待这个问题？

2. 禁烟令出台后，网友支持政府制定禁止在政府部门吸烟和公款消费烟草制品的相关政策法规，你对这个问题怎么看？

二十五、关键词：公路收费

不合理公路收费吞噬民众利益

人民日报

一位跑长途的货车司机跟我算了笔账：2010年，他主要从内蒙古往河南运煤，内蒙古的煤价每吨300多元至400元，来回一趟，油费、路桥费及罚款就超过煤的价格，摊下来每吨500元左右。不算两位司机的辛苦费，每吨煤就得八九百元。由此可见货运成本之高。最近还有一位司机告诉我，前两年，他经河北、北京去内蒙古运货，每次途经某个收费站时，总见有个缴费通道很少有货车走。打听得知，这个通道的地磅有“猫儿腻”，只要大货车一上这个地磅，几乎没有不超载的。因此，经常跑这条路的司机都不走这条通道。

据统计，目前我国社会物流总成本占国内生产总值的18%，运输费用占国内生产总值9%以上，分别高出发达国家80%和50%。中国各种过路过桥费已高达运输企业成本的1/3，车辆通行费占人均GDP比例超过2%，居世界首位。

要致富，先修路，这是上世纪八九十年代一些地方为突破经济发展的瓶颈而提出的口号。在我国的公路交通事业取得飞速发展的今天，人们痛感到，不合理的公路收费反过来在侵蚀着百姓利益，并成为制约经济发展的新瓶颈。在经济发展的整个过程中，如果面向市场的终端生产环节利润过低、而中间或基础环节利润过高的话，对经济特别是实体经济的发展将是致命打击。

贷款修路，收费还贷，这是上个世纪八十年代我国政府在财力不足的情况下出台的修路模式，它确实大大促进了公路的建设与发展。如今，我国政府的财力已非当年所比，让大部分由政府投资建设的公路回归其公益性质并不是不可能的。但由于收费公路政策能给地方政府及收费企业带来巨大利润，因此，尽管许多公路“收费还贷”已演变成与民争利的掠夺者、地方政府和企业追逐利益的“提款机”而屡遭公众、媒体抨击，并多次遭受人大代表、政协委员提案议案质疑，但是，公路收费大战并未偃旗息鼓，站点密、收费高、罚款乱犹如血盆大口，吞噬着民众利益，成为民生的一大负担。众多的收费站卡如同“肠梗阻”，使不少高速路变成了低速路，大大降低了公路使用效益，令百姓怨声载道。

民众在购车、用车过程中，已缴纳了车辆购置税、车船税、燃油税等各种税费，本应享受免费公路这种公共资源的服务，而他们却要为公路的高收费、高罚款、高腐败二次“买单”，这是极不公平的。我国已成为汽车生产、销售和使用大国，越来越多的汽车正在进入寻常百姓家庭。因此，决不应该让不合理的公路收费方式延续下去了。

公路收费将仅限高速路和部分一级道路

北京日报　涂露芳

6月22日，交通部召开收费公路专项清理工作新闻通气会，宣布今年9月上旬将对全国公路违规收费自查摸底情况进行通报，并要求在明年5月底之前完成清理整改。这意味着公路违规收费，9月将有黑名单。

交通运输部公路局局长李华表示，经国务院同意，在专项清理期间，各地将严格控制新增收费公路，从严审批新的一级及以下普通公路收费项目。同时，收费公路资产上市融资和境外企业收购国有收费公路资产的审批将暂停。另外，一级及以下普通公路改扩建，不得延长收费期限，禁止新增经营性普通公路，国家确定的西部地区省份要按照逐步有序的原则，加快推进取消本辖区内政府还贷二级公路收费的进度。

本月20日启动的收费公路专项清理，对违法设置或到期仍然违规收费的收费公路项目及收费站点，要求立即停止收费并撤销站点，对有违规行为的收费公路及收费站点，要立即纠正并停止违规行为。不过，本次清理并不意味着收费公路政策在中国面临终结。

“今后，中国收费公路将仅限于高速公路和新疆等地区的一级公路，因为西部地区建设高速公路浪费资源，没有必要。但公路全面取消收费并不现实，政府部门很难有足够的资金投入确保现有庞大公路体系的维修养护。”李华认为。

“还路于民”需要制度趟路

人民日报　徐立凡

公路不是投资品，而是公共产品，理当由政府提供而将所有权和经营权还诸全民。

收费年限长达50年、超10亿元收入流向不明……随着媒体的曝光，广东花都境内收费站引来质疑。对此，花都区回应：所有收费公路及收费站均是在《收费公路管理条例》实施前全部建好并取得收费许可，所有收费公路及收费站均是按照合作企业的经营期限（50年）来设置收费期限，不存在违规收费情况。不过，对于收入的去向与使用问题，当地没有作出回应。

公路收费成了"无底洞"却没有违规，映射出的是公路网建设初期的历史痕迹。在资金匮乏的情况下，国家探索实行了"贷款修路，收费还贷"政策。市场化运作的公路投资管理体制，对于吸收社会资金参与公路建设、发展地方经济起到了积极的推动作用，但也客观造成了公路乱收费的预期外结果。在一些地方，假"收费还贷"之名，高价收费、频繁收费、超期收费的现象严重，甚至非贷款公路也借此乱立名目收费，将公路收费视作财政外收入的来源主体，甚至私化为不当寻租来源。

治理公路乱收费已经多年，然而要彻底根治仍有很长路要走。原因在于，公路乱收费不仅是价格问题，仅靠降低收费标准或部分取消收费等价格干预措施，尽管可以实现结果上的拨乱反正，但仍然无法触及结构性问题，其效果只能是阶段性的和局部的。实际上，公路乱收费的背后，还有地方财政是否透明的问题。具体到花都这一案例，收费到底纳入了哪一个部门管理和使用？有多大比例用于还贷？是否有投资回报率约定？对这些问题作出明晰回答，既是厘清社会质疑的需要，也是政府信息公开的要求，不能以"没有违规"一语带过。

实际上，遵守契约应以双方均无违约为前提。投资方未进行工商年检，因服务水平低下和乱收费导致高速公路变为慢速公路，都应视为违约在先，在这种情况下，作为另一缔约方，地方政府部门有权重新考量当初的收益权约定，如在对方已经违约的情况下仍以当初约定为由收费，不仅难以消弭社会质疑，反而有自利之嫌。

从根本上说，公路本身不是投资品，而是公共产品，理当由政府提供而将所有权和经营权还诸全民。对于"贷款修路"的历史遗留问题，无论从倡导契约精神还是保护投资环境出发，尊重并保证早期投资者的应有收益权都是应有之义，但这并不意味着乱收费可借此获得豁免空间。在今天地方经济已经获得较快发展之后，地方政府赎回社会投资者的收益权交还全民，是一条可行之路。在这方面，广东一些地方已有经验可资借鉴。

需要指出的是，还路于民，不应是舆论压力下的被迫之举，而应该是制度推进的自觉行为。说到底，最终根治公路收费乱象，需要在制度设计方面趟出新路。

面试题目预测：

1. 交通部在新闻发布会上宣布，公路收费将限期整改，今后公路收费将仅限高速路和部分一级道路，你对这个问题有什么看法？

2. 你对国家彻底整治公路乱收费有什么好的建议？

二十六、关键词：公车消费

史上最严车改最新方案：国家机关每20人配一车

21世纪经济报道　耿雁冰

李某是北方某副省级城市的一位局级干部，按照公车使用标准，他的级别并不够配备专车。

由于工作关系，他经常要往来于任职城市和北京，虽然按照规定没有配备专车，但他却能随时使用一辆购自保税区的原装进口商务车，价值60多万元。

这种用车规格甚至超过了部长级干部所应享受的标准。正是这类游离于编制之外的可调剂车辆，在部分地区实际上已经成为政府用车的主体，而且此类用车由于身份模糊，一直难以监管。

国管局、中直管理局会同有关部门，将从5月份开始展开新一轮公车治理专项行动，这类“机动”用车将在该行动中纳入登记自查的范畴。

此次专项行动，将对违反中央或地方、部门公务用车编制规定，超额配备使用、未经审批配备使用、不在编制内配备使用的公务用车，以超编制配备使用公务用车处理。

被称为“史上最严车改”的本轮专项治理，将根据中共中央办公厅、国务院办公厅近期下发而尚未对外公布的《党政机关公务用车配备使用管理办法》(以下简称《办法》)进行。

该《办法》规定，中央和国家机关一般公务用车编制按每20人不超过1辆配备，且只能配备排气量不得超过1.8升、购价不得超过18万元的车辆。

20人配1车

近期由中共中央办公厅、国务院办公厅下发了《党政机关公务用车、省部级干部公务用车的配备使用管理办法》，令公车改革再度引发关注。

虽然相关文件尚没有正式对外公布，但记者获悉，该文在原有公车配备标准和监管治理上做出较大调整，对于公务车编制配备有具体的规定和明确的目标，是为此次专项治理的重要依据。

《办法》明确了公务车的类别，将其分为一般公务用车和执法执勤用车。根据人员编制、领导职数和工作需要等因素，中央和国家机关一般公务用车编制按每20人不超过1辆确定。

“明确按人数制定车辆编制，还属首次。”一位相关部门人士告诉记者。

按照2004年国务院机关事务管理局制定的《中央国家机关公务用车编制和配备标准》(以下简称《标准》)，规定一般公务用车，根据内设的司(局)级机构和机构的人员编制定编。副部级单位副职领导工作用车，根据工作需要定编。

记者了解到，“20人配1车”的办法目前暂适用于中央和国家机关，对于地方各级党政机关一般公务用车编制标准，将由各省、自治区、直辖市参照中央和国家机关标准，结合工作需要和当地实际情况确定。

而关于执法执勤用车编制，则由财政部门会同公安、国家安全、司法和纪检监察及其他行政执法机关主管部门，根据车辆保障装备标准和工作需要决定。《办法》规定，执法执勤用车不得与一般公务车重复配备。

不过，本次下发的《办法》中并未规定部长级干部专车的编制标准。按照2004年的标准，部长级干部的专车，按1人1辆定编，副部长级干部的工作用车，按1人1辆定编。

除了明确公车编制，用车标准也被下调。

按照新《办法》，党政机关配备公务用车将严格执行以下标准：一般公务用车配备排气量1.8升(含)以下、价格18万元以内的轿车，其中机要通信用车配备排气量1.6升(含)以下、价格12万元以内的轿车。

此外，执法执勤用车除涉及国家安全、侦查办案、应急救援、警卫和特殊地理环境等因素外，依照一般公务车标准配备。

而按照2004年的标准，一般公务用车配备排气量2.0升(含)以下、价格25万元以内的轿车。而部长级干部则可配备排气量3.0升(含)以下、价格45万元以内的轿车，副部长级干部可使用排气量3.0升(含)以下、价格35万元以内的轿车。

超编超标车如何治

在新一轮公车治理专项行动中，超出中央或地方、部门公务用车排气量或价格等标准配备使用公务用车，都在专项治理范围之内。

2011年3月，北京市财政局公布的全市公车数量显示，截至去年底，北京市党政机关、全额拨款事业单位公务用车实有数量为62026辆，其中，市级公务车20288辆。

据国家财政部、国家发改委和国家统计局调研数据显示，目前党政机关及行政事业单位公务用车总量为200多万辆，这里面不包括医院、学校、国企、军队以及超编配车。

但部分民间人士及学者的研究统计表明，如果加上超编超标车，全国现有公车远不止这个数。

目前，针对中央下发的《办法》，各地将对公务用车逐辆进行登记，对于清理出来的超编车辆，各地制定了相应的处理办法，比如江苏可以在编制内调剂使用，不能调剂而且实际价格又高于新配备标准的公务车辆，一律公开拍卖。

对超标车的认定，则实行“新车新办法、老车老办法”：在《标准》和《办法》下发之前购置的车辆，依据原有配置标准；《标准》和《办法》下发之后购置的车辆，则依据新配备标准。

相关人士告诉记者，由于此次中央两个《办法》对公务用车提出的新要求与过去规定相比有较大调整，这次专项治理工作对超编车的认定，原则上按原有编制标准；没有编制标准的，按新编制标准；单位公务用车总量超过编制数的，按配置时间顺序来确认超编车。

而对于2004年以前配备使用的超标车，则要在备注中注明处理或已处理方式。如：经省级管理部门认定处理的“接待”(接待用车)、“特殊”(特殊公务用车)及“续用”(允许继续使用车辆)。

此次行动中，将对违规车辆的处理，按照调剂使用、公开拍卖、经批准继续使用和换回、退回等方式处理。

选取典型案例曝光

据某地纪委人士介绍，这次公务车专项治理，要认定超编、超标车辆，处理违规车辆，尤其是执法执勤和越野车治理，更严禁借机更换公务车，直到重新核定编制和配备标准前，一律不准新增、更换车辆。

按照统计报告制度，各省、自治区、直辖市公务用车主管部门负责统计汇总本省、自治区、直辖市公务用车配备更新和使用情况。国管局、中直管理局则负责统计汇总中央和国家机关公务用车配备更新和使用情况。

不过，由于地方和部门超编制、超标准配备公务用车、违反规定换车借车、摊派款项购车、公车私用的问题相当严重，通过各种名目，避开中央公车治理的现象在此前的检查过程中屡屡出现。

记者获悉，被称为“史上最严车改”的本轮专项治理，将由国管局、中直管理局会同有关部门对中央和国家机关公务用车指标管理规定执行情况进行监督检查，对违反本办法规定的，不予核发公务用车指标。尤其是在新的管理办法下发之后出现的违纪违规行为，从严从重处理。

根据专项工作部署，登记自查在6月份结束后，将开始一轮清理纠正阶段，随后的重点检查阶段，各级公务用车问题专项治理工作领导小组办公室将组织专项检查组，对所辖地区、部门和单位进行重点检查，要求检查面不少于30%。

据了解，中央公务用车问题专项治理工作领导小组办公室将选择部分省区市、中央和国家机关进行重点抽查。检查中发现问题立即督促整改。

如果从1994年出台《关于党政机关汽车配备和使用管理的规定》算起，我国的公车改革历经17个年头，由于文件操作不透明、内容不科学、程序不公开，几乎对公车没有起到实质性的约束作用。

针对可能出现的有令不行、有禁不止，搞“上有对策、下有政策”和顶风违纪违规，相关部门将视情节给予处分，涉嫌违法犯罪的要依法追究其法律责任。

“不排除选择一些典型案例予以曝光，发挥惩一儆百作用。”相关人士表示。

非“最严公开”无以称“最严车改”

21世纪经济报道

从今年5月开始，被称为“史上最严车改”的公车专项治理活动在全国展开。近日有报道称，治理将根据中共中央办公厅、国务院办公厅近期下发而尚未对外公布的《党政机关公务用车配备使用管理办法》进行。《办法》规定，中央和国家机关一般公务用车编制按每20人不超过1辆配备。党政机关只能配备排气量不超过1.8升、购价不超过18万元的车辆。

目前我国到底有多少公车，一直以来见仁见智，但“车轮子腐败”却是不争的事实，它已成为官场腐败的突出表现形式之一。但尽管从中央到地方的公车改革新招、奇招迭出，但成效却不甚了了。此番“史上最严车改”的公车专项治理，能否达到预期目标，收到良好成效，还有待时间和实践的检验。

公务车改革提了多年，为什么进展缓慢，阻力很大？因为它触动的是庞大的官员群体的利益。公车问题的根源，在于公车的使用者花钱没有规矩，本质上是支配财力的公共权力“私有化”，是公车腐败。笔者以为，公车改革不能就事论事，必须跳出公车改革来谈公车改革。

对公车私用的问题，各地大多通过加强对党员干部的教育和轻度处罚，促使他们自觉遵守有关规定，但这并不能从根本上解决问题。如果说公车公用品性质“鼓励”了“搭便车”行为的动机，那么公车使用信息不对称就使公车私用成为现实。同时，由于信息不公开，公车使用的合理性也无人监督，公车滥用的行为也不能得到有效制止。只有让以往不为纳税人能够直接监督的公务消费活动，逐渐走到“阳光下”，让公车使用公开化、透明化，并向全社会公布、接受全社会的监督，让老百姓和纳税人有知情权、监督权，在制度上让百姓参与公车改革的决策，才能彻底消除滋生腐败的土壤。

面试题目预测：

国家最新发布的《党政机关公务用车配备使用管理办法》规定，中央和国家机关一般公务用车编制按每20人不超过1辆配备，对排量和购价也有严格的限制，你对这个问题有什么看法？

二十七、关键词：教育

小升初乱收费，义务教育越走越偏

凤凰网评论

调查显示，北京地区的家长在孩子“小升初”择校准备阶段的平均花费高达8.7万元。“小升初”乱象已经到了不治理不行的地步。为何一项旨在体现义务教育价值的改革，会演变为让家长和孩子叫苦连连的社会问题？求解“小升初”择校难路在何方？

为何有家长称孩子上好学校要拼爹拼钱拼命？日益偏离《义务教育法》的“小升初”陷入了怎样的怪圈？

以钱择校：收费的义务教育滋生教育腐败

明明是义务教育，却让收费由“违法”变成“合法”，这是当前择校中家长们普遍会遇到的问题，在经历短暂的不解和困惑之后，面对孩子的前途，他们中的绝大多数二话不说，只有接受现实。

尽管有严令禁止、大力整治学校乱收费的各种规章制度不断出台，但是，以赞助费、捐资助学费等名义出现的义务教育阶段的择校费从未真正停止，这已成为一个心照不宣的事实。

填写“自愿”协议书、“被捐资助学”、将择校费通过指定的银行交给上级主管部门或者直接交给学校专门成立的基金会等机构，这是不少北京家长的亲身经历。他们还要被神神秘秘地召集在一起，统一口径，并订立“攻守同盟”：不要随便对外说。

公开的以钱择校不仅违背义务教育法的规定，而且助长学校热衷创收、唯利是图的行为。择校费、共建费管理存在较大漏洞，有些学校在将共建单位和学生数量报送区教委时，采取高收低报的方式，截留费用，单独设账，用于学校的额外开支，使得名校的教育腐败案件频发。

以权择校：共建制度使电脑派位形同虚设

21 世纪教育研究院发布的一份调研报告称，北京小升初入学渠道里，符合免试就近入学原则的电脑派位方式呈现萎缩趋势，目前北京择校竞争最激烈的 3 个区是东城区、西城区和海淀区，其电脑派位方式入学的学生比例分别约为 44%、33%和 40%，均不足半数。

电脑派位缘何萎缩？其中一个比较直接的原因就是共建制度的出现，这种制度是“以权择校”的典型。它是指国家机关、大型企事业单位与重点学校通过“合作共建”，满足本部门职工子女享受“优质教育资源”需求。在实际操作中，共建单位有时利用公共资源给重点学校额外投入，以“共建”名义交给学校，这种方式隐蔽性强，信息完全不透明。

此外，北京“小升初”中还有一类“条子生”，也就是后门生，是指一些家长通过特殊社会关系，使自己的孩子获得名校的入学机会。“条子生”是“小升初”过程中最不公平的入学方式，赤裸裸地侵犯了教育公平。

以优择校：占坑班让家长和孩子苦不堪言

在一项调查中，接受访谈的 90%以上的家长认为“占坑班”是北京市“小升初”的“头号天敌”。所谓“占坑班”，是指公办名校自办或与社会机构合办、面向小学生的学科培训机构，可从中选拔优秀学生升入本校初中。

这种“占坑班”费用高昂。90%以上的“占坑班”一年费用在 8000 元以上，多数占坑的学生都会选择 2—3 个“坑”。而“占坑班”费用仅是“小升初”花费中较小的一部分。

为了保证在“占坑班”顺利晋级，这些学生还要上高思、学而思、巨人等民办培训机构的课程。从一个小学三年级学生进入“占坑班”算起，至六年级面临“小升初”，一些家长 4 年的实际花费可达 10 万元甚至十几万元。

于是，很多孩子从两三岁时就开始艺术类训练，不断参加比赛拿证书，为了数年后能成为“小升初”的特长生；更多的孩子从小学三年级就开始“占坑”，上各个名校开办的培训班，学习难度极高的奥数，为了 10%被选中的可能，孩子们付出了 100%的努力。

望子成龙的心态因独生子女政策被放大

随着社会经济生活的改善、教育程度的提高，教育视野的扩大，家长对教育的需求，会从“有学上”转到“上好学”。

5 月 4 日，中国社会科学院和社会科学文献出版社在京联合发布了 2011 年《社会心态蓝皮书》，子女发展期望排在生活动力强度排行榜的首位，也就是说望子成龙成为中国最大的生活动力。

这种寄望孩子出人头地的传统价值观念，深入人心的精英主义价值和名校情结因独生子女政策而被放大和合理化；学历社会的出现、劳动力市场的竞争和用人制度加剧了对优质教育资源和高学历的追求；高考制度和升学率攀比加剧了对基础教育的不良引导；“不能让孩子输在起跑线上”的商业宣传，教育培训市场的推波助澜，加剧了择校竞争和学生负担；还有特权和腐败行为对教育公平的伤害，等等。

名校的不正当竞争加剧家长的集体恐慌

在小升初的升学竞争中，为挖优秀生源，人为地将好学生集中在一起，以提高升学率。不遗余力地扩大选拔范围、利用各种“早培计划”提前掐尖，便成为重点学校共同的发展策略。这致使升学竞争不断提前，恶化了基础教育秩序，加剧了家长的集体恐慌。

以人大附中的仁华学校(原名为"华罗庚数学学校")为典型,从小学三年级开始进行大规模的课外奥数培训和选拔,由此带动各重点学校群起效仿,致使奥数成为小学生的梦魇和社会公害。现在,"早培班"正在成为提前掐尖的新渠道,它被称为"小五校"。

变相的重点学校制度致使校际差距拉大

变相的重点学校制度的巩固和强化,导致区域内学校的差距过大,从而造成家长不得不择校的倒逼机制。

在上世纪50年代形成的中小学重点学校这种等级化的学校制度,在1986年颁布《义务教育法》后,已经失去合法性和合理性,教育部多次重申取消重点学校制度、不得举办变相重点学校。然而,这一规定并没有真正得到遵循。

长期以来,对少数名校在经费投入、教师配备、硬件建设、招生等各方面采取倾斜性的优惠政策,继续形成,扩大了与普通学校的巨大差距。例如,择校竞争最为激烈的海淀区,部分名校与普通学校办学条件的差距突出,教师资格上的差距最为突出,普通中学与示范校高中中级及以上职务教师人数的均值相差2.24倍。

失调的学校布局难以适应城市人口迁移

《义务教育法》中强调的"就近入学"和现行的户籍制度紧密相连,就近是指在户口所在地附近。在近些年来城市快速发展的过程中,城市居民向城外外迁、众多家庭人户分离,而义务教育阶段的重点学校多在老城区内,尽管在学校布局和资源配置上也做了许多工作,但整体而言难以适应北京城市人口迁移的巨大变化,致使跨区流动、小学生长途跋涉的现象十分普遍。

以2008年北京市优质高中教育资源与户籍人口分布来看,东城、西城、崇文、宣武这些首都功能核心区有示范性高中27所,户籍人口为227.4万人。而城市发展新区的房山、通州、顺义、昌平、大兴户籍人口308.8万,其示范性高中只有14所。仅就一所示范性高中服务户籍人口量来说,城市发展新区为首都功能核心区的近三倍。

东城区、海淀区等地为跨区县择校生的流入区域,朝阳区、丰台区两地流出学生所占比重与规模最大。

庞大的利益寻租链条造成政府监管失灵

如前所述,在小升初择校热中,存在两个不公平的制度安排:重点学校制度导致资源配置不公,开放金钱和权力择校的通道导致入学规则不公,而这背后都有巨大的经济利益。教育主管部门与重点学校结成利益联盟,造就居高不下的择校收费市场并分享收费,如家长将择校费存到区教委指定的银行账户或教育基金会账户上,但没有任何正式单据和凭条。区教委一般按70%—80%的比例返还给学校,要求收支两条线,主要用于改善办学条件和教师待遇。

教育主管部门还可以用优质资源与其他权力部门进行利益交换,以及利用培训市场获得不正当利益。许多培训机构和面向小学生的学科竞赛背后,都有教育主管部门的利益和身影。

"小升初"由"拼分"演变为"拼爹",这对曾公开承诺不择校的义务教育来说,无疑是一种全面倒退。那么,愈演愈烈的择校热还有得治吗?又该怎么治?

借鉴铜陵经验,解决乱象教育部门需"动真格"

所谓"铜陵经验",主要内容有:一、教育经费向薄弱学校倾斜;二、校长、师资在各校之间轮换;三、重点高中的招生名额平均下放各初中,缓解各校之间的应试竞争压力。按当时媒体的说法,铜陵是"积十年之功破解教育不均",也就是说,早在1995年,铜陵就向教育不均开刀了。因此,在铜陵,学校没有好坏之分,只有远近之分,真正保障了义务教育阶段孩子公平受教育的权利和机会。

因此说,没有解决不了的问题,只有愿不愿意解决问题的部门。要解决择校热问题,需要教育部门在管理上敢于"动真格"。在诸如"小升初"考试排名问题和"初升高"补课问题上,教育部门要深入实际做好调查研究,想办法能够真正把"一纸空文"变成"动真格"的具体措施。否则,仍然会出现年年发文件禁止,年年有令无效的怪现象，人们对此现象的批评也就会持续下去。如果长此以往，教育乱象也就难以根治，教育形象也就会在一定程度上被败坏。

取消重点学校制度，实现教师资源的制度性流动

21世纪教育研究院院长杨东平认为，造成"小升初"乱象最根本的原因是变相的重点学校制度，它导致义务教育阶段学校差距太大，从而造成家长不得不择校的倒逼机制。

因此，有必要按照《义务教育法》的精神和规定，整顿义务教育阶段的"名校办民校"、改制学校，建立正常秩序。取消对重点初中在招生、教师编制、奖励、评价等各方面的特殊政策，与其他学校一视同仁。

此外，还需建立教师流动机制。首先实行学区内、城区内的教师流动，骨干教师资源由学区共享。通过教师流动，对本区已经形成垄断地位的初中名校进行拆分。沈阳市推行教师流动制度已逾五年，取得了良好成效。

实行教育信息公开，建立依法治教的教育问责制

治理北京市择校热、促进义务教育均衡发展的关键，主要是要规范秩序、调整政策、均衡发展、推进体制改革和监督及问责。

就规范义务教育的基本秩序来说，可采取的政策措施为取消义务教育阶段的择校收费制度、禁止举行幼升小和小升初考试、禁止举办面向小学生的各种学科竞赛、禁止在课堂和考试中加入奥数内容、禁止在小升初评价中使用奥数成绩以及禁止公办学校教师从事有偿家教和在校外培训机构中兼职。

就调整和完善小升初制度来说，要逐步取消"占坑班"、调整划片，恢复公办学校的公益性，逐步取消共建生、条子生，取消推优、特长生等。

就缩小学校差距、促进均衡发展来说，要取消初中阶段的重点学校，实行示范性高中名额下放，实施教师流动制度、学校合理布局均衡配置资源。

就开展办学体制改革来说，促进民办教育发展，开展"特许学校"试点，建议实施"三年行动计划"。

就加强公众参与社会监督来说，要在和公众公开讨论后，制定北京市义务教育均衡发展的实施细则、评价标准，并实行教育信息公开，建立教育问责制。

"公办不择校，择校找民办"，杜绝"小升初"过程中的择校乱象应以此作为改革方向。

面试题目预测：

有报道称北京地区的家长在孩子"小升初"择校准备阶段的平均花费高达8.7万元，有人质疑义务教育已偏离了正常的轨道，你对这一现象有什么看法？

二十八、关键词：慈善信任危机

"郭美美"是火，公益组织长期欠透明是薪

东方早报　沈彬

郭美美，这个90后三线女演员一周之内迅速红遍网络，火遍中国。

之前，郭美美还在微博无忧无虑地晒着自己的奢华生活：家住大别墅，玛莎拉蒂跑车是生日礼物……直到6月21日，她被网友"挖掘"出来，网友发现该女孩的微博认证信息居然是"中国红十字会商业总经理"！炫富的美女，和本该廉洁的公益组织形成了凶猛对撞，引发公众对红十字会的严重质疑，纷纷将矛头指向红十字会一位郭姓领导：你跟她是什么关系？我们的捐款跟她的奢靡生活有关吗？

21日晚，郭美美在压力之下，改口称：自己所在公司负责红十字会的广告，故简称红十字商会。不久这条微博也被删除。22日，新浪取消了郭美美的实名认证，称：其原认证说明为演员，后经本人申请改为"红十字会商业总经理"。再后来，郭郑重声明："我和红十字会没有任何关系"。

饶是有红十字会的正式辟谣，郭美美事件还在发酵，形成一场网络舆论监督的"瓜蔓抄"，涉及人员之

广泛、层级之高，前所未有。网友们依据红十字会、郭美美的网上信息，展开人肉搜索。先是和红十字会有过合作的天略集团被牵扯进来，接着是跟郭自述的“红十字商会”名称相近的“商业系统红十字会”被曝光。红十字会几位领导被怀疑与郭美美有瓜葛。一位微博认证信息为文化部官员的网友，因在微博上与郭美美有“互动”，也卷了进来。甚至杨澜也“躺着中枪”，被网友翻出旧账：十几年前她拿过中国青基会的一笔20万元工作经费……一个三线女演员，就这样扰动了整个中国慈善业。

红十字会以辟谣应对，甚至在28日专门举行了新闻发布会，坚称：郭美美与红十字会无关，该会郭姓领导没有这个女儿，且他也没有网上传说的那块名表。

至此，大致可认定郭美美的确不是红十字会工作人员，但一个小演员何以找红十字会的晦气，且曾言之凿凿地称自己跟红十字会有“关系”？红十字会表示已向警方报案，警方目前有无询问郭美美，尚不得而知。另一方面，郭美美对红十字会造成的名誉损害，红十字会完全有理由提起诉讼。总之这事不能这么过去，公众需要一个完整的、正面的答案，而不是“选择性的否定结论”——要么由警方做出，要么由法庭做出。

因为郭美美事件，红十字会被放到聚光灯下“炽烤”。一方面，国家审计署查出红十字会有420万元的超标采购，被公众热切围观。另一方面，媒体也开始介入对红十字会的调查，商业系统红十字会能募款却没有法人资质的问题被曝光。6月28日，《晶报》更是曝出猛料，商业系统红十字会在一个名为“博爱之窗”的项目中，居然与合作企业对善款分成，“捐款箱所募集款项的50%由各商业企业红十字会用于救助本企业危困职工，20%用于补充急救药品消耗，30%由中国商业系统红十字会统筹安排”。

客观说，郭美美事件中有不少网上传言是捕风捉影的。但郭美美之所以能火，能引发公众强烈质疑，在于中国慈善业之前长期积累的信任危机：如畸高的“手续费”，不透明的财务状况，衙门做派，还有采购“天价帐篷”……风起于青萍之末，不信任感是一点一滴积累起来的。

另一方面，网络兴起，已然改变了官民之间的对话模式和监督模式。政府审计是一年一次，网络上的监督每天都有。汝果欲辟谣乎？功夫在“谣”外！“危机公关”将是公权部门的常态，要做到任何时间、任何地点都光明磊落，经得起围观，还是要做好本身的制度完善、信息公开的工作。

“郭美美”之火是危，更是机，说明如今公益组织的信息公开、财务透明工作，已经不能满足公众需求。那么，“郭美美”之火，能否引发公益组织革新的燎原大火呢？我们拭目以待。

“卢美美”事件再伤中国慈善

法治周末　朱雨晨

8月19日，身穿一袭白色连衣裙、面带微笑的卢星宇，在父亲卢俊卿的陪伴下，出现在北京会议中心的新闻说明会现场。

一连串“意外”，让这位年纪轻轻就掌管着“中非希望工程”上亿元善款的“85后”女孩，一夜之间身陷舆论漩涡，并被网友冠名“郭美美二世”，又名“卢美美”。

各方质疑接踵而至：“中非希望工程”是何物？此女年纪轻轻，缘何出任高位？这背后有什么特权传承、腐败交易？

面对汹涌而至的舆论，卢氏父女选择了高调回应。在当天的新闻说明会上，卢俊卿为女儿喊冤，称女儿是“史上第三冤”。

但卢氏父女的喊冤，并没有让事态就此平息，反倒引发更多的追问。于是乎，短短数日内，不断有“内幕”被曝出……

意外“中弹”的“卢美美”

卢美美之贾祸，起因于中非希望工程。而中非希望工程之所以被关注，又另有一番背景。

8月16日，有媒体报道了北京多所农民工子弟学校遭拆迁，涉及近3万名学生去向的消息，引发公众的强烈关注。

恰在此时，“中非希望工程”项目进入公众视野。

有网友无意中发现了该工程，并把相关信息转发到网上。

据媒体报道，该工程将在10年内为非洲捐建1000所希望小学，耗资约为20亿元。

网友满腹狐疑：是谁出手如何阔绰，一掷数十亿？

在国内尚有不少落后地区的孩子没有学上，如今又有上万名打工子弟去向难料的情况下，两相对比，不免令人生出“宁予友邦，不予家人”的感慨。

而这种感慨，迅速转化为一种追问真相的动力。

在网络时代，这种追问往往“应者如云”，真相也就在追问中呼之欲出。

很快，有网友发现了以中非希望工程执行主席兼秘书长实名认证的“卢星宇——吸血鬼美人鱼”新浪微博。

微博中晒的多张照片可以印证，此卢星宇正是中非希望工程项目官网上展示的工程执行主席兼秘书长卢星宇。

卢星宇何许人也？

网友经“人肉”得知，这位照相时喜欢摆胜利手势、年仅24岁的狮子座女孩，毕业于美国加州州立大学，乃世界杰出华商协会执行主席卢俊卿之女，号称华商世界“最年轻的社会活动家”。

她曾提出，要把“富二代”变成“仁二代”，而中非希望工程即所谓“仁二代”工程。在此工程中，卢星宇捐出了自己从小到大的红包100万元。

年纪轻轻就能有如此胸怀大志，如果换个时间、地点，卢星宇此番言行或许会赢得掌声。

但在上述两种情况形成强烈对比的此时此地，卢星宇难逃被网友质疑。

网友随后搜索发现，世界杰出华商协会和中国青少年发展基金会是中非希望工程的发起单位。卢俊卿同时担任中非希望工程主席。

质疑接踵而至：由工程主席之女担任工程执行主席兼秘书长，这其间会不会有什么猫腻？此女年纪轻轻，缘何出任高位？这背后有什么特权传承、腐败交易？

网友惊呼，莫非是“郭美美二世”？

数周前，另一位年轻女孩郭美美，因为在微博上炫富而意外引出了诸多惊人的内幕，搅乱了中国红十字会，几乎使人深信，中国红十字会及其几千家附属机构，存在商业和公益间的利益输送。

有郭美美事件在前，对卢星宇与中非希望工程的质疑就变得顺理成章。

面对网友的质疑甚至谩骂，卢星宇一度取消了认证，几度更换微博名，并删除了部分微博内容，感叹“做好事还被人说啊”。

换名字、删微博、换头像，这种被她解释为“一个‘85后’的女人的正常心态”的行为，却引发网友的更多质疑。

中国式慈善：透明为何这么难

新华网

在中国红十字会总会日前推出的捐赠信息发布平台上，人们终于可“一窥”善款的来源和去向。然而许多人依然感到“不解渴”：为何个人捐款去向公开要设定数额“门槛”？历年善款使用情况何时公开？使用效果究竟如何？这一系列问题引发的疑惑是：中国式慈善的透明之路为何这么难？

弊端：信息披露缺失，损害慈善公信

记者采访发现，与近年来快速扩大的捐赠规模相比，国内慈善事业信息公开的步伐明显落后。

民政部数据显示，2006年社会捐赠总额首次超过100亿元，而2008年、2010年已两度突破1000

亿元。

长期研究慈善问题的中国社会学会副会长、上海社科院研究员卢汉龙说，公众关注的慈善信息，诸如慈善机构负责人及团队背景、项目资金使用情况、办公行政成本比例等。而中民慈善捐助信息中心发布的《2010年度中国慈善透明报告》显示，完全不披露和仅少量披露此类信息的慈善组织比例高达75%。

记者登录中国红十字会总会网站，发现其信息发布栏中统计数据部分，公布了该机构2006年和2007年的统计分析报告，包括组织发展、筹资、救灾救助等信息，但2006年之前以及2007年以来的相关统计数据未见公布。

今年7月31日，中国红十字会捐赠信息发布平台正式上线，首次公布数十万笔青海玉树地震灾区捐款，这被认为是迈出了慈善信息公开的重要一步。此举受到积极肯定的同时也引发一些争议。

比如，个人捐款只有在10万元以上才能查询相应的援建项目和善款使用情况。一位为玉树地震灾区捐款2000元的女士对记者说："接受捐款不分多少，信息公开也不能'嫌贫爱富'。"

再有，此次平台选择率先公布玉树地震捐款的情况，并将陆续发布甘肃舟曲泥石流、云南盈江地震、日本地震等捐赠信息及善款使用情况。有人提出，信息公开不能仅选择热点项目，多年来累计接受的巨额捐款、实施项目等都应具体"晒出"。此外，地方红十字会的相关信息也应公开。

总之，中国红十字会目前的信息公开状况，与其悠久的历史、接受捐赠的规模不相称，难以满足公众之关切。对此，中国红十字会总会有关负责人表示，平台推出体现了红十字会加大信息公开的决心，但这是一个渐进过程，将"接受大家的意见和建议，并将做进一步的修改和完善"。

有关调查发现，近九成受访公众对信息公开不满意。"这应引起全社会的警醒。"中民慈善捐助信息中心副主任刘佑平指出，信息透明是慈善组织的生命力，只有信息充分公开，才能维护公众对慈善的信任与信心。

症结：善款"只见来时路，不见去时踪"

作为捐赠者，最关心的问题莫过于"我捐的钱物用哪去了"，遗憾的是经常不得而知。

公众最希望了解慈善组织的业务活动信息和财务信息。然而监测结果表明，慈善组织对筹款用途、项目实施效果、年度财务会计报告等财务信息最为"吝啬"。

即使是在有"破冰之举"的中国红十字会捐赠信息发布平台，捐赠数额超过10万元的个人和超过50万元的企业才能查询资金使用情况，而且并不全。记者查询发现，2010年3月30日"刘德华"捐赠的一笔20万元捐款，就没有显示捐赠项目。

记者3日查询中国扶贫基金会官方网站发现，网站公布了150页爱心基金及个人、企业捐赠者名单，但只能逐页浏览，没有查询功能；只有笼统的"爱心公众名单"，但没有标明捐赠款物用途；对于有特定时间和场合的捐赠，也只简单标明用途是"抗震救灾""孤儿助学"等。

《2010年度中国慈善透明报告》显示，逾半数受访公众会经常捐款捐物，但近九成受访者表示从未收到过慈善机构的信息反馈。"汶川地震发生后单位统一募捐，我捐了2000元，到现在也没人告诉我钱花哪儿去了。"上海市民高民说。

北京师范大学壹基金公益研究院院长王振耀说，国内不少慈善捐赠款物的使用，要经过"申请—立项—层层划拨"等复杂流程，存在周期长、环节多、效率低、透明度差等突出问题，对捐赠者的反馈更是无从谈起。

他认为，慈善公益事业通常经历几个阶段，一是公布捐款数量；二是公布捐款运用的进展，并向捐款人及时反馈；三是信息的分类、加工，生产出相应的信息产品。"现在中国的基金会有一部分到了第一个阶段，很少有基金会可以做到第二阶段"。

与此同时，屡见报端的违规事件让人心忧。比如，昆明红十字会原常务副会长阮姮利用职务之便公款购物、玩乐，温州市红十字会出纳陈某在5年里挪用公款126万余元……

为确保捐款用到"刀刃"上，2010年5月，曹德旺、曹晖父子向西南干旱灾区捐款2亿元，与中国扶贫基金会签订了国内第一个慈善捐赠问责协议，提出“管理费不超过善款3%”、“如发现不合格率超过1%，将对超过1%的部分予以30倍的赔偿”等条件。这让人们看到了些许慈善透明的亮光。

面试题目预测：

年轻女演员因在微博上炫富并称自己是“中国红十字会商业总经理”而意外引发了人们对中国慈善事业的质疑，你对这一事件有什么看法？

二十九、关键词：婚姻法解释

婚姻法解释（三）引发社会热议

新华网/人民日报

最高人民法院关于婚姻法的新司法解释于8月13日起施行。它的条款涉及房产分割等热点问题，从去年11月15日公布征求意见稿之后，就引起了极大的关注和争议。而婚前贷款买房归个人、父母给买房配偶没份等条文，无疑成为公众关注的焦点。

有人说，这个司法解释会防止“傍大款、分财产”式的寄生行为，有利于女性自立、自强；有人说，这样的解释，现实中对女性权利保护不够，当婚姻遭遇险滩时，在经济关系中往往占据主导地位的男性会更容易“保持优势”，女性会面临“扫地出门”的风险。

最高人民法院针对2001年修订的婚姻法施行后，审判实践中遇到的法律适用疑难问题，分别于2001年12月24日和2003年12月25日先后出台过两个司法解释。而此次《婚姻法解释（三）》的出台，和婚姻家庭纠纷案件逐年增多有关。根据最高人民法院提供的数据，2008年全国法院一审受理婚姻家庭纠纷案件共计1286437件，2009年为1341029件，2010年为1374136件，呈逐年上升趋势。

北京大学法学院教授、中国法学会婚姻家庭法学研究会副会长马忆南认为，我国婚姻法从2001年修改后，虽然已经有了两个司法解释，但是相较于近年来变化迅速的社会关系和家庭观念，出台司法解释指导婚姻法司法实践依然非常迫切。她举例说，在夫妻财产制度上，婚姻关系存续期间不能请求分割夫妻共同财产，那么，如果夫妻之间出现问题，另一方不配合行使共同财产权怎么办？一方有隐藏、转移、变卖、毁损、挥霍夫妻共同财产等行为时怎么办？以往法律给出的唯一出路就是离婚，而现在《婚姻法解释（三）》给出了救济手段。

以往，案件相对集中的有婚前贷款买房、夫妻之间赠与房产、亲子鉴定等争议类型。《婚姻法解释（三）》重点对结婚登记程序瑕疵的救济手段、亲子关系诉讼中当事人拒绝鉴定的法律后果、夫妻一方个人财产婚后产生收益的认定、父母为子女结婚购买不动产的认定、离婚案件中一方婚前贷款购买不动产的处理、附协议离婚条件的财产分割协议效力的认定等问题作出了解释。

问题一：父母给买房配偶没份，道理何在？

首先，我国婚姻法第二条明确规定了“男女平等”的法律原则，婚姻关系是一种人身关系，它的基础是夫妻之间的信任和忠诚，不应该有强势、弱势的区分。

其次，如果强势和弱势是指婚姻双方经济地位上的差异，那么这种说法也有失偏颇。婚姻法的立法目的之一是保障婚姻自由，它包括结婚自由和离婚自由。这个目的有别于经济领域的立法，比如，民法通则中规定的合伙，主要为了实现和保护财产增值。婚姻关系在存续期间固然有理财、使家庭财产增值的需求，但不应该本末倒置。

从《婚姻法解释（三）》的规定来看，考虑到畸高房价和高离婚增长率并存的现状，一些条款正是为了均衡保护结婚的双方及其父母的权益。最高人民法院民事审判一庭庭长杜万华介绍，实际生活中，父母出资为子女结婚购房，可能没有考虑到以后子女婚姻解体的情况。父母一般也不会与子女签署书面协议，如果离婚时一概将房屋认定为夫妻共同财产，势必违背了父母为子女购房的初衷和意愿，实际上也侵害了出资父母的利益。故房屋产权登记在出资父母子女名下的，视为父母明确只对自己子女一方的赠与比较合情合理；如果由双方父母出资购买不动产，产权登记在一方子女名下的，按照双方父母的出资份额按份共有，可能更符合实际情况。这些规定便于司法认定及统一裁量尺度，也有利于均衡保护结婚的双方及其父母的权益，相对来说也比较公平。

至于“全职太太”，可能会出现解除婚姻关系后“净身出户”的问题，在司法实践中可能需要考虑和妇女权益保障法第七章及婚姻家庭权益等规定相衔接。

问题二："无房不婚"之风，会扭转吗？

还有这样一种观点，认为：规定可能会对婚姻中的财产关系带来调整，由此也可能会对现有家庭关系产生影响，也会对“无房不婚”、“傍大款、分财产”的婚恋观产生冲击。果真如他们所言，新解释会对婚恋观带来影响吗？新的司法解释是否会对现有的家庭关系产生影响？

家庭是社会的细胞，《婚姻法解释（三）》的出台自然会影响到千家万户。从司法解释制定的角度来说，它是以纠纷解决为宗旨的，注重解决实际问题，而并不追求某种逻辑体系或价值上的圆满。尽管如此，起草过程中，它也试图维护婚姻家庭的稳定、维护个人的合法权益与自由、平衡家庭成员的利益关系、平衡家庭与社会的关系。

在征求意见的过程中，有学者认为它并没有平衡好这几方面的关系，对婚姻家庭关系的特殊性，婚姻家庭道德性强等问题视而不见，有些条文完全是按照财产法规则处理的，牺牲了民意的需求和其他界别的呼声。清华大学法学院副教授赵晓力对《婚姻法解释（三）》总体上持批评态度，尤其对解释第七条第二款，关于双方父母出资购买不动产“按份共有”的规定，他认为是把“谁投资、谁受益”的资本原则，引入到了原本由伦理亲情主导的家庭财产领域，称之为“从人身关系法，变成投资促进法”。

也有学者认为，《婚姻法解释（三）》对净化婚姻伦理有促进作用，通过一定程度上解除婚姻的财产功能，让婚姻的缔结更注重感情基础。司法解释堵塞掉了一些通过结婚“致富”的可能性，即排除掉了一些通过婚姻形成共同财产的情形，在塑造新的人际伦理方面有积极意义。也就是说，“财产”的事说清楚了，才有可能更注重感情。甚至有人乐观地预测，所谓“傍大款”的情形会减少，但婚前财产公证的功能会增加。杜万华表示，司法实践同样会对维护善良风俗和道德起到推动作用。

面试题目预测：

婚姻法最新解释出台，规定婚前贷款买房归个人、父母给买房配偶没份等条款引起大众热议，有人认为这条解释能改变“无房不婚”的婚恋观，也有人认为这不利于女方权益的保护，你怎么看待这个问题？

三十、关键词：动车事故赔偿

温州动车事故赔偿标准“三级跳”

综合法制日报、南方都市报

从最初的17.2万元，到50万元，再到91.5万元，几天之内“7·23”甬温线特别重大铁路交通事故的遇难者赔偿救助标准出现了“三级跳”。赔偿标准为何变化如此之大？91.5万元，这一被媒体称之为“创下中国铁路交通事故赔偿纪录”的赔偿标准是如何计算出来的？在事故善后赔偿工作接近尾声之际，浙江省政府、省高级人民法院相关负责人接受了记者的采访，披露了许多不为人知的内情。

17.2万元赔偿一出台就遭质疑

7月23日晚，甬温线发生特别重大交通事故。

7月24日，中共中央政治局委员、国务院副总理张德江率员赶赴温州指导事故救援、善后处理和事故调查工作。张德江在温州宣布，成立事故救援和善后处置工作指挥部，由浙江省省长吕祖善任总指挥。

“最初提出的赔偿标准为17.2万元。”事故善后工作组相关负责人说，铁道部方面官员称，依据《铁路交通事故应急救援和调查处理条例》和《铁路旅客意外伤害强制保险条例》规定，铁路运输企业对每名铁路旅客人身伤亡的赔偿责任限额人民币15万元，加每名铁路旅客自带行李损失的赔偿责任限额人民币2000元，再加2万元的最高保险金，合起来为17.2万元。

"这一标准立即受到了许多人质疑。"温州市政府一位参与善后处理的官员对记者说，"在我们温州，把人家一只名贵一点的狗轧死了，也得赔一二十万元。活生生的人说没就没了，赔这么点钱，家属肯定不会接受。"

几经讨论，善后工作组对赔偿标准进行了调整，以17.2万元为基数，加上20万元保险理赔，为37.2万元，另外加上遇难者家属交通费、丧葬费等共计50万元。

浙江省高院"以人为本"制定新标准

"7月27日晚9时许，正在温州负责善后处置的吕祖善省长给浙江省高级人民法院院长齐奇打来电话，称温家宝总理第二天要飞抵温州，视察事故现场，要求我们高院依照法律法规规定，立即研究，提出事故赔偿标准的司法建议。"浙江省高级人民法院相关负责人对记者说，放下电话，齐奇院长连夜召集有关法庭、部门负责人研究论证。

在分析了依据《铁路交通事故应急救援和调查处理条例》可赔偿17.2万元、依据工伤保险条例可赔偿约60万元等标准存在的不足后，浙江省高院参与研究的法官认为：依据《最高人民法院关于审理铁路运输人身损害赔偿纠纷案件适用法律若干问题的解释》，应当允许受害人方选择适用侵权法请求赔偿；考虑到死者的被扶养人情况各异、具有不确定性，为有利于做好受害人方工作，可参考上海"11·15"特别重大火灾事故善后赔偿和救助方案。最后决定建议，依法赔付死亡赔偿金、精神损害抚慰金、丧葬费等约60万元，另行给付各类抚慰金、帮扶金等（含被扶养人生活费）约30万元，共计约90万元。

7月28日下午，陪温家宝总理实地视察之后，吕祖善在温州再次主持召开"7·23"事故救援善后总指挥部会议，研究善后理赔等工作。铁道部方面仍认为应依据"条例"标准赔偿，专程从杭州赶赴温州参加会议的浙江省高级人民法院副院长徐杰等人则提出了新的理赔建议。吕祖善对新方案表示赞同，认为既符合党中央和国务院领导要求"以人为本"处理事故的指示精神，又依据了国家有关法律规定，同时参照了其他重大事故处理经验。之后，铁道部也表示赞成，总指挥部一致同意采纳该方案理赔。

7月29日，"7·23"事故救援善后总指挥部公布理赔方案，以侵权责任法为损害赔偿标准的主要依据，遇难人员赔偿救助金主要包括死亡赔偿金、丧葬费及精神抚慰金和一次性救助金（含被扶养人生活费等），合计金额91.5万元。

面试题目预测：

温州动车特大交通事故赔偿金额从最初按照铁道部相关规定17.2万，到由总理指示提出新的赔偿标准司法建议，最终确定赔偿金91.5万，你有什么看法？